사회복지총서

SOCIAL WORK IN HEALTH CARE

사회복지원론

이소정 · 김수영 공저

학지사

머리말

필자는 대학에 진학하며 '우연히' 사회복지라는 전공을 택했고, 이러한 선택의 가벼움이 진지한 학업으로 이어지지 못했던 것은 필연적인 결과였을 것이다. 마침 대학 시절의 방황이 허용된 끝자락 세대이다 보니 전공에 흥미를 붙이지 못한 채 실컷 겉돌았다. 그저 공부를 열심히 하지 않았던 것에 대단한 이유를 붙일 수는 없겠지만, 그 시절을 방황으로 포장하는 1할의 이유는 거시와 미시를 오가는 여러 전공과목을 통합시켜 내지 못하며 겪었던 '혼란', 그리고 사회에는 커다란 불평등과 모순이 가득한데 사회복지는 협소할 뿐이며 때로는 사회 현실과 무관하다고 느꼈던 '오해' 때문이다.

이러한 혼란과 오해가 필자만의 문제가 아니었음을 나중에야 깨달았다. 시간이 지나 대학에서 교편을 잡으며 마주한 학생들은 오래전 필자의 모습과 크게 달라 보이지 않았기 때문이다. 어쩌다 보니 사회복지라는 전공을 택했고, 인문사회 계열에서 취업률이 그나마 낫다 '카더라'는 막연한 기대를 가지고 있었을 뿐, 전공 필수 및 선택 교과목들을 하나씩 이수해 가는 과정에서도 사회복지라는 학문에 대한 학생들의 이해도는 피상적이었다.

우리나라의 많은 사회복지 학도들이 유사한 경험을 하는 것은 사회복지 자체가 지닌 다차원성 때문이다. 정책과 제도라는 거시적 측면에서부터 개인상담과 사례관리라는 미시적 측면까지 마치 복잡한 모자이크처럼 다양한 요소가 얽혀 사회복지라는 학문을 빚어낸다. 이 다차원성은 종종 학습자들에게 혼란을 주고, 때로는 사회복지의 본질과 가치에 대한 오해를 낳기도 한다. 특히 궁극의 사회복지 실천 현장인 '우리 사회'에 천착하지 않고 외국의 맥락과 관점에서 사회복지를 바라볼 때 그 피상성은 더욱 확대된다.

이 책을 쓰게 된 가장 큰 동기는 바로 이러한 혼란과 오해를 풀어내고자 하는 열망에서 비롯되었다. 무엇보다 사회복지라는 숲을 조망할 수 있는 통합적인 관점을 통해 거시적 사회구조와 미시적 현상들이 어떻게 유기적으로 연결되어 있는지, 그리고 이러한 연결의 관점에서 사회복지를 바라보는 것이 왜 중요한지를 강조할 필요성을 느꼈다. 더불어 한국의 구체적인 사례들을 깊이 있게 다룸으로써 우리의 현실에서 사회복지가 어떻게 작동하고 있으며 어떤 방향으로 나아가야 하는지에 대한 통찰의 계기를 제공하고 싶었다.

난제 중 난제이며 과욕일 수 있음은 처음부터 알고 있었고 책의 집필이 끝난 지금도 그 목표는 미완의 상태이다. 다만, 사회복지에 대한 입문서로서 이 책이 채택한 차별적 접근법, 즉 사회복지에 대한 병렬적 관점에서 거시–미시의 통합적 연계의 관점을 통해 이 책의 독자들이 사회복지가 가지고 있는 다차원적 속성과 결코 '얕지' 않은 사회복지의 본질과 가치에 대해 감각적 힌트를 얻을 수 있다면 그것으로 이 책의 목표는 과분하게 달성된 것이다.

이 책은 사회복지를 알아 가려는 혹은 알아 가고 있는 모든 사람을 대상으로 한다. 필자처럼 우연히 사회복지를 전공하게 된 대학생, 오늘도 대학에서 사회복지를 전공하기 위해 열심히 학교생활기록부에 봉사 스펙을 적립하며 준비하고 있는 청소년, 사회문제에 개입하고 해결하는 주체이지만 불현듯 사회로부터 동떨어져 있다는 느낌에 고뇌하는 현장의 사회복지사, 격변의 시대가 만든 대학 교육 혁신의 소용돌이 그 한복판에서 불안함과 자괴감에 시달리는 사회복지 학자, 이 시대가 던진 경제주의의 그물에 속박당한 청년, 가시 돋힌 사회에서 상처 입고 아팠던 우리 사회의 모든 구성원이 대상이다. 이 책은 우리가 살고 있는 이 사회에 대한 뜨거운 사랑, 그리고 냉혹한 경쟁과 불평등의 시대에 더욱더 빛을 발할 사회복지의 잠재력에 대한 믿음으로 이들 모두에게 보내는 초대장이다.

2026년 2월

저자 대표 이소정

차례

제2부 사회문제와 복지

서론

1. 복지를 바라보는 일반적인 시선

사회과학의 여러 개념 중 '복지'만큼 무수한 오해와 막연한 기대, 협소하고도 포괄적인 모든 의미가 담겨 있는 개념도 찾기 어렵다. 복지는 개인의 관점과 상황에 따라 다르게 인식되는데, 이러한 개별성은 복지에 대한 단일한 정의를 어렵게 만든다. 사람들은 각자 머릿속에 복지의 이미지를 갖고 있다. 복지 혜택은 누군가에게는 오늘의 양식이자 생존 수단이기도 하고, 누군가에게는 멸시나 낙인의 형태이기도 하고, 누군가에게는 선행이자 봉사활동으로 인식되기도 한다. 어떤 이는 복지를 권리이자 공정의 맥락에서 주장하고, 또 다른 이는 국가의 통제이며 관리의 방식이라고 비판하기도 한다. 한마디로, 우리는 복지라는 개념을 두고 서로 '동상이몽(同床異夢)'을 한다. 그러나 한 사회에서 복지제도가 발전할수록 복지라는 단어는 부정적 의미보다 긍정적 의미로 확장되어 왔다. 이제 많은 사람에게 복지는 지금보다 더 나은 상태, 바람직한 상태, 이상적인 상태에 대한 지향을 담고 있다. 복지 사업이나 정책도 지금의 상태를 불행하거나 고통스럽게 만드는 문제상황을 해결하고 개선하는 활동을 뜻하게 되었다.

복지의 개념 정의가 어려운 두 번째 이유는 복지의 하위 영역과 방법이 시대에 따라 변화하기 때문이다. 20년 전 대학에서 사회복지를 전공하는 신입생들에게 '복지' 하면 가장 먼저 떠오르는 단어가 무엇인지 질문했을 때, 고아원(現 보육원), 양로원, 봉사, 희생과 같은 단어가 자주 등장했었다. 그러나 요즘 신입생들에게 같은 질문을 던지면 고령화, 저출생, 복지국가, 평등, 세금, 심지어 행복과 같은 단어들이 등장한다. '저출산 고령화'라는 커다란 화두는 2000년대 이후에 등장했으며, 자살 문제가 우리 사회의 심각

한국의 사회복지 영역

사회복지의 범위는 협의의 관점과 광의의 관점으로 나뉜다. 협의의 사회복지는 주로 사회적 약자나 취약계층에 대한 보호, 지도, 치료, 재활 등을 위한 정책과 프로그램을 의미한다. 이는 장애인, 노인, 아동 등 사회생활에 곤란을 겪는 개인들을 대상으로 경제적 · 정신적 지원을 제공하는 활동을 포함한다. 이는 저소득층을 위한 공적 구제 제도인 공공부조와 민간기관의 자선사업에서 그 기원을 찾을 수 있다. 광의의 사회복지는 개인과 사회 전체의 복지를 증진하기 위한 정책과 프로그램을 포괄하는 개념이다. 이는 공공부조만이 아니라 사회보험과 사회서비스 제공을 포함하며, 사회 전체 구성원의 삶의 질 향상을 목표로 한다. 한국의 사회복지는 협의의 영역에서 광의의 영역으로 확대되어 왔다.

1995년에 제정되어 한국 사회복지의 법적 기반이 되고 있는 「사회보장기본법」은 사회보장 및 복지 영역을 사회보험, 공공부조, 사회서비스로 구분하고 있다. 먼저, 사회보험은 실업, 노령, 질병, 산업재해 등의 사회적 위험에 대비하여 경제적 소득을 보장하기 위한 전국민 보험제도로, 주로 노동자와 기업이 보험료를 분담하여 재정을 마련한다. 대표적인 사회보험에는 국민연금, 건강보험, 고용보험, 산업재해보상보험, 노인장기요양보험이 있다. 공공부조는 저소득층의 최저 생계를 보장하기 위한 목적으로, 주로 국가와 지방자치단체의 조세로 재원을 마련한다. 대표적인 공공부조는 국민기초생활보장제도, 기초연금, 장애인연금이 있다. 사회서비스는 도움이 필요한 개인과 사회집단의 삶의 질 향상을 위해 제공되는 서비스로, 정부 재정과 이용자 부담으로 재원을 마련한다. 대표적인 사회서비스로는 장애인활동지원서비스, 아동보육서비스, 노인돌봄서비스, 정신건강서비스, 다문화가정과 한부모가정을 위한 서비스 등이 있다.

한 문제로 부각된 것 역시 2000년대 이후이다. 인터넷과 스마트폰 중독, 게임 중독, 사이버폭력도 디지털 기술의 보편화와 함께 등장한 새로운 복지 영역이 되었다. 이처럼 우리 사회가 변화하면서 주요한 사회문제가 달라졌고, 그에 따라 사회문제 해결을 지향하는 복지의 영역도 변화되어 왔다.

사실, 복지를 둘러싼 이미지 변화는 비약적인 경제성장으로 인해 우리 사회에서 복지가 차지하는 위상이 변화한 데에서 기인한다. 1990년에 약 5조 3천억 원에 불과하던 우리나라 공공사회복지 지출은 2000년 28조 7천억 원으로 증가했으며, 2010년에는 101조 7천억 원, 2020년에는 306조 2천억 원의 규모로 급속도로 확대되었다. 복지 지출이 크게 증가했다고 하더라도 2020년 기준 우리나라의 사회복지 지출 수준은 GDP 대비 14.9%로, OECD 회원국 평균 23.0% 수준에 한참 모자라지만 IMF 외환위기 이후 지난 20여년 간 사회복지 지출 수준이 급격하게 확대된 것은 사실이다.

정부의 복지예산이 확대되었다는 것은 중앙정부와 지방정부에서 실시하는 복지 프로그램의 수가 많아졌고 복지혜택을 직접적으로 받게 되는 대상자들도 늘어났다는 의미이다. 예전에는 아주 소수의 계층만 복지의 수급 대상이 되었기 때문에 대부분의 국민에게 복지는 '나와 무관한 것'으로 인식되었다. 반면, 지금은 모든 국민이 노후를 대비하기 위한 국민연금, 아플 때 받는 건강보험 혜택, 일자리를 잃더라도 한동안 생계 걱정 없

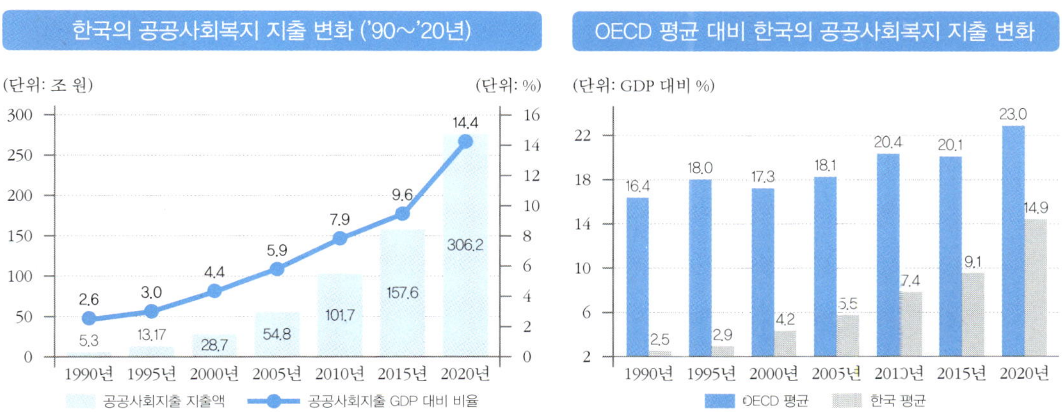

그림 1 우리나라 복지예산의 확대

출처: 국가통계포털.

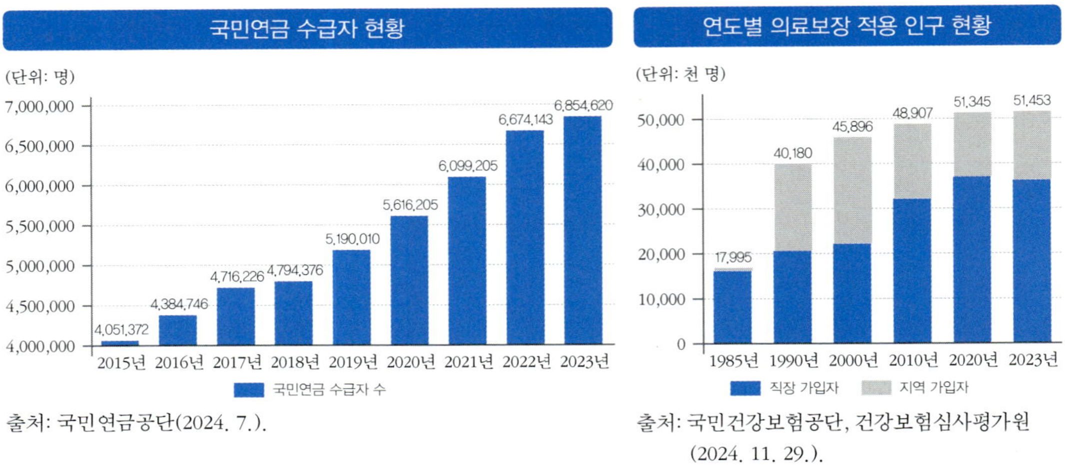

그림 2 복지 수급 대상이 되는 국민의 확대

이 재취업에 전념할 수 있게 해 주는 고용보험, 7세 이하의 모든 아동에게 지급하는 아동수당처럼 다양한 사회복지 정책의 대상이 되고 있다. 이제 복지는 국민들의 삶에 깊숙이 자리 잡게 된 것이다. 따라서 복지가 불쌍한 소수를 위한 것이 아니라 전체 사회 구성원을 위한 것이라는 인식 변화도 따라왔다.

2. 학문으로서 사회복지를 공부한다는 의미

그렇다면 학문적으로 사회복지를 공부한다는 것은 어떤 의미인가? '복지'의 사전적 정의는 "행복한 삶"이다(네이버 국어사전). 고로 사회복지는 사회 구성원이 모두 행복한 삶을 만들기 위한 학문이라고 말할 수 있다. 그러나 모든 학문은 궁극적으로 인간의 행복한 삶과 번영을 추구한다. 과학은 과학기술의 진보를 통해, 의학은 치료와 생명연장을 통해, 정치학은 올바른 정치시스템의 확립을 통해, 경제학은 자본주의 경제의 안정과 번영을 통해, 경영학은 이윤 추구를 통해 행복한 삶에 이를 수 있다고 본다.

사회복지학은 행복 추구에 직접적인 장애물이 되는 요인들을 먼저 개선해야 인간이 행복한 삶을 실현할 수 있는 안정된 발판을 마련할 수 있다고 본다. 더 나은 삶을 위해 인간은 살아가면서 여러 도전을 하게 되는데, 만약 실패한 이후에 재기가 불가능하다면 쉽게 모험을 하기 어렵다. 예를 들어, 실업, 빈곤, 질병, 산업재해 등으로 예기치 않은 어려움을 겪게 되었을 때 다시 일어설 수 있는 기회가 주어지지 않는다면 행복 추구는 물론이거니와 불행을 딛고 일어서기가 어렵게 된다는 것이다. 사회적 안전망(social safetynet)으로서 각종 사회복지 제도와 프로그램은 인간이 행복한 삶을 추구하기 위한 기본적인 안전장비가 된다.

이런 의미에서 사회복지학은 행복 추구를 저해하고 불행이 지속되게 만드는 위험과 고통을 개선하는 데 주목한다. 다수의 사회 구성원이 비슷한 문제로 고통을 받고 있다면 그것은 '사회적 문제(social problem)' 또는 '사회적 위험(social risk)'으로 정의될 수 있다. 실업, 빈곤, 불건강, 우울, 가정 해체, 중독, 학교폭력, 왕따, 차별과 같은 문제들은 한 개인이 겪는 경험이기도 하지만, 시야를 넓히면 한 사회의 많은 구성원이 경험하고 있는 공통의 경험이다. 이러한 사회문제 또는 사회적 위험은 개인적 차원에서 행복 추구를 가로막을 뿐만 아니라 사회공동체 전체를 깊이 병들게 한다. 따라서 사회가 공동으로 해결해야 할 사회문제로 규정되고 있는 것이다. 복지국가의 토대가 된 영국의 '베버리지 보고서'에서는 궁핍, 질병, 무지, 불결, 나태를 복지국가가 해결해야 하는 5대 사회악으로 규정했다. 보는 시각에 따라 5대 사회악은 지극히 개인적인 문제로 보일 수 있겠지만, 20세기 초반 자본주의사회에서 5대 사회악은 다수의 구성원이 겪고 있는 문제였고, 그 원인이 개인의 차원으로 귀속되는 것만은 아니었으며, 오히려 체계적이고 정비된 사회제도와 정책의 부재가 5대 사회악을 다수에게 확산시키는 결과를 초래했다고 보았던 것이다.

베버리지 보고서의 5대 사회악(giant evils)

1942년 영국에서 발표된 베버리지 보고서(원제목: Social Insurance and Allied Services)는 근대 사회복지제도의 근간으로 여겨진다. 이 보고서는 인간이 더 나은 삶을 추구하기 위해 개선되어야 할 사회적 위험과 문제를 다음과 같이 '5대 사회악'으로 제시하였다.

궁핍(want): 생존에 필요한 기본적인 수단의 부족을 의미한다. 이를 해결하기 위한 방안으로 소득 보장을 위한 사회보험이 강화되었다.

질병(disease): 건강문제와 의료서비스의 부족을 의미한다. 이를 해결하기 위한 방안으로 전국민 의료서비스(national health services)가 제안되었다.

무지(ignorance): 교육의 부족과 그로 인한 사회문제를 의미한다. 이를 해결하기 위한 방안으로 의무교육과 평생교육서비스가 확대되었다.

불결(squalor): 열악한 주거 환경과 생활 여건을 의미한다. 이를 해결하기 위한 방안으로 공공주택 건설과 주거복지 프로그램이 강화되었다.

나태(idleness): 실업문제와 그에 따른 사회경제적 악영향을 의미한다. 이를 해결하기 위한 방안으로 고용서비스가 확충되었다.

복지국가는 개인, 가족, 집단, 국가가 행복한 삶과 사회를 만들어 가는 데 있어 걸림돌이 될 수 있는 앞과 같은 사회적 위험과 문제를 개선하고 사회적 안전망을 구축하는 데 집중한다.

베버리지(Beveridge)의 '5대 사회악(Five Giants)'

그림 3 **사회문제 해결을 위한 사회복지 개입의 과정과 층위**

결국 사회복지의 본질은 다수에게 고통이 되고 행복 추구를 가로막는 요인으로서 사회문제(또는 사회적 위험)를, 첫째, 포착하고, 둘째, 그 원인과 맥락을 분석하여, 셋째, 궁극적으로 그 문제를 해결하기 위한 계획과 전략을 마련함으로써 '행복한 삶'을 향한 사회 변화와 혁신을 유도하는 것이다. 이런 측면에서 사회복지학의 핵심은 사회 '개입'을 위한 응용학문이라는 데 있으며, 학문으로서 사회복지학이 추구하는 전문성이란 사회문제를 포착하고 분석할 수 있는 능력, 개입의 구체적 전략과 내용을 마련하고 계획을 수립할 수 있는 능력, 그 결과에 대해 평가하고 환류함으로써 더 효과적인 사회 개입 전략을 마련할 수 있는 능력을 의미한다.

사회복지의 주 개입 대상이 되는 사회문제를 포착하고 분석하는 능력은 사회구조와 사회현상에 대한 이해가 선행될 때 가능하다. 모든 사회문제는 사회구조와 행위자가 상호작용하는 맥락 속에 존재하기 때문이다. 따라서 사회문제를 제대로 이해하고 분석하기 위해 사회복지학은 경제, 정치, 법, 행정 등 거시적 사회시스템에 대한 이해부터 공동체와 지역사회 등 중범위 사회시스템에 대한 이해, 그리고 집단과 개인 등 미시적 사회 행위자들에 대한 이해까지 포괄해야 한다. 사회문제를 이해하고 분석하기 위한 도구로서 거시적 사회구조를 다룬다는 점에서 사회과학 내 경제학, 정치학 등의 학문 분야와 차별적이며, 현실 개입 방법과 전략을 도출하는 것이 핵심적인 목표라는 점에서 사회학, 인류학 등의 학문과 차별적이다. 또한 미시부터 거시까지를 포괄한다는 점에서 사회복지학은 심리학과 차별적이다. 사회복지학의 전통적인 분야론인 임상(미시), 지역사회복지 및 사회서비스(중시), 정책(거시)은 개입의 층위이자 방법론이다. 사회복지의

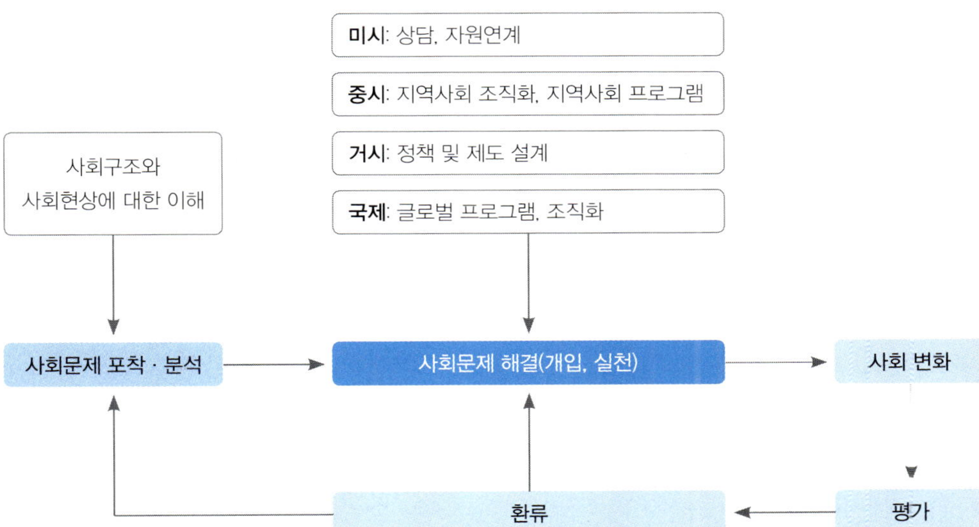

그림 4 사회문제에 대한 사회복지 개입 과정과 방법

방법인 '개입'의 대상은 사회문제이며, 사회문제가 존재하는 층위가 인간 개인(미시)부터 사회 시스템(거시)까지 다층적인 만큼 개입의 방법과 전략 또한 다차원적인 것이다. 덧붙여, 오늘날 글로벌 경계는 더욱 허물어져 상호 영향력이 증가했을 뿐만 아니라 우리나라의 사회문화적 · 경제적 위상이 높아짐에 따라 국제적 차원의 사회문제 개입 또한 주목받고 있는 사회복지 개입의 층위이다. 사회복지학은 이처럼 사회문제를 미시부터 거시, 그리고 국제적 차원에 이르기까지 다차원적으로 해결하는 사회 혁신 응용학문이다.

3. 이 책의 목표와 구성

오늘날의 사회는 급속도로 변화하고 있으며, 각 분야에 새로운 패러다임으로의 변화와 혁신을 요구하고 있다. 사회복지학도 예외는 아니다. 사회는 급격히 변화하는데 사회적 개입의 학문인 사회복지학이 제자리 걸음을 하고 있다면 아이러니이고 모순일 것이다.

이 책은 극한의 경쟁과 양극화, 그리고 불과 10년 전만 해도 상상할 수 없었던 디지털 혁신이 뒤엉킨 혼란의 시대에 사회복지학의 본질을 재정립하기 위한 시도이다. 그렇다고 기존의 사회복지학과 다른 새로운 콘텐츠를 창조한 것이 아니다. 단지 포장을 조금 바꾸어 사회복지학의 본질을 다시 드러내고, 사회복지 전문가는 어떤 관점으로 사회와 인간을 바라보아야 하는지에 대해 재규명하려고 했다.

이 책은 입문으로서 '개괄서'이며, 세부 분야로 들어가면 사회복지학은 이 책에서 다루는 것보다 훨씬 더 깊은 학문적 통찰을 요구한다. 다만, 기존의 사회복지 분야 개괄서들이 병렬적이고 분절적으로 구성되어 사회복지 윤리와 철학, 사회복지정책론, 사회복지발달사, 복지국가론, 사회복지실천론, 지역사회복지론, 노인복지론, 장애인복지론 등 사회복지의 다양한 분야를 '맛보기' 식으로 소개하는 것이 사회복지학에 대한 적잖은 오해와 혼란을 낳는다는 문제의식에서 출발한다.

이런 방식은 효율적일 수 있으나 사회복지학이 포괄하는 거시와 미시, 바꿔 말하면 사회와 개인을 마치 서로 상관없는 별개의 영역인 양 다루며 통합적 관점을 결여하게 만든다. 사회복지학은 미시적 차원에서 개인이 가지고 있는 심리적 문제를 분석하고 개입 방안을 찾는 사회복지실천론에서부터 거시적 차원에서 국가 제도를 다루는 사회복지정책론까지 매우 넓은 스펙트럼의 분야를 포괄하고 있다. 이는 사회문제에 대해 개입하는 응용학문으로서 사회복지가 갖는 성격에서 기인하는데, 이러한 포괄성은 종종 학생들이 사회복지학의 정체성을 제대로 이해하지 못하고 혼란을 겪게 만드는 요소가 된다.

거시부터 미시까지 극단적인 성향의 분야들이 '사회복지'라는 학문 틀 내에서 공존하는 이유를 해석 없이 접하게 될 때 전공자 및 예비 전공자들은 자신이 가지고 있는 성향이나 끌림에 따라 임상 또는 정책의 이분법적 선택지 사이에서 '선택'을 하고(가령, "나는 임상이 더 맞다"), 동시에 다른 쪽은 '버림'으로써 사회복지학이라는 학문은 통합성을 잃고 분절될 뿐만 아니라 매우 자주 오해를 받는다. 따라서 사회문제에 대한 분석과 개입이라는 사회복지의 명확한 목표 설정하에 사회문제가 나타나는 층위로서 미시부터 거시에 대한 포괄적 이해를 도모하는 것이 사회복지학에 대한 입문서가 추구해야 할 내용이며, 이것이 전제될 때 거시와 미시를 포괄하는 사회복지의 다양한 분야는 맥락 속에서 위치 짓게 되고 본연의 의미와 힘을 찾게 된다.

이 책은 미시와 거시에 대한 통합적 사고야말로 사회복지학이 잃어버리지 말아야 할 정수라는 문제의식을 내재하고 있으며, 사회복지학을 통합적으로 개괄하고자 하였다.

이러한 문제의식을 반영하여 이 책은 사회복지를 단순히 개별 제도나 실천 기술의 집합으로 이해하기보다 사회문제에 개입하는 응용학문으로서의 사회복지가 어떤 구조적 맥락 속에서 작동하며, 동시에 어떤 인간 삶의 국면과 맞닿아 있는지를 통합적으로 살펴보는 데 주안점을 두었다.

먼저, 제1부는 복지의 대상이 되는 사회문제의 구조적 기반, 즉 우리 사회에 대한 통찰의 시각을 제공하기 위한 장이다. 사회문제는 단순히 개인의 문제가 아니라 경제적·정치적·심리사회적 구조와 맥락 속에서 발생하고 심화되며, 그에 따라 복지의 필요성과 방향도 결정된다. 이에 따라 제1부에서는 각각 경제체제, 정치체제, 사회심리라는 세 가지 관점을 통해 사회문제의 구조적 발생 조건을 조망한다. 예컨대, 시장 중심의 자본주의경제에서 불평등에 대한 대응은 어떻게 제도화되어 왔는가? 복지를 둘러싼 정치 권력의 구조는 복지의 내용과 범위에 어떤 영향을 미치는가? 사회 구성원은 왜 어떤 복지를 정당하다고 여기고, 또 어떤 복지는 거부하게 되는가? 복지에 대한 사람들의 이중적 태도는 어디에서 비롯되는가? 사회구조 속에 내재된 문제와 모순은 어떻게 개인의 생각과 마음에 내면화되는가? 이러한 질문을 통해 제1부에서는 사회구조와 인식틀을 통찰하고, 복지의 대상이 되는 사회문제를 개인의 문제가 아닌 사회구조 속의 현상으로 이해하고자 한다.

이러한 구조적 이해의 기반 위에서 제2부에서는 복지가 응답해야 할 실제 사회문제들을 다룬다. 사회구조의 오작동과 어긋남은 사회문제로 현상하며, 그 담지체는 개인과 공동체이다. 누구도 피할 수 없기에 개인 일생의 존재적 과정을 가장 집약적으로 표현한 것이 '생로병사(生老病死)'이다. 사회구조의 오작동은 일생의 존재론적 과정인 생로병사에 굴곡을 가져온다. 제2부는 구체적인 인간 삶의 현장이자 과정인 생로병사를 주제로 생애주기에서 인간이 경험하게 되는 어려움, 사회구조의 투사, 인간 행위와 선택의 결과 등에 대해 고찰한다. 이러한 문제들을 중심으로 복지가 어떻게 대응했는지 구체적으로 살펴보며 복지가 왜 존재해야 하는가에 대한 실질적인 이유와 동기를 드러내는 장이다.

복지의 사회구조적 기반을 조망하는 제1부와 복지의 대상이 되는 구체적인 사회문제의 현상을 다루는 제2부는 분리된 층위가 아니라, 사회복지가 하나의 제도로 성립하고 실천되기 위한 '구조적 조건'과 '실천적 요구'라는 점에서 유기적으로 맞물려 있다.

그리고 이러한 통합적 접근은 제3부에서 다시 복지의 본질에 대한 물음으로 나아간다. 복지란 무엇인가? 누구를 위한 것인가? 복지는 무엇을 추구해 왔으며, 앞으로는 어떤 지향을 가져야 하는가? 앞선 논의를 토대로 제3부는 이러한 질문에 답하며 궁극적으로 사회복지사는 사회 속에서 어떤 역할을 수행해야 하는 전문가인지에 대해 논함으로써 이 책의 긴 여정은 마무리된다.

참고문헌

국민연금공단(2024. 7.). 2023년 국민연금 통계연보(제36호) [연간보고서]. 국민연금공단.

국민건강보험공단, 건강보험심사평가원(2024. 11. 29.). 2023 건강보험통계연보 [연간보고서]. 건강보험심사평가원.

국가통계포털, kosis.kr

제1부

사회구조와 개인, 그리고 복지

제 1 장

복지와 경제체제:
자본주의의 진화와 복지의 대응

1. 근대 자본주의와 복지의 성립

1) 근대 자본주의 경제체제와 사회문제의 출현

오늘날 우리에게 익숙한 '복지국가'는 근대 자본주의의 산물이다. 바꿔 말하면, 근대적 의미의 복지국가의 탄생은 자본주의의 발전과 뗄 수 없는 밀접한 관계에 있다. 그렇다면 오늘날의 복지시스템을 이해하기 위해서는 자본주의의 의미와 원리, 문제점에 대해 이해하는 것이 선행되어야 한다.

자본주의가 등장하기 이전의 사회질서에서는 출생 '신분'에 의한 계층 구분이 존재했다면, 자본주의 사회는 '생산수단'의 소유 여부에 따라 생산수단을 소유한 자본가 계급과 생산수단을 소유하지 못한 노동자 계급으로 양분되는 사회이다. 1억 원의 가치를 갖는 빵을 만드는 기계와 동일한 1억 원의 가치를 갖는 빵이 있다고 가정해 보자. 동일한 1억 원의 가치를 갖는 두 가지에 관한 선택권을 준다면 대부분의 사람은 1억 원짜리 빵을 만드는 기계를 선택할 것이다. 그 이유는 기계는 생산수단에 해당되며, 빵은 생산물이기 때문이다.

생산수단은 '부'를 창출할 수 있는 수단으로서 생산수단을 소유하면 생산물(빵)을 끊임없이 생산할 수 있게 된다. 반면, 생산물인 빵은 소비하면 사라져 버리고 만다. 따라서 부의 원천으로서 유한하다. 생산수단을 소유한 계급은 이처럼 막대한 부를 창출할 수 있는 수단을 소유한 것이지만, 반면 생산수단을 가지지 못한 계급은 부를 창출할 수단이 없다. 가진 것은 오직 자기 자신, 즉 자신의 신체를 이용한 노동력에 의해 생계를 유지할 수밖에 없다. 따라서 생산수단의 소유 여부는 자본주의 사회에서 빈부격차 발생의 원인이 된다.

자본주의 사회는 시장 우위의 사회, 즉 시장 중심의 사회이다. 자본주의경제를 시장경제라고 부르는 것에서도 자본주의 체제에서 '시장'이 핵심적인 기능을 수행하는 주체임을 알 수 있다.

'시장'은 상품의 거래가 이루어지는 모든 영역을 지칭하는 개념이라고 볼 수 있다. 여기서 상품의 거래란 물건의 거래만을 의미하지 않는다. 가령, 음식점도 요리된 음식과 서비스를 사고파는 시장이며, 비싼 대학 수업료를 내고 강의를 수강함으로써 지식을 사고파는 강의실도 일종의 확대된 의미의 시장이다. 그렇게 보면 자본주의 사회에서 시장은 사회 전체라고 볼 수 있고, 우리 삶의 대부분은 자본주의적 시장 거래에 의한 관계라고 보아도 과언이 아니다.

이러한 자본주의적 시장 관계 외부에 '정부'가 존재한다. 정부는 두 가지 핵심 수단, 즉 '세금'과 '규제'를 통해 시장과 관계를 맺게 된다. 정부가 시장에 부과하게 되는 세금과 규제의 강도에 따라 정부의 개입과 시장의 자율성 간의 상대적 비중과 관계는 달라지게 된다. 가령, 정부가 시장에 대해 별다른 규제도 만들지 않고 시장 활동의 결과물에 대해 세금도 부과하지 않는 상황은 정부의 개입은 약한 반면, 시장의 자율성은 큰 상황이다. 반대로, 시장에 대한 각종 규제 조치를 만들고 높은 세금을 부과한다면 시장의 자율성은 그만큼 위축되는 반면, 정부의 개입과 역할은 커지게 된다. 자본주의가 처음 등장했을 당시에는 시장 중심성이 컸으며 정부의 역할은 미비했다. 그러나 자본주의의 발전 과정에서 발생한 모순과 문제점들은 정부의 역할과 개입을 강화시키게 된다. 이후 정부 개입으로

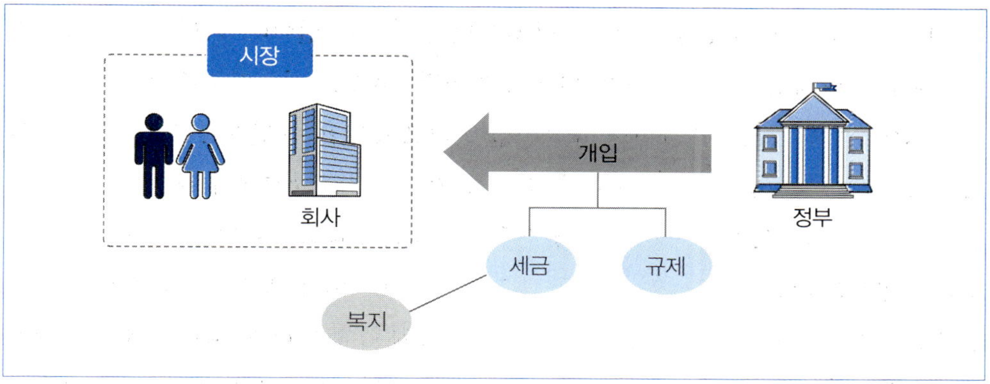

그림 1-1 시장과 정부의 관계

인한 문제점과 비판이 제기되며 다시 시장자율성 우위의 자본주의로 회귀하는 등 정부의 개입과 시장의 자율성 간의 상대적 위상은 자본주의의 발전 과정에서 변화해 왔다.

산업혁명 이후 자본주의가 태동했던 시기, 즉 가장 초기의 자본주의 경제 이론을 정립한 사람이 바로 자본주의 경제학의 아버지로 불리는 애덤 스미스(Adam Smith)이다. 스미스는 자본주의 시장에 대해 예찬했는데, 시장에서의 자유로운 경쟁이 사회 전체의 부를 증진시킨다고 보았다. 공급자와 수요자 모두에게 이익이 되는 가격은 시장에서의 자유로운 경쟁에 의해 결정되며, 따라서 시장은 '보이지 않는 손'에 의하 외부의 개입이 없어도 스스로 가격을 조절하며 유지하는 완벽한 메커니즘이었다.

그런데 초기 자본주의에서 이론과 현실의 균열은 바로 자본주의의 핵심 원리인 '자유경쟁'에서 비롯된다. 개인이 가지고 있는 자본력의 차이는 경쟁의 출발선을 다르게 만들었기 때문이다. 가령, 건물을 소유하고 있는 사람은 임대료가 지출될 필요가 없기 때문에 다른 공급자(임차인 공급자)보다 더 싼 가격에 상품을 판매할 수 있다. 소비자들의 입장에서는 조금이라도 저렴한 물건을 구매하는 것이 합리적이므로 당연히 건물주 공급자의 상품을 구매할 것이다.

그렇다면 자본력을 소유하지 못한 공급자들, 즉 임차인 공급자들은 어떻게 생존해야 하는가? 건물주 공급자보다 높은 가격을 유지하게 되면 판매가 되지 않을 것이므로 결국 폐업하게 될 것이다. 높은 가격을 유지해도 소비자들이 구매하게 하려면 건물주 공급자보다 더 좋은 품질의 상품을 공급하면 되지만 쉽지 않은 일이다. 따라서 어떻게든 가격을 낮출 수밖에 없다. 수익을 줄이면 생계가 막막해지므로 최소한의 수익은 남겨야 한다. 그런데 재료의 가격, 기계설비 가격 등을 임의로 조정할 수 없다. 조정할 수 있는 것은 노동비용, 즉 종업원의 임금뿐이다. 그렇게 자본주의 시장경제의 가격 인하 경쟁은 필연적으로 노동자의 임금 감축과 노동 환경의 악화를 초래하게 된다. 그런데 사회의 다수를 구성하는 노동자들은 생산자이면서 동시에 소비자이다. 노동자들의 임금 삭감은 결국 소비자들의 주머니 사정을 어렵게 만드는 것에 다름 아니며, 따라서 소비 위축을 불러오게 된다. 예전보다 소비가 위축되면 물건이 팔리지 않아 남아돌게 되는, 즉 공급과잉 현상으로 이어지고 공급이 많으면(즉, 상품이 남아돌면) 가격은 다시 인하될 수밖에 없다. 이러한 악순환의 고리가 결국 초기 자본주의 시장에 위기를 불러왔으며, 그 위기가 폭발한 것이 바로 1929년의 경제 대공황이다. 보이지 않는 손에 의한 아름다운 경쟁 질서는 노동환경을 열악하게 만들고, 노동자들의 생활을 어렵게 만들었으며, 경쟁의 결과는 자본력을 가지고 있는 사람들에게 귀속되는 결코 아름답지 않은 결과를 낳았던 것이다.

1929년의 경제 대공황은 자본주의 경제의 심장부라고 불리는 미국 증권시장을 무력화시켰으며, 그 사회적 파급력은 대단했다. 1930년대를 거치며 평균 실업률이 전체 노동인구의 18% 수준으로 유지되었다고 하니 실로 유례를 찾기 힘든 경제사회적 위기였다. 인류 역사에 자본주의가 출현한 이래 처음 목격하는 엄청난 위기는 시장에 대한 맹목적 신뢰를 축소시키고 경제와 국민 생활에 대한 정부의 개입 필요성에 동의하는 사회 분위기로 연결되었다.

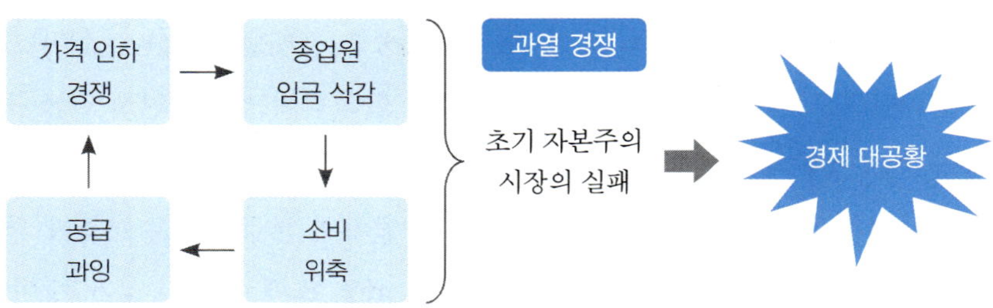

그림 1-2 경쟁과 시장의 실패

정리하면, 초기 자본주의를 거치며 경제 대공황이라는 파국을 맞이하기까지 인류가 얻은 교훈은 다음과 같다. 첫째, 자본주의 사회에서 생산수단을 소유하지 못한 대다수의 노동자계급은 임금노동, 즉 자신의 노동력을 팔아 생계를 유지하는 것이 유일한 생존수단이 된다. 따라서 여러 가지 사유로 인해(가령, 실업, 불건강, 재해, 노령) 임금노동을 하지 못하는 상황이 초래된다면 자본주의 사회에서는 생존이 어렵고 빈곤 위험에 즉각적으로 노출된다. 둘째, 자본주의 시장경제 시스템의 부(富) 창출 메커니즘으로서 '자유경쟁'이 갖는 문제점이다. 자본주의의 경쟁 원리는 필연적으로 노동자들의 임금을 낮추는 방식으로 작동하게 되는데, 이는 노동자들의 삶의 조건을 악화시켜 낮은 임금으로 인한 생활곤란(저임금, 빈곤)의 문제를 발생시키게 되고, 이는 궁극적으로 자본주의 경제 시스템을 고장나게 만드는 원인으로 작용하게 된다는 것이다.

2) 복지국가의 태동과 제도적 대응

경제 대공황은 스미스가 제시한 자본주의 시장경제의 완벽함에 의문을 던지기에 충분한 사건이었다. 시장이 완벽하고 자기조절능력이 있었다면 경제 대공황과 같은 사건은 발생하지 않았을 것이기 때문이다. 자본주의 시장 질서는 자체로 완벽한 것이 아니라, 결국 그 질서가 잘 유지되기 위해 정부의 적극적인 개입을 통해 시장에서 발생하는 문제점(시장의 실패)을 해소해 나가야 한다는 논리가 설득력을 얻게 된다. 이러한 주장을 제기한 대표적인 학자가 존 케인스(John Keynes)이다. 자본주의의 출현 이후 경제적 성장은 주로 '공급'의 관점에서 설명되어 왔다. 즉, 상품의 생산과 시장에서의 판매는 이윤을 발생시키므로 더 많은 이윤을 발생시켜 경제적으로 성장하기 위해서는 더 많이 판매(공급)해야 한다. 그러나 케인스는 반대의 관점에서 자본주의 경제의 성장과 불황에 대한 설명을 제공했는데, 즉 공급을 해도 공급된 상품을 소비해 줄 사람이 없다면 이윤은 창출되지 않고 경제는 성장할 수 없다는 것이다. 따라서 불황은 사회에서 생산된 재화를 소비하지 못할 때, 즉 총수요(소비)가 총공급(생산)을 따라가지 못하기 때문에 발생하는 것이다. 앞서 살펴본 초기자본주의의 자유경쟁이 초래한 노동자들의 임금 삭감과 생활환경의 저하는 결국 소비의 주체인 노동자들이 팍팍해진 주머니 사정으로 인해 이전만큼 소비를 하지 못하게 만들었다. 총수요를 감소시킨 것이다. 이러한 맥락에서 케인스는 불황을 타개할 최선의 방법은 수요를 창출하는 것임을 제시했다. 수요의 감소는 곧 소비능력의 감소를 뜻한다. 따라서 수요를 창출한다는 것은 소비의 주체인 일반 대중, 즉 노동자들과 중산층이 소비할 수 있도록 이들의 경제적 상황을 개선시키는 것이다. 예컨대, 실업자에게는 일자리를 제공해 소득원을 창출해 주고, 임금이 낮은 노동자들의 임금수준을 높여 주고, 빈곤 계층에게는 복지제도를 통해 급여를 제공해 소비에 쓸 수 있는 자원을 갖도록 해 주는 것이 곧 수요를 창출하는 직접적인 방법이며, 이는 곧 일자리 창출 정책을 비롯한 복지제도의 확충을 뜻한다.

정부는 적극적인 일자리 창출 정책과 복지제도를 확충하기 위해 자원을 필요로 하며, 따라서 적극적인 정부 개입은 세금의 확대를 조건으로 한다. 케인스의 이론에 따라 경제 대공황 이후 미국 정부는 케인스 이론을 정책화시킨 '뉴딜 정책'을 실시했고, 정부 개입으로 경제 대공황은 점차 호전되었다. 사회보장의 확충, 세금의 확대에 따라 부는 재분배되었고, 빈부격차는 감소되었다. 또한 다양한 규제의 실시로 거대 자본이 산업을 독점하는 것을 견제하고, 노동자의 적정한 임금수준을 보장해 주었으며, 노동환경을 개선시켰다. 이처럼 경제 대공황 이후 정부의 적극적인 개입이 동반된 자본주의 경제를 '인간의 얼굴을 한 자본주의'라고 칭하고, 이는 20세기 자본주의 제도의 중요한 산물인 '복지국가'의 이론적 토대를 형성한다. 시장을 신봉하고 시장질서에 모든 것을 맡기는 초기 자본주의의 '자유방임주의'는 막을 내리고 국가가 국민의 삶에 적극적으로 개입하는 시대가 열리

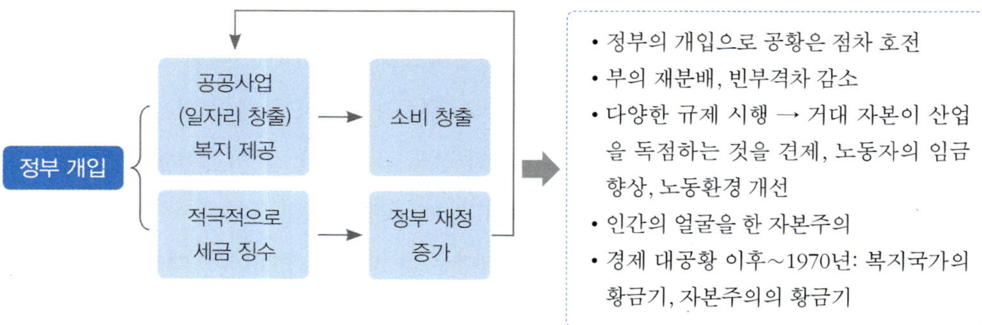

그림 1-3 정부 개입과 복지국가의 탄생

게 된다. 서구 사회에서 복지국가는 대공황 이후부터 확대되어 갔으며, 1970년까지의 시기를 '복지국가의 황금기' 또는 '자본주의의 황금기'라고 부른다. 이 시기 동안은 복지만 확대된 것이 아니라, 정부의 개입으로 시장의 실패가 제거된 자본주의 역시 유례없는 호황을 맞으며 번영을 누리기 때문이다. 자본주의 경제의 호황으로 실업자를 비롯한 취약계층이 감소해 복지지출은 줄어드는 반면, 세수는 확대되어 복지국가의 든든한 물적 토대가 형성된다.

2. 탈근대 자본주의와 복지의 전환

1) 신자유주의 경제체제의 특징

20세기 중반부터 이어졌던 자본주의의 호황은 천년만년 이어질 것 같았지만 결국 또 다른 모순에 봉착하며 위기가 초래된다. 후기 자본주의 국가는 복지와 규제를 통해 노동자들의 노동환경을 개선시켰지만 동시에 해고가 어려워져 노동시장의 경직성을 초래했다. 과도한 개입(규제)과 경직된 노동시장은 급변하는 시장의 상황에 따라 유연하게 대처하면서 경제활동을 할 수 없는 상황으로 이어졌다. 1970년대에 오일쇼크가 터지자 경기는 어렵게 되었지만 물가는 상승하는 스태그플레이션이 나타났고, 정부 개입이 없었던 초기 자본주의로 돌아가는 게 차라리 낫겠다는 분위기가 형성되며 복지국가에 대한 사회적 합의에도 금이 가기 시작했다(Harvey, 2005).

스태그플레이션이란?

스태그플레이션은 경기 침체와 물가 상승이 동시에 나타나는 현상을 말한다. 일반적으로 경기가 좋을 때는 소비와 투자가 활발해져 물가가 오르고(인플레이션), 경기가 나쁠 때는 소비가 줄어들어 물가가 안정되거나 내려간다(디플레이션). 그러나 스태그플레이션은 경제가 침체되어 실업이 늘어나고 생산이 위축되는데도 물가가 계속 오르는 비정상적인 상황을 뜻한다.

이러한 현상은 단일한 원인으로 설명하기 어려운 경제 현상이며 주로 공급 측 요인(생산 비용 상승)과 정책 요인(통화 · 재정 정책의 오류), 그리고 외부 충격(전쟁, 원자재 가격 폭등) 등이 복합적으로 작용할 때 발생한다. 예를 들어, 1970년대 오일쇼크 시기에는 중동 산유국들의 석유 수출 제한으로 인한 기름값 폭등, 즉 필수 원자재의 공급충격을 가장 직접적인 원인으로 꼽을 수 있다. 석유는 공장 가동, 운송, 난방 등 거의 모든 산업의 필수 자원이기 때문에 기름값이 오르면 생산비용이 전반적으로 상승한다. 기업들은 늘어난 비용을 감당하기 위해 제품 가격을 올리지만, 물가가 오르면 소비자들은 지갑을 닫게 되어 경기가 더욱 위축된다. 이렇게 생산비 증가로 인한 물가 상승과 소비 감소로 인한 경기 침체가 동시에 나타나는 스태그플레이션에 실업률까지 높아져 사회 전반에 불안이 커지는 현상이 공존하게 되는데, 물가를 잡기 위해 금리를 올리면 경기가 더 악화되고, 경기를 살리기 위해 금리를 내리면 물가가 더 오르는 딜레마에 빠지게 된다.

한편, 1970년대 스태그플레이션의 직접적인 원인을 정부의 과도한 규제에서 찾는 주장도 있는데, 예를 들어 노동시장 규제나 에너지산업 규제가 생산성과 공급을 떨어뜨려 비용 상승을 초래했다는 것이다. 이러한 주장은 정부의 개입과 복지지출에 대한 직접적인 공격 논리를 제공하며 복지국가가 경제성장을 저해한다는 복지국가 후퇴론으로 연결된다. 그러나 이는 부분적인 해석에 불과하다. 스태그플레이션은 단순히 규제 때문이 아니라, 공급충격, 기타 외부 충격, 통화정책의 실패, 정책 대응의 지연 등 여러 요인이 복합적으로 작용해 발생한다. 따라서 규제 완화만으로 해결될 수 있는 문제가 아니라, 공급망 안정, 적절한 정책 개입 등 거시경제 전반의 균형적 접근이 필요하다.

이러한 주장은 불황의 원인이 정부의 과도한 개입 때문이라는 인식을 확산시켰으며, 세금을 줄이고 규제는 완화하며 복지는 축소하자는 의견을 확산시키며 신자유주의가 본격적으로 등장하게 된다.

신자유주의는 프리드리히 하이에크(Friedrich Hayek), 밀턴 프리드먼(Milton Friedman)과 같은 경제학자들이 오랫동안 발전시켜 온 자유시장 이론에 대한 재주목으로부터 탄생했다. 신자유주의 이론을 주창한 사람들(시카고 학파의 경제학자들)은 정부 개입이 경제

라퍼 곡선(Laffer curve)

1974년에 경제학자 아서 라퍼(Arthur Laffer)가 처음 제안한 개념으로, 세율과 세수(세금 수입) 사이의 관계를 보여 주는 모델이다(Laffer, 2004). 라퍼 곡선의 핵심은 다음과 같다.

–세율이 0%일 때 세수는 0이다(세금을 전혀 걷지 않기 때문).
–세율이 100%일 때에도 세수는 0에 가까워진다(사람들이 일할 동기가 없어지기 때문).
–이 두 극단 사이 어딘가에 세수를 최대화하는 최적의 세율이 존재한다.

라퍼 곡선은 역U자 형태의 곡선으로 표현되는데, 세율이 낮을 때는 세율 인상이 세수 증가로 이어지지만 특정 지점(최적 세율)을 넘어서면 세율 인상이 오히려 세수 감소를 초래하기 때문이다. 높은 세율이 오히려 세수를 감소시키는 이유는 근로의욕 감소, 세금 부담 증가가 유발하는 탈세나 조세회피 유인의 증가, 투자수익률 저하로 인한 투자 위축, 결과적으로 전체적인 경제활동이 위축되어 과세 기반을 감소시키기 때문이다. 라퍼 곡선은 1970년대의 자본주의 경제 불황을 정부의 복지 개입으로 돌리고 정부 개입의 축소를 정당화하는 근거로 활용되었다. 실제 1980년대의 레이건 행정부는 라퍼 곡선을 근거로 대규모 감세 정책을 단행했다.

그러나 라퍼 곡선이 주장하는 최적의 세율이 어디인지 정확히 알기 어려우며, 경험적으로 1980년대의 레이건의 감세 이후 세수가 약속된 만큼 증가하지 않았다는 비판이 있다(Krugman, 1994).

문제의 해결책이 아니라 '원인'이라고 주장했으며, 규제 철폐, 민영화, 금융 자유화, 자유무역, 노동시장 유연화 등을 강조했다. 신자유주의는 1979년 영국의 마거릿 대처 총리와 1980년 미국 로널드 레이건 대통령의 집권으로 정치적 기반을 마련하게 되었다. 이들은 '작은 정부, 큰 시장'이라는 슬로건 아래 국유기업의 민영화, 노동조합 탄압, 규제 완화, 세금 감면, 복지 삭감 등의 정책을 추진했다. 신자유주의는 자본주의 초기의 고전적 자유주의와 공통된 뿌리를 가지고 있지만 배경이 되는 자본주의의 역사적 맥락 차이에서 비롯되는 중요한 차이점을 가지고 있다. 그 차이점은 '독점화'와 '세계화'이다.

신자유주의는 이론적으로 자유시장과 경쟁을 강조하지만 역설적으로 그 실행 과정에서 독점 형성을 촉진하게 된다. 독점화란 거대 자본력이 독점적으로 산업을 이끌게 되는 속성을 의미하는데, 신자유주의 경제체제에서 독점화가 진행되는 메커니즘은 다음과 같다. 먼저, 신자유주의의 규제 완화는 정부 개입을 최소화하고 기업이 자유롭게 경쟁하도록 유도하는 것이지만 거대 기업들은 자본력을 활용해 경쟁사를 인수하거나 시장을 지배하며 경쟁을 약화시킨다. 가령, 컴퓨터, 인터넷의 보급과 함께 1990년대 이후 여러 크고 작은 검색 포털들이 존재했으나 현재 구글, 빙, 국내의 경우 네이버 등이 검색 포털을 장악하고 있다. 동네의 베이커리, 카페, 슈퍼마켓 등 각종 상업 시설을 떠올려 보자. 2000년대까지만 해도 다양한 상호의 상업 시설들이 존재했지만 어느 시점부터 대기업 자본에 기반한 프랜차이즈 상업 시설들로 통합되었다. 이러한 현상은 자본이 자신보다 작은 자본을 종속시키는 속성, 즉 '독점자본주의'의 속성을 가지고 있기 때문에 나타나는 필연적인 결과이며, 이 같은 자본주의의 모순성은 카를 마르크스(Karl Marx)가 『자본론』에서 일찍이 비판한 바 있다. 루돌프 힐퍼딩(Rudolf Hilferding)은 『금융자본론』에서 은행자본과 산업자본이 결합된 금융자본의 형성과 독점자본주의의 등장에 대해 분석했다(Hilferding, 2011).

경쟁은 자본주의의 발전과 풍요의 핵심 메커니즘이다. 공정하고 자유로운 경쟁이 있기에 더 나은 제품을 합리적인 가격에 공급하고 소비할 수 있는 것이 자본주의의 아버지인 스미스가 예찬했던 자본주의 시장의 아름다움이다. 그런데 자본주의가 고도화된 신자유주의 경제체제에서 나타나는 경쟁의 끝은 독점으로 인한 경쟁의 약화라니 모순적이지 않을 수 없다.

예시로 보는 루돌프 힐퍼딩(Hilferding, 2011)의 『금융자본론』과 독점자본주의

1. 초기 자본주의의 자유경쟁

자본주의의 초기에는 많은 작은 사업체가 경쟁한다. 예를 들어, 동네에 비슷한 크기의 작은 베이커리 여러 개가 서로 더 맛있는 빵을, 더 좋은 가격에 팔기 위해 경쟁하고 있다고 하자. 베이커리는 대부분 가족 소유이고, 성장을 위한 자금이 필요할 때는 은행에서 대출을 받았다.

2. 자본의 집적과 집중

시간이 지나면서 더 빵이 잘 팔리고 돈을 많이 버는 베이커리들이 등장했고, 이들은 베이커리 광고, 더 맛있는 레시피 개발 등에 이익을 재투자하며 베이커리의 규모를 더욱 키워 나간다(자본의 집적). 자본의 집적 과정에서 돈을 많이 버는 베이커리들과 그렇지 못한 베이커리들 간의 격차는 더 벌어질 수밖에 없다. 일부 베이커리 주인은 이윤을 활용해 경쟁하는 이웃 베이커리를 인수하기 시작했다(자본의 집중). 예를 들어, '파리 베이글'이라는 베이커리가 동네에서 가장 장사가 잘 되고 큰 베이커리가 되어 동네 빵집을 인수하며 시장의 30%를 차지하게 되자 이제 10개의 동네 빵집 중 3개는 '파리 베이글'이라는 간판을 달게 되었다. '파리 베이글'은 더 많은 돈을 벌어들이며 더 좋은 빵 기계를 구입할 수 있었고, 밀과 같은 원료를 대량 구매함으로써 원자재 비용을 낮출 수 있게 되었다. 이로 인해 더 맛있는 빵을 더 낮은 가격에 판매할 수 있게 되자 이제 동네 다른 빵집들은 도저히 '파리 베이글'과 경쟁할 수 없는 지경에 이른다. 다수의 동네 베이커리들은 경쟁에서 살아남지 못하고 문을 닫거나 '파리 베이글'에 흡수된다.

3. 은행의 역할 변화와 금융자본의 형성

'파리 베이글'의 기업 규모가 커지면서 새로운 대형 빵 공장을 짓고 최신 기계를 구입하거나, 아예 빵을 만드는 원자재인 '여우표 밀가루' 회사를 인수하는 등 사업이 확장되었고, 이에 따라 필요한 자금도 커지게 되었다. 초기에 은행은 단순히 베이커리에 대출을 제공하는 역할만 했다. 그러나 '파리 베이글'이 막대한 대출 자금을 요구하자 은행은 대출을 해 주며 이전과는 달리 '파리 베이글'에 더 깊숙이 관여하기 시작했다. 은행은 단순한 대출기관을 넘어 '파리 베이글'의 주요 주주가 되거나, 이사회에 대표를 파견하게 되었다. 동시에 '파리 베이글'이 인수한 '여우표 밀가루' 회사도 큰 규모의 은행 대출 자금이 들어갔으므로 이제 은행은 '파리 베이글'의 주주로서 30%의 지분을 소유하고, 동시에 '여우표 밀가루'의 40%를 소유하게 되었다. 은행은 단순한 자금 제공자가 아니라 베이커리 산업의 중심축인 '금융자본'이 된다.

4. 독점과 경쟁제한

'파리 베이글'은 경쟁을 줄이고 이윤을 보호하기 위해 여러 방법을 사용한다. 첫째, 카르텔 형성이다. 남아 있는 소수의 베이커리 업체들과 비밀리에 만나 최저 가격을 설정하거나 시장을 나누는 협정을 맺는다. "너희는 쿠키만 만들고 우리는 나머지를 만들자. 서로 영역을 침범하지 말고……." 둘째, 여러 베이커리가 하나의 대형 지주회사 아래 통합되는 트러스트 형성이다. 겉으로는 '파리 베이글' '독일 프레첼' '브라질 카페' 등 개별 브랜드로 운영되지만, 실제로는 하나의 경영진이 모든 결정을 내린다. 셋째, '파리 베이글'이 경쟁사인 '하루종일' 베이커리를 완전히 인수해서 시장 점유율을 더욱 높이는 기업 합병 방식이다.

5. 국가와의 관계와 국제적 확장

독점 기업들은 규모와 자원을 바탕으로 정치적 영향력을 행사하기에 이른다. 예를 들어, 수입 베이커리에 높은 관세를 부과하도록 정부에 로비하거나, 유리한 규제를 만들도록 압력을 가한다. 국내 시장이 포화되면 해외로 눈을 돌렸다. '파리 베이글'은 중국에서 값싼 밀을 확보하기 위해 현지 밀밭을 구매하고 중국에 공장을 세워 낮은 인건비를 활용했다. 이러한 해외 확장은 자국 정부의 외교적, 때로는 군사적 지원을 받았다.

힐퍼딩의 논의는 금융자본과 독점자본주의의 발전이 어떻게 경제적 권력을 소수에게 집중시키고, 금융기관이 실물 경제의 주요 통제자가 되며, 이러한 경제적 권력이 정치적 영향력으로 이어지는지 보여 준다.

세계화(globalization)란 국경을 초월한 경제, 문화, 정치, 기술, 사회적 교류가 확대되는 과정을 의미한다. 신자유주의 체제 하에서 세계화는 크게 생산의 세계화와 자본의 세계화라는 두 가지 방향으로 진행되었다.

먼저, 생산의 세계화는 다국적 기업의 등장과 성장으로 대표된다. 기업들은 국경을 초월하여 노동비용, 세제 혜택, 규제 환경 등이 더 유리한 국가로 생산 기지를 이전하는 전략을 적극적으로 추진했다. 이러한 접근은 생산비용을 크게 절감함으로써 기업의 경쟁력 강화에 기여했으나 동시에 기업 간 경쟁이 더욱 격화되면서 비용 절감 압박이 커졌고, 이는 종종 노동자들의 근로 조건 악화로 이어졌다. 기업들이 더 낮은 임금, 더 적은 복지, 더 약한 노동 보호를 제공하는 지역으로 생산 기지를 이전하면서 노동 조건에 대한 하향 압력이 전 세계적으로 확대되는 양상으로 나타났다.

다음으로, 자본의 세계화는 국경 없는 자본의 자유로운 이동을 특징으로 한다. 이는 금융 규제의 완화와 함께 투기의 세계화, 즉 투기 자본주의의 등장으로 이어졌다. 초기 자본주의에서 이윤의 주요 원천이 상품의 생산 및 판매였다면, 신자유주의 시대에는 주식, 채권, 외환, 파생상품 등 금융자산의 매매를 통한 수익이 막대한 비중을 차지하게 되었다. 특히 주목할 점은 세계 금융시장, 즉 외환시장과 증권시장에서 컴퓨터를 통해 국경에 상관없이 순식간에 거래되는 금액이 실제 세계 무역 거래액의 몇백 배에 달한다는 사실이다. 이렇게 투기 자본이 빈번하게 국경을 넘나들면서 세계경제의 불안정성은 크게 증가했다.

미국의 금융자본주의를 소재로 한 영화

올리버 스톤 감독의 1987년 영화 〈월 스트리트〉는 1980년대 미국 금융계의 탐욕과 부패를 날카롭게 비판한 영화이다. 영화는 젊은 증권맨인 버드 폭스가 악명 높은 기업사냥꾼 고든 게코의 밑에서 경제적 성공을 추구하는 과정을 통해 금융자본주의의 문제점을 드러낸다. “탐욕은 선(greed is good)”이라는 게코의 유명한 대사는 자본주의 체제의 극단적인 사적 이윤 추구의 정수를 보여 준다. 또한 내부자 거래, 주가 조작, 기업 도산 유도 등 금융업계의 비윤리적 관행과 이로 인해 희생양이 되는 기업과 노동자들의 모습을 드러낸다. 동시에 버드의 양심적 갈등을 통해 개인의 도덕성과 사회적 책임의 중요성을 강조하며, 자본주의 체제 내에서의 윤리적 행동의 필요성을 시사한다.

그림 1-4 영화 〈월 스트리트〉(1987) 포스터

이러한 세계화의 결과, 민간 경제활동에 대한 정부의 개입 능력은 과거에 비해 현저히 약화되었고, 일부 영역에서는 거의 불가능하게 되었다. 자본이 국경을 자유롭게 이동할 수 있게 되면서 한 국가의 규제나 정책이 자본에 불리하게 작용할 경우 자본은 빠르게 다른 국가로 이동할 수 있게 되었다. 이러한 환경에서 개별 국가의 정부는 자본 유치와 경제성장을 위해 기업과 금융에 유리한 정책을 채택할 수밖에 없는 상황에 놓이게 되었고, 이는 정부의 자율적인 정책 수립 능력을 크게 제약하게 되었다.

2) 신자유주의 시대의 사회문제와 복지의 재편

(1) 불평등의 심화

신자유주의는 인류에게 전례없던 번영을 가져다주었지만 동시에 전례 없던 사회문제를 야기하고 있다. 가장 두드러진 문제는 신자유주의의 경쟁 격화로 소득과 부의 불평등이 심화되었다는 것이다. OECD의 '소득불평등 보고서'에 의하면 대부분의 OECD 회원국에서 1980년대 이후에 소득 불평등이 증가했다고 보고되고 있으며, 특히 회원국 평균 상위 10%의 소득이 하위 10%의 소득보다 9.5배 높은 것으로 나타났는데, 이는 1980년대보다 7배 증가한 수치이다(OECD, 2014).

불평등이 심화되었을 뿐만 아니라 불평등한 분배가 고착화되는 경향도 심화되었다. 2018년에 발간된 OECD 보고서 '고장 난 사회적 계층 이동의 엘리베이터? 사회적 이동성 촉진 방안(A Broken Social Elevator? How to Promote Social Mobility)'에서는 사회적 이동성, 즉 저소득층에서 중산층으로, 중산층에서 고소득층으로 이동할 가능성이 현저히 저하되었으며, 특히 1990년대 이후 하위 중산층이 빈곤층으로 하락할 가능성이 증가한 반면, 상위 중산층 및 부유층의 지위는 더욱 고착화되어 '부자는 계속 부자로 남고, 가난한 사람은 계속 가난하게 남는' 현상이 심화되었다. 보고서의 제목처럼 사회적 계층 이동의 '엘리베이터가 고장' 난 것이다. 상위 20%의 부유층에서는 부모의 부와 사회적 네트워크의 전수, 상속과 증여, 높은 교육과 학업성취도로 인해 '고정된 천장(sticky ceiling)' 현상이 발생하는 반면, 하위 20%의 가난한 가정에서는 교육 및 직업 기회 부족, 부모로부터 자산 증여의 기회 부재 등으로 인해 '고정된 바닥(sticky floor)' 현상이 발생한다(OECD,

2018).

불평등의 심화와 동시에 '양극화' 현상도 심화되어 중산층이 사라지고 있는 것도 신자유주의 사회에서 파생되고 있는 문제이다. 신자유주의 사회에서 중산층은 하위 중산층과 상위 중산층 두 개의 그룹으로 갈라지는데, 하위 중산층은 점점 더 빈곤층으로 전락하고, 상위 중산층은 부유층에 편입되어 중산층이 양극단으로 편입되며 사라지는 현상이 나타나고 있는 것이다(OECD, 2018). 중산층은 경제의 핵심 주체이며 소비계층으로, 중산층이 두터워야 내수시장이 활성화되고 경기 변동이 완화된다. 정부 입장에서도 중산층이 많으면 국가의 세금 수입이 안정적이어서 지속가능한 재정 운영이 가능하다. 사회의 중심축인 중산층이 분화되어 양극화가 된다는 것은 경제사회적 불안정성의 증가를 의미한다. 경제성장이 둔화되며 사회적 연대 의식이 약화되어 계층 간 갈등이 심화되고, 나아가 이러한 불평등과 갈등에 대응해 정치적 포퓰리즘과 극단주의 정치 세력이 부상해 정치적 불안정성까지 증대하게 된다.

프랑스의 경제학자 토마 피케티(Thomas Piketty)는 2013년에 큰 반향을 불러일으킨 『21세기 자본(Capital in the Twenty-First Century)』이라는 책을 출간했는데, 이 책은 200년 이상의 역사적 자료를 바탕으로 자본주의 체제에서 부와 소득불평등의 역학을 분석했다(Piketty, 2014). 그는 실증 자료를 근거로, 자본에서 발생하는 수익률(r)이 경제성장률(g)보다 높다고 주장했는데, 이를 'r＞g'라는 간단한 공식으로 표현했다. 쉽게 말해, 이미 돈(자본)을 가진 사람들의 재산은 경제 전체보다 더 빨리 증가하는 경향이 있다는 것이다. 가령, 사회의 경제성장률이 연 2%인데 자본 수익률은 4~5%라면 자본 소유자들이 나머지 사람들보다 훨씬 빠르게 부유하게 된다는 것이며, 역으로 자본을 소유하지 못한 사람들은 이를 따라잡을 방법이 없다는 것이다.

피케티는 현대사회의 불평등이 두 가지 형태로 나타난다고 했는데, 첫째, 재산이 세대를 거쳐 축적되고 상속되면서 태어날 때부터 부자인 사람들의 영향력이 커지는 현상, 즉 '상속 자본주의의 귀환', 둘째, 미국과 같은 국가에서 기업 최고경영자들의 보수가 폭발적으로 증가함으로써 자신의 생산성과 관계 없이 엄청난 보수를 받게 되는 집단이 등장하는 '슈퍼 매니저 현상'이다. 피케티는 두 형태 모두 능력주의의 원칙에 위배되고 기회의 평등을 훼손한다고 주장했다.

밀라노비치의 코끼리 곡선(elephant curve)

브랑코 밀라노비치(Branko Milanovic)의 코끼리 곡선은 세계화 시대의 소득 분배 변화를 보여 주는 중요한 시각적 도구이다. 밀라노비치와 그의 동료 크리스토프 라크너(Christoph Lakner)는 전 지구적으로 세계화가 급속도로 진행된 1988년부터 2008년까지 20년 동안 전 세계 소득 분위별 실질소득 증가율을 분석했다. 이 분석 결과를 그래프로 표현했을 때 코끼리 형태의 곡선이 나타나 '코끼리 곡선'이라는 이름이 붙게 되었다.

이 곡선은 세계화의 복잡한 분배 효과를 명확하게 제시한다. 세계 소득 분포에서 하위 10~60%에 해당하는 집단, 주로 중국이나 인도와 같은 신흥경제국의 중산층은 약 80% 정도의 매우 높은 실질소득 증가를 경험했다. 이 부분이 코끼리의 몸통에 해당한다. 반면, 세계 소득 분포의 60~90%에 해당하는 집단, 즉 선진국의 중하위층과 일부 중산층은 상대적으로 낮은 소득 증가(약 10~20%)를 보였는데, 이 부분이 코끼리의 목에 해당된다. 마지막으로, 세계 최상위 소득층(상위 1%)은 약 60% 정도의 상당한 소득 증가를 경험했는데, 이것이 그래프에서 코끼리가 들어 올린 코 부분으로 표현되었다.

이 곡선은 세계화 시대의 승자와 패자를 보여 준다. 신흥경제국의 중산층과 글로벌 최상위층이 세계화의 주요 수혜자였던 반면, 선진국의 중하위층은 상대적으로 정체된 소득 증가를 경험했다. 이런 경제적 현실은 선진국 내 중산층의 불만, 포퓰리즘의 부상, 반세계화 정서 등 현대 정치경제적 현상을 설명하는 중요한 근거가 되고 있다(Milanovic, 2016; Lakner & Milanovic, 2016).

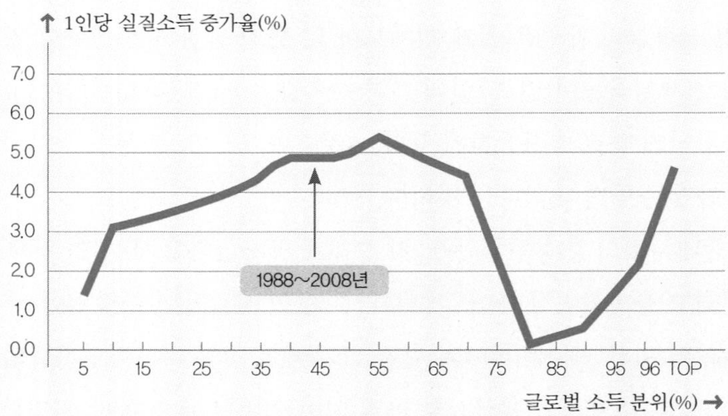

그림 1-5 밀라노비치의 코끼리 곡선(the elephant curve)

출처: 중앙일보(2025. 5. 31.).

(2) 노동환경의 악화

노동시장의 유연화는 신자유주의의 핵심 요소 중 하나이다. 후기자본주의 경제체제의 과도한 규제의 부정적 효과를 강조하며, 기업이 시장 상황에 따라 더 쉽게 인력을 조정할 수 있도록 노동자들에 대한 각종 보호조치를 완화하고자 한 것이다. 그 결과, 정규직 고용은 감소하고, 비정규직, 계약직, 임시직, 파트타임 등 불안정한 고용 형태가 크게 증가하게 되었다. OECD 국가들에서 비정규직 고용은 전체 고용의 1/3을 차지하며, 1990년대 이후 신규 고용창출 중 절반 이상이 비정규직 고용이었다(OECD, 2015).

신자유주의 시대에는 노동생산성이 지속적으로 증가했음에도 불구하고, 일반 노동자들의 실질임금은 정체되는 현상이 나타났으며, 국민소득에서 노동소득이 차지하는 비율이 대부분의 선진국에서 하락했다. 신자유주의적 경제사회 재편이 가장 강력하게 일어난 미국의 경우, 1979년 이후 노동생산성은 70% 이상 증가했지만 평균 노동자의 실질임금 증가는 이에 크게 미치지 못했다(Economic Policy Institute, 2024). 각종 규제를 완화하고 고용조건을 불안정하게 만들며 오직 '성장'을 구가한 덕에 신자유주의 경제체제에서 그 어느 때보다 높은 성장을 달성했지만 정작 성장의 혜택은 노동자들에게 돌아오지 않았으며 자본 소유자에게 더 많이 돌아간 것이다.

그 이유는 다양하겠지만 무엇보다 노동자들의 임금에 대한 교섭력 약화에서 기인하

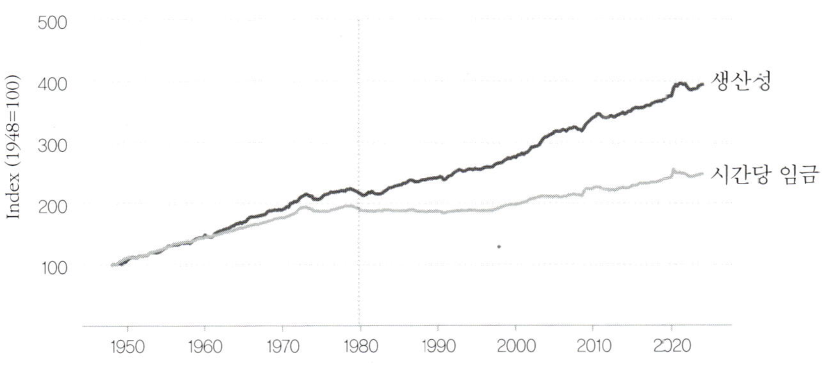

그림 1-6 생산성 성장률과 시간당 임금 성장률(1948~2024년)

출처: Economic Policy Institute. (2004).

는 측면이 크다. 신자유주의 정책은 노동조합의 영향력을 약화시키는 방향으로 작용했는데, 대처 정부와 레이건 정부를 비롯한 여러 국가에서 노조 활동을 제한하는 법적·제도적 변화가 단행되었기 때문이다. 또한 제조업에서 서비스업으로의 산업구조의 변화, 글로벌 생산 네트워크의 확산, 비정규직 증가 등은 노동조합의 조직화를 더욱 어렵게 만들었다. 그 결과, 대부분의 선진국에서 노조 조직률이 크게 하락했다. 예를 들어, 미국의 노조 조직률은 1980년대 초 20.1%였으나 2024년 9.9%로 감소했다(US Bureau of Labor Statistics, 2024). 노조의 약화는 노동자들의 협상력 감소와 임금 정체, 근로조건 악화로 이어지게 되어 임금 상승 억제와 비정규직의 증가로 연결되며, 비정규직의 증가는 다시 노동조합의 약화로 이어지는 순환구조를 형성한다.

고용의 불안정성은 곧 경쟁의 심화와 직결된다. 기업 간 경쟁의 격화로 인한 이윤 극대화의 압력 속에서 많은 기업은 노동자 감축과 업무 강도 강화를 통해 비용을 절감하고자 했다. 또한 컴퓨터와 정보통신기술의 발전으로 노동자들의 업무 성과를 지속적으로 모니터링하고 평가하는 것이 가능하게 됨으로써 노동 통제가 강화되고 노동자의 자율성은 감소되었다. 결과적으로 많은 노동자가 높은 수준의 직무스트레스, 번아웃, 일-생활 불균형 등의 문제를 경험하게 되었다. 신자유주의는 노동자들을 경제적으로 불안정하게 만들었을 뿐만 아니라 정신적 측면과 삶의 질 악화까지 동반한 셈이다.

신자유주의의 세계화는 노동자들을 전 세계적인 경쟁 상태에 놓이게 했다. 세계화의 현상으로 기업들은 생산 시설을 노동비용이 낮은 국가로 이전하거나, 그러한 이전의 가능성을 임금 협상의 압박 수단으로 활용했다. 이로 인해 선진국의 많은 제조업 일자리가 사라졌고, 남아 있는 일자리에서도 임금과 근로조건에 대한 하향 압력이 발생했다. 미국의 '러스트 벨트(rust belt)' 같은 전통적인 제조업 지역의 쇠퇴는 이러한 변화의 상징적 사례이다. 개발도상국에서는 일자리가 증가했지만, 종종 낮은 임금, 열악한 근로조건, 환경오염 등의 문제를 수반했다. 방글라데시 의류 공장의 붕괴 사고(라나 플라자 붕괴)와 같은 비극은 이러한 문제의 극단적 사례에 해당한다.

이처럼 신자유주의 체제 하의 노동환경 악화는 일을 해도 가난한 '워킹 푸어(working poor)'를 증가시켰으며, 소득 불평등 심화, 사회적 불안정 증가, 정신건강과 삶의 질 악화 등 넓은 사회적 결과로 이어지게 된다.

(3) 복지국가의 위기와 변화

신자유주의 하에서 불평등이 심화되고 삶의 환경이 악화된 만큼 복지가 재분배 및 삶의 질 향상의 반작용을 수행한다면 큰 문제가 없을 것이다. 그러나 신자유주의 체제는 성장 우선의 체제로서, 특히 국가 복지 시스템의 약화를 전제하는 체제이다. 신자유주의의 등장부터 복지국가의 개입주의적 성격에 대한 비판에서 출발했으며, 영국의 대처와 미국의 레이건 정부는 국가의 복지 개입을 축소하는 '작은 정부' 정책을 추진하며 시장 중심적 전환을 주도했다. 많은 국가에서 부유층과 기업에 대한 세금을 인하하고 복지 재정 기반을 약화시켰으며 복지의 축소, 특히 보편주의 복지보다 선별적 복지로의 전환이 강조되었다. 복지 수급에 대해서도 노동 의무가 부과되는 '워크페어(workfare)' 정책을 도입했으며, 효율성의 가치 하에 부정수급 방지 등 수급 조건을 더욱 까다롭게 개편하는 데 초점을 두었다.

신자유주의의 이념과 정책 방향이 근본적으로 '복지 축소'를 내재하고 있음과 동시에 기존의 복지국가 시스템이 신자유주의 사회의 여러 현상 및 사회문제와 부조응하기 시작한 것도 복지 시스템 약화의 중요한 축을 차지한다. 케인스주의 복지국가는 기본적으로 정규직 전일제 고용을 기반으로 설계되었다. 고용주와 노동자의 안정된 사회보험료 기여를 전제로 하지만 비정규직과 같은 불안정 고용이 증가한 것은 반복적인 고용 단절과 낮은 소득으로 인해 사회보험 혜택에서 제외되거나 불충분한 혜택만 받게 되는 결과를 초래하게 되었다. 개인의 고용이 불안정하게 되는 현상은 복지 수급자 입장에서 부정적일 뿐만 아니라 세금과 사회보험료 수입 감소로 이어져 복지국가의 재정에도 나쁜 영향을 미치게 됨으로써 복지국가 시스템 전반을 흔드는 결과를 초래하게 된다.

복지국가는 기본적으로 개인의 생애주기에서 맞닥뜨리게 되는 어려움을 사회적 연대의 원리에 기반해 사회적 차원에서 함께 해결하는 메커니즘이다. 그런데 신자유주의가 초래한 경쟁의 격화와 공동체의 파괴는 복지를 중심으로 한 사회적 연대의 틀을 흔들게 된다. 이는 사회보험제도를 둘러싼 세대 간 갈등, 복지 혜택을 둘러싼 집단 간 갈등을 초래하며, 복지국가가 누렸던 복지에 대한 합의는 신자유주의의 시대에 더욱 요원하게 된다.

3. 소결: 경제체제의 한계와 복지의 제도화

시대를 초월해 인간이 일생을 통해 가장 바라는 바는 '잘 먹고 잘 사는 일'이다. 우리는 이를 위해 경제활동을 하며, 인류는 역사적으로 다양한 경제체제를 발전시켜 왔다. 그러나 어떤 경제체제이든 완전하지 않았고, 그 안에서 누군가는 문제없이 살아가지만, 누군가는 굶주리거나 배제되어 생존 자체가 위협받는 상황에 놓이곤 했다.

이처럼 먹고 사는 문제에서 밀려난 이들에 대해 인류는 공동체의 나눔, 지배자의 자비, 종교적 가르침 등 다양한 방식으로 대응해 왔다. 반면, 사회가 불안할 때는 취약한 이들에게 책임을 전가하거나 부정적인 낙인을 씌우는 방식으로 회피하기도 했다.

근대사회로 접어들며 먹고사는 문제에 대한 해결의 주체로 '국가'가 본격적으로 등장하게 된다. 이는 몇 가지 중역사적 변화와 맞물려 있다.

첫째, 전통 공동체의 해체이다. 중세까지 개인의 삶은 가족, 마을, 교회 등 자연적 공동체 속에서 보장되었으나, 근대화 과정에서 이러한 공동체는 해체되었다. 농민은 도시노동자가 되었고, 도시로 유입된 사람들은 날품팔이 노동자로 전락해 익명성과 경쟁 속에서 외롭고 취약한 존재가 되었다.

둘째, 국가의 역할이 확대되었다. 근대사회의 초입, 즉 중상주의 시기의 국가 권력은 경제를 통제하고 보호하기 위한 목적으로 점차 강화되었고, 이후 근대 국민국가 체제가 정착되면서 국가는 단순한 통치 기구를 넘어 국민의 권리와 복지를 보장해야 하는 책임 주체로 떠오르게 되었다. 이 과정에서 '자유권'에 더해 '사회권'이라는 새로운 권리 개념이 등장하게 된다. 다시 말해, 인간은 단지 자유롭게 살 권리만이 아니라, 최소한의 인간다운 삶을 누릴 수 있는 조건—의식주, 건강, 교육 등—을 보장받아야 할 권리의 주체로 인식되기 시작한 것이다.

셋째, 시장체제의 한계가 뚜렷하게 드러난 것도 중요한 계기였다. 산업혁명을 거치며 자본주의는 눈부신 경제성장을 이루었지만, 동시에 노동자 계층은 극심한 빈곤과 착취에 시달렸다. 자유방임주의는 소수의 부를 증대시켰지만, 대다수의 인간다운 삶은 외면되었고, 이러한 현실은 시장 실패에 대한 국가 개입의 정당성을 강하게 요청하게 된다.

이러한 역사적 맥락 속에서 오늘날 국가는 '먹고사는 일'에 문제가 생겼을 때 이를 해결하는 가장 중요한 복지의 주체로 자리 잡았다. 복지국가는 빈곤, 실업, 양극화, 산업재해와 같이 자본주의 시스템으로 인해 발생한 사회문제들에 대하여 제2차 세계대전을 거치며 강하게 된 서구 유럽의 국가들이 거국적으로 대응한 결과물이다. 현재 복지가 복지국가와 동일시되며, 자본주의 사회의 주된 사회문제인 실업과 소득 상실이 복지국가가 해결해야 할 과제로 인식되고 있는 것은 이러한 맥락에서이다.

오늘날처럼 과학기술이 고도로 발달하고 경제가 글로벌화된 사회에서도 이상적인 경제체제는 여전히 존재하지 않는다. 많은 사람은 신자유주의가 모두의 배를 불릴 것이라고 믿었지만, 오히려 현실은 양극화와 배제, 그리고 새로운 형태의 사회문제를 낳고 있다.

이처럼 경제체제는 언제나 불완전했고, 그 불완전함은 사회문제를 발생시켜 왔다. 복지는 바로 이 경제 · 사회 체제에서 생겨나는 균열과 부작용을 치유하는 사회적 기제이다. 경제체제가 완전하지 않는 이상 복지는 늘 필요하며, 복지가 담당해야 할 역할과 접근 방식은 시대적 조건에 따라 달라질 수밖에 없다.

이런 맥락에서 오늘날 우리가 알고 있는 복지국가는 어디까지나 불완전한 자본주의 경제 체제가 낳은 문제에 대응하기 위해 형성된 하나의 체제일 뿐이다. 복지의 본질은 특정 체제를 고정적으로 유지하는 것이 아니라, 끊임없이 변화하는 사회적 조건 속에서 발생하는 문제를 치유하고 더 나은 삶의 조건을 마련하는 데 있다. 따라서 복지는 시대적 · 사회문화적 맥락에 따라 그 내용과 성격이 유기적으로 변화해야 한다.

참고문헌

〈번역서〉

Hilferding, R. (2011). 금융자본론(김수행, 김진엽 공역). 비르투. (원저 1910, *Das finanzkapital*).

Piketty, T. (2014). 21세기 자본(장경덕 외 공역). 글항아리. (원저 2013, *Capital in the twenty-first century*).

〈해외 문헌〉

Harvey, D. (2005). *A brief history of neoliberalism*. Oxford University Press.

Krugman, P. (1994). *Peddling prosperity: Economic sense and nonsense in the age of diminished expectations*. W. W. Norton & Company.

Laffer, A. B. (2004). The Laffer curve: Past, present, and future. Heritage Foundation Backgrounder.

Lakner, C., & Milanovic, B. (2016). Global income distribution: From the fall of the Berlin wall to the great recession. *World Bank Economic Review, 30*(2), 203-232.

Milanovic, B. (2016). *Global inequality: A new approach for the age of globalization*. Harvard University Press.

〈신문 기사〉

중앙일보(2025. 5. 31.). "소득 불평등의 상징, 치켜들었던 코끼리 코 사라졌지만…". https://www.joongang.co.kr/article/25340352

〈보고서 및 연구 자료〉

Economic Policy Institute. (2024). Productivity pay gap. https://www.epi.org/productivity-pay-gap/

OECD. (2014). Trends in income inequality and its impact on economic growth (OECD Social, Employment and Migration Working Papers). https://www.oecd.org/content/dam/oecd/en/publications/reports/2014/12/trends-in-income-inequality-and-its-impact-on-economic-growth_g17a2582/5jxrjncwxv6j-en.pdf

OECD. (2015). In it together: Why less inequality benefits all. OECD Publishing. http://dx.doi.org/10.1787/9789264235120-en

OECD. (2018). A broken social elevator? How to promote social mobility. https://www.oecd.org/en/publications/broken-elevator-how-to-promote-social-mobility_9789264301085-en.html

US Bureau of Labor Statistics. (n.d.). Union members summary. https://www.bls.gov/news.release/union2.nr0.htm

제 2 장

복지와 정치체제: 이념, 권력, 신뢰의 장(場)에서 복지를 다시 묻다

1. 정치는 무엇인가

1) 정치는 공동체의 이익을 추구하는 행위이다

신문이나 뉴스는 늘 정치(보다 정확하게는 정치인)에 관한 이슈를 비중 있게 다루며, 모임에서의 대화는 종종 정치에 관한 이야기로 귀결되는 것을 보면 정치는 우리 삶에 큰 영향을 미치는 대상임이 분명해 보인다. 그러나 많은 관심은 정치가 아닌 '정치인'에 집중되고 있으며, 가끔 연예인과 정치인은 한 끗 차이라는 생각마저 든다. 정치란 무엇인가?

정치의 어원부터 따져 보자. 정치(politics)는 그리스의 '도시국가'를 뜻하는 폴리스(polis)에서 기원한다. 근대적인 국가가 형성되기 한참 전, 도시와 그 주변 지역이 정치, 경제, 문화의 중심지로 기능하였는데, 독자적인 정부와 군대를 보유하며 마치 하나의 국가와도 같아 '도시국가'로 불렸다. 아테네, 스파르타, 코린토스 등이 대표적인 고대 그리스의 도시국가이다. 도시국가의 사람들은 다양한 형태로 정치에 적극적으로 참여했는

(왼쪽 그림) 필립 폰 폴츠(Philipp Foltz; 고대 아테네 민주정치의 전성기를 대표하는 인물)의 1853년 작품 '페리클레스의 추도 연설(Pericles' Funeral Oration)
(오른쪽 그림) 대한민국의 민주주의를 상징하는 여의도 국회의사당

그림 2-1 정치, 고대와 현대

데, 가령 아테네의 시민들은 도시의 중심에 위치한 광장인 '아고라'에 모여 정치에 대한 토론과 집회를 열었으며 민회가 열렸던 언덕(피닉스 언덕)에 시민들이 모두 모여 중요한 결정을 내렸다. '정치(politics)'의 어원이 '폴리스'라는 것은 도시국가의 시민들이 공동체의 일에 대해 관심을 가지고 참여했던 행위가 정치의 본질임을 보여 준다.

현대사회의 정치 이념의 뿌리인 민주주의(democracy)도 고대 그리스어 'Demokratia(δημοκρατία)'에서 유래한 단어이다. Demokratia는 '사람들' '민중'을 뜻하는 Demos(δῆμος)와 '권력' '통치'를 뜻하는 Kratos(κράτος)의 합성어로, 민중의 통치, 사람들의 권력이라는 뜻이다. 이처럼 정치는 공동체의 일, 공동체의 이익을 위해 무언가를 숙고하고 결정하는 과정이다. 고대 그리스 철학자 플라톤은 정치의 본질은 정의를 실현하는 데 있는데, 정의란 자신의 이익을 추구하는 것이 아니라 공동체의 이익을 추구하는 것이라고 했다. 나의 이익을 넘어 공동체, 즉 우리 모두의 이익을 추구하기 위한 행위로서 정치는 사회 구성원 모두의 일이다.

2) 사회갈등을 부추기는 현실의 정치

그러나 오늘날 많은 사람은 정치를 정치인들이 하는 일, 즉 '그들만의 리그'로 바라보는 시선이 지배적이다. 정치가 공동체 전체의 이익을 고민하는 행위라기보다는 정치인들이 주도하는 권력 게임으로 인식되는 것이다. 어떤 정치인이 대통령이 되는지, 어떤 정당이 더 많은 의석을 확보하는지와 같은 사안들이 정치의 중심 이슈로 자리 잡았다. 그래서 사람들의 입에 오르내리는 정치 이슈도 특정 정치인의 행보나 비리에 집중되는 경우가 많다. 우리 사회에 어떠한 당면문제가 있고, 이를 해결하기 위해서는 어떤 정책들이 필요한지를 두고 서로 논의하고 협상하는 정치의 본질은 희미하게 되었다. 이러한 경향은 정치적 냉소주의를 강화한다.

현재 우리가 마주한 문제는 한국 사회의 정치가 여전히 형식적 민주주의 단계에 머물러 있다는 점이다. 오랜 군부독재 시대를 거쳐 민주화에 성공했지만, 여전히 정치는 시

형식적 민주주의와 실질적 민주주의

형식적 민주주의와 실질적 민주주의는 민주주의를 이해하는 두 가지 주요 관점이다. 형식적 민주주의는 선거, 의회, 헌법 등 민주주의를 이루는 제도적 틀과 절차를 뜻한다. 이는 시민들이 투표를 통해 대리인을 선출하고, 이를 통해 법과 정책이 입안되고 집행되는 과정을 강조한다. 그러나 형식적 민주주의는 주로 절차적 정당성과 제도적 틀이 제대로 작동하는지 여부를 기준으로 하기에 사회적 평등이나 시민들의 실질적인 참여 여부는 상대적으로 소홀히 다룰 수 있다. 따라서 민주적 정치를 위해서는 형식적 민주주의가 기본 바탕을 제공하지만, 형식적 민주주의에 안주하면 권력이 소수 대리인들에게 집중되거나 사회적 불평등이 심화되는 문제를 방치할 가능성이 있다.

반면, 실질적 민주주의는 단순히 민주적 제도와 절차가 존재하는 것을 넘어 이러한 제도가 사회 구성원 모두의 이익을 실질적으로 반영하고, 자유, 정의, 평등의 가치를 사회에 실현하는지에 초점을 둔다. 실질적 민주주의가 구현된 사회에서는 시민 각자가 정치적 과정에 적극적으로 참여할 수 있는 기회를 가지며, 사회적 약자와 소수자도 정치사회적 활동에 참여할 수 있도록 보장을 받는다. 또한 법적 불평등뿐만 아니라 경제사회적 불평등을 완화하고, 개인의 자율성이 실제로 보장되는 사회를 지향한다. 형식적 민주주의는 민주주의의 외형적 구조를 유지하는 데 중점을 둔다면, 실질적 민주주의는 민주주의의 본질적 목표를 주력한다고 할 수 있다.

민들의 삶과 동떨어져 있는 경우가 많다. 이런 이유로 정치학자 최장집(2005)은 한국 사회가 '민주화 이후의 민주주의'를 이루기 위해서는 정치 엘리트들 사이의 끊임없는 경쟁과 정쟁에서 벗어나 실질적 민주주의를 이루어 갈 필요가 있음을 지적했다.

시장조사전문기업 엠브레인 트렌드모니터는 매해 전국 19~59세 성인 남녀 1,000명을 대상으로 '사회적 갈등 및 공동체의식 관련 조사'를 실시하는데, 2023년 조사 결과, 전체 응답자 중 86.2%가 한국 사회의 갈등 수준이 점차 심화되고 있다고 느끼고 있었다. 가장 심각한 사회갈등 분야로는 남성과 여성의 성별 갈등(50.8%, 중복 응답)이 1위로 꼽혔으며, 이어서 여당과 야당의 정치적 갈등(47.8%), 부의 양극화로 인한 갈등(43.9%), 진보와 보수의 이념 갈등(42.0%)이 뒤를 이었다(엠브레인, 2023).

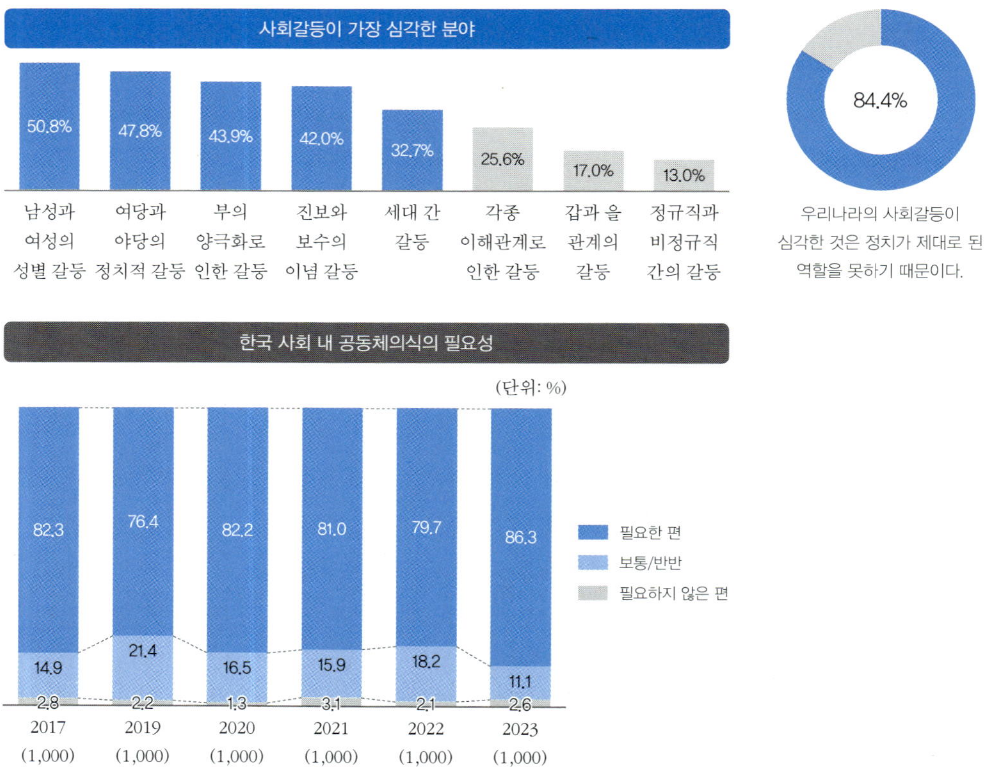

그림 2-2 한국 사회의 공동체의식

출처: 엠브레인(2023).

사회갈등의 주요 원인으로는 경제적 양극화(47.5%, 중복 응답)와 함께 정치적 리더십의 부재(41.8%)에서 원인을 찾는 사람들이 많았다. 특히 정치적 리더십 부재와 정치적 불안에서 사회갈등의 원인을 찾는 사람들이 해마다 증가하는 경향도 관찰되었다[23.3%(2019) → 26.6%(2020) → 31.2%(2021) → 31.7%(2022) → 41.8%(2023)]. 한국의 사회갈등을 정치집단이 부추기는 경향이 있다고 보는 응답자의 비율도 증가했다[82.3%(2022) → 86.1%(2023)]. 공동체적 가치를 추구해야 하는 정치의 장이 오히려 사회갈등을 브추기는 근원이 되면서 정부와 정치에 대한 불신과 혐오가 심화되고 있는 상황인 것이다. 이로 인해 한국 사회에서 다른 사람들과 더불어 사는 느낌을 가지고 있다고 말한 사람은 설문조사 응답자 중 38.6%에 불과했다. 그러나 여전히 86.3%의 응답자가 사회갈등 해결을 위해서는 공동체의식의 회복이 필요하다고 보고 있었다.

3) 진보와 보수의 정치 이념

정치가 공동체의 이익, 즉 정의를 실현하기 위한 행위라고 했을 때 공동체의 이익이 무엇인지에 대한 견해는 사람마다 다를 수 있다. 어떤 사람은 우리나라 다수의 중산층이 잘사는 것이 공동체의 중요한 이익이라고 생각하는 반면, 어떤 사람은 우리나라의 대표기업이 잘나가는 것이 우리 공동체의 경제에 더 큰 이익을 준다고 생각한다. 혹자는 더 강력한 군사력으로 북한에 강력하게 대처하는 것이, 또 혹자는 북한과 대화하고 화해하는 것이 우리 공동체의 이익이라고 생각한다.

이러한 관점의 차이는 역사적으로 '진보(좌파)'와 '보수(우파)'의 두 가지로 구분되어 왔다. 진보 또는 좌파라고 하면 '빨갱이'라는 프레임을 씌우거나, 보수 또는 우파라그 하면 '태극기 부대'를 떠올리며 선입견을 갖는 모습을 종종 발견하는데, 사실 좌파와 우파라는 용어는 서구 역사에서 프랑스대혁명까지 거슬러 올라가는 역사성을 갖는 단어이다. 1789년의 혁명 후 새로운 헌법을 제정하고 국가의 미래를 논의하기 위해 소집된 프랑스 의회에서 의장석을 기준으로 왼쪽에 앉은 사람들은 하층민과 중산층의 이익을 대변하며 왕권을 제한하고, 공화국을 수립하며 급진적인 사회개혁을 지지했다. 반면, 의장석을 기준으로 오른쪽에 앉았던 사람들은 귀족과 상류층의 이익을 대변하며 기존의 왕정 체제

프랑스 대혁명 당시 국민의회에서 헌법 제정을 논의하는 장면을 담은 그림으로, 중앙에는 의장이 자리하고 있으며, 우측에는 왕당파(보수주의자, 우파)가 앉아 있고, 좌측에는 공화주의자(혁명파, 좌파)가 자리하고 있다.

그림 2-3 오귀스트 쿠데르(Auguste Couder)의 '1791년 9월 3일, 프랑스 헌법 제정식'

를 유지하려고 했고, 점진적인 개혁을 지지하는 입장을 고수했다. 여기서부터 좌파(left-wing)는 진보적 · 혁신적 · 급진적 변화를 지향하는 정치적 성향을, 우파(right-wing)는 보수적 · 전통적 · 점진적 변화를 지향하는 정치 이념을 나타내는 용어가 유래했다.

우리는 종종 서로 다른 정치 이념을 가진 사람들끼리 극렬하게 대립하는 모습을 본다. 정치권에서뿐만 아니라 일반 국민까지 마치 처음부터 어느 한쪽이 옳고, 다른 쪽은 사회에 큰 해악을 끼치는 양 서로를 매도하는 모습을 볼 수 있다. 그러나 기본적으로 사회와 공동체를 생각하는 마음에서 차이가 발생하는 것은 아니다. 누구의 입장을 대변하는지, 어떤 방식으로, 어떤 속도로 사회를 개혁해 나가는 것이 더 바람직하다고 생각하는지에 있어 의견이 다를 뿐이다. 어떤 시점에서는 보수의 입장이 더 적절할 때가 있고, 어떤 시점에서는 진보적인 관점이 더 바람직하고 설득력 있는 경우가 있다. 즉, 절대적으로 옳고 그른 것은 없으며 적당한 균형과 갈등은 사회발전의 원동력이 된다. 그래서 공존과 조화가 필요하다. 어느 한쪽이 처음부터 옳고 정당하며, 다른 쪽은 무조건 잘못됐다는 인식이야말로 공동체의 이익을 추구하는 행위로서 정치에 가장 위험한 발상이다. 대화와 공존을 불가능하게 만들기 때문이다. 소통이 불가능한 불통과 갈등 상태인데 어떻게 공동체의 이익을 모색할 수 있을까?

2. 정치와 복지

1) 복지제도를 형성하는 정치활동

국가의 복지정책은 정치적 힘의 작용을 통해 만들기 때문에 정치는 현실적으로 복지정책의 도입, 실행, 확대에 결정적인 영향을 미친다. 일반적으로 사회복지 정책이 제도화되는 과정을 보면 어떤 사회문제가 발생하여 그것이 사회적으로 공론화되면 그 문제에 대한 제도를 만들거나 개선하라는 시민의 광범위한 요구가 발생하게 된다. 그러면 해당 이슈는 국회의 의제가 되어 제도 마련이나 개선을 위한 법제화가 추진되기 시작한다.

가령, 2014년에 있었던 송파 세 모녀 사건을 예로 들어 보자. 생활고로 인해 가족이 집단자살을 선택하는 안타까운 사건은 요즘에도 심심치 않게 언론에 등장해 충격을 주는데, 그 원조격인 사건이 바로 2014년 서울 송파구에서 60대 어머니와 두 딸이 경제적 어려움과 사회적 고립 등으로 자살을 선택한 사건이다. 물론 그전에도 저소득층의 생계형 자살은 심심치 않게 일어나고 있었다. 하지만 이 사건은 한국에서 비교적 잘 사는 지역으로 알려진 송파구에서 발생하였는데, 이들이 이미 국민기초생활보장제도의 수급에 대해 알아보았지만 부양의무자 기준 등으로 인해 조건 미달이 되어 수급을 받지 못했다는 사실이 알려지면서 사회적 파장이 커졌다. 이는 우리나라 사회안전망의 미비함에 대한 문제 제기로 이어졌고, 그 결과 복지사각지대를 줄이기 위한 대책, 즉 복지 혜택 신청 절

그림 2-4 사회복지 정책의 정치적 형성 과정

차의 간소화, 긴급복지지원제도 강화, 부양의무자 기준 완화, 복지사각지대 발굴 시스템 구축을 골자로 하는 「국민기초생활 보장법」의 제도 개선이 추진되었다.

사회문제가 발생하고 사회적 관심과 공론화 과정을 거쳐 정치권이 관심을 가지게 되면 관련된 법을 개선하는 복지제도의 개혁이 이어지게 되는 것이다. 물론 사회문제가 발생해도 사회적으로 사람들이 무관심하거나 공론화되지 못한다면 복지제도의 도입과 개혁으로 이어질 수 없다. 또한 사회적 공론화가 되더라도 어떤 정치 이념을 가진 정당이 집권하고 있는가, 해당 복지제도의 지지 세력이 국회의 다수 의석을 확보하고 있는가에 따라 수립되는 정책대안의 내용과 향방이 달라지게 된다. 이렇게 정치와 복지는 현실적으로 밀접하게 얽혀 있다.

언론도 이러한 정치적 과정에 매우 중요한 행위자이다. 미디어는 사회적 이슈의 공론화 과정에서 핵심적인 역할을 수행한다. 특히 한 사회의 각계각층에서 발생하는 수많은 사건 가운데에 특정 사건이나 주제를 취사 선택하고 보도함으로써 대중의 관심을 특정 사건과 방향으로 이끌어 갈 수 있다. 이러한 과정에서 미디어는 어떤 이슈를 중요하게 다룰지 선택하며, 그 이슈를 어떠한 관점, 즉 프레임(frame)으로 볼 것인지를 결정한다. 이를 통해 대중의 인식과 토론의 방향이 설정되기도 한다.

또한 미디어가 특정 사회문제를 지속적으로 보도하면 대중은 이를 다른 이슈들보다 시급하고 중요한 문제로 인식하게 되고, 이는 정치인들에게도 압박으로 작용해 해당 이슈가 공식적 정책의제로 채택되는 데 이바지한다. 이처럼 미디어는 이슈의 공론화와 정책의제 형성 단계에서 대중의 관심을 유도하고, 사회적 담론을 형성하며, 궁극적으로 정책 결정에까지 영향을 미치는 중요한 행위자이다. 실제로 송파 세 모녀 사건은 언론의 집중적인 보도를 통해 사회적 파장을 일으켰다. 특히 언론은 송파 세 모녀의 죽음을 가족동반자살이 아니라 '복지사각지대'라는 용어를 통해 지속적으로 담론화하였는데, 이는 '송파 세 모녀 법'이라고 불리는 긴급복지지원제도의 법제화에 직접적인 영향을 미쳤다.

사회복지 정책 형성에서 언론의 역할: 송파 세 모녀 사건과 「긴급복지지원법」 사례

연합뉴스(2022. 2. 26.)

비마이너(2014. 3. 4.)

KBS뉴스(2014. 11. 10.)

위의 사진들은 '송파 세 모녀 사건'이 언론에 보도된 방식과 그것이 사회에 어떠한 반향을 미치는지를 시각적으로 요약하고 있다. 2014년 세 모녀가 경제적 어려움 속에서 극단적인 선택을 한 이 사건은 당시 한국의 사회복지제도의 사각지대를 극명하게 드러냈다. 첫 번째 사진(연합뉴스, 2022. 2. 26.)은 해당 사건이 지속적으로 회자되며 복지사각지대의 상징으로 자리매김하는 현상을 보여 준다. 두 번째 사진(비마이너, 2014. 3. 4.)은 당시 모녀가 남긴 유서를 중심으로 저소득층의 '복지급여 신청'의 어려움이 송파 세 모녀를 죽음으로 이끈 원인으로 지목되며 사회적 이슈가 되는 상황을 드러냈다. 세 번째 사진(KBS뉴스, 2014. 11. 10.)은 이 사건이 국회의 입법 활동으로까지 이어져 '송파 세 모녀 법'으로 불리는 「긴급복지지원법」의 논의로 발전하는 과정을 포착했다. 이처럼 미디어는 사회적 사건을 단순히 보도하는 데 그치지 않고, 이를 해석하는 특정한 프레임('복지사각지대')을 설정하여 대중의 인식과 정치권의 반응을 유도한다.

프레이밍 이론(Framing theory)

프레이밍 이론은 매스미디어가 정보를 전달할 때 단순히 사실을 나열하는 것이 아니라, 특정한 틀(frame)이나 관점을 통해 정보를 조직하고 해석하며 전달한다는 이론이다(Chong & Druckman, 2007). 즉, 같은 사건이라도 어떤 측면을 강조하고 어떤 맥락에서 다루느냐에 따라 사람들이 이를 다르게 이해하고 받아들이게 된다. 프레임은 사건의 본질을 구성하거나 의미를 부여하는 방식으로, 언론은 이를 통해 사건의 원인, 결과, 해결책 등을 특정 방향으로 제시하며 여론과 인식에 영향을 미친다. 예를 들어, 경제 위기를 보도할 때 정부의 정책 실패를 강조하면 책임 소재를 정부에 두는 프레임을 설정하는 것이고, 글로벌 경제불황, 원자재 및 에너지 가격 폭등, 보호무역과 같이 불가피한 외부 요인을 강조하면 다른 해석을 유도하게 된다. 프레이밍 이론은 미디어가 정보를 선택하고 구성하는 과정에서 얼마나 강력하게 현실 인식을 조작하거나 형성할 수 있는지를 보여 주는 중요한 개념이다. 프레임은 어빙 고프만(Erving Goffman)이 1974년에 출간한 저서 『프레임 분석(Fame Analysis)』에서 세상을 이해하고 경험하는 방식을 구성하는 인지적 틀(cognitive frame)로서 처음 체계적으로 제시되었다(Goffman, 1974). 이후 미디어연구자 로버트 엔트만(Robert Entman) 등이 프레임을 "특정 이슈의 어떤 측면을 선택하고 강조하며, 그 맥락을 통해 해석을 제시하는 과정"으로 정의하면서 프레이밍이 미디어 연구에 중요한 개념으로 자리하게 되었다.

의제설정이론(agenda setting theory)

의제설정이론은 1972년 맥콤즈(Maxwell McCombs)와 도널드 쇼(Donald Shaw)가 제시한 이론으로, 매스미디어가 특정 이슈를 얼마나 강조하고 얼마나 빈번하게 보도하느냐에 따라 사람들은 그 이슈를 더 중요하게 인식하게 된다는 내용을 담고 있다(McCombs & Shaw, 1972). 이는 언론이 단순히 정보를 전달하는 역할을 넘어 사회적으로 중요한 문제를 정의하고 우선순위를 설정하는 데 영향을 미친다는 점을 강조한다. 특히 미디어는 이슈 자체의 중요성을 부각시키는 일차적 의제설정(first level agend setting)과 이슈를 특정 관점에서 다루는 이차적 의제설정(second level agenda setting)을 통해 사람들의 관심사와 인식을 형성한다.

2) 진보적 정치체제와 보수적 정치체제에서의 복지제도의 형성 비교

국가들이 어떤 정치체제를 가지고 있는지에 따라 복지의 모양새가 완전히 달라지는 사례를 쉽게 찾을 수 있다. 가령, 대표적인 두 나라가 바로 스웨덴과 미국이다.

먼저, 스웨덴은 진보적인 정치체제를 가진 나라이다. 스웨덴의 정치에서 오랫동안 중요한 역할을 해 온 대표적인 정당은 사회민주노동당(Sveriges socialdemokratiska arbetareparti)으로, 이들은 사회민주주의 이념을 지향하며 스웨덴 노동조합연맹(Landsorganisationen i Sverige)과 공동의 정치적 · 경제적 목표를 공유하며 긴밀한 파트너로 협력하는 정치체제를 구축해 왔다. 스웨덴 노동조합의 가입률은 2019년 기준 65% 안

사회민주주의와 사회주의의 차이

사회주의는 자본주의를 폐지하고 생산수단을 공동 소유하거나 국유화해서 계급 없는 사회를 만들려는 이념이다. 시장경제를 부정하고 정부가 경제와 사회를 계획적으로 통제하는 것을 목표로 한다. 반면, 사회민주주의는 자본주의 체제를 유지하면서도 민주적 절차와 복지정책을 통해 평등과 사회적 연대를 추구하는 이념이다. 시장경제를 받아들이되 정부의 적극적 개입으로 불평등을 완화하며, 노동자의 권리를 보호하고 포괄적인 복지국가를 건설하는 데 중점을 둔다. 민주적 개혁을 강조하며, 혁명적 사회주의와 달리 점진적인 변화를 통해 사회를 개선하려는 것이 특징이다. 대표적인 사례로 스웨덴이 있으며, 보편적 의료, 무상교육, 육아휴직 제도 등을 통해 모든 시민에게 균등한 복지를 제공하고 있다.

사회민주주의는 사회주의와 비교했을 때 자본주의를 폐지하지 않고 공존하며, 시장경제의 효율성을 살리면서도 복지를 통해 사회정의를 실현하려는 중도적 접근을 취한다. 두 이념 모두 평등과 연대를 중시하지만, 사회민주주의는 민주적 절차와 보편적 복지를 통해 자본주의의 단점을 보완하는 데 초점을 맞추며 현대 복지국가들의 핵심 모델로 자리 잡고 있다.

권력자원이론(power resources theory)

권력자원이론은 자본주의사회에서 어떻게 복지국가가 형성될 수 있었는지를 설명하는 이론으로, 발테르 코르피(Walter Korpi)에 의해 주창되었다. 권력자원이론은 복지국가의 발전은 단순히 높은 경제성장에 의한 결과라거나 국가의 선의나 의지에 의해서가 아니라, 사회집단 간의 권력관계와 갈등에 따라 좌우된다고 본다. 여기서 권력자원은 특정 집단이 정치적 · 경제적 갈등에서 영향력을 행사할 수 있는 힘을 뜻하며, 대표적으로 노동조합의 조직력, 정당의 정치적 지지기반, 투표를 통한 정치적 압박이 이에 해당한다. 권력자원이론에 따르면, 복지국가는 노동자계급이 자신의 권력자원을 조직적으로 결집하여 경제력을 가진 자본가계급에 대해 정치적 대항력을 확보하고, 이를 바탕으로 자신들의 이익을 사회정책에 반영한 결과로 형성된다. 예컨대, 노동자계급이 강력한 조직력을 통해 임금격차를 줄이고, 노동보호법이나 보편적 복지제도를 확립할 수 있었던 것은 이들이 가진 권력자원을 효과적으로 동원했기 때문이라는 것이다. 강력한 사회민주노동당과 노동조합연맹이 존재하는 스웨덴의 복지국가는 권력자원이론의 대표 사례로 언급되고 있다.

꽊으로 매우 높은 편인데, 이는 노동자 집단의 목소리가 정치에 직접 반영될 수 있는 원동력이 되고 있다. 예컨대, 스웨덴에는 모두에게 보편적으로 적용되는 육아휴직제도나 적은 본인부담금으로 이용할 수 있는 보편의료서비스와 같은 제도가 잘 갖추어져 있는데, 사회민주노동당과 노동조합연맹의 협치를 통해 대다수 노동자와 그 가족을 위한 정책이 안정적으로 추진될 수 있었기 때문이다.

반면, 자유주의에 기반을 둔 보수적 정치체제를 지향하는 미국의 정치과정에서 노동조합의 힘은 상당히 미약하다. 대신, 이익집단(interest groups)이 강력한 역할을 수행한다. 이익집단은 특정 이슈나 이해관계를 대변하며, 입법 과정과 정책 결정에 영향을 미치기 위해 로비, 캠페인 기부, 대중운동 등의 방식으로 활발히 활동한다. 예를 들어, 미국은 총기산업, 제약산업, 의료산업에 걸쳐 다양하고 막강한 이익집단들이 존재하는데, 이들은 자신들의 권익을 극대화하기 위해 정치인들에게 활발한 로비를 펼친다. 그렇기에 미국의 복지는 노동자나 일반 시민을 위한 보편적 복지보다는 강력한 이익집단을 위한 복지가 발전하게 되는데, 그 대표적인 집단이 노인이다.

예를 들어, 미국의 대표적인 노인 이익집단인 미국은퇴자협회(American Association of Retired Persons: AARP)는 3,800만 명 이상의 회원을 보유한 대규모 조직으로, 노인들의 경제적 안정과 의료혜택 보장을 위해 의회와 행정부에 강력한 로비 활동을 벌인다. 이들은 입법 과정에서 65세 이상 노인을 위한 공공 의료보험인 메디케어(Medicare)와 같은 노인 대상 정책의 예산 삭감을 막고, 노인정책의 확대를 위해 대규모 캠페인을 조직하며, 노인정책 확대를 지지하는 정치인들에게 기부를 하는 등 지원을 아끼지 않았다. 노인은 정치적으로 중요한 투표 계층이기에 노인 의료정책 축소는 정치적으로 민감한 사안이 된다. 그 결과, 미국에서 복지지출이 전반적으로 낮은 편임에도 불구하고 메디케어는 비교적 안정적으로 유지되고 있다.

한 국가 안에서 보면 어떤 정치 이념을 가진 정당이 집권하는지에 따라서도 복지정책의 색깔이 달라진다. 앞서 정치 이념을 크게 진보와 보수로 구분했는데, 우리나라를 비롯한 대부분의 나라에서 정치 정당들은 이러한 이념 스펙트럼 가운데 어느 한쪽의 입장을 취하고 있다. 그렇다면 진보와 보수는 복지에 대해 어떤 입장 차이를 가질 수 있는가?

앞서 설명했듯 진보는 하층민, 중산층의 이해관계를 대변하며 평등 지향적인 반면, 보

이익집단 정치 이론

이익집단 정치 이론은 정치과정이 하나의 집단이나 국가 권력에 의해 일방적으로 결정되는 것이 아니라, 다양한 이익집단 간의 경쟁과 타협을 통해 형성된다는 관점이다. 이 이론에 따르면, 기업, 노동조합, 시민단체, 전문직 단체 등은 각자의 이해관계를 대변하며 입법과 정책 결정에 직접적인 영향을 미치기 위해 로비 활동, 캠페인 기부, 여론전 등을 적극적으로 활용한다. 이러한 이익집단들은 특정 이슈(예: 환경보호, 의료보험 확대, 세금 정책)에 대한 영향력을 확보하기 위해 조직화와 자금력을 갖추고 있으며, 이를 통해 정치인과 관료에 대한 설득이나 압박을 시도한다. 특히 미국에서는 총기 소유를 옹호하는 전미총기협회(National Rifle Association: NRA)나 노인복지를 주장하는 AARP와 같이 조직력이 강한 단체들이 정부 정책의 방향에 결정적인 역할을 해 왔다. 이 이론은 국가가 단일한 이익이나 이념을 추구하는 기구가 아니라, 현실적으로 여러 세력이 다투고 협상하는 장이라는 사실을 강조한다. 따라서 이익집단 정치 이론은 복지, 국방, 교육 등 다양한 정책 영역에서 어떤 집단이 얼마나 힘을 가지고 있고, 그 힘을 어떻게 사용하는지에 따라 정책의 내용과 형태가 달라진다고 설명한다.

수는 중/상류층의 이해관계를 대변하며 능력에 따른 결과의 배분을 더 중요시한다. 사회가 가지고 있는 제한된 자원을 배분함에 있어 진보는 복지에 대한 배분을 지지하고, 복지 급여 수준의 적절성을 확보해 취약계층의 생활수준을 실질적으로 올리며, 보편적이고 평등지향적인 복지정책을 펼치려는 지향을 갖는다. 반면, 보수는 제한된 자원 안에서 복지지출은 타 영역에 대한 지출(예: 기업 지원 등 경제 영역의 지출)에 비해 비효율적이라는 인식을 가지고 있으며, 따라서 최소화하는 것이 마땅하다고 생각한다. 사람들이 자신의 능력껏 살아가는 것이 중요하며, 복지는 정말 취약한 사람들을 의한 최소한의 복지를 추구하는 것이 바람직하다고 본다.

3) 왜 보수와 진보의 복지정책은 확연히 다르지 않은가

그런데 현실에서 보수파와 진보파의 복지정책은 그렇게 확연하게 구분되지는 않는다.

가령, 우리나라 대통령 선거에서 처음으로 복지가 중요한 이슈로 부각되었던 2012년 대통령 선거 시기에 박근혜 후보와 문재인 후보는 모두 고령화 시대를 맞이하여 노인을 위한 복지정책으로 기초연금 지급에 대한 정책을 제시하였다. 2012년 기준 소득 하위 70%의 노인에게 최대 97,100원까지 지급되던 기초노령연금에 대해 박근혜 후보는 소득 하위 70%의 노인에게 매월 20만 원의 기초연금을 지급하다가 점진적으로 30만 원까지 인상하겠다는 공약을 내세웠다. 문재인 후보는 보편적 기초연금을 도입해 모든 65세 이상 노인에게 소득에 관계없이 매월 20만 원의 기초연금을 지급하겠다고 공약했다. 두 후보의 공약을 비교해 보면 차이가 존재하지만 그 차이가 보수와 진보의 이념 차이만큼 갭이 크지 않으며, 노인 빈곤 완화라는 공통된 목표에 대한 나름의 해결책을 제시하고 있음을 알 수 있다. 이 외에도 다양한 복지정책이나 프로그램이 진보나 보수에 의해 확연하게 구분되지 않는 경우가 많은데, 왜 사회를 바라보는 보수와 진보의 이념 차이가 복지정책에서는 확연하게 구분되지 않는 것일까?

보수나 진보를 막론하고 현실에서는 복지정책을 확대하는 입장을 취하게 되는 이유는 다음과 같다. 첫째, 진보든 보수든 모든 정치인은 선거에서의 득표로부터 자유로울 수 없기 때문이다. 중위투표자 정리(median voter theorem)에 따르면, 진보당과 보수당의 양당 체제하에서 두 정당은 과반수의 득표를 위해 극단적인 정책보다는 가장 많은 규모를 차지하는 중간 집단의 선호에 맞춘 정강정책을 제시하게 된다. 특히 유권자의 다수는 중산층 이하로, 복지의 주된 대상이 되는 집단이다. 중위투표자는 전체 유권자에서 가장 큰 비중을 차지하기 때문에 이들의 요구에 부응하지 않으면 정치적 성공이 어렵게 된다. 따라서 복지정책의 확대를 원칙적으로 반대하는 보수정당이라고 하더라도 투표를 고려한다면 복지를 극단적으로 축소하거나 폐지하자는 입장을 소신껏 제안하기가 어렵다. 그래서 복지는 선거에서 보수, 진보를 떠나 늘 중요한 화두가 된다.

둘째, 복지의 필요성에 대한 공감대 때문이다. 한국의 경우 복지수준이 서구의 복지국가들에 비해서는 여전히 낮은 편으로, 여러 사회문제 해결을 위해 복지 확대가 필요한 상황이다. 예를 들어, 한국은 고령화 속도가 세계에서 가장 빠른 나라인데, 노인빈곤율은 여전히 OECD 국가 중 최고 수준에 해당한다. 이로 인해 노인복지에 대한 요구가 사회적으로 큰 힘을 얻고 있다. 또한 저출산 문제 해결을 위해 부모에게 실질적인 도움을 줄 수 있는 육아휴직, 보육 지원 확대 등 복지정책 강화가 필수적인 과제로 떠오르고 있다. 무엇보다 사회문제 해결의 수단이 되는 복지정책이 수행하는 주된 기능은 사회불안을 해소하고 사회를 안정화시키는 것이다. 눈앞에 존재하는 사회문제를 무시하고 덮어 버려서 더 큰 문제로 키우면 사회불안과 사회갈등이 심각하게 될 수 있다. 이러한 불안정한 사회적 상태는 사회 안정을 추구하는 보수파에게도 달갑지 않은 상황이다. 따라서 보수주의 정당도 일정한 수준의 복지 확대를 중요시한다.

셋째, 복지의 불가역성 때문이다. 폴 피어슨(Paul Pierson)은 그의 저서 『복지국가는 무너지고 있는가?(Dismantling the Welfare State?)』에서 복지제도가 한번 도입되면 축소하거나 폐지하기 매우 어려운 이유를 경로의존성(path dependency)으로 설명했다(Pierson, 1994). 한번 생긴 복지제도를 축소하거나 폐지하게 되면 제도의 혜택을 받아 왔던 국민들의 반발을 초래하게 되며, 그 제도에 의존해 생계를 유지하던 사람들의 경제적 안정을 위협하게 된다. 그 제도의 직접적인 혜택을 받지 않던 국민의 경우에도 제도의 도입과 경험을 통해 복지에 대한 일정 수준의 기대를 형성하는 등 복지제도가 사회적 규범으로 자리 잡게 되어 쉽게 축소하거나 폐지하기가 어렵다. 뿐만 아니라 한번 구축된 복지제도는 행정적 · 제도적으로 강력한 관성을 가지게 된다. 정책과 관련된 법률, 행정 조직, 예산 등이 복잡하게 얽혀 있어 이를 철회하는 것은 매우 어렵고 복잡한 과정이 된다. 예를 들어, 한국에서 도입된 기초연금은 수혜자들이 해당 복지에 의존하게 되면서 점차 그 수준과 범위가 확대되고 있다. 이는 복지제도가 한번 자리 잡으면 이를 축소하려는 시도는 정치적 위험이 따르기 때문에 복지의 방향이 자연스럽게 확대되는 경향을 보여 준다. 이러한 이유들로 인해 현실 정치에서는 보수당과 진보당을 막론하고 복지정책을 쉽게 축소하지 못하는 입장을 취할 수밖에 없게 된다.

4) 복지포퓰리즘을 향한 거대한 흐름

앞서 보수정당과 진보정당의 복지정책이 크게 다르지 않은 이유에 대해 설명했다. 이처럼 복지는 보수와 진보 정치인 모두에게 중요한 화두가 되고 있는데, 정치인들에게 복지정책은 국민의 표심을 잡는 중요한 수단이 되기 때문이다. 다시 2012년 대통령 선거 당시로 돌아가 보면, 박근혜 후보와 문재인 후보는 고령화 사회와 노인 빈곤 문제를 해결하기 위한 나름의 선거 공약을 제시했는데, 두 후보 모두 결과적으로 노인을 위한 기초연금을 대폭 확대시키자는 내용으로, 어느 정책이 더 좋은 정책인지 딱 잘라서 말하기 어렵다. 그런데 두 후보의 공약에 결정적인 차이점이 있었는데, 박근혜 후보는 기초연금 금액 인상에 따른 복지 재원을 국가재정의 효율화와 경제성장으로 인한 세수 증가로 충당하겠다고 한 반면, 문재인 후보는 고소득층 및 대기업을 대상으로 과세를 강화하고 세제 개편을 통해 재원을 충당하겠다고 했다.

결과적으로 박근혜 후보가 당선되었는데, 정부 출범 후 공약 이행 과정에서 여러 논란을 발생시켰다. 공약에서는 소득 하위 70%의 노인 모두에게 월 20만 원의 기초연금을 지급하겠다고 했으나 최종적으로 소득 하위 70% 노인에게 '평균' 20만 원을 지급하는 방식으로 변경되었다. 또한 기초연금을 국민연금 가입 기간과 연계하여 국민연금 가입 기간이 짧거나 없는 노인에게 상대적으로 더 높은 기초연금을 지급하고 가입 기간이 길면 기초연금이 감소하는 방식의 제도를 도입했다. 이러한 제도 도입은 국민연금을 성실하게 납부한 사람들에게 불리하며 원래 공약의 후퇴라는 비판을 받게 되는데, 그 배후에는 예산의 부족으로 인해 기초연금 지급액을 줄이거나 지급 대상을 축소할 수밖에 없다는 정부의 입장이 존재했다. 이후 기초연금 재원을 마련하기 위해 증세가 불가피하다는 일부 주장이 제기되었으나 애초에 박근혜 정부가 증세 없이 기초연금을 시행하겠다고 공약했기 때문에 정치적 논란을 더욱 심화시키게 되었다.

복지는 정치인들에게 중요한 화두이며, 선거 기간에 우리는 복지를 두고 후보들이 확대 공약 경쟁을 펼치는 모습을 목도하게 된다. 그러나 여러 정권에서 보아 왔던 것처럼 선거가 끝난 후 공약을 지키지 못하는 경우가 자주 발생한다. 그 이유는 복지정책을 실시하는 데 필요한 재원에 대한 진정성 있는 고민 없이 득표를 위해 복지 확대에 대한 약속을 남발하고 생색만 내려고 하기 때문이다.

정치적 논리가 복지개혁을 가로막는 또 다른 예로 국민연금 개혁을 꼽을 수 있다. 우리나라는 1988년 국민연금 도입 초기에 국민들에게 매력적인 제도로 보이도록 하여 참여를 유도하기 위해 가입자가 내는 국민연금 보험료율은 월소득 대비 3%로 턱없이 낮게, 연금의 소득대체율은 은퇴 전 평균소득의 70%로 매우 높게 설계되었다. 물론 이후

몇 차례 연금 개혁을 통해 보험료율은 1993년에 6%, 1998년에 9%로 인상되었으며, 소득대체율은 1998년 60%로 낮춘 후, 이후 점진적으로 하락하여 현재 40% 수준으로 조정되었다. 한편, 주요 선진국들의 보험료율을 살펴보면 프랑스는 27.8%, 스웨덴과 노르

복지와 연금개혁, 정치적 회피와 책임

인크루트(2012. 11. 8.)

팜뉴스(2024. 5. 13.)

위의 만화 만평들은 복지정책과 국민연금 개혁 논의를 둘러싼 정치적 현실을 풍자적으로 보여 준다. 정치인들은 선거 시기마다 복지정책의 확대 공약을 경쟁적으로 내세우지만, 정작 그에 필요한 재정 마련 대책에 대해서는 구체적 언급을 피하거나 외면하는 경우가 많다. 재정 마련에 수반되는 조세 인상이나 보험료 인상이 국민들에게 인기가 없는(unpopular) 대책이기 때문이다. 왼쪽 그림은 이러한 상황을 은유한다. 복지라는 거대한 선박은 존재하지만, 그것을 실제로 움직이기 위한 증세 논의는 작은 구명보트에 불과한 상황이다.

오른쪽 그림은 국민연금제도의 지속가능성 문제를 상징한다. 인구구조와 노동시장의 변화로 연금제도가 점점 취약함에도 불구하고, 보험료 인상과 같은 구조적 개혁은 국민 반발을 우려해 반복적으로 국회에서 논의가 지연되거나 외면되어 왔다. 이처럼 복지 개혁의 필요성은 명확하지만 정치적 책임을 회피하는 태도는 제도의 신뢰를 약화시키고, 결국 후세대에게 더 큰 부담을 전가하게 만든다. 이 두 이미지는 복지정책의 실현 여부가 단순한 공약 제시가 아니라, 정치적 과정과 재정적 계획에 대한 책임 수반 없이는 공허한 약속에 그칠 수 밖에 없음을 보여 준다.

웨이는 22%, 독일과 일본은 각각 18.6%와 18.3%, OECD 35개 회원국 평균 보험료율은 18.2%로 한국의 보험료율은 그 절반 수준에 불과하다. 이처럼 낮게 설계된 보험료율로 인해 고령사회에서 연금 재정 고갈이 필연적으로 초래될 수밖에 없다. 더불어 낮은 보험료율로 인해 연금의 소득대체율도 끌어올리는 데 한계가 있다. 현재 OECD 국가의 연금 소득대체율은 보통 50% 안팎으로 노인의 은퇴 후 삶에 상당한 경제적 뒷받침이 되고 있지만, 우리나라의 소득대체율은 40% 수준(특히 계산법에 따라 30% 수준)에 불과하다. 이는 우리나라의 노인 빈곤이 심각한 이유가 되고 있다. 실제로 적지 않은 국민들의 소득대체율이 매우 낮을 뿐만 아니라, 나이가 들어서 재정 고갈로 연금을 받을 수 없게 될까 봐 국민연금 보험료를 납부하는 것을 꺼려 한다. 하지만 이러한 문제는 OECD 평균 수준에 가깝게 연금 보험료를 인상하면 상당히 많은 부분이 해결된다. 개인과 국가의 미래를 위해 현재 모두가 조금씩 재정적 책임을 지면 되는 것이다.

하지만 당장 국민들의 반발을 사게 되는 국민연금 보험료 인상 주장을 강력하게 할 수 있는 정치인은 없다. 그대로 두면 문제가 눈덩이처럼 불어나 폭탄처럼 터질 수밖에 없다는 것을 알아도 자신의 칼에 피를 묻히지 않겠다는 인식으로 인해 국민연금 개혁의 이슈는 다음 정권으로, 또 그다음 정권으로 계속 미루어져 왔다. 2024년 12월 발발한 사상 초유의 비상계엄 사태로 인한 국정 혼란기에 비로소 보험료율은 현행 9%에서 13%로 인상하고, 소득대체율은 40%에서 43%로 높이는 것을 주요 골자로 하는 국민연금 모수개혁이 단행될 수 있었다.

건강보험에서도 재정위기는 존재한다. 우리나라의 의료시스템은 세계적으로 높은 수준의 접근성을 자랑하며, 상대적으로 저렴한 비용으로 유명하다. 국민건강보험은 국가의 건강보험공단이 관리하는 단일 보험 체계로 운영되며, 민간 병원과 협력 구조를 통해 의료서비스를 제공한다. 환자들은 국민건강보험의 보험급여를 통해 의료비의 상당 부분을 지원받아 낮은 자기부담금으로 진료를 받을 수 있다. 또한 95%의 병원이 민간 병원일 정도로 민간 병원이 주를 이루는 전달체계 구조 덕분에 의료서비스의 접근성이 높다.

그러나 건강보험 재정은 고령화에 따른 의료비 증가로 인해 위기에 직면하고 있다. 2020~2060년 건강보험 장기 재정 전망에 따르면, 건강보험 적립금은 2029년 전액 소진되고, 2040년에는 누적 적자가 678조 원, 2050년에는 2,518조 원, 2060년에는 5,765조

주요 국가 국민 1인당 총 의료비

* 2019년 기준, 조사 대상은 세계 22개 고소득 국가(단위: 만 원)

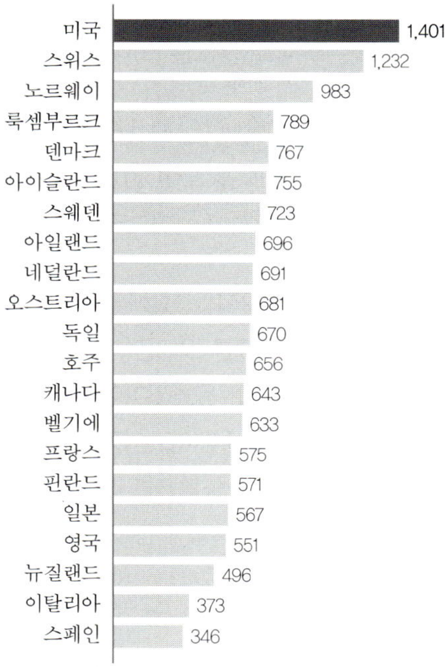

출처: 머니투데이(2022. 6. 17.).

건강보험 장기 재정 전망

(단위: 원)

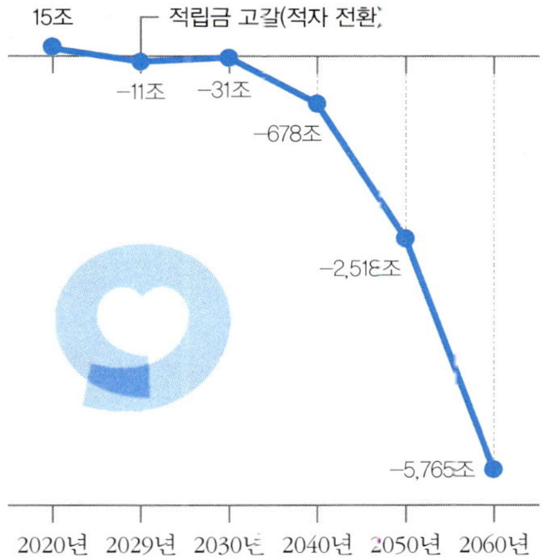

출처: 보건복지부, 국민건강보험공단(2020).

그림 2-5 우리나라 의료비 수준과 건강보험 재정 전망

원에 이를 것으로 전망되고 있다. 건강보험의 재정 개편이 시급한 상황이다. 이를 위해서는 다른 국가들의 보험료율(일본 10~11.82%, 프랑스 13.25%, 독일 15.2%)에 비해 상대적으로 낮은 건강보험료율(2023년 7.09%)을 높이고, 감기, 도수치료와 같은 일반 질병에 대한 자기부담율은 높이는 반면, 필수 의료와 암, 희귀병과 같은 중대 질병에 대한 수가를 높이는 방안이 제안되어 왔다. 또한 민간 병원의 과잉 진료를 방지하고 지역 간 의료서비스 격차를 줄이기 위해 국공립 병원과 공공 의료인프라 확충에 대한 논의도 한편에서 제기되어 왔다. 그러나 이러한 건강보험 개편은 현재의 의료시스템에서 상대적으로 낮은 보험료로 좋은 혜택을 누려 온 국민들의 반감을 사 결국 표심을 잃게 될 것에 대한 우려와 강력한 의료인 이익집단의 반대로 인해 쉽사리 실현되지 못하고 있다.

복지는 반드시 재원을 필요로 한다. 다른 곳에 사용되는 재원을 절감하여 복지 재원을 확충할 수도 있겠지만, 그렇게 허투루 사용되고 있는 재원은 크지 않다. 따라서 복지정책을 도입하거나 제도 개혁을 할 때 필요한 재원의 확실한 확보 방법은 세금이다. 복지를 인기몰이 또는 생색내기의 수단으로 여기고 진짜 필요한 증세에 대해서는 회피하는 것을 두고 '복지포퓰리즘'이라고 한다. 국민들이 정치권의 복지포퓰리즘을 자주 목도하게 되면 공약에 대해 더 이상 신뢰하지 않는 정치적 허무주의를 경험하게 되고, 정치를 신뢰하지 않게 된다.

5) 복지 증세에 대한 국민의 역설적 태도

복지는 돈 없이 할 수 없다. 돈 없이 복지를 하겠다는 것은 허언(虛言)에 다름 아니다. 그리고 그 돈은 '세금'에서 나온다.

정부는 국민으로부터 세금을 걷고, 국민들은 세금을 납부한 대가로 정부로부터 혜택과 보호를 받는다. 정부는 세금을 활용해 도로, 철도, 항구, 의료, 교육 등 다양한 사회간접자본을 확충하고 국방과 치안을 책임지며 복지제도를 실시한다. 세금이 늘어나게 되면 직간접적으로 국민이 누리게 되는 복지의 수준도 늘어나게 된다. 우리나라 공공사회복지지출은 2024년 기준 총 392조 9,000억 원, GDP 대비 15.5%에 이른다(세계일보, 2024. 11. 21.). 다른 나라들과 비교해 보면 어느 정도 수준인지 분명한데, OECD 회원국의 평균 복지지출은 2022년 기준 GDP의 21.1%이다. 대한민국의 경제 수준과 국가 위상이 과거에 비해 많이 향상되었지만, 사회복지에 쓰는 예산 수준이 여전히 저조하다는 것을 알 수 있다.

물론 GDP 대비 지출 비중은 낮지만 사실 정부의 부문별 예산 지출 가운데 복지 지출은 가장 높은 비중을 차지하고 있다. 반공이데올로기가 강했던 1980년대의 정부 재정 대비 국방비 지출은 30%를 웃도는 반면, 사회복지 지출은 5% 미만에 불과했다. 그러나 국방비와 복지비의 비중은 지난 수십 년간 극적인 반전을 겪었다. 안보 환경의 변화와 사회복지 수요의 증가로 인해 복지 분야의 지출은 꾸준히 증가하여 2010년대 이후부터는 전체 정부 지출의 30%를 웃돌게 되었으며, 반면 국방비는 10% 미만을 차지하게 되었다.

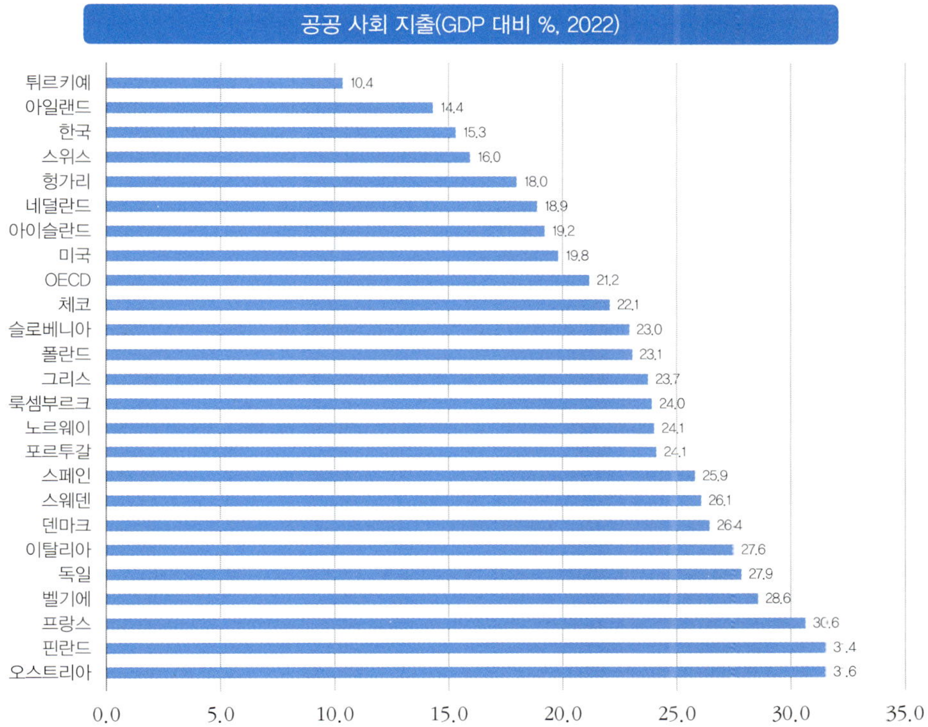

그림 2-6 OECD 국가 공공 사회 지출 비교

출처: OECD. (2022).

이처럼 복지정책의 확대는 그 실행을 위해서는 국가 예산의 확보를 필요로 한다. 2024년 보건복지부 사회보장위원회는 앞으로 우리나라의 공공 사회복지 지출 구모는 2065년 2,092조 9,000억 원으로 2024년 기준 392조 9,000억 원보다 5.3배 늘어나게 될 것이라는 전망을 내놓았다(세계일보, 2024. 11. 21.). 75세 이상 후기 고령자의 비중이 높아지면서 의료·돌봄 비용이 큰 폭으로 상승하게 되며, 불안정한 노동시장으로 인한 장기 실업, 저출생 문제를 해결하기 위한 아동 양육 지원 등에도 상당한 예산이 투입될 것으로 예측되기 때문이다. 복지예산의 증가는 결국 국민들의 세금을 통해 충당될 수밖에 없다. 그러나 증세는 정부 마음대로 되는 것은 아니며, 사회적 동의가 필요하다. 증세의 필요성에 대해 국민들이 우호적인 입장을 가질 때 국민 여론에 민감한 국회에서 증세 관련 법안

을 통과시킬 수 있게 된다. 그런데 복지와 세금에 대한 이중 잣대를 가진 사람들을 종종 보게 된다. 복지정책 확대는 찬성하면서 세금 내는 것은 싫다고 답하는 국민들이 존재하는 것이다. 이는 어떤 면에서는 복지정책을 확대한다는 공약은 냈지만, 증세를 위한 조치는 보류하는 정치인의 태도와 공명을 하며 작동하고 있다.

성균관대학교 서베이리서치센터가 2016년에 18세 이상의 성인 남녀 1,052명을 대상으로 실시한 '한국종합사회조사'에 따르면, 복지 확대를 긍정적으로 보는 응답자 565명 중에서 복지 확대를 위한 증세에도 찬성하는 사람은 332명으로 58.76%에 불과했다. 복지 확대를 긍정적으로 보지만 증세에 유보적인 응답자는 23.54%(133명)였고, 증세를 반대하는 응답자도 17.7%(100명)에 육박했다. 다시 말해, 복지 확대와 증세를 모두 긍정적으로 보는 응답자들이 절반 이상이기는 했지만, 그에 못지않게 많은 응답자가 복지 확대를 원하면서도 증세에는 소극적인 입장을 취했다(남윤민, 2018).

이러한 경향은 현재에도 이어지고 있다. 2020년 한겨레경제사회연구원이 18세 이상 남녀 1,000명을 대상으로 실시한 설문조사 결과에 따르면, 팬데믹으로 인한 경제적 어려움을 해결하기 위해 정부의 경제적 지원이 필요하다는 응답이 84.7%에 달했다(한겨레, 2020. 6. 24.). 가구당 최대 100만 원씩 지급된 전국민 재난지원금에 대해서도 77.8%가 '잘한 일'이라고 평가했다. 일시적인 지원만이 아니다. '기업의 해고 방지와 고용유지'를 위한 정부

표 2-1 복지 확대와 증세에 대한 인식 (단위: 명, %)

구분		복지 확대		
		긍정	중립	부정
증세	찬성	332 (58.76)	107 (46.32)	109 (42.58)
	중립	133 (23.54)	66 (28.57)	53 (20.70)
	반대	100 (17.7)	58 (25.11)	94 (36.72)
합계		565 (100)	231 (100)	256 (100)

출처: 남윤민(2018: 23).

의 적극적인 지원(51.3%)이나 기본소득 도입(58.5%)에 대해서도 과반수가 찬성 의사를 밝혔다. 이를 보면 사회경제적 환경이 불안하게 되면서 국민들이 국가가 국민의 삶을 책임져 주기를 기대하는 마음도 커졌음을 짐작할 수 있다. 그와 대조적으로 복지 확대를 위한 재정 확대에 반대 의견을 밝힌 응답자가 55.6%에 달해 세금 인상에 대한 우려가 여전히 큰 것으로 나타났다. 특히 자신을 진보성향이라고 밝힌 응답자 중에서도 '사회안전망 강화를 위해 증세가 불가피하다'고 답한 비율은 45.8%로, 증세 반대 의견(49.5%)이 더 높았다. 이는 2015년 5월 한겨레 조사에서 '사회복지 확대를 위해 세금을 더 낼 의사가 있는가'라는 질문에 긍정과 부정 응답이 '50% 대 50%'로 나뉘었던 것과 비교했을 때, 10년 사이에 증세에 대한 반대 여론이 약 10%p 더 증가한 것이다(한겨레, 2020. 6. 24.).

6) 세금과 복지정책에 대한 국민의 오해와 불신

증세에 대한 완강한 반대는 어떤 면에서는 세금에 대한 오해와 편견에서 나온다. 세금에는 다양한 종류가 있다. 어떤 세금이냐에 따라 부담의 주체와 정도도 달라진다. 세금은 부과하고 징수하는 주체에 따라 크게 국세와 지방세로 나뉜다. 국세는 중앙정부가 걷는 세금으로, 국내 경제활동에 부과되는 내국세와 수입 물품에 부과되는 관세가 있다. 내국세는 일반적인 재정 운영을 위한 보통세와 특정 목적을 위한 목적세로 구분된다. 보통세에는 개인이나 법인의 소득에 부과되는 소득세, 법인세, 양도소득세 등의 직접세와 소비에 부과되는 부가가치세 같은 간접세가 포함된다. 소득세는 누진세율의 구조를 통해 소득재분배 기능을 수행한다. 목적세는 국민연금, 건강보험 등 사회보험료를 포함한 사회보장성 조세로 구성된다.

지방세는 지방자치단체가 재정을 운영하기 위해 부과하는 세금으로, 광역 단위(특별시 · 광역시 · 도)와 기초 단위(시 · 군 · 구)로 나뉜다. 광역 단위에서는 취득세, 등록면허세, 지방소비세, 지방소득세 등이 과세되며, 기초 단위에서는 재산세, 자동차세, 주민세, 담배소비세 등이 대표적이다.

우리나라의 사회복지 정책은 대부분 중앙정부 차원에서 추진되기 때문에 그 재원은 국세가 중심이 된다. 국세 가운데 가장 비중이 큰 세금은 부가가치세(약 30%)이고, 그 뒤

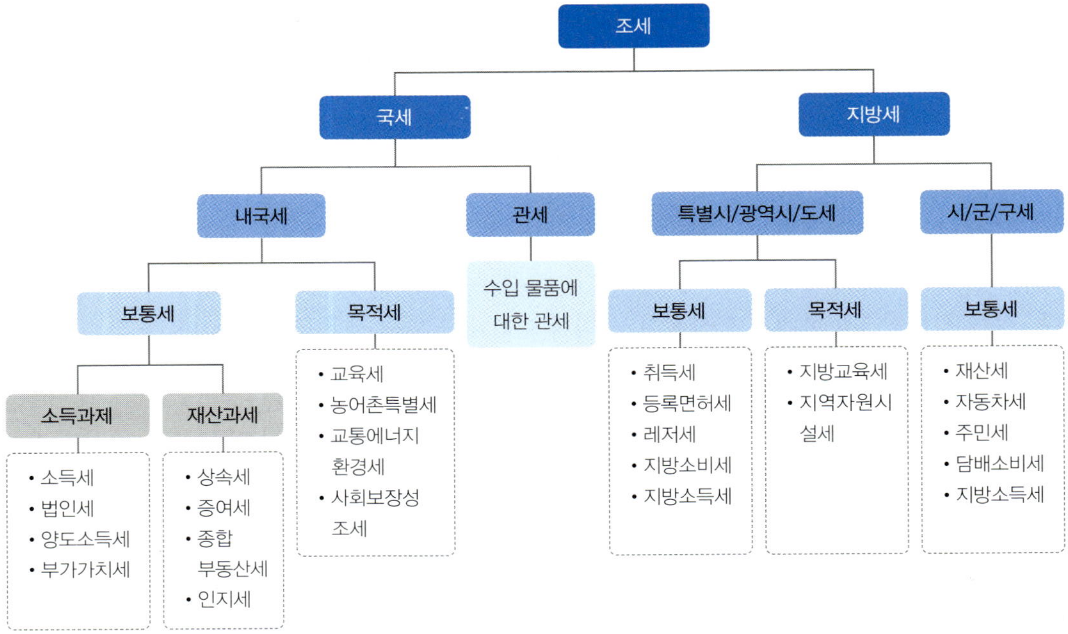

그림 2-7 대한민국 조세 체계

를 소득세(약 26%)가 잇는다. 이처럼 비중이 높고 대부분의 국민이 납부 대상이 되기 때문에 소득세는 국민이 가장 실질적으로 체감하는 대표적인 세금이라고 할 수 있다.

소득세는 기본적으로 고소득자에게 더 높은 세율이 부과되는 누진적인 구조로 설계되어 있다. 고소득자가 저소득자보다 세금을 더 많이 내는 것이 아니라 소득수준이 높아질수록 세'율' 자체가 올라간다. 소득에 상관없이 동일 세율이 적용되는 비례세는 역진적인 조세체계이다. 그 이유는, 첫째, 소득이 증가할수록 추가적인 소득의 한계효용(가치)은 감소하기 때문이다(한계효용 체감의 원리). 즉, 50만 원을 버는 B(저소득층)에게 세금으로 납부하는 10만 원은 생존에 필수적인 자원일 수 있지만, 고소득층인 A는 20만 원의 세금을 내더라도 기본적인 필요는 충분히 충족할 수 있으므로 A에게 20만 원이 갖는 가치는 B가 체감하는 10만 원보다 덜 중요할 수 있다.

둘째, 모든 사람은 의식주와 같이 고정된 기본 생활비가 필요하다. 저소득층은 소득의 대부분을 이러한 필수 지출에 사용하지만, 고소득층은 기본 생활비가 차지하는 비중이 상대적으로 적다. 따라서 동일 세율을 부과했을 때 세금을 내고 나면 B는 기본생활을 할 자금이 40만 원에 불과하지만 A는 80만 원이 남아 있다. 자본주의의 확대에 따라 빈부격차와 양극화 확대에 대한 국가의 대응 결과가 누진세이며, 비록 어느 정도의 누진세를 적용하는지는 국가마다 다르지만 우리나라를 비롯한 대부분의 국가는 누진세를 적용하고 있다.

사람들이 세금에 대한 막연한 거부반응을 보이는 이유는 세금을 늘린다고 하던 당장 내가 내는 세금이 올라간다고 생각하는 경향이 있기 때문이다. 그러나 일단 세금은 능력

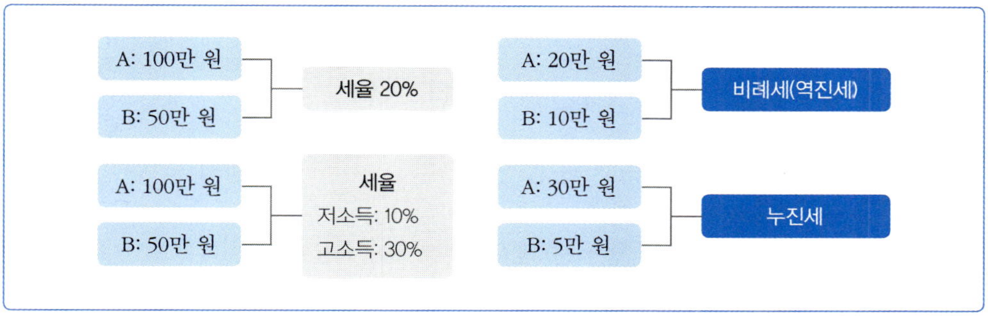

그림 2-8 비례세와 누진세의 차이

누진세율을 적용한 소득세

우리나라의 소득세 누진구조는 소득구간별 세율이 적용되는데, 소득수준에 따라 여러 과세구간이 설정되어 있으며, 소득이 높은 구간으로 갈수록 세율이 높아진다. 과세표준 1,400만 원 이하인 경우에는 6%이고, 이후 7단계에 걸쳐 45%까지 세율이 적용되는 구조이다.

만일 나의 연봉이 7,000만 원이고 각종 공제와 감면을 적용한 후 남은 금액이 6,000만 원이라고 해 보자. 이 6,000만 원이 나의 과세표준(세금 부과의 기준이 되는 금액. 즉, 각종 공제와 감면을 적용한 후 최종적으로 세율을 적용할 금액)이 된다. 과세표준 6,000만 원은 3개의 과세구간에 해당하는 금액이다. 따라서 내가 1년간 납부하게 될 소득세는 다음과 같이 세개의 과세구간별 세액의 합산으로 계산된다. 먼저, 과세표준 1,400만 원 이하의 세

율은 6%이므로 1,400만 원의 6%인 84만 원, 5,000만 원에서 1,400만 원을 제외한 나머지 금액, 즉 3,600만 원의 15%인 540만 원 그리고 나머지 1,000만 원에 대해서는 과세표준 8,800만 원 이하 구간의 세율인 24%가 적용되어 240만 원 등 총 840만 원의 세금을 납부하게 된다.

구분	세율
과세표준 1,400만 원 이하	6%
과세표준 5,000만 원 이하	15%
과세표준 8,800만 원 이하	24%
과세표준 1.5억 원 이하	35%
과세표준 3억 원 이하	38%
과세표준 5억 원 이하	40%
과세표준 10억 원 이하	42%
과세표준 10억 원 초과	45%

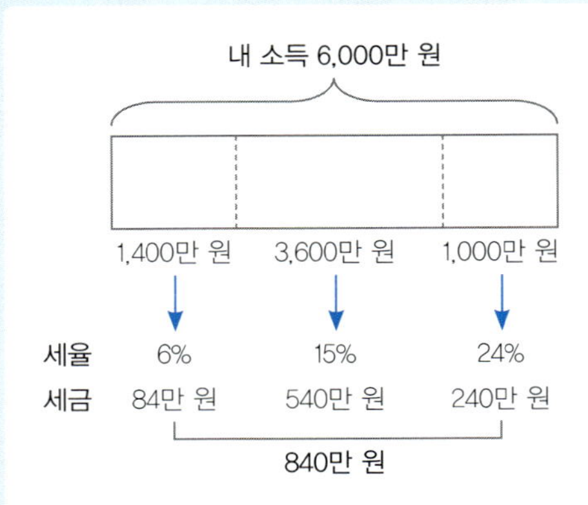

그림 2-9 누진세율에 따른 소득세 계산 방법

에 따라 그리고 어떤 세금이 증액되느냐에 따라 부담하는 정도가 달라진다. 가령, 문재인 정부에서 다주택자에게 중과했던 종합부동산세는 말 그대로 비싼 부동산을 가지고 있는 다주택자들에게 과중되는 세금이었으며, 집이 없는 서민, 1 주택자, 혹은 비싸지 않은 주택을 가지고 있는 사람들에게는 남의 이야기일 뿐이고 오히려 늘어난 세금은 어느 모로든 국민에 대한 혜택으로 돌아오게 되어 좋은 일이다. 소득이 높거나 가지고 있는 자산과 부동산이 많아서 고액의 세금을 부담해야 하는 경우 증세에 대해 반대하는 것은 자연스럽다.

그런데 그렇지 않은 사람들도 일반적으로 증세라고 하면 마치 자신의 일인양 반대하고 거부반응을 보이는 경우가 많은 것은 어떤 이유 때문일까?

사람들이 세금 증가에 거부감을 느끼는 첫 번째 이유는 손실회피성향(loss aversion)이라는 심리적 요인 때문이다. 사람들은 이익을 얻는 것보다 손실을 피하려는 경향이 강하다. 2002년 노벨 경제학상을 수상한 대니얼 카너먼과 그의 동료 아모스 트버스키가 정립한 전망 이론(prospect theory)에 따르면, 사람들은 경제학 이론이 전제한 것처럼 자신이 받을 수 있는 효용을 합리적으로 계산하면서 경제적 선택을 하지 않는다(Kahneman & Tversky, 1979). 이보다는 막연하게 있을지도 모르는 손실에 대한 두려움이 더 크게 작용한다. 손실회피성향에 따르면, 사람들은 이득 가능성에 비해 손실 가능성에 두 배 이상 민감하게 반응한다. 세금이 늘어나면 심리적으로 '내 돈을 뺏긴다'는 느낌을 강하게 받게 되고, 실제로 그 손실의 가능성이 크든 작든 간에 이를 과대평가하게 된다. 결과적으로 세금 증가로 얻을 수 있는 공공 혜택은 과소평가되고 손실에 대한 감정적인 거부감이 먼저 나타나는 것이다.

두 번째 이유는 복지정책에 대한 무지와 확증 편향(confirmation bias) 때문이다. 복지를 위한 증세는 공공의 혜택과 연결되어 있음에도 불구하고, 사람들은 이를 비용 증가로만 인식하는 경우가 많다. 특히 사람들이 자신이 이미 가지고 있는 믿음을 강화하는 정보를 선택적으로 받아들이는 경향이 작용한다. 2010년 미국에서 오바마케어라고 불리는 「환자보호 및 부담적정보험법(Patient Protection and Affordable Care Act)」이 도입될 때, 일부 납세자들은 건강보험 관련 세금 증가를 이유로 크게 반대했다. 그러나 실제 오바마케어는 기업과 개인의 건강보험 의무가입, 보험회사의 차별적 관행(예: 질병 보유자의 거부)을

전망 이론의 손실회피성향

당신은 다음 중 무엇을 선택할 것인가?

A: 100% 확률로 100만 원 받기
B: 10% 확률로 200만 원, 89% 확률로 100만 원, 1%의 확률로 0원

이때 많은 사람은 A를 선택한다. 효용을 합리적으로 계산하면 A는 100만 원의 효용, B는 109만 원(200*0.1+100*0.89+0*0.01)으로 B의 효용이 더 높다. 그러나 실패하면 이득이 전혀 없을 것이라는 1%의 가능성 때문에 많은 사람이 비합리적 선택을 하게 된다. 위험성이 아주 조금 존재하는 것만으로도 주관적 가치가 떨어지는 것이다. 즉, 사람들은 위험을 피하기 위해서라면 실제로 얻을 수 있는 추가 이익을 포기하는 경향이 크다.

줄이고 건강보험 가입을 용이하게 하여 건강보험 가입자 수 증가, 저소득층 가입자를 위해 소득에 따른 보조금 지급 시스템을 도입하는 내용으로 이를 통해 많은 사람이 혜택을 받을 가능성이 더 높았다. 이처럼 정책의 긍정적인 효과가 제대로 전달되지 않으면 사람들은 세금 증가를 단순히 자신의 부담 증가로만 이해하게 되고 반대 의견이 강해진다.

세 번째 이유는 조세제도와 증세에 대한 정보 부족에서 기인한다. 조세제도가 매우 복잡할수록 국민들의 납세에 대한 순응도는 낮아진다. 보통 사람들은 각자가 버는 소득에 비해 몇 %의 세금을 내고 있는지, 어떤 부분에서 세금을 얼마만큼 내고 있는지 정확하게 계산하며 살지 않는다. 대부분의 조세제도가 매우 복잡할 뿐만 아니라, 소위 원천징수가 되기 때문에 나도 모르는 사이에 소득에서 빠져나가는 경우가 많다. 세무사의 전문적 서비스가 존재할 만큼 세금을 계산하는 것 자체가 높은 수준의 정보와 전문성을 필요로 하는 일이며, 일반인들이 일상에서 세금의 흐름을 정확하게 파악하기란 쉽지 않다. 이처럼 사람들은 일반적으로 세금에 대해 막연한 지식을 가지고 있다. 경제심리학자인 비엔나 대학교의 키르클러 교수는 세금시스템에 대한 이해와 신뢰가 낮을수록 증세에 대한 불만과 저항이 커진다고 설명했다(Kirchler, 2007). 세금구조가 명확하지 않으면 납세자들은 자신이 얼마나 부담해야 하는지 알 수 없기 때문에 막연한 불안감을 느낀다. 이런 상황에서는 "내가 더 낼 수도 있다"는 막연한 두려움이 정책의 긍정적인 효과를 가리고, 세금 증가를 부정적으로만 바라보게 만든다. 따라서 정부가 증세와 관련된 정책을 발표할 때 이를 국민들에게 제대로 설명해야 하며, 구체적인 전망과 판단을 할 수 있도록 도와야 한다.

이를 위해서는 언론의 객관적인 자세가 중요하다. 언론은 사람들이 어떤 이슈를 어떻게 바라보고 해석해야 하는지에 엄청난 영향력을 미친다. 앞서 프레이밍 이론과 의제설정이론에서도 언급하였듯이, 보통 현대인들은 미디어를 통해 정보를 접하게 되기 때문에 미디어가 어떤 프레임으로 사건을 보도하느냐에 따라 같은 사건과 현상에 대한 대중의 반응과 여론이 달라질 수 있다. 그러나 문제는 사회의 여론을 주도하는 언론이 최근 들어 독자와 청중의 시선(어그로)을 끌기 위해 자주 한쪽으로 치우치거나 자극적인 기사를 내는 경향이 커졌다는 것이다. 실제로 증세와 관련해서도 증세의 필요성이나 향후 국민이 받을 수 있는 혜택에 대한 기사보다는 증세가 국민에게 얼마나 부담이 되는지, 현

세금에 관한 언론 보도

"[증세 없는 복지 갈등] '중산층에 밀린 증세 기업에 불똥 튈라…' 재계 전전긍긍" (국민일보, 2013. 8. 20.)

"국민 75% '세금 부담 늘었다'… '증세' 반대, 찬성보다 2배↑"(이데일리, 2021. 4. 21.)

"국민 3명 중 2명은 '증세 반대'… '세금 낭비에 불투명 관리'"(디지털타임스, 2021. 4. 21.)

"보수 야당의 '증세 반대' 5가지 이유… ① 계층 갈등 조장 '갈라치기'"(국민일보, 2017. 7. 26.)

"연말정산 '증세 반대' 서명운동… 정부 진화에도 반발 확산"(경인일보, 2015. 1. 21.)

"국민 10명 중 6명 '복지 위한 증세 반대'"(뉴스토마토, 2013. 8. 19.)

재 얼마나 많은 반발이 있는지에 대한 기사 제목을 타이틀로 뽑는 경우가 많은데, 이런 언론의 기사를 접하게 되면 사람들은 내 입장에 준해 정확하게 판단을 하기보다는 군중심리에 휩쓸려 막연한 반감을 갖게 될 수 있다.

네 번째 이유는 정부에 대한 신뢰 부족 때문이다. 정부에 대한 불신은 납세에 대한 반감을 초래한다. 정부와 정부 정책에 대한 신뢰는 내가 낸 세금이 허투루 쓰이지 않을 것이라는 믿음의 근간이 된다. 반대로, 정부에 대한 신뢰가 없으면 내가 낸 세금이 무용하게 쓰일 것이라고 불신하게 된다. 2023년에 OECD가 발표한 '공공기관 신뢰도 조사' 결과에 따르면, 우리나라 국민의 약 37.15%가 정부를 신뢰하는 것으로 나타났다. 이는 OECD 국가 평균(39.3%)에 비해 약간 밑도는 수치이지만, 다른 선진국들(스위스: 61.94%, 룩셈부르크: 55.56%, 노르웨이: 47.63%, 핀란드: 46.99%)에 비해서는 상당히 낮은 수치이다. 정부의 신뢰가 높은 국가들은 대부분 복지수준이 높은 나라들이다(OECD, 2023).

우리나라 국민들이 정부에 대해 낮은 신뢰를 갖는 이유는 한 가지로 압축하기 어려우며, 여러 가지 사회 상황과 역사적 맥락 등이 영향을 미쳤다. 가령, 역사적으로 일본 식민지배와 군사정권을 통해 민주적이고 소통하는 정부에 대한 경험보다 위로부터의 권위주의적 정치체제에 익숙해졌으며, 정치인들의 부정부패와 스캔들로 인해 정부에 대한 국민의 신뢰도가 크게 훼손되었다. 그래서 국민들은 세금을 내고 그 대가로 정부가 일정한 보호를 해 줄 것을 요청하기보다는 스스로 알아서 대비하는 것이 낫다는 인식을 갖는 경향이 있다.

대표적인 예는 사회보장성 조세에 대한 인식에서 드러난다. 사회보장성 조세(목적세)는 일반 세금과 완전히 다른 성격을 갖는다. 사회보장성 조세는 국민연금, 건강보험, 고용보험 등 사회보험의 보험료를 일컫는데, 다른 조세와 달리 정해진 목적, 즉 국민연금 보험료로 납부한 금액은 개인의 국민연금 급여에만 사용될 수 있다. 국민연금 보험료를 납부하면 내가 납부한 만큼 노후에 연금으로 받게 된다. 마치 은행에 적금을 가입하는 것과 유사하다. 목적이 미리 정해져 있지 않은 일반 세금은 국가의 필요에 의해 국회에서의 의결을 거쳐 그때그때 상이한 명목에 사용되는 것과 본질적으로 다름에도 불구하고 '조세'로 분류되는 이유는 강제로 납부하게 되기 때문이다. 그런데 사람들은 은행에 적금을 가입하는 것에 대해 긍정적인 태도를 갖고, 할 수 있다면 더 높은 금액의 적금을 부으려고 하는데 국민연금 보험료를 인상하는 것에 대해서는 선뜻 긍정적인 입장을 보이지 않는다. 국민연금 보험료를 차라리 개인적으로 투자를 하거나 민간 보험회사들이 운영하는 다양한 노후 대비 연금보험 상품에 가입해 노후를 대비하는 편이 더 낫다고 생각하기 때문이다. 이러한 인식의 배경에는 국가가 실시하는 정책에 대한 믿음이 시장의 금융권에 대한 믿음보다 결코 높지 않기 때문이다. 사실, 시장의 금융기관과 국가 중 당연히 더 안정적인 기관은 국가이다. 금융기관은 언제든 도산할 수 있고, 가끔 뉴스에 등장하듯, 그런 사태가 벌어졌을 때 국민들이 보호받는 데 한계가 있을 수 있다. 반면, 국가가 사라지지 않는 한 정부의 정책은 변동은 있을지언정 애초 보장된 것이 송두리째 없어지지는 않는다.

3. 복지정치: 신뢰와 공동체 회복을 향하여

복지와 정치는 떼려야 뗄 수 없는 관계이다. 복지가 확장되려면 결국 정부의 재정이 필요하고, 이는 세금을 통해 마련된다. 하지만 사람들은 복지 확대를 원하면서도 세금 인상에 대해선 망설인다. 이는 단순히 지갑 사정 때문만이 아니다. 세금을 낸 만큼 공공의 이익으로 되돌아올 것이라는 믿음이 부족한 경우가 많다. "증세 없는 복지"라는 구호가 달콤한 정치적 수사가 되는 이유도 여기에 있다. '증세를 하면 내 삶이 정말 나아질까?'라는 국민들의 물음에 대해 정치인들이 진정성 있는 답을 하지 못하는 한, 복지와 세금의 딜레마는 계속될 것이다.

정치에 대한 불신과 회의는 복지제도의 합리적 확대와 개편에 걸림돌이 된다. "정치는 나와 무관하다"고 외면하는 사람도 많지만, 그 결과는 결코 국민 개개인과 무관하지 않다. 무능하거나 부패한 정치가 낳은 정책의 후폭풍은 고스란히 국민들에게 돌아오기 때문이다. 인기를 위해 무분별하게 남발된 복지 공약, 진짜 필요한 곳에 적절하게 사용되지 못한 복지 재정, 낭비되거나 엉뚱한 곳에 쓰인 세금은 결국 국민들에게 부담으로 다가온다. 실제로 여러 나라에서는 복지포퓰리즘적 정치가 반복되면서 복지정책만이 아니라 국가 시스템 전반에 대한 신뢰가 무너지기도 했다. 다양한 구성원 사이의 합의, 탄탄한 재정 기반, 신뢰받는 정치체제가 뒷받침 되지 않은 채 '복지'라는 이름으로 도입된 정책들은 포장만 화려할 뿐 결국 모든 국민을 힘들게 하는 폭탄 돌리기가 될 수 있다.

그렇다면 정치는 어떻게 진정으로 국민들의 삶의 질에 이바지하는 복지정책을 도입할 수 있을까? 지금 한국 사회에서는 정치에 대한 국민적 불신이 매우 큰 것이 엄연한 현실이다. 민주당과 국민의 힘과 같은 양대 정당은 모두 '더불어만진당' '국민의짐'과 같은 조롱 섞인 별칭으로 불리며 국민들에게 신뢰를 잃은 지 오래이다. 정치는 정당 간의 당파 싸움이 되었으며, 그 과정에서 정당들은 국민들의 표를 얻기 위해 책임질 수 없고 지속가능성이 부족한 복지혜택들을 공약으로 남발하기도 한다.

그렇다고 국민들이 아예 정치를 등질 수는 없다. 민주주의 정치체제는 국민의 통치를 기반으로 한 제도이다. 따라서 주권자인 국민들이 정치를 등한시하거나 냉소하게 되었을 때 어떤 일이 벌어지는지를 우리 국민들은 최근에 똑똑히 목도했다. 현실 정치가 아무리 민의와 멀리 떨어져 움직이고 있다고 해서 국민들이 정치에 무관심하게 되면 정치는 내부에서부터 부패하게 되어 사회 전체의 위기와 갈등으로 이어질 수 있다. 결국 우리가 당면한 과제는 여전히 형식적 민주주의 단계에 머물러 있는 우리나라의 정치를 국민의 삶의 질을 위해 복무하는 실질적 민주주의 단계로 발돋움하게 하는 것이다.

이를 위해서는 정치인, 국민, 언론 모두가 공동 책임을 느끼고 변화해야 한다.

첫째, 정치인은 국민이 선출한 대리자로서 국민의 삶을 개선하고 미래를 설계하는 정

복지포퓰리즘 정치 실패 사례

브라질

브라질은 2000년대 초반 루이스 이나시우 룰라 다 시우바 대통령 때 '보우사 파밀리아' 같은 대규모 복지 프로그램으로 빈곤층을 크게 지원했다. 초기에는 성과를 냈지만, 부패와 비효율적인 행정으로 인해 재정적 부담이 커졌다. 특히 2014년 페트로브라스 부패 스캔들로 정치적 신뢰가 추락하면서 복지제도에 대한 회의감도 커졌다. 결국 경제위기와 사회불안정이 겹치면서 복지와 정치 시스템에 대한 국민의 신뢰가 크게 흔들렸다.

그리스

그리스는 1980년대부터 공공복지를 대폭 확대하며 국민들의 삶을 개선하려고 했다. 하지만 과도한 복지 지출과 부패, 세금 탈루 문제가 재정적자를 키웠다. 2008년 글로벌 금융위기 이후에는 국가 부도 위기에 직면하면서 유럽연합의 긴축 조건을 수용해야 했다. 이 과정에서 복지 축소와 구조조정이 이루어졌고, 국민들의 정부에 대한 분노와 불신은 극에 달했다. 이런 경험은 과도한 복지정책이 경제 기반 없이 지속될 수 없다는 교훈을 남겼다.

베네수엘라

베네수엘라는 우고 차베스 대통령 시절에 석유 자원을 기반으로 대규모 복지정책을 펼쳤다. 무료 의료와 교육, 저렴한 식료품 같은 정책은 초기에는 국민들의 지지를 얻었다. 하지만 석유 가격 하락과 경제 운영 실패로 상황이 급격히 악화됐다. 극심한 인플레이션과 생활필수품 부족이 이어지면서 국민들의 삶이 무너졌고, 정부에 대한 신뢰도 함께 붕괴됐다.

아르헨티나

아르헨티나는 20세기 중반 후안 페론 대통령 때부터 포퓰리즘적 복지정책을 추진했다. 페론은 노동자와 빈곤층을 주요 지지층으로 삼아 임금 인상, 무상 교육, 의료서비스 같은 선심성 복지를 대폭 확대했다. 하지만 재정적 뒷받침 없이 진행된 이런 정책들은 경제를 점점 악화시켰고, 이후 정부들도 비슷한 방식으로 복지정책을 이어 가면서 상황이 더 나빠졌다. 결국 2001년에는 지나친 복지지출, 비효율적인 재정 관리, 부패한 정치 환경이 맞물려 국가 부도 사태로 이어졌다.

책을 구축하는 데 최선을 다해야 한다. 현재 우리나라의 정치 현실은 상대 정당을 비윤리적인 집단으로 규정하고 파멸시키는 데 지나치게 치우쳐 있는 듯하다. 보수와 진보 이념은 세상을 바라보는 다양한 관점이다. 정치적 장에서 이 둘이 모두 중요한 이유는 세상을 편중되게 보지 않고 상호 토론과 타협을 통해 다양한 사회집단으로 이루어진 국가 공동체의 성숙과 상생의 길을 모색하기 위한 것이다. 따라서 지금과 같이 상대를 절대악으로 간주하고 대립만 하는 것은 정치의 본질을 훼손한다. 오늘날 국회는 건설적 토론장이 아니라 상대를 법적 칼날로 공격하며 당파적 우위를 겨루는 싸움터가 되어 버렸다. 이같은 정쟁이 오래토록 지속되면서 민생은 소외되고, 정치 본연의 기능은 다비되고 만다.

과거 형식적 민주주의조차 달성되지 않았던 시기에는 독재정권을 타도의 대상으로 보고 이들을 물러나게 하는 것이 민주화를 위한 과제였다. 그러나 오늘날과 같이 형식적 민주주의가 달성된 시대에는 상대 정당을 타도 대상으로 보기보다는 정책적 경쟁을 위한 라이벌이자 파트너로 생각해야 한다. 현재 우리 사회는 저출생, 고령화, 인구 감소, 환경문제, 개인화, 보호무역 강화 등 시급히 해결해야 할 과제가 산적해 있다. 국민연금 개혁, 건강보험 재정 개편 같은 중대한 복지 개혁도 더는 미룰 수 없는 상황이다. 정치인들은 이러한 현실을 직시하고, 미래 비전을 제시하고 좋은 정책을 설계하는 데 집중해야 한다. 민주주의 정치의 본질은 국민을 위한 국민에 의한 국민의 통치라는 사실을 다시금 되새길 필요가 있다.

둘째, 국민은 정치에 대한 관심을 되돌려야 한다. 대의민주주의에서 대리자를 선출해 행정부와 입법부로 보내는 것으로 국민의 정치참여가 끝나는 것이 아니다. 대리자의 선출 이후에도 정치와 정책에 대한 관심을 유지하며 감시하고, 협력하고, 지지하는 적극적 역할이 요구된다. 그러나 최근 점점 국민은 정치참여에 소홀하고, 이는 투표율이 점차 낮아지는 현상으로 나타나고 있다. 새로운사회를여는연구회(2016)의 『분노의 숫자』에서 2008년 국회의원 선거를 기준으로 했을 때 OECD 평균 투표율은 70%에 가까운데 비해 한국의 투표율은 46%로 가장 낮았다. 물론 개인의 삶이 바쁘고 취업, 직장일, 결혼, 육아, 주거, 부양 등 현실적인 의식주 문제에 치여 정치가 뒷전으로 몰리기 쉽다. 그러나 노동정책, 가족정책, 주거정책 등 의식주의 근본을 좌우하는 정책들이 정치과정을 통해 결정된다는 점에서 정치는 결코 개인의 삶과 무관하지 않다.

애석한 것은 정치에 관심을 갖는다는 국민들조차 정치의 본질적 가치를 잃고 당파 싸움이라는 정치인들의 프레임을 그대로 수용하거나, 가짜뉴스에 휩쓸려 상대를 맹목적으로 비난하는 것을 정치로 여기며 동조하고 있다는 것이다. 마치 투우사들의 싸움을 응원하는 콜로세움의 관객처럼 행동하게 된 것이다. 이제는 이러한 군중심리에서 벗어나 아고라(공론의 장)로 나아가야 할 때이다. 국민은 정치인들에게 정책적 비전을 제시할 것을 요구해야 하고, 실질적으로 국가를 위해 일하는 정치인들을 찾아 그들에게 지지와 신뢰를 보내야 한다. 화려한 언변과 상대에 대한 비난으로 주목받는 정치인이 겉보기에는 똑똑해 보일지라도, 진정한 정치인의 역할은 당의 존폐만이 아니라 한국 사회의 지속가능성을 고민하고 해결책을 마련하는 사람이라는 것을 잊으면 안 된다. 국민도 정치와 정책에 대한 무지를 당연하게 여기지 말고, 조세제도, 정책의제, 대안 형성에 대해 공부하며 미래를 함께 준비해야 한다. 지금 당장의 이익만이 아니라 증세와 같이 지속가능한 사회를 위한 결단과 양보도 필요하다. 국민연금 개혁, 건강보험 재정 안정화, 주거비 안정, 교육제도 개혁, 기후 위기 대응 등 중요한 사회문제 해결을 위해 기꺼이 동참하며 고통을 분담하는 시민의식이 요구되는 것이다. 정치, 정책, 미래에 대한 무관심과 냉소는 결코 자랑이 아니며, 우리 사회의 생존을 위협하는 중대한 문제임을 명심해야 한다.

셋째, 언론은 사회적 파급력을 사적 이익이 아닌 공익을 위해 신중하고 책임감 있게 활용해야 한다. 프레이밍 이론과 의제설정이론에서 언급했듯이, 미디어는 대중의 세계관 형성에 기여하며, 사회문제에 대한 정책의제 형성에도 지대한 영향을 미친다. 그러나 이러한 영향력을 경시하고, 단순히 조회수나 관심을 끌기 위해 선정적이고 선동적인 기사를 작성하는 경우가 많다. 이로 인해 언론인들은 '기레기'라는 불명예스러운 별칭을 얻었다. 물론 디지털 환경과 같은 오픈된 세계에서 생존하기 위한 불가피한 선택이라고 변명할 수 있다. 하지만 심층적인 탐사보도 기사나 깊이 있는 성찰이 담긴 칼럼을 통해 사회문제를 진단하고 해결책을 모색하기 위해 노력하는 언론인들도 분명히 존재한다. 이러한 사명감 있는 언론인들의 노고와 가치를 인정하고 지지와 관심을 보내는 것은 매우 중요하다. 또한 언론이 스스로 자정작용을 하지 못할 때, 깨어 있는 시청자와 독자로서 올바른 방향을 제시하는 역할도 해야 한다.

정치적 타협으로 만들어진 복지국가: 스웨덴의 협치와 '목요클럽'

스웨덴의 사회민주주의는 노동자계급의 연대나 노사갈등만으로는 결코 설명할 수 없다. 스웨덴 복지국가의 진수는 사회적 평등을 사회주의와 같이 급진적 유혈혁명으로 이루려고 하기보다는 국민들이 납득하고 공감하는 수준에서 민주적으로 실현해 나가려고 했던 협치에 있다. 스웨덴이 '기어가는 사회주의'라고 불리는 이유가 여기에 있다. 스웨덴의 타게 에를란데르 총리가 1948년에 시작한 '목요클럽(Thursday Club)'은 노사정 간의 소통과 협력을 통해 복지국가 발전을 도모한 협치 모델이다. 목요클럽은 매주 목요일, 총리 관저나 별장에서 비공식 만찬 형식으로 진행되었으며, 재계 주요 인사, 노조 대표, 정치인, 언론인, 시민단체 등 다양한 계층이 참석했다. 물론 처음부터 각 계급과 계층이 대화와 협상을 평화롭게 할 수 있는 것은 아니었다. 그러나 23년 동안 상대방의 의견을 경청하고 설득을 자제하며 끼어들지 않는 등의 원칙을 준수하면서 만남을 이어 온 결과, 좌우 갈등 해소와 사회적 합의 도출에 조금씩 이를 수 있게 되었다. 혹자는 글로벌 신자유주의의 도래와 복지국가의 재편 위기로 인해 스웨덴의 복지국가 모델도 유지가 가능할지에 대해 의문을 제기하기도 하지만, 목요클럽을 통해 다진 대화와 타협의 문화는 경제 불황과 정치 갈등 속에서도 새로운 대안을 찾아갈 수 있는 민주적 유산이 될 것이다. 스웨덴 복지국가의 협치 전통은 EBS 다큐멘터리 지식채널e 동영상 〈국민의 집 1 · 2부〉를 참고하기 바란다.

출처: EBS 지식채널e(2012. 10. 8.).

참고문헌

〈국내 문헌〉

남윤민(2018). 한국의 복지확대와 증세에 대한 동일한 태도와 상반된 태도 결정요인. 담론201, 21(2), 7-37.

보건복지부, 국민건강보험공단(2020). 2020~2026년 건강보험 장기 재정 전망.

새로운사회를여는연구회(2016). 분노의 숫자: 국가가 숨기는 불평등에 관한 보고서. 동녘.

최장집(2005). 민주화 이후의 민주주의. 후마니타스.

〈해외 문헌〉

Chong, D., & Druckman, J. N. (2007). Framing theory. *Annual Review of Political Science, 10*(1), 103-126.

Goffman, E. (1974). *Frame analysis: An essay on the organization of experience.* Harvard University Press.

Kirchler, E. (2007). *The economic psychology of tax behaviour.* Cambridge University Press.

McCombs, M. E., & Shaw, D. L. (1972). The agenda-setting function of mass media. *Public Opinion Quarterly, 36*(2), 176-187.

Pierson, P. (1994). *Dismantling the welfare state? Reagan, thatcher, and the politics of retrenchment.* Cambridge University Press.

〈신문 기사〉

KBS뉴스(2014. 11. 10.). "[뉴스해설] '송파 세 모녀 법' 어디에?". https://news.kbs.co.kr/news/pc/view/view.do?ncd=2963752

국민일보(2017. 3. 2.). "[그래픽] 지난해 복지재정 GDP의 10.4%… OECD 절반 수준".

국민일보(2022. 10. 21.). "'7년 뒤 재정 바닥' 건강보험, 국민 혈세에 손 벌리나".

머니투데이(2022. 6. 17.). "체온 체크 '13만원' 응급실 '1550만원'…의료비 겁나 병 키우는 美". https://www.mt.co.kr/world/2022/06/17/2022061710374037333

비마이너(2014. 3. 4.). "수급신청 안 한 '송파 3모녀'의 잘못?".

세계일보(2024. 11. 21.). "연금 · 건보개혁 없으면 40년 뒤 복지지출 비중 74% 증가".

시사IN(2022. 3. 4.). "어떤 복지국가를 택할 것인가 [2022 대선 의제 ⑦]".

연합뉴스(2022. 2. 26.). "[오늘은] 생활고 시달리던 '송파 세 모녀' 극단 선택하다".

인크루트(2012. 11. 8.). "[금요만평] 복지공약".

팜뉴스(2024. 5. 13.). "국민연금개혁… 21대 국회도 외면?".

한겨레(2020. 6. 24.). "'복지 확대' 원하지만 '증세 거부감'은 더 완강해져".

〈웹사이트〉

OECD. (2023). Government at a Glance. https://www.oecd.org/governance/government-at-a-glance.htm

OECD. (2024). OECD Survey on Drivers of Trust in Public Institutions-2024 Results. https://www.oecd.org/trust/public-institutions/

OECD. (2025). Public Social Spending as % of GDP, 2022 (or latest year). OECD Social Expenditure Database.

국세청(2024). 세율. https://www.nts.go.kr/nts/cm/cntnts/cntntsView.do?mi=2227&cntntsId=7667

엠브레인(2023). 2023 사회적 갈등 및 공동체 의식 관련 조사. https://www.trendmonitor.co.kr/tmweb/trend/allTrend/detail.do?bIdx=2729&code=0404&trendType=CKOREA

〈동영상〉

지식채널e(2012. 10. 8.). 국민의 집 1부 [YouTube]. https://www.youtube.com/watch?v=FkNaNn2pUUk

지식채널e(2012. 10. 15.). 국민의 집 2부 [YouTube]. https://www.youtube.com/watch?v=E_g0XtPX1F8

제3장

복지와 사회심리:
병든 사회는 사람의 생각과 마음도 아프게 만든다

1. 사회구조는 어떻게 개인에게 투영되는가

개인이 사회구조의 영향을 받는다는 사실을 부정할 사람은 없을 것이다. 사회구조란 사회를 구성하는 제도(교육, 법률 등), 규범, 문화, 경제 시스템, 계층 및 가족 구조, 정치 시스템 등을 포괄하며, 개인은 자신이 속한 사회구조와 상호작용함으로써 사고, 행동, 가치관, 기회 등의 영향을 받는다. 그런데 우리는 사회구조가 개인에게 행사하는 영향을 제대로 자각하지 못하는 경우가 많다. 일상사의 지극히 사적인 문제, '내 탓'으로 인한 잘못된 결과, 나만의 스타일과 선호 등이 사실은 사회구조와 내가 상호작용하는 과정에서 형성되었고 사회구조가 깊숙이 영향을 미친 결과이다. 찰스 라이트 밀스(C. Wright Mills)는 이에 대해 구조가 행사하는 힘이 행위자들에게는 직접적으로 지각되지 못하고 오직 '개인적인 문제'로 번역되어 체험되고 있다고 말했다(김홍중, 2015; Mills, 2000, pp. 9-10). 그는 개인이 경험하는 어려움인 '(개인적) 문제(troubles)'와 사회 전체에 영향을 미치는 문제인 '(사회적) 이슈(issues)'를 구분하며, 이 두 가지를 연결하여 이해하는 능력을 '사회학적 상상력(sociological imagination)'이라고 개념화했다. '문제(troubles)'는 개인의 성정과 주변인과의 직접적인 관계 속에 발생하는 것으로, 사적인 영역을 의미한다. '이슈(issues)'는 개인의 환경을 통해 전하는 것으로, 개인 주변의 제도들과 역사적 · 사회적 구조를 포괄하는 공적인 영역을 의미한다. 밀스는 실업을 예로 들며 10만 명의 인구 중 단 한 명만이 실업인 상황이라면 그는 '문제'이기에 실업자 개인의 기술과 눈 앞에 놓인 기회를 보겠지만, 5천만 명의 인구 중 1,500만 명이 실업인 상황은 '이슈'이기에 개인의 특성이나 상황이 아닌 구조적인 기회, 경제 및 정치 상황 등을 살펴야 하는 것이라고 말했다.

사회문제에 대한 개입과 해결을 목표로 하는 사회복지는 무엇보다도 밀스가 말한 '사회학적 상상력'을 필요로 한다. 사회문제는 사회라는 구조 속에 떠다니는 실체 없는 무엇이 아니라 구체적인 개인과 그 삶을 통해 나타나며, 따라서 개입의 대상으로서 눈앞에 보이는 개인의 '문제'와 관련된 사회의 '이슈'를 포괄적으로 연결하여 이해해야 궁극의 해법을 찾아갈 수 있기 때문이다.

우리가 미처 인식하지 못하는 사이에 우리에게 작용하는 사회의 보이지 않는 힘은 다음과 같은 세 가지를 통해 실재한다. 바로 사고의 기초가 되는 언어와 그 작용으로서의 담론, 우리 마음속의 열망인 욕망, 그리고 우리를 복종하게 만드는 힘으로서의 권력이다.

1) 담론이란 무엇인가

다음의 그림에서 무엇이 보이는가? 대부분의 사람은 이 그림에서 삼각형을 본다. 그

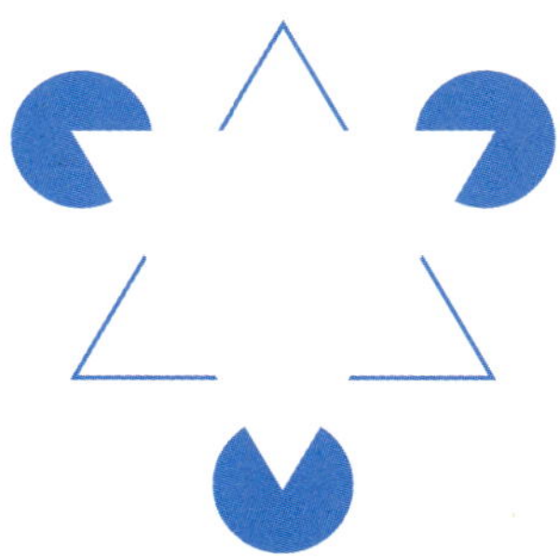

그림 3-1 카니자의 삼각형(Kanizasa's Triangle)

림의 가운데 빈 공간에 흰 삼각형이 있다는 것이다. 하지만 진짜 삼각형이 존재하는지 여부는 이 그림을 통해서는 알 수 없다. 그림이 제공하는 유일한 사실은 입 벌린 세 개의 '팩맨'과 V자뿐이다.

이 그림의 이름은 '카니자의 삼각형(Kanizsa's Triangle)'인데, 심리학자 가에타노 카니자(Gaetano Kanizsa)가 제시한 착시현상에 관한 그림이다(Kanizsa, 1979). 이 착시는 주변의 주어진 정보(세 개의 팩맨과 세 개의 V자 형태)를 모아 우리의 뇌가 실재하지 않는 흰 삼각형을 자동적으로 완성시키는 현상을 보여 준다. 이 현상은 인간의 시각 시스템이 어떻게 부분적인 정보를 기반으로 전체적인 형태를 완성하려고 하는지 보여 주는 좋은 예이다.

우리의 뇌는 다양한 감각기관에서 투입되는 신호들을 비교하고 패턴을 찾아냄으로써 우리가 보는 것을 능동적으로 추론하고 재구성해 낸다. 그런데 카니자의 삼각형이 보여주듯, 그 추론이 실재와 일치하는 것은 아니다. 즉, 우리의 뇌는 간단한 그림에 대해서도 다분히 주관적인 추론을 시도하며 결코 사물과 현상을 있는 그대로 보지 않는데, 하물며 더 복잡한 현상들은 어떠할까?

타인에 대해, 일상에 대해, 어떤 사건에 대해 우리의 뇌가 구성해 내는 추론과 시각 역시 같은 맥락에서 볼 수 있다. 우리가 살고 있는 현실 세계에서 존재할 것이라고 굳게 믿는 흰 삼각형은 '담론'에 속한다. 담론은 고유성과 특이성을 갖는 현상들(말, 글, 이미지, 통계, 사건 등)이 계열화하며 하나의 연결망으로 묶인 지식과 관점을 뜻한다. 각자 따로 떨어져 독립적으로 존재하던 세 개의 팩맨은 우리가 학교 수업 시간(수학 시간 등)에 배운 정보와 지식체계에 따라 삼각형이라는 개념으로 계열화되었고, 하나의 유기체처럼 묶이며, 존재하지 않지만 실재하는 것처럼 삼각형이라는 담론을 머릿속에 형성시켰다.

담론은 다양한 이미지, 통계, 표어와 같은 기표와 말, 텍스트와 같은 언표(enunciation)가 유기적으로 결합하여 하나의 관점으로 조직화되는 과정에서 구성된다. 사회적 약자에 관한 담론도 마찬가지이다. 따라서 사회적 약자를 어떻게 이해하고 대할 것인가는 사회적 담론의 형성 과정에 따라 달라질 수 있다. 노숙인을 예로 들어 보자. 거리에서 박스를 깔고 잠을 자거나 공공시설을 점유한 노숙인의 사진, 노숙인을 부정적으로 묘사하는 만화나 포스터 이미지, 노숙인 수와 노숙인 복지예산 증가, 노숙인의 경범죄 발생 건수를 보여 주는 통계 그래프 등이 노숙 현상을 시각적으로 구체화하고 사회적 담론 형성의 기표로 작용한다. 또한 언론 기사 제목에서 "도심의 노숙인 문제, 이대로 방치할 것인가?"라고 질문하거나, 정치인이 "노숙인을 무조건 돕기보다는 독립심을 길러야 한다"라고 말하는 발언, 시민 인터뷰에서 나온 "노숙인이 공공장소를 차지하고 있어 무섭다"라는 진술 등이 노숙인의 이미지를 형성하는 언표로 작용한다. 개별적으로 흩어져 있던 기표와 언표는 하나의 연결망으로 묶여 노숙인을 특정 방식으로 바라보는 사회적 담론을 형성하게 된다. 앞의 기표와 언표가 결합하면서 노숙인은 사회적 불안과 부담을 가중시키는 이미지로 계열화된다. 사실상 노숙인은 매우 이질적이고 다양한 사정을 가진 개인들임에도 불구하고, 사회적 상호작용 속에서 구성된 의미와 이미지를 통해 하나의 통일된 관념, 즉 흰 삼각형이 만들어지게 되는 것이다.

담론 중 가장 영향력이 크고 담론을 형성하는 데 직접적인 영향력을 행사하는 담론을 지배담론이라고 한다. 지배담론은 사회, 정치, 경제 등 다양한 맥락에서 특정 집단이 권력과 영향력을 행사하여 사회의 공통된 이해나 규범을 형성하는 과정에서 등장하는 지배적인 이야기나 담론을 의미한다. 지배담론은 사회체제, 정치체제, 경제체제 등에 바탕을 두고 있으며 우리의 인식에 끊임없이 어떤 흰 삼각형을 만들어 낸다. 당연하고 주어진 것처럼 보이는 사회적 현상과 관계들은 담론의 산물이다. 이 담론은 끊임없이 변화하며 고정되어 있지 않다.

기표, 언표, 담론

1. 기표(signifier)

언어학자 페르디낭 드 소쉬르(Ferdinand de Saussure)의 기호학에서 유래한 개념으로, 언어의 외형적(문자) · 청각적(소리) 요소 등 물리적이고 가시적인 부분을 뜻한다. 가령, '사과'라는 단어를 구성하는 [ㅅ, ㅏ, ㄱ, ㅗ, ㅏ] 음절이 기표이다. 기표는 의미를 전달하는 형식이나 매개체이다. 소쉬르는 기표를 '기의(signified)'와 대비되는 개념으로 설명했는데, 기의는 기표가 가리키는 실제 의미로, 사과의 기의는 "빨갛고 베어 물면 아삭하고 달달한 과즙이 나오는 과일"이다. 기표와 기의의 연결은 절대적이지 않으며, 사회적 · 문화적 맥락에 따라 달라질 수 있다.

2. 언표(enunciation)

언표는 언어가 사용되는 실제 상황과 맥락을 의미한다. 즉, 단순한 문장이 아니라 누가, 언제, 어디서, 어떤 의도로 말하는지를 포함하는 의미이다. 가령, "나는 배고프다"라는 문장을 아이가 엄마한테 말할 때와 기업 총수가 대중 연설에서 말하는 의미는 다를 것이다. 즉 같은 언표도 언표 상황에 따라 의미가 달라지는 것이다. 언표 개념은 미셸 푸코(Michel Foucault), 들뢰즈, 가타리 등의 철학자가 발전시킨 개념으로 담론을 구성하는 기본 단위이며, 단순한 문장을 넘어 의미 생산의 단위이다.

3. 담론(discourse)

언어가 단순한 말이나 텍스트를 넘어 사회적 맥락과 권력 구조 속에서 의미가 형성되고 전달되는 방식으로서 담론은 특정 주제나 사회현상에 대한 체계적인 논의와 지식의 총체를 뜻한다. 담론은 '지식과 권력이 연결된 체계(미셸 푸코)'로 '언제나 해석이 가능하고, 고정된 의미가 없는 텍스트의 연쇄(자크 데리다)'이며, '사회적 관계와 권력을 유지 및 변화시키는 역할을 하므로 사회적 실천(노먼 페어클러프)'이다. 즉, 담론은 사회적 의미 생산 체계이며 권력관계와 밀접하게 연관되어 있고 시대와 사회에 따라 변화하는 역사성을 갖는 개념이다.

이상의 개념을 예시를 통해 적용해 보자. '복지'라는 단어 자체는 기표이다. 복지의 의미는 시대에 따라 달라지는데, 1990년대에 '복지'는 '시혜적인 것, 자선'이라는 언표를 가졌으며, 2020년대에 '복지'는 '권리'라는 언표를 갖는다. 각각의 언표는 복지에 대한 서로 다른 담론을 구성하게 된다. 1990년대의 복지 담론에서 복지는 국가나 사회의 온정적 행위로 간주되었으며, 수급자는 감사해야 할 위치에 놓인 존재였다. 이는 복지의 최소화, 선별적 접근, 도덕적 규제를 정당화했으며, '복지병' '의존성' '도덕적 해이'와 같은 개념들이 담론 내에서 작동하게 되었다. 반면, 2020년대의 복지 담론은 복지를 인간의 기본적 권리이자 사회적 시민권의 핵심 요소로 재구성한다. 이 담론에서는 모든 시민이 존엄한 삶을 위한 기본 조건에 접근할 권리가 있다고 보며, 복지 수급은 권리 실현의 과정으로 이해된다. 이는 보편적 복지, 사회서비스의 확대를 지지하는 정책 방향으로 이어지게 된다.

노숙인 담론

1. 노숙인에 관한 지배담론 사례: 노숙인 관련 언론 기사의 제목과 사진들

공공장소에서 술을 마시거나 누워 있는 장면을 포착한 사진의 보도들은 노숙 현상을 시각적으로 구체화하면서 노숙인에 대한 사회적 이미지를 형성하는 기표로 작용한다. 또한 '음주 소란' '술판' '도박' '경범죄' '점거' 등의 단어가 반복적으로 등장하는 기사 제목들은 노숙인을 공공질서를 위협하거나 통제되어야 할 존재로 보도록 하는 사회적 언표가 된다. 개별적으로 흩어져 있는 노숙인에 대한 기표와 언표들은 사회 구성원의 의식 속에서 하나의 연결망으로 조직되며, 노숙인을 사회적 불안과 위협의 상징으로 계열화하는 지배담론을 구성하는 데 일조한다.

연합뉴스(2019. 11. 14.)	경인일보(2019. 6. 25.)

"음주소란 · 오물투기 천지 부산 서면 '싹' 바뀌었다" (연합뉴스, 2019. 11. 14.)

"주취 소란 · 도박까지 '부평종합시장 점령한 노숙인'" (경인일보, 2019. 6. 24.)

"술판 벌이고 계단에 소변까지… 겨울만 되면 지하철 다 점령하는 노숙인들" (인사이트, 2025. 1. 1.)

"8년간 아무도 몰랐다…서울대 건물 외벽 타고 219만원 훔친 노숙인" (시사저널, 2024. 11. 1.)

"공공장소 점거(?) 노숙인 신고 속출… 경찰 '속수무책'" (아시아투데이, 2021. 5. 24.)

"노숙인들 경범죄, 벌금은 어떻게?" (경향신문, 2011. 10. 10.)

2. 노숙인에 관한 대안담론 사례: 김호연 소설 『불편한 편의점』

노숙인을 위협적이거나 비도덕적인 존재로 바라보는 지배담론과 달리, 노숙인을 하나의 존엄한 인격체로 이해하려는 대안담론도 존재한다. 대안담론은 노숙인의 주체성과 회복가능성, 그리고 그들 역시 공동체의 일원이라는 관점을 환기시키는 역할을 하는데, 이러한 대안담론은 주로 문학, 예술, 영화와 같은 서사적 장르를 통해 표현되는 경우가 많다.

그림 3-2 소설 『불편한 편의점』 표지

김호연 작가의 장편소설 『불편한 편의점』에 등장하는 주인공 '독고' 씨는 서울역에서 노숙 생활을 하던 중 70대 여성의 지갑을 주워 준 인연으로 그녀의 편의점에서 야간 알바를 시작하게 된다. 알코올성 치매로 과거를 기억하지 못하고, 어눌한 말투에 행동이 느린 독고 씨는 예상을 깨고 편의점의 일을 잘 수행해 낼 뿐 아니라 각자의 상처를 안고 살아가는 주변 사람들에게 위안이 되어 주며, 낡고 오래되어 불편한 편의점을 따뜻한 치유와 안식의 공간으로 만든다. 이 소설의 마지막 부분에서 밝혀지는 독고 씨의 과거 직업은 노숙인에 대한 계층적 편견, 성공과 실패의 의미에 대해 다시 생각해 보게 한다.

2) 타인의 욕망이 곧 나의 욕망이다

자신의 모습을 직접 두 눈으로 본 사람은 아무도 없을 것이다. 인간은 자신의 모습을 유일하게 거울을 통해서만 볼 수 있다. 하지만 거울을 통해 보는 나의 모습은 거울에 반사된 모습일 뿐, 진짜 내 모습은 아니다. 그럼에도 불구하고 내 모습을 볼 수 있는 유일한 방법은 거울에 자신을 비추는 것뿐이다. 우리의 존재는 거울이라는 외부 세계에 비추어진 모습으로 규정될 수밖에 없다.

인간이 자신의 존재, 정체성, 욕망을 인지하는 방식도 비슷하다. 우리는 무언가를 욕망하며 살아간다. 욕망은 나의 내면에서 고유하게 발생한, 내가 진정 욕망하는 것이라고 생각하지만 프랑스 철학자 라캉(Lacan, 1994)은 사실 그 욕망은 진짜 내 자아가 원하는 욕망이 아니라 타인이 나에게 원하는 욕망에 가깝다고 주장했다. 인간은 인정받기 원하고, 사랑의 대상이 되기를 원한다. 인간의 욕망은 타인의 욕망 속에서 형성된다. 우리는 타인이 욕망하는 대상, 타인의 욕망에 부응하는 대상이 되기 위해 노력한다. 사람마다 다를 수 있지만 보통 부모는 개인의 욕망 구조에 가장 큰 영향을 미치는 타인이다. 인간이 태어나서 처음으로 만나는 타인은 부모이기 때문에 어린아이의 욕망은 부모의 욕망 속에서 시작된다. 우리나라 학생들이 획일적으로 가지고 있는 공부를 잘하고 싶은 욕망도 같은 맥락에서 볼 수 있다. 그리고 나이가 들고 어린아이의 세계가 부모의 영역을 벗어나 점차 확장되어 가면서 만나게 되는 친구나 선생님과 같은 다른 타인들의 기대와 바람도 또다시 개인에게 투영된다. 중·고등학교에서는 성적과 대학 진학에 대한 학교 선생님과 친구들의 기대가 개인의 욕망 속에 투영되고, 직장에서는 승진에 대한 동료들의 기대가 개인의 욕망이 되며, 세상이 가지고 있는 좋은 집과 차에 대한 기대가 나의 욕망이 된다. 내가 가지고 있는 가장 내밀하고 퍼스널한 욕망도 사실은 타인과의 관계 속에서, 그 타인의 집합체로서 사회에 의해 형성된 것이다.

이렇게 욕망조차 진실된 자신의 욕망이 아니라 타자가 자신에게 바라는 욕망이라면 내 인생의 의미와 기쁨과 희망은 어디서 채워야 하는가? 종종 겉보기에 사회적으로 승승장구하고 아무 문제 없어 보이는 사람들이 우울증을 앓거나 끝도 없는 성취 추구에 지쳐서 극단적인 선택을 하는 사건들을 보게 되는데, 타인의 시선과 타인의 욕망 추구가 밀어낸 개인의 욕망의 빈자리에 허망함과 공허가 자리하게 된 결과이다.

피에르 부르디외(Pierre Bourdieu)의 '아비투스 이론'도 개인과 사회구조 사이의 복잡한 관계를 설명하는 개념적 틀을 제공하며, 어떻게 사회적으로 구성된 욕망을 자연스럽게 나의 욕망으로 받아들이는지를 보여 준다(Bourdieu, 2005). 부르디외에 따르면, 아비투스(habitus)는 개인이 사회 속에서 습득하는 지속적이고 전이 가능한 성향들의 체계로, 우리의 사고 방식, 인식, 평가, 행동 양식을 구조화하는 내면화된 틀이다. 아비투스는 개인의 사회화 과정을 통해 형성되는데, 특히 초기 사회화 경험, 가족 환경, 교육, 계급적 위치 등이 중요한 역할을 한다. 이 과정에서 개인은 자신의 사회적 위치와 조건에 맞는 행동 양식, 취향, 기대를 무의식적으로 내면화하게 된다. 아비투스는 특정 사회적 장(field)과의 관계 속에서 작동하는데, 장은 특정한 규칙과 자원 배분 방식을 가진 사회적 공간이다. 타인의 욕망을 욕망하게 되는 과정은 단순한 모방이 아닌 특정 사회적 장 내에서 가치 있다고 여기는 것들에 대한 무의식적인 내면화와 관련된다.

예를 들어, 중산층 가정의 고등학생 A양이 갖게 되는 '명문대 입학'에 대한 신념/목표(아비투스)는 A양이 독자적으로 형성한 것이 아니다. 대학 교육을 중요시하는 가정환경(장), 학교(장)에서 선생님들과 주변 친구들로부터 지속적으로 전달받은 가치에 의해 형성된 것이다. 이 학생은 명문대 입학이 가치 있다는 인식을 자연스럽게 내면화했고, 이것이 자신의 욕망이 되었다. 중요한 점은 이 욕망을 외부에서 강요된 것으로 느끼지 않고 자신의 진정한 열망으로 경험한다는 것이다. 부르디외는 이를 '오인(misrecognition)', 즉 사회적으로 구성된 욕망을 자연스럽고 개인적인 것으로 잘못 인식하는 현상으로 정의했다.

또 다른 예로, 명품 브랜드에 대한 소비 욕망을 들어 보자. 직장인 B씨는 최근 고급 시계 브랜드에 관심을 갖게 되었다. 이 관심은 그가 속한 회사 내 고위 임원들이 대부분 고급 시계를 착용하고, 비즈니스 미팅에서 종종 시계가 대화 주제가 되는 것을 경험하면서 생겨났다. B씨의 욕망은 단순히 시계 자체가 아니라, 그것이 상징하는 사회적 지위와 인정에 관한 것이다. 이처럼 B씨의 아비투스는 그가 속한 비즈니스라는 장에서의 경험을 통해 재구성된 것이다. 그는 특정 문화자본(고급 시계에 대한 지식과 소유)이 그의 직업 세계에서 가치 있다는 것을 배웠고, 이를 자연스럽게 욕망하게 되었다. 이 과정에서 그의 신체는 특정 브랜드를 보았을 때 즉각적으로 반응하고, 그 가치를 인식하도록 훈련된다.

부르디외는 이러한 욕망의 형성 과정을 통해 특정 계급에 특징적인 욕망과 취향은 사회적 구별짓기(distinction)의 수단이 되며, 계급 재생산과 밀접하게 연결된다고 하였다. 상류층 아이들은 어릴 때부터 영어 유치원, 외국 연수 등을 통해 영어를 모국어처럼 구사하는 문화, 골프와 같은 특정 스포츠 등을 자연스럽게 접하며, 이에 대한 욕망을 아비투스의 일부로 발전시키는데, 이러한 문화자본은 나중에 교육과 직업 시장에서 이점으로 작용하며 사회적 불평등을 재생산하는 기제가 된다.

3) 진짜 강한 권력은 내 안에 있다

우리는 사회, 즉 공적 영역을 움직이고 작동시키는 강력한 힘을 '권력(power)'이라고 한다. 권력의 사전적 정의는 "남을 복종시키거나 지배할 수 있는 공인된 권리와 힘, 특히 국가나 정부가 국민에 대하여 가지고 있는 강제력"이다. 그래서 일반적으로 청와대, 국회, 행정부, 대법원, 검찰, 경찰 등과 같은 곳에 공권력, 즉 권력이 존재한다고 이해한다.

근대사회 이전에는 국가기구 또는 지배 집단이 갖는 권력이란 실로 막강했고, 사람들은 이에 절대적으로 복종했다. 그러나 근대사회 이후 국가기구가 가지고 있는 절대적 권력은 퇴색되었다. 민주주의 정치체제를 가지고 있는 국가에서 정부가 어떤 제도나 법을 추진하려고 해도 국민이 선출한 국회에서 막히면 방법이 없다. 정부나 의회가 의기투합해 무언가를 추진해도 국민들이 촛불을 들고 거리로 나가면 대통령을 탄핵할 수 있다. 군대가 국민들에게 총을 쏘고 탱크로 도시를 밀면서 권력을 행사하고 탄압할 수 있으나, 부당한 권력 행사에 국민들이 분노하면 권력을 갈아엎고 심판할 수도 있다. 근대사회에서는 국가기구에 권력이 부여되어 있으나 그 권력은 언제든 엎어질 수 있는 '형식적' 권력일 뿐이다.

진짜 권력, 즉 개인을 '자발적으로 순종시키거나 지배할 수 있는 힘'은 우리 내부에 있다. 내부에 있기 때문에 무의식적이고, 권력이 작동하고 있다는 사실을 인지조차 하기 힘들다. 따라서 저항하며 갈아엎을 수 없는 진짜 무서운 권력이다. 법처럼 국가기구가 원칙으로 정해 따르지 않으면 벌을 받게 되는 종류의 권력이 아닌, 사회 구성원이 스스로 규율을 내면화하여 복종하고 따르는 것을 '규율권력(disciplinary power)'이라고 한다. 규율권력은 프랑스 철학자 푸코가 그의 저서 『감시와 처벌(Surveiller et punir)』에서 언급한 개념이다(Foucault, 2020). 규율권력은 왕이 통치를 하던 시절의 절대군주의 권력과 달리 개인의 신체, 동작, 태도, 일상 시간 등에 총체적으로 작동하는 내면화된 권력으로, 일종의 미시권력이다. 푸코는 왕이 지배하던 과거와 달리 근대사회에서는 권력의 행사가 처벌이나 억압을 통해 이루어지는 것이 아니라 이미 굳건하게 자리 잡은 사회의 여러 제도 속에 권력의 체계가 녹아 있어 사람들이 일상생활을 영위하며 교육받고, 타인과 관계를 맺고 사회생활을 해 나가면서 스스로 규범을 내면화하게 되고, 그에 따라 사고하고 움직인다고 보았다. 따라서 권력이 실제로 작동하는 영역은 국가권력이 존재하는 영역, 즉 청와대나 국회가 아니라 학교, 가정, 군대(군복무), 회사와 공장, 감옥, 병원, 종교, 일상에서 타인과의 만남 등의 모든 장소이다. 누구나 사회의 구성원으로서 살아가기 위해 거치게 되는 이런 장소에서 개개인은 특정한 신념과 신체와 습성을 가진 사람으로 훈련된다.

> 권력은 "권력 스스로를 비가시화하고 모든 타자를 가시화"하는 방법을 개발해 통치성을 강화한다. 권력은 자신의 본질적 부분을 외부로부터 숨길 때 견딜 만한 것이 된다(Foucault, 2020).

푸코는 근대사회의 규율권력을 1791년 영국의 제러미 벤담(Jeremy Bentham)이 죄수들을 효과적으로 감시하기 위한 공간으로 제안한 감옥 건축 양식인 판옵티콘에 빗대어 설명했다. 판옵티콘은 중앙에 감시탑이 있고, 그 주변을 둘러싸고 원형으로 배치된 독

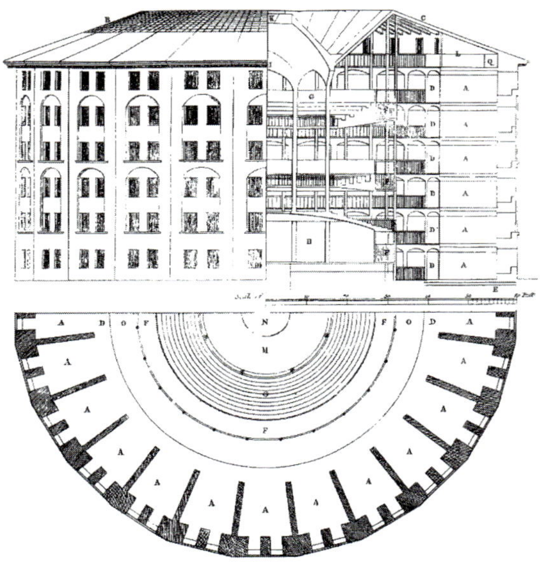

그림 3-3 제러미 벤담의 '판옵티콘'

출처: World History Encyclopedia. (n.d.).

방들이 있는 구조의 감옥이다. 이 설계의 핵심은 중앙에 위치한 감시자가 언제든지 모든 수감자를 감시할 수 있다는 점이다. 각 수감자는 독방에 갇혀 있어 다른 수감자들과의 교류가 제한되며, 감시탑에 있는 감시자가 자신을 관찰하고 있는지 아닌지를 알 수 없다. 그래서 설령 감시탑에 감시자가 없어도 중앙에 높이 솟은 감시탑이 존재하는 한 그 안에서 누군가가 자신을 감시한다고 생각하며 스스로 행동을 조심하고 규율을 따르게 된다. 공리주의자인 벤담은 가장 최소한의 비용을 들여 죄수들을 효과적으로 감시하는 방법으로 판옵티콘을 제안하였는데, 푸코는 이런 판옵티콘의 작동 방식을 빗대어 근대 사회가 사람들을 통제하고 규율하는 방식이 판옵티콘적이라고 주장했다.

판옵티콘은 단순한 물리적 감옥의 형태를 넘어서서 권력의 내면화 과정을 상징한다. 판옵티콘적 감시 사회에서 사람들은 외부의 감시 권력이 눈에 보이게 존재하든, 눈에 보이지 않든 스스로를 감시하고 규제하게 된다. 판옵티콘적 원리는 학교, 가정, 병원, 군대, 회사, 공장, 종교 기관, 타인과의 만남 등 일상의 다양한 사회제도와 장소에 구현되고 있다. CCTV가 설치되어 있는 어린이집과 거리도 판옵티콘적 장소이다. 이런 일상의 장소들에서 이루어지는 교류와 크고 작은 만남을 통해 사회 구성원은 무의식적으로 스스로의 행동을 제어하고 조정하는 사회화 과정을 거치고, 그 속에서 규율을 체득하게 된다. 사람들이 감시자의 시선을 내면화하게 되며, 이제 감시의 주체가 외부의 시선만이

외부의 통제와 내면화된 통제

민송아의 〈낮의 낙타와 밤의 낙타〉는 내부와 외부의 통제를 잘 대비해서 보여 주는 그림이다. 이 작품은 사막의 유목민들이 밤에 낙타를 나무에 묶어 두었다가 아침에 끈을 풀어 주어도 낙타가 도망가지 않는 모습을 담고 있는데, 이는 내면화된 통제, 규율, 권력의 지속성과 강력함을 상징적으로 표현하고 있다. 이 작품은 드라마 〈괜찮아, 사랑이야〉에서 화장실에 걸린 그림으로 등장하면서 주목을 받았다. 이 드라마의 주인공 장재열(조인성 분)은 어린 시절에 폭력을 휘두르는 아빠를 피해 화장실에서 잠들곤 했다. 그러나 커서 성공한 추리소설 작가가 되었어도 여전히 어릴 때처럼 화장실에서 잠을 자는 주인공의 모습이 시청자들에게 깊은 인상을 남겼다.

그림 3-4 드라마 '괜찮아, 사랑이야'의 한 장면(오른쪽)에 등장한 민송아 작가의 '낮의 낙타와 밤의 낙타' 그림(왼쪽)

아니라 자기 자신이 된다. 일상에서 마주하게 되는 다른 사람의 비판이나 눈초리를 통해 사회가 가지고 있는 보편적 규율을 학습하게 되고, 이후 타인의 비판이 없더라도 내면화된 규율을 준수하지 못하면 자기혐오의 태도로 스스로를 감시하게 된다.

2. 한국 사회 이해

1) 한국 사회의 신자유주의적 변모

피로 사회, 잉여 사회, 트라우마 사회, 불안 증폭 사회, 헬조선 등은 우리 사회를 이르는 다양한 명칭이다. 코로나19로 전 세계가 혼란에 뒤덮인 위기상황 속에 부상한 'k-○○'의 자부심이 있었지만 소위 '국뽕'이라는 자조와 어딘지 모를 불편함이 공존했던 이유도 우리 사회가 여전히 가지고 있는 불건강함 때문이었을 것이다.

헬조선의 다양한 언명이 단선적인 인과관계로 해명될 수는 없겠지만, 가장 직접적이고 거시적인 비극의 시작은 1997년의 IMF 외환위기일 것이다. 외환위기 이전과 이후의 한국 사회는 외적으로나, 그리고 내적으로나 매우 다른 양상을 띤다. 평생직장이 기본값

이던 한국 사회에서는 몹시 낯설기만 했던 '실업'이라는 말이 일상적 용어가 되었으며, 거의 존재하지 않던 '비정규직'이라는 노동 형태는 어디서나 볼 수 있는 주요 노동 방식이 되었다. 임금은 성과에 연동되었고, 평생직장에서 평생의 친구이자 동지였던 직장 동료는 성과와 재계약을 두고 경쟁해야 되는 경쟁자가 되었다. 열심히 일해서 저축하면 부자가 되지는 못해도 자식 공부시키고 노부모도 모실만 했던 현실은 월급만으로는 내 가족이 살 집을 마련하는 데에만 평생을 바쳐야 하는 사회가 되었고, 주식 투자든, 부동산 투자든 하지 않으면 바보 취급을 받는 사회가 되었다. 팍팍한 삶과 각박한 경쟁은 동네의 풍경도 바꾸어 놓았다. 교육은 인격적 배양이 아니라 생존경쟁에서 이기기 위한 무기가 되었다. 놀이터에서 해 질 녘까지 뛰어노는 아이들의 모습은 줄었고 대신 아이들을 전쟁터와 같은 학원으로 실어 나르는 셔틀버스가 늘어났다.

이와 같은 변화는 1997년 IMF 외환위기를 계기로 우리 사회가 '신자유주의 사회'로 변모하게 되면서 사회구조와 일상이 전체적으로 재구조화된 결과이다. 개발독재가 종식된 1990년대 이후 우리나라는 '세계화'라는 명목하에 시장 개방 압력에 직면했다. 한국의 IMF 외환위기는 세계화에 따른 금융시장 개방과 재벌 기업들의 과도한 차입 경영이 맞물려 발생했다. 금융 규제 완화로 인한 외채 증가와 재벌의 무리한 사업 확장은 경제의 취약성을 높였고, 아시아 금융위기의 영향으로 외환 부족 사태가 심화되어 결국 IMF의 구제금융을 요청하게 된 것이다. 차관 도입에 대한 대가로 IMF에서 요구한 조건들은 대부분 받아들여져서 금융 · 자본 시장의 완전 개방, 금융개혁, 재벌개혁, 노동유연화 등이 추진되었다. 그 가운데 재벌개혁은 용두사미로 끝났지만 노동시장, 금융 및 자본 시장에는 급격한 변화가 초래되었다. 표면적으로 IMF 외환위기는 경제위기였지만 단순한 경제위기를 넘어 일상생활의 깊은 곳까지 재구조화시켰다.

IMF 경제위기 이후 한국도 글로벌 금융자본주의에 편입되었으며, 지극히 평범한 사람들의 삶에서도 '일상의 금융화' 현상이 확대되기 시작했다. 일상의 금융화란 개인들이 투자자로 변신하고 일상생활이 금융시장의 지배를 받는 상황으로, 자본가나 투자자가 아니라 평범한 보통 사람들이 투자를 통해 자본력을 축적하는 일, 즉 재테크에 몰두하게 만들었다. 또한 2000년대 초반 김대중 정부는 내수 진작을 위해 신용카드업을 활성화시켰는데, 그 과정에서 관련 규제가 대폭 완화되어 카드사들은 신용카드 발급을 남발했다.

그림 3-5 IMF 외환위기 시절의 모습

출처: 정보공개센터(2019. 4. 5.).

이러한 과정은 대규모의 채무자를 양산했고, 보통 사람들이 부채를 일으키는 데 주저함이 없는 사회문화적 현상을 낳게 되었다. 이에 따라 IMF 외환위기 직후 200만 명이던 신용불량자는 배로 증가하며, 이른바 '카드 대란'을 불러오게 되었다. 이후로도 계속된 금융/자본 자유화 조치들은 경제적 자유로 포장된 투자 욕망을 더욱 부채질했으며, '부동산 열풍'으로 이어졌다. 한국인들에게 집과 아파트는 생활 공간이자 삶의 터전으로서의 의미보다는 자산을 증식시킬 투자의 대상이 되었고, 빚을 내서라도 갖고 있어야 하는 필수적인(갖고 있지 않으면 도태된다는 의미에서) 금융자산이 되어 '영끌'이라는 신조어를 등장시키게 되었다. 이러한 부채에 기반한 자산 형성 전략은 결국 세계에서 가장 높은 수준의 가계부채 보유국으로 귀결되었으며, 채무자인 다수의 사람은 자신의 이해관계를 금융자본의 이해관계와 동일시하기에 이르렀다.

신자유주의적 경쟁은 경제구조와 노동시장에만 투영되는 것이 아니다. 이는 사회의 가장 작은 단위인 가정에까지 침투한다. 중산층이 사라지는 소위 양극화의 심화 과정에서 중산층 가정은 아래로 추락하느냐, 위로 상승하느냐의 기로에 놓이게 된다. 부동산을 잘 사거나 못 사서, 투자에 성공하거나 실패해서, 가장의 더욱 양극화되는 수입구조 속에서 계층구조의 상층부로 올라가는 소수와 계층구조의 하층부로 하락하는 다수가 갈리기 시작했다. 거대한 오징어 게임 서바이벌 현장에서 중산층은 가정의 추락을 막기 위해 자녀가 어릴 때부터 가족 팀플레이로 총력 경쟁을 펼치고 그 피해는 그대로 유년기 자녀들에게 전달된다. 생존 게임의 현장에서 다수가 피해자가 되고 있지만 미래 세대, 특히 저소득 가정의 자녀들은 이 같은 양극화의 가장 큰 피해자가 된다. 김홍중(2015)은 21세기 한국 사회의 청년 세대를 '생존주의 세대'로 명명했다. 외환위기 이후 한국에 일상적으로 자리한 경쟁 패러다임은 사회문화적 분위기이자 '시대정신'이 되었다. 한국인은 확장된 생존의 의미를 내면화하여 조기교육, 자녀 양육, 대학 생활, 회사 생활, 연애, 결혼, 세계 여행, 주식 투자, 자기 개발, PR 등 일상적인 삶의 모든 영역에 적용하고 있다. 자신의 삶을 꾸려 나가기 위해서 하는 모든 일이 청년들에게는 서바이벌을 위한 행동으로 인식된다. 즉, 서바이벌은 특별한 성공이나 성취가 아니라, "평범한 안정을 위한 분투"가 되었다(김홍중, 2015, p. 196). 김홍중은 '생존'은 그 본성상 자연적인 열망인 것이지, '주의(主義)'로 간주되는 것은 부자연스러운 일이라고 역설했다. 인간의 '사회적 삶'은 그 구성원들이 단순히 생존만을 목표로 할 때 성립할 수 없다. 김홍중은 생존 자체가 '조직적인 목표, 가치의 방향성, 그리고 집단적 마음의 체계'로 바뀌는 순간에 인간다운 도덕적 사회가 무너지는 신호라고 보았다. 쉽게 말하면 사회가 단지 살아남는 데에만 집중하게 되면 인간다운 따뜻함과 도덕성은 사라져 버린다.

2) 한국 사회의 현재 모습: 불안사회, 풍요 중독 사회, 과시 사회

지금까지의 인류 역사에서 오늘날만큼 인류가 물질적 가치를 추앙하는 사회는 없었다. 오늘날에는 일을 함에 있어서도 노동의 다양한 본질적 의미, 즉 경제적 · 관계적 · 존재적 의미 중에 경제적 가치가 가장 중요하게 부각되고 있다. 의대 열풍이 보여 주듯, 직업을 선택할 때 적성, 사명, 보람 등에 대한 고려 이전에 부의 축적 가능성이 절대적으로 중요한 요소가 되었다. 통계청에서 실시한 '2019년 사회조사'에 따르면, 우리나라 청년층(13~29세)이 직업을 선택하는 데 있어서 가장 중요하게 생각하는 요인은 수입(38.8%)이었으며, 적성 · 흥미(16.1%), 보람 · 자아실현(4.2%) 요인들은 상대적으로 중요성이 떨어졌다(통계청, 2019). 생존을 위한 노동(labour)과 자아실현을 위한 작업(work)의 차이를 설명한 아렌트(Arendt, 1958)는 현대로 올수록 모든 직업이 생물학적 필요에 종속된 노동이 될 것이라고 전망하였는데, 이러한 그의 예측이 점점 현실적인 문제로 다가오고 있는 것이다. 직장인이 되어서도 가장 큰 관심사이자 주된 대화 거리는 부동산, 주식, 코인과 같은 재테크이다. 심지어 경제적 가치가 노동 자체에서 떨어져 나와서 경제적 자유를 빨리 달성하고 노동에서 탈출하려는 파이어(Financial Independence Retire Early: FIRE)족들도 늘어나고 있다. 사회 전체가 투자와 돈벌기에 열을 올리고 있는 것이다.

돈에 대한 관심은 나쁘다고 할 수 없다. 자본주의 사회에서 상당한 자유와 선택권은 돈에서 비롯되기 때문이다. 그러나 모든 것은 과유불급(過猶不及), 과도한 쏠림이 문제이다. 지금 자신이 하고 있는 일에 대한 열의, 보람, 관계 등 돈 이외의 다른 의미를 퇴색시켜 버리기 때문이다. 모든 일은 비용편익 구조를 가지고 있다. 얻는 것이 있으면 그에 상응하는 대가도 있기 마련이다. 하늘에서 갑자기 돈벼락을 맞는 것이 아니라면 경제적 자유 역시 비용편익 구조를 가지게 된다. 경제적 자유가 주게 될 많은 편익은 무언가의 희생 위에 얻게 된다. 가령, 가족과 보내는 시간, 건강, 큰 위험의 감수와 스트레스 등 더 큰 경제적 자유를 얻기 위해 치러야 할 비용은 다양하다. 합리적 선택을 하려면 얼마만큼의 돈이 어떤 효용을 위해 필요하기 때문에 어느 정도의 비용을 감수하는 게 가치가 있는지 판단할 수 있어야 한다. 하지만 막상 다수의 사람은 구체적인 상 없이 막연하게 더 많은 돈을 원하고, 언제나 지금보다 더 많은 부를 원하게 되는 등 돈에 대한 욕망은 막연하고 끝이 없다.

돈에 대한 욕망과 열망에 끝이 없는 이유는 우리 사회가 '불안 사회'이자 '풍요 중독 사회'이고, 심각한 '과시 사회'라는 데에서 찾을 수 있다.

첫째, 우리 사회는 불안 사회이다. 빈부격차가 확대되고, 양극화가 심화되었으며, 삶의 불안정성에서 오는 심각한 불안이 일상을 지배하는 사회가 되었다. 세상은 매우 빠른 속도로 변하고, 더욱 복잡해졌으며, 예측이 불가능하다. 조금만 발을 헛디뎌도 빠른 속도에 뒤처지고 도태되며 추락하는 세상을 살아가는 우리는 늘 생존 불안에서 자유로울 수 없다. 사회안전망은 존재하지만 노동시장의 진입과 성과 경쟁에서 실패를 해도 얼마든지 다시 재기할 수 있을만큼 탄탄하지 않다. 영악하게 자신의 이익을 추구해 가는 세상에서 혹시 '나만 호구가 아닐까' 불안하다. 길을 걷다가 갑자기 지나는 행인이 칼을 꺼내지 않을까 불안하다. 예측하지 못한 전염병이 일자리를 앗아 갈까 불안하다. 직장에 들어갔지만 상사나 동료에게 따돌림을 당하지 않을까 불안하다. 불안한 사회에서 서로 의지하기 위해 만난 애인이 갑자기 데이트 폭력을 저지르지 않을까 불안하다. 불안은 그 원인과 대상이 명확하게 규명되지 않는 막연한 감정이다. 빠른 속도로 변하고, 복잡하고, 예측불가능한 사회에서 명확한 실체를 알 수 없는 일상적 불안에서 벗어나기 위해 돈을 욕망하고 돈에 집착한다. 막연한 불안 사회에 가장 확실해 보이는 불안에 대한 대응은 일단 돈이다. 돈으로 생존 불안을 방어하려는 것이다(그런데 사실 돈이 많은 사람도 불안하기는 마찬가지이다).

둘째, 우리 사회는 풍요를 자아실현과 동일시하는 풍요 중독 사회가 되었다. 에이브러햄 매슬로(Abraham Maslow)는 인간의 욕구를 5단계로 구분했다. 이 중 존경의 욕구와 자아실현의 욕구는 욕구의 위계에서 가장 상위에 해당한다. 타인으로부터의 인정, 존경, 성취감 등을 추구하는 존경의 욕구는 다양하게 성취될 수 있다. 가령, 높은 지위에 올라서, 훌륭한 업적을 남겨서, 타인을 위한 큰 희생을 통해서 등 사회적으로 인정과 존경을 받을 이유는 다양할 수 있는데, 오늘날 인정과 존경은 경제적 이해관계로 귀결된다. 건전한 욕구들마저 돈에 대한 욕망을 강화하는 데 일조한다. 사랑 욕구, 자유 욕구, 인정 욕구, 자기존중 욕구와 같은 건전하고 중요한 사회적 욕구들조차 돈에 대한 욕망의 도구로 수렴되는 경우가 많다.

많은 부를 쌓아 대단한 자산가가 된 사람은 모두의 부러움과 인정을 산다. '졸부'라는 단어가 함축하듯, 과거에는 오히려 돈만 많이 번 사람을 다소 경시하는 듯한 풍조가 있었던 것과 사뭇 대조적이다. 훌륭한 업적을 남긴 사람들, 가령 경기에서 승리해 최고의 지위에 오른 운동선수, 세계적인 상을 수상한 영화감독, 전 세계인을 매료시킨 가수 등도 그 업적이 훌륭해서 존경받지만 그 뒤에 대단한 부가 따라온다는 사실이 그들을 더욱 선망의 대상으로 만든다. 부와 연결되지 않는다면 직업에 대한 존경과 관심은 쉽게 사그라들어 버린다. 아주 가끔씩 등장하는 타인을 위해 희생한 고귀한 사람들에 대한 관심이 일순간에 끝나 버리는 것처럼 말이다. 인정과 존경이 결국 부의 문제로 귀결되다 보니 자아를 실현한다는 것은 곧 많은 부를 축적하는 것과 등치되어 전공을 선택하거나 직업을 선택하는 많은 선택의 절대적 기준이 경제적 문제가 되는 경향이 강하게 나타나고 있다. 앞서 생존에 대한 불안은 돈을 추구하게 만든다고 했는데, 사실 '있는 놈들이 더한다'

라는 말처럼 부유한 사람들이 오히려 돈을 더 욕망하고 돈에 더 집착하는 현상을 발견할 수 있다. 그 이유는 자아실현이 돈과 등치되는 사회에서 더 많은 돈은 더 많은 존중과 인정을 의미한다. 돈의 위계에서 이미 높은 지위에 속했더라도 그보다 더 높은 위계로 상향하기 위한 욕망은 끝나지 않는다.

셋째, 우리 사회는 소유나 소비를 통해 타인과 비교하고 과시하고자 하는 과시 사회가 되었다. 값비싼 물건의 소유와 지나친 소비는 사회에서 높은 위계에 속해 있음을 상징한다. 이런 소유와 소비는 타인들로부터 자신이 높은 위계의 사람이라는 평가를 끌어내는 중요한 유인 수단이 된다. 경제학자 스티글리츠는 그의 저서 『불평등의 대가』에서 "오늘날 많은 사람이 자신의 소비 수준을 다른 사람들의 소비 수준만큼 끌어올리려는 갈망 때문에 분수에 넘치는 소비생활을 하고, 장기간 동안 과도한 노동"을 하게 된다고 했다. 소유와 소비를 중심으로 타인과 나를 비교하고, 나에 대한 타인의 평가가 중요한 과시적 욕구는 세 가지에서 기인한다. 자신의 열등감을 방어하려는 욕구, 더 나은 평가와 존중을 받으려는 욕구, 그리고 우월적 쾌감을 체험하려는 병리적인 욕구가 그것이다. 열등감이 없는 사람은 타인의 평가로부터 자유로우며 타인으로부터 받는 무시에 취약하지 않다. 그래서 과시 욕구가 거의 없다. 물론 타인으로부터 더 나은 평가나 존중을 받고자 하는 욕구는 매슬로가 설명했듯 인간이 기본적으로 가지고 있는 욕구이다. 그러나 요즘에는 타인으로부터의 존중 그 자체에 대한 욕구보다 역으로 무시당하지 않고자 하는 욕구가 더 크다. 존중에의 욕구가 무시당하지 않기 위한 욕구로, 즉 일종의 '부정성 회피 전략'으로 존재하게 되면 타인의 평가에 민감하게 되고 과시를 해서라도 존중받기를(무시당하지 않기를) 원하게 된다. 과시를 통해 우월적 쾌감을 체험하려는 욕구는 일종의 학대적 쾌감이며, 따라서 병적 욕구이다. 기본적으로 우월감의 체험은 자신을 안심시키고 위로하는 기능을 한다. 누구에게도 우월감을 체험하지 못함은 자신이 가장 낮은 위계에 있다는 것을 의미한다. 이는 매우 고통스러운 체험이기 때문에 사람들은 우월감을 체험하지 못하는 상황을 두려워하고, 그 결과 약한 강도로나마 우월적 쾌감을 추구하려고 한다(작은 키 열등감과 존중불안 → 자기보다 키 작은 사람을 발견했을 때의 안도감). 그러나 한발 더 나아가 우월적 쾌감을 추구하기 위한 수단으로서의 과시가 있는데, 이런 사람들은 우월감을 느끼며 스스로를 위안하고 안도하는 수준에 머무르지 않고 상대의 존엄을 깔아

자전거 타기 반응(radfahrer-reaktion)

사회에서 불평등이 심화되고 위계적 관계가 강화되면 인종적 소수자나 취약 집단에 대한 차별이 더욱 심해진다. 예를 들어, 남성들 사이의 위계적 지배가 극심할 때 여성의 지위가 낮아지는 현상이 이러한 사회적 과정의 일부이다. 이러한 현상을 설명하는 개념 중 하나가 '자전거 타기 반응(radfahrer-reaktion)'이다. 이 용어는 자전거를 탈 때 상체는 앞으로 숙이고 다리는 뒤로 박차는 자세에서 유래했다. 즉, 자신보다 상급자에게는 머리를 조아리지만, 하급자에게는 공격적인 태도를 취하는 행동을 의미한다. 이 개념은 독일 사회학자 테오도르 아도르노(Theodor Adorno)가 동료들과 쓴 저서 『권위주의적 인격(The Authoritarian Personality)』에서 처음 소개되었다.

심리학에서는 이를 '전위된 공격행동(displaced aggression)'이라고 부르는데, 자신에게 가한 스트레스나 좌절감을 직접적인 원인제공자가 아니라 제3자에게 표출하는 행위를 말한다. 예를 들어, 직장에서 상사에게 질책을 받은 직원이 집에 돌아와 가족에게 화를 내는 것이 이에 해당한다. 종로에서 뺨 맞고 한강에서 화풀이하는 것이다.

이러한 행동은 불평등한 사회구조에서 더욱 빈번하게 나타난다. 사회적 지위가 낮거나 수치심을 느끼는 사람들은 자신의 자존감을 회복하기 위해 자신보다 더 약한 사람들을 괴롭히거나 차별하는 경향이 있다. 이는 사회적 약자나 취약 집단에 대한 차별과 폭력을 증가시키며, 사회 전체의 갈등을 심화시킨다.

뭉개는 학대 행위를 하며 쾌감을 체험하기도 하다. 이러한 현상은 다음에서 살펴볼 혐오 현상이 오늘날 더욱 심화되고 있는 현실과도 맞물리게 된다.

물론 비교는 인간의 자연스러운 욕구이다. 레온 페스팅거(Leon Festinger)는 사회비교이론(social comparison theory)에서 인간은 본능적으로 자신의 능력과 기술이 얼마나 뛰어난지를 평가받고, 자신의 신념과 의견이 적절한지를 확인받고자 하는 평가 욕구를 가지고 있다고 설명했다(Festinger, 1954). 특히 사람들은 객관적이고 절대적인 평가 기준이 없을 때 자신과 비슷한 조건이나 특성을 가진 대상과 비교하려는 경향이 강하다. 이러한 비교는 상향비교(upward comparison)와 하향비교(downward comparison)로 구분된다. 상향비교는 롤모델을 만드는 것처럼 자신보다 우월한 사람과 비교하는 행위이며, 하향비교는 '우리는 아프리카 사람들보다 풍요로운 삶을 누리고 있다'는 위안처럼 자신보다 못하다고 생각하는 사람들과 비교하는 행위이다. 건강한 비교는 자기 성장의 동기를 부여하거나 심리적 위로와 자존감 회복에 이바지하기도 한다.

하지만 문제는 정도이다. 오늘날의 물질적 풍요와 경쟁의 심화, 그리고 디지털 사회의 기술(예: 소셜미디어)은 사람들 사이의 비교의 폭과 범위를 매우 확장시켰으며, 과시 사회를 더욱 심화시키는 데 기여하고 있다. 현대인들은 인스타그램에서 유명 인플루언서의 화려한 라이프스타일과 명품 소비를 엿보며 열등감을 느끼고, 자신도 새로 산 물건이나 맛집 사진을 올리며 타인의 부러움과 좋아요를 얻기 위해 열을 올리는 것이 일상이 되었다. 페스팅거가 말한 인간의 평가 욕구가 소셜미디어 안에서 제어할 수 없을 정도로 강화되거나 왜곡되고 있는 것이다. 사람들은 자신과 가깝거나 비슷한 처지에 있는 사람들을 롤모델로 삼으면서 긍정적인 자아를 형성하고 성장하려는 경향이 있는데, 소셜미디어는 자신의 반경을 넘어선 사람들의 피상적 이미지와 자기를 비교하게 만든다. 이는 결국 '도달할 수 없는(unattainable)' 욕망을 끊임없이 자극하게 되어 자기를 비하하게 만들거나, 반대로 자신의 자아를 보호하기 위해 필사적으로 자기애적 이미지를 소셜미디어에 올리도록 만든다. 이는 좋은 음식, 좋은 차, 좋은 집, 좋은 옷과 같이 끊임없이 소유를 자랑하는 물질주의와 맞닿아 있다.

리처드 윌킨슨(Richard Wilkinson)과 케이트 피켓(Kate Pickett)은 『불평등 트라우마』에서 "물질주의는 인간에게 타고난 소유욕의 징후가 아니라 불평등으로 심화된 위계 경쟁에서 자극을 받아 타인에게 자신의 자존감을 알리는 아주 기이한 소통 형태"라고 말했는데, 돈과 물질에 대한 열망은 자존감을 상실해 버린 개인들의 평가 욕망이 왜곡된 형태로 발현된 것이라고도 할 수 있다(Wilkinson & Pickett, 2019). 물론 물질주의는 자본주의 사회를 관통하는 현상으로, 비단 한국 사회의 특징은 아니다. 그러나 서구의 많은 국가에서는 물질적 소유를 과시하는 경향이 우리나라보다 크지 않다. 소득 평등도가 높은 북유럽 국가들에서 사치품의 소비는 위계를 드러내는 역할을 크게 수행하지 않으며, 사람들은 이미지를 추구하는 광고에 민감하지 않고 값비싼 차나 명품에 열광하지 않는다.

실제로 한국의 사치품 소비 성향은 세계적으로 유명하다. 2022년 한국인의 명품 소비액은 약 168억 달러(약 20조 9,000억 원)로, 2021년 대비 24%가 증가했다. 1인당 소비액으로 보면 약 325달러(약 40만 4,000원)로, 세계경제 2대 강국으로 불리는 미국(280달러)이나 중국(55달러)보다 높은 세계 최고 수준이다(한국경제, 2023. 1. 13.). 루이비통모에헤네시(LVMH) 그룹의 베르나르 아르노 회장이 자주 한국을 방문하고, 한국의 연예인들이 샤넬, 구찌, 루이뷔통, 디올과 같은 명품의 앰버서더로 활동하게 된 것은 한국의 문화적 위상이 높아졌기 때문만이 아니다. 한국이 사치품이 가장 잘 팔리는 경제적 시장이기 때문이기도 하다.

사치품에 대한 과시 소비 이면에는 엄청난 경제적 불평등과 양극화가 자리하고 있다. 경제협력개발기구(OECD)의 소득 분배 데이터베이스(income distribution database)에 따르면, 한국의 상대적 빈곤율은 16.7%로 조사 대상이 된 37개 나라 가운데 4위였다. 상대적 빈곤율은 불평등의 가장 대표적인 지표로, 보통 전체 인구를 소득수준으로 줄을 세울 때 딱 중간에 해당하는 소득수준인 중위소득의 50~60% 이하를 상대적 빈곤선으로 정한다. 이 빈곤선에 따르면, 한국은 중위소득의 절반에도 못 미치는 사람이 16.7%에 달하고 있다는 뜻이다. 이는 OECD 평균(11.1%)보다 1.5배가 높은 수치이며, 사회민주주의 복지국가로 분류되는 핀란드, 덴마크보다 3배 가까이 높은 수치이다. 한국보다 빈곤층의 비

한국 사회의 물질주의와 불평등을 풍자한 K-드라마: 〈오징어 게임〉과 〈The 8 Show〉

넷플릭스에서 송출되어 전 세계적인 인기를 끈 〈오징어 게임〉과 〈The 8 Show〉는 참가자들이 일확천금을 꿈꾸며 게임과 쇼에 참여하는 과정을 그린 K-드라마로, 한국 사회의 물질주의와 불평등을 적나라하게 보여 준다. 〈오징어 게임〉에서 참가자들은 거액의 상금을 얻기 위해 생존을 건 게임에 뛰어든다. 그들은 대부분 실업, 빚, 투자 실패 등으로 벼랑 끝에 내몰린 인물들로, 돈을 벌기 위해 자신과 타인의 목숨을 버리는 생존경쟁을 마다하지 않는다. 〈The 8 Show〉 또한 참가자들이 밀실에 갇혀 보이지 않는 시청자에게 유희를 제공했을 때 돈을 적립받게 되는 쇼를 벌인다. 이 과정에서 참가자들은 서로를 견제하고 착취하며 점점 극단적인 선택을 하게 된다. 이 두 드라마는 모두 자본주의적 욕망의 끝이 어디까지 인간을 파괴할 수 있는지를 보여 주며, 한국 사회에 깊이 뿌리내린 물질주의적 위계와 불평등 구조를 상징적으로 드러낸다. 이는 서바이벌 사회이자 불평등한 계급 사회로 변모한 한국 사회의 단면을 적나라하게 투영하고 있다.

그림 3-6 영화 〈오징어 게임2〉(2024)' 포스터(왼쪽),
영화 〈The 8 Show〉(2024) 포스터(오른쪽)

율이 높은 나라는 코스타리카, 미국, 이스라엘뿐이었다.

실제로 한국의 물질주의와 불평등, 돈을 향한 광적인 열망은 〈기생충〉, 〈오징어 게임〉, 〈The 8 show〉와 같이 세계적인 주목을 받은 K-문화 콘텐츠의 대표적인 테마이다. 한국의 물질주의와 불평등 현상은 이제 한국의 문화적 수출품이 되었다. 해외 언론들은 한국의 K-문화는 자본주의의 불평등을 가장 적나라하게 보여 주는 거울이라고 비평하고 있다.

3) 능력주의는 공정한가

능력주의는 개인의 능력과 성취, 공로에 따라 사회적 지위나 보상을 할당하는 사회체계를 의미한다. 영국의 사회학자 마이클 영(Michael Young)은 1958년에 『능력주의(The Rise of the Meritocracy)』라는 풍자적 소설을 출간하면서 '능력주의'라는 용어를 처음 사용했다(Young, 1994). 소설은 능력주의가 어떻게 사회를 분열시키고 불평등을 심화시킬 수 있는지에 대해 경고한다. 소설에서 능력주의는 부정적인 용어로 사용되었지만 오늘날 능력주의는 출신 배경, 인종, 성별, 사회적 계층과 같은 외부 요인이 아닌 오로지 자신의 노력과 능력에 의해 평가되고 대우받아야 한다는 원칙을 내포한 긍정적 의미로 사용되고 있다.

능력주의의 역사적 기원은 프랑스혁명까지 거슬러 올라간다. 귀족보다 부와 능력을 갖추고 있지만 신분 질서에 의해 자신이 축적한 부의 온전한 소유와 출세가 제한된 신흥 부르주아지들은 프랑스혁명을 통해 신분 질서를 타파하며 능력, 즉 '재능에 따른 출세'를 내세운다. 혁명 이후 신분 질서에 입각한 구래의 지배층 대신 새로운 지배계급이 된 신흥 부르주아지, 즉 자본가계급이 자신들의 기득권을 정당화하기 위한 수단으로 내세운 것이 능력주의인 것이다.

1945년 제2차 세계대전이 끝난 후 자본주의는 전례 없던 생산성을 구가하는 소위 '황금기'를 맞게 되는데, 산업과 경제의 발달은 교육받은 노동자들에 대한 수요를 높였고, 이에 따라 자본주의 주요 국가들은 중·고등 교육을 대폭 확대했다. 노동자들도 자본주의 경제발전에 힘입어 소득과 생활수준이 높아져서 적극적으로 교육수준 향상에 동참하였으며, 중등학교와 대학 진학률이 급격히 상승했다. 학교교육이 확대되는 과정에서 표준화된 시험 제도인 '평가체계'의 발전도 수반되었는데, 이러한 맥락 속에 공정한 시험과 교육을 통해 기회의 평등과 사회계층 이동을 표방하는 능력주의가 부상했다.

이 시기의 사람들은 이전 시기보다 교육도 많이 받고 소득과 생활수준도 향상되는 안정을 경험했는데, 사실 그것은 능력주의의 결과라기보다는 이 시기가 '자본주의의 황금기'라고 일컬을 정도로 경제 상황이 좋았기 때문이다. 우리나라에서도 정부의 경제개발계획 추진과 함께 1970~1980년대의 한국 자본주의의 성장기 동안 노동자나 농민의 자녀 중 공부를 잘해서 화이트칼라 엘리트, 정부 관료, 전문직 등으로 진입하는 소위 '개천에서 용나는' 사다리 이동이 있었다. 그러나 이들의 성공은 개인의 순수한 노력과 능력으로 인한 입신양명이라기보다는 한국의 급격한 경제성장으로 인한 후광효과이기도 했다. 즉, 사회적 이동은 경제성장에 의해 뒷받침되었다.

능력주의는 '신분이나 배경에 상관없이 누구나 능력과 노력으로 성공할 수 있다'는 신념을 대중에게 심어 줌으로써 도덕적으로 정당하고 공정하다고 인식되도록 만들었다. 사람들이 능력주의를 평등이나 공정, 민주주의와 유사하게 인식하는 이유이다. 그러나 세습과 특권을 배격하고 기회의 평등을 약속하며 오직 능력에 의해 결과를 정당화시키고자 하는 그 논리는 현실과 어긋나며 허점을 내포하고 있다.

우선, 능력주의는 능력에 따라 사회적 기여도나 공로에 따라 차등적인 보상이 주어지는 것을 원칙으로 한다. 그러나 사회적 기여도나 공로가 보상의 수준과 직결되지 않는다. 가령, 위대한 과학 업적을 남긴 과학자들은 먹방 유튜버보다 사회적 기여도가 낮은가? 결코 그렇게 볼 수 없을 것임에도 과학자보다 유명 먹방 유튜버가 훨씬 많은 돈을 번다. 영국의 컴퓨터 과학자 팀 버너스 리(Tim Berners-Lee)는 1989년에 월드 와이드 웹(World Wide Web: WWW)을 발명한 인물이다. 그의 발명은 인류가 인터넷을 사용하는 방식에 혁명적 변화를 가져오게 되었는데, 팀 버너스 리는 WWW를 발명한 후 이를 특허로 보호하거나 상업적으로 이용하지 않고 무료 오픈소스로 전 세계에 공개했다. 그는 웹이 전 인류의 공공 자산으로 남아야 한다고 믿었다. WWW의 발명은 인터넷을 대중화시키고 오늘날 우리가 디지털 세상에서 살아가는 방식을 근본적으로 변화시키는 등 엄청난 기여를 했다. 그러나 WWW 기반의 유튜브나 아프리카TV에서 막대한 수익을 올리는 유명 인플루언서에 비해 그가 WWW 발명으로 벌어들인 수익은 거의 전무하다. 이렇듯 현실에서의 보상은 능력과 그 능력의 결과물로서 사회적 기여도나 공로에 비례하지 않을 수 있다.

능력주의가 정의하듯, 사회적 기여도나 생산성에 따라 보상을 한다는 주장이 현실에서 가능하지 않은 이유는 정확한 측정이 어렵기 때문이다. 어떤 일에 기여도 차이가 있다고 인정하더라도 정확히 '얼마만큼'의 차이가 나는지, 즉 보상에 있어서 얼마만큼의 차이가 나야 하는지를 측정하기란 어렵다. 또한 개인의 사회적 기여도는 순수하게 그 사람 혼자만의 기여도가 아닌 경우도 많다. 위대한 화가인 고흐는 밀레, 쇠라, 들라크루아 등 다른 예술가들의 작품으로부터 지대한 영감을 받았다. 뉴턴은 케플러와 갈릴레이로부터 영향을 받았다. 부모님이 없었으면 우리는 존재하지 않고, 선조들이 남겨 둔 업적이 없었으면 지금의 삶을 누릴 수 없을 것이다. 개인의 업적이 아무리 위대하다고 할지라도 이전 시대 인류의 업적과 사회적 인프라, 상호작용하는 타인(가족, 동료)의 영향 등에 전혀 영향을 받지 않는 업적은 없다.

능력주의의 두 번째 허점은 능력주의가 전제하는 '기회의 평등'이 애초에 보장되지 않는다는 것이다. 저소득층의 자녀와 고소득층의 자녀에게 수학능력시험이라는 똑같은 잣

대가 주어지고 그 결과에 따라 대학에 진학도 보장이 되지만 시험장에 들어가기 전까지의 과정은 절대 같다고 할 수 없다. 시험의 기회는 평등하지만 시험을 위한 준비의 기회는 평등하지 않으며, 공정한 경쟁이 아니었기에 결과의 차이는 정당화될 수 없다. 무엇보다 세습되는 신분에 의한 불평등을 타파한다는 명목하에 부상하기 시작한 능력주의도 상속되고 세습된다. 개천에서 난 용은 자기의 자식에게 용의 지위를 물려주기 위해 자신이 확보한 자원(여기에는 물질적 · 비물질적 자원이 모두 포함된다. 비물질적 자원은 네트워크, 생활 습성, 경험치 등 다양하다)을 동원해 차별화된 방식으로 자녀를 양육하고 교육시킨다. 예를 들어, 아무리 언어 능력이 뛰어난 아이라도 지방의 저소득층 가정에서 태어난 경우, 강남에서 태어나 영어 유치원을 다녔거나 조기유학을 다녀온 서울의 부유층 가정의 아이보다 영어를 자연스럽게 하는 것은 쉽지 않다. 영어 능력은 개인의 능력과 노력을 넘어선 출신배경이자 성장배경이기도 하다.

이렇듯 능력주의는 기회의 평등과 공정한 경쟁을 전제로 능력에 따른 차별(불평등)을 정당화한다. 하지만 자본주의 사회에서 기회의 평등이 현실적으로 불가능하다는 점에서, 그리고 능력주의마저 세습될 수 있다는 점에서 진정한 능력주의는 실현된 적도 없고, 실현될 수도 없다. 그럼에도 불구하고 사람들은 능력주의에 따른 결과의 차별은 정당하다고 믿음으로써 기본적 귀인 오류(fundamental attribution error)에 빠지게 된다. 기본적 귀인 오류는 사회심리학 용어인데, 개인의 행동을 평가할 때 상황이나 환경적 요인보다는 개인의 성격이나 내적 특성에 귀인하는 경향을 의미한다. 이 오류는 상대방의 행동이 개인의 특성에 의한 것이라고 과도하게 판단하게 만드는데, 가령 직장 동료가 중요한 기한을 놓쳤다면 그 동료가 게으르거나 무책임하다고 생각하는 것이 내적 귀인이다. 그러나 그 동료는 실제 건강 문제나 예상치 못한 개인적 어려움(상황/환경적 요인) 때문에 기한을 놓쳤을 수 있다.

능력주의를 확고하게 믿는 사회에서 결과적으로 성공하지 못하거나 낮은 사회계층에 속하게 된 사람들에게 작동하는 기본적 귀인 오류는 자신의 능력을 정말 제대로 펼칠 수 있는 환경이었는지, 사회구조가 그것을 가능하게 했는지를 따지기 전에 스스로의 무능 탓으로 돌리게 만든다. 기본적 귀인 오류는 사회적 지위가 낮은 사람들뿐만 아니라 개인주의적 사고 방식, 자기계발과 성공 신화의 강조 등 모든 것을 개인의 노력과 능력 탓으

귀인 오류의 유형과 혐오

기본적 귀인 오류

타인의 행동을 해석할 때 상황적 요인보다 개인적 특성에 과도하게 원인을 돌리는 경향이다. 따라서 특정 집단에 속하는 개인의 부정적 행동이 관찰되면 그 행동을 상황적 제약이나 사회구조적 요인이 아닌 그 집단의 본질적 특성에 귀인시킨다. 가령, 여성들이 노동시장에서의 임금이 낮은 이유는 환경이나 기회의 부족 때문이 아니라 여성이라서 능력이 부족하기 때문이라고 해석하는 것이다.

집단 귀인 오류(group attribution error)

집단 귀인 오류는 한 집단의 구성원이 보인 행동을 그 집단 전체의 특성으로 일반화하는 경향이다. 예를 들어, 폭력적 행동을 하는 남성을 보며 "모든 남성은 폭력적이다"라고 결론짓는 것이다.

자기고양적 귀인 오류(self-serving attribution bias)

자신의 성공은 내적 요인(능력, 노력)에, 실패는 외적 요인(운, 상황)에 귀인하는 경향이다. 자신이나 자신의 집단이 경험하는 어려움이나 실패를 외부 특정 집단의 탓으로 돌리는 희생양 메커니즘으로 발전한다. 내가 승진에 실패한 것은 능력 부족이 아니라 여성들에게 혜택을 주는 역차별 정책 때문이라고 생각하는 것이 자기고양적 귀인 오류이다.

로 돌리는 자본주의 사회를 살아가는 대부분의 사람이 공유하고 있다. '누구나 노력하면 성공할 수 있다'는 능력주의의 발상은 곧 '노력주의'가 되어 실패는 충분히 노력하지 않았거나 게으르기 때문이라는 도덕적 공격의 대상이 되어 버린다. 그래서 능력주의 사회에서 실패한 사람들이 도움을 요청하면 노력하지 않고 부당하게 도움을 요구한다는 비난을 받는다. 기본적 귀인 오류에 빠진 실패한 사람들은 이러한 능력주의 이데올로기를 내면화하고 있기 때문에 게으른 자, 무능한 자로 바라보는 사회의 시선을 부당하게 여기기보다 수용하게 됨으로써 대다수는 좌절과 무기력에 빠지게 된다. 능력주의가 불평등을 정당화하는 것을 넘어서 우리 안의 규율 권력으로 내재화되면서 사람들의 마음에 깊은 무기력의 늪을 만들어 내는 것이다. 취준생, 니트족이 취업 단념 청년이 되고, 취업 단념 청년이 은둔 청년으로 가게 되는 좌절과 무기력은 따지고 보면 능력주의 이데올로기로부터 출발했다고 봐도 과언이 아니다.

능력주의 사회에서 사람들은 대놓고 성공을 열망하게 된다. 성공이란 '돈을 많이 버는 것'으로 다소 획일적으로 정의되며, 불법적이지만 않다면 그 방법은 그다지 중요하지 않다. 사실 2000년대 이전까지만 해도 사람들은 '대놓고' 성공이나 돈벌이를 추구하지 않았다. 물론 돈을 버는 것을 싫어하는 사람은 없기 때문에 숨겨 둔 욕망으로 존재했을지라도 어느 정도 '눈치'를 보며 '자중'하는 문화가 있었다. 공부를 잘하고, 명예로운 일이나 엘리트적 지위를 통해 부를 축적하는 것이 아니라 소위 투자나 장사 등을 통해 갑작스럽게 부를 축적하는 사람을 일컬어 '졸부'라는 표현을 썼는데, 이 단어가 함축하는 의미가 결코 긍정적이지 않았던 것만 보아도 맥락 없는 부의 축적을 다소 '명예롭지 못하게(천박하게)' 간주하는 사회문화가 존재했다. 투자도 하고 자산을 불리기 위한 노력들도 오늘날처럼 모이기만 하면 주식, 코인, 부동산 투자 이야기를 하고 성공하면 공개적으로 자랑하는 것이 아니라 다소 은밀하게 이루어졌다.

요즘에는 어느 집단이든 모이기만 하면 투자가 가장 핫한 이슈이다. 투자든, 투기든 돈을 벌기 위한 각고의 노력과 정보를 서로 공유하고 또 돈을 벌게 된 사람은 모두의 부러움과 존경의 대상이자 능력자로 인정받는다. 반대로 투자든 투기든 관심을 갖지 않으면 낙오자로 취급당한다. 오늘날 '졸부'는 더 이상 존재하지 않으며, '성공한 투자자'는 만인의 선망의 대상이다. 이처럼 원래 그다지 명예롭지 않았던 '돈을 많이 버는 성공'을 대놓고 모두가 추구하게 된 배경에는 능력주의 이데올로기가 존재한다. 성공이 돈을 많이 버는 것과 등치되는 사회에서 어떤 방식으로든 더 많은 돈을 버는 것이 성공이고 능력의 기준이다. 다 능력인데 떳떳하지 못할 이유가 없다.

자본주의에서 '자본'은 강력한 힘이다. 그러나 산업자본주의 사회에서는 재화와 서비스를 직접 생산하는 비즈니스를 통해 자본을 축적했다면, 금융자본주의 사회에서는 '가치 창출'보다는 '가치 추종'을 통해 간접적으로 자본을 축적하는 방식이 주류가 되었다. 이는 사업을 직접 운영하거나 노동을 하는 등 생산활동에 참여하는 대신, 기업이나 금융산업에 투자하여 이익을 얻는 구조를 의미한다. 이러한 가치 추종은 개인의 노력만으로 이루어지지 않으며, 타인의 가치 창출 및 가치 추종에 의해 크게 좌우된다. 예컨대, 돈은 개인의 노력과 능력의 결과라기보다는 보유한 코인이나 주식의 가격이 급등했을 때 축적된다. 물론 미래 가치를 내다보고 투자한 선견지명을 개인의 노력으로 볼 수도 있다. 하지만 금융시장은 상당한 운과 심리가 작용하는 불투명하고 불안정한 공간으로, 이곳에서 타인의 가치를 추종하는 방식(눈치 게임)으로 자본을 축적하는 것이 금융자본주의에서 성공한 투자의 일면이다. 그래서 금융자본주의 하에서 획득한 부는 외부에 훨씬 취약하고 쉽게 무너질 수 있는 부이기도 하다.

오늘도 현대인들은 능력주의 사회의 마라톤 트랙을 열심히 달리고 있다. 그 트랙 위에는 앞선 사람과 뒤처진 사람이 있고, 사람들 간에는 등수가, 서열이, 위계가 존재한다. 남들보다 조금 앞선 사람들도 있겠지만 그들도 그 앞의 누군가와 비교하면 뒤처진 '패자'일 뿐이다. 그래서 나보다 앞에 있는 사람과 비교하며 끊임없이 더 많은 것을 바라고 채찍질하게 된다. 내 집 마련을 한 사람은 더 큰 집을 마련한 사람과 비교하고, 더 큰 집을 마련한 사람은 서울에 집을 마련한 사람과 비교하며, 서울에 집을 마련한 사람은 강남에 집을 마련한 사람과 비교한다. SKY 대학에 진학한 학생들도 승자가 아니다. 의과대학에 진학해야 승자이다. 아니 의과대학에 진학해도 승자가 아니다. 서울대 의대에 진학해야 승자이다.

삶에서 성취가 주는 자존감과 행복감은 그 사람을 정신적으로 성장시키고 삶을 풍부하게 만든다. 그래서 우리가 어떤 목표를 설정할 때 정상적이고 건전한 목표를 실현하기 위한 동기로서 성취 동기는 삶을 건강하고 행복하게 만든다. 그러나 어떤 목표를 추구함에 있어 맹목적인 비교우위를 점하고 싶거나, 비교우위를 점하고 싶어서(또는 비교 열위를 피하고 싶어서) 무언가가 두렵거나 회피하려는 동기가 지배하게 된다면 삶은 병적이고 불행하게 된다. 예를 들어, 사람의 생명을 살리는 데 관심이 있고 평생을 바쳐도 좋을 의미 있는 일이라고 생각하여 열심히 공부해 의과대학에 진학한 학생은 전문의가 되는 힘든 과정을 불행하게 느끼지 않을 것이다. 건전한 목표를 실현하기 위한 성취동기를 가지고 있기 때문이다. 반면, 생명을 살리는 것에는 관심이 없고 오히려 수술, 환자 대면 등의 과정이 적성에 맞지 않지만 부모의 권유에 못 이겨, 남보다 비교우위를 점하기 위해, 의대 이외에는 대학 졸업 후 많은 소득을 버는 직업을 갖기 힘들 거라는 부정성 회피 전략으로 의과대학에 진학하게 된다면 전문의가 되는 과정을 길고 고단하게 느낄 것이며 삶은 결코 행복하지 않을 것이다(그래서 최근 전공의 길을 포기하는 의사들이 많아지고 있다). 무지개를 향해 나아가는 삶은 과정도 즐겁고 결과도 행복하지만, 쫓아오는 맹수로부터 도망치는 생존을 위한 삶은 과정이 고통스럽고 결과도 허무하다.

그래서 능력주의 사회에서는 결국 승자도, 패자도 없다. 앞서 능력주의 사회에서 실패를 경험한 사람들은 스스로가 무능하다는 내적 귀인으로 깊은 무기력에 빠진다고 했다. 그런데 건강하지 못한 것은 실패한 사람만이 아니다. 성공했거나 앞서 나가는 사람들도 건강하지 못한 것은 마찬가지이다. 능력주의 사회에서의 성공이 많은 경우 능력 및 성과에 대한 집착과 불안의 결과이기 때문이다. 능력 및 성과에 집착하는 과정에서 자신의 내면에 대한 성찰과 성장이 아닌 성과와 자신을 동일시하는 경향, 즉 '자아 = 자신의 성과'라는 도식이 발전하게 되면서 삶에서 가장 중요한 중심으로서 자아 찾기는 실종되기 때문이다.

능력주의 사회에서 사회적으로 높은 지위를 점하고 있는 사람들의 건강하지 못함을 보여 주는 또 다른 맥락은 이들이 내면에 가지고 있는 '억울함'이다. 갈수록 삶에 억울함이 가득 차는 사람들이 늘어나는 것도 같은 맥락에서이다. 자신이 원하는 삶을 살 수 없으니 억울하다. 내가 가진 적성과 재능에 따라 내가 하고 싶은 일을 진로로 선택하지 못하고 돈이 되는 진로를 선택해야 했고, 그것을 위해 많은 고통과 비용을 치러야 했던 사람은 억울하다. 원하지 않았던(혹은 진심으로 원하지 않는다고 인식조차 못하고 막연히 억울한 경우도 많다) 삶을 사는 과정에서 쌓인 억울함은 반드시 보상을 받아야만 한다. 그래서 자신보다 앞서 나가지 못한 사람들의 처우를 개선하거나 소득을 증가시키는 것은 정의롭지 못하고 불공정한 일로 여기게 된다. 예를 들어, 인천국제공항공사 정규직 노동자들이 비정규직의 정규직 전환을 반대했던 사건, 의대 정원을 늘리려는 정책에 의사들이 파업으로 맞섰던 사례 등이 이런 억울함의 보상 정서를 보여 준다.

능력주의 사회에서 성공한 사람의 억울함과 실패한 사람의 무기력은 모두에게 해롭다. 자기보다 위에 있는 사람과 비교하면 자신은 패자이므로 자기혐오가 쌓인다. 능력주의 사회에서 나를 불행하게 만든 건 바로 나 자신의 능력이니까. 문제는 사람들이 자신에 대한 혐오의 감정을 자기 안에만 담아 두지 않는다는 것이다. 많은 사람이 자기혐오의 불쾌한 감정에서 벗어나기 위해 무의식적으로 노력하는데, 이 과정에서 자신을 미워하는 마음은 타자를 미워하는 마음으로 전치되곤 한다. 그러나 자기혐오의 전치 대상, 즉 자신의 불행에 대한 원망의 대상은 명확하지 않다. 그래서 대중매체나 특정 정치인이 미움의 대상을 지목하고 선동하면 쉽게 경도되기도 하고, 때로는 미움을 전가할 대상이 무작위로 선정되기도 한다.

4) 혐오할 만해서 혐오하는가

능력주의는 소수의 승자가 막대한 부를 쟁취하고 절대다수의 패배자는 생존도 위협받는 양극화 사회를 초래한다. 실패한 패배자를 따뜻하게 품어 주려고 했던 시절은 막을 내렸고, 능력주의는 패배자를 루저, 찌질이, 잉여인간 등으로 지칭하며 무능력한 인간의 프레임을 씌우게 되었다. 동시에 사람들의 내면에는 '나도 저렇게 될까 봐'라는 심리, 즉 패배자가 되는 것을 극단적으로 두려워하는 심리가 보편화되었다. 사람들은 두려워하는 것을 혐오한다.

혐오의 사전적 의미는 "싫어하고 미워함"이다. 혐오의 의미에 대해 가장 근원적으로 정의하고 있는 마사 누스바움(Martha Nussbaum)은 혐오의 근원을 인간의 두려움에서 찾았다(Nussbaum, 2020). "동물적인 것에서 벗어나려는 인간의 욕구" 및 이와 결부된 "오염에 대한 두려움"이 "원초적 혐오" 감정의 바탕을 이룬다. 즉, 원초적 혐오는 인간이 가지고 있는 기본적인 동물성 혹은 취약성에 대한 본원적 두려움(대표적으로 죽음)에서 벗어나고자 하는 욕구로부터 발생하는 감정이며, 따라서 혐오의 감정은 그와 같은 동물성 혹은 취약성을 상기시키는 대상들을 향하여 발현된다. 가령, 인간 신체의 일부이지만 침, 대변 등은 인간의 동물적 속성을 상기하기 때문에, 그리고 시체는 죽음이라는 인간의 취약성을 상기하기 때문에 혐오의 대상이 된다. 또한 혐오는 자신의 몸 안과 밖이라는 '경계'와 관련이 있다. 혐오는 문제가 있는(역겹거나 이질적이거나) 물질이 자신의 신체 내부로 들어올 가능성이 있다고 생각될 때 발생하는데, 결국 혐오는 인간이 지닌 동물성과의 경계를 명확히 하려는 감정이라는 것이다. 이러한 원초적 혐오는 대상을 개인이나 집단, 특히 사회의 소수자집단에 전가한 '투사적 혐오'로 발전한다. 투사적 혐오 역시 원초적 혐오와 마찬가지로 정당화될 수 없는(근거 없는) 두려움에 기반하며 현실에서 발생하

악셀 호네트의 인정의 3유형

악셀 호네트(Axel Honneth)는 모든 사회적 투쟁은 인정을 둘러싼 투쟁이라고 말하며, 인간 주체는 인정을 통해 자기실현의 기회를 갖는다고 주장했다. 인간의 심리 내면을 살펴보면 인간은 자신의 정체성 형성을 위해 타인과 사회로부터 인정을 받고자 하는 근본적인 기대와 욕망을 가지고 있다는 것이다. 호네트에 따르면, 인간은 자신이 살고 있는 사회문화적 환경 속에서 자신이 자율적 · 개성적 존재로서 존중되고 있음을 느끼는 사회적 인정을 바라며, 그러한 기대 태도가 사회적으로 깨어질 때 무시, 모욕의 감정을 느낀다.

호네트의 인정 이론은 개인이 사회적 상호작용을 통해 타인으로부터 인정받는 것이 자아 형성과 정신적 건강에 필수적이라는 관점을 제시한다. 그는 인정의 유형을 세 가지로 구분했다. 첫째, '사랑(love)'으로, 이는 주로 가족, 친구, 연인 등 친밀한 관계에 기초한 인정 형태이다. 개인은 타인으로부터 정서적 배려와 애정을 받음으로써 구체적인 욕구와 감정을 가진 존재로 인정받으며, 이를 통해 자신감(self-confidence)이 형성된다. 둘째, '권리(rights)'로, 이는 법적 관계에 기반한 인정 형태이다. 모든 시민이 평등한 권리를 가진 주체로 인정받는 것을 의미하며, 이를 통해 자기존중(self-respect)이 형성된다. 셋째, '연대(solidarity)'는 가치 공동체 내에서 이루어지는 인정 형태로, 개인의 특성과 능력이 사회적으로 가치 있는 것으로 인정받는 것을 의미한다. 개인은 공동체 구성원으로부터 자신의 개성, 능력, 성취를 인정받을 때 자부심(self-esteem)을 갖게 된다. 호네트는 이 세 가지 인정 형태가 모두 충족될 때 개인이 온전한 자아실현을 이룰 수 있다고 보았으며, 각 인정 형태는 개인의 정체성 형성과 긍정적 자기 관계 구축에 필수적인 요소로 작용한다고 주장했다.

지 않을 위험을 상정하고 이를 특정 집단(주로 사회적 약자나 소수자집단)에 투사한다. 또한 혐오는 단순히 타인을 비하하는 것이 아니라 주체의 경계를 재확정하고자 하는 질서 확립형 폭력이다(Nussbaum, 2015).

현대사회에서 혐오의 정서가 더욱 확산되는 것은 사회의 변화와 무관하지 않다. 혐오의 정서가 취약성과 그로 인한 수치심을 매개로 작동되는 감정이라고 할 때 그것은 곧 자신에 대한 열등함이나 혐오스러운 부분, 무력감과 수치심이 타인에 대한 혐오로 옮겨 가는 것인데, 악셀 호네트의 인정 개념을 빌려 말하면 주체가 타자들로부터 사회적 인정을 받지 못하면 수치심, 무력감, 열등감 등 스스로에 대한 부정적 감정이 형성되며, 이는 역으로 타자에 대한 혐오의 감정으로 발전하게 된다(Honneth, 2011).

혐오는 인간 사회에 늘 존재해 왔던 감정이다. 하지만 오늘날의 혐오는 개인적 차원의 심리/감정의 수준을 넘어 사회적으로 집단화되었으며, 특정 집단을 공격, 차별, 배제하고 사회분열을 가속화시키는 거대한 폭력으로 전환되었다. 혐오는 '감정'과 '표현'의 차원에서 타인에게 상처 주기, 혹은 그것을 넘어 '범죄'와 '폭력' '학대' 등의 직접적 위해로 연결되고 있다.

우리는 왜, 무엇을 위해 누군가를 배척하고 증오하는 혐오의 사회에 살고 있을까? 그 이유는 앞서 살펴본 능력주의와 승자독식 사회가 초래한 경쟁의 격화, 그로 인한 공동체의 파괴, 패자의 자기혐오와 자기혐오의 전가로서의 타인혐오 등 사회구조의 변화에서 근본적으로 찾을 수 있다. 패자든, 승자든 사회적 기준에 맞춰 살아가면서 사실은 스스로 행복하지 못하고 자유롭지 않다고 여기는 것, 그렇기에 불안한 마음은 비교적 쉽게 비난할 수 있는 사회적 약자들을 향한 비난과 혐오의 마음으로 바뀐다. 이처럼 자신의 실패나 불행을 타인 혹은 특정 집단을 희생양 삼아 그 탓으로 돌리는 현상은 앞서도 등장했던 '귀인 오류(attribution error)'로 설명할 수 있다. 귀인 오류는 사람들이 사건이나 행동의 원인을 해석할 때 발생하는 체계적인 인지적 '오류'로, 혐오 감정과 행동을 정당화시킨다.

혐오의 감정은 매우 강력하다. 한 번 형성되면 쉽게 사라지지 않으며 더 강하게 고착된다. 혐오의 감정이 이처럼 강력하게 우리 내부에서 발현되고 뿌리내리게 되는 메커니즘은 무엇일까?

감정은 기본적으로 뇌의 해석이자 추론의 결과이다. 분노, 슬픔, 기쁨, 보람 등 다양한 감정의 리스트 중에 우리가 지금 느끼는 감정의 실체가 무엇인지 알 수 있고 정의할 수 있는 것은 각각의 감정이 무엇인지, 어떤 인과적 과정에서 나타나는지, 어떻게 현상하는지 등을 경험적으로 알고, 그것이 언어를 통해 네이밍되었기 때문이다. 감각적으로 확인할 수 있는 감정의 상태는 사실 쾌감과 불쾌감밖에 없다. 나머지는 '정의'된 감정이다. 내가 지금 느끼는 감정을 정의하는 것은 무척 중요한데, 우리는 그럼으로써 내가 느끼는 불쾌감의 원인이 뭔지 알고 그것을 적절한 방법으로 해소하거나 달랠 수 있기 때문이다.

바뤼흐 스피노자(Baruch Spinoza)는 그의 저서 『윤리학(Ethica)』에서 사랑, 증오, 희망, 공포 등 다양한 감정의 기원과 본성을 분석하였다(진태원, 2022). 그는 감정이 신체의 변용(modifications)이며, 이러한 변용은 우리의 존재를 유지하려는 노력인 '코나투스(conatus)'의 증감과 직접적으로 연관된다고 보았다. 코나투스는 라틴어로 '노력' '충동' '경향' 등을 뜻하는데, 스피노자의 철학에서 코나쿠스는 모든 존재가 자신의 존재를 유지하고자 하는 본질적인 성향을 나타낸다. 즉, 모든 사물은 자신의 존재를 지속하고자 하는 내재적인 경향성을 지니고 있다는 것이다. 스피노자에 따르면, 코나투스가 증가하면 우리는 기쁨을 느끼고, 감소하면 슬픔을 경험한다. 만약 코나투스의 감소가 지속되면 뇌는 이를 우울감으로 해석한다. 또한 코나투스를 감소시키는 원인이 명확하지 않고 그 상태가 계속되면 불안감이 생긴다. 스피노자는 이러한 우울과 불안에 대한 신체적 반응을 '경멸'로 보았으며, 이를 "인간이 다른 사물에 관하여 정당한 것 이하로 느끼는 데에서 생기는 기쁨"이라고 정의하였다. 즉, 자신보다 형편이 나쁜 사람을 깎아내리면서 위안을 얻는 것이 경멸이며, 이는 혐오와 밀접한 관련이 있다. 이러한 경멸은 특정 대상을 자의적으로 만들어 내어 혐오의 대상으로 삼기도 한다. 결국 혐오는 실체를 알 수 없는 만성적인 불안과 우울의 원인을 특정 집단에 투사하는 과정에서 발생하는 것이다. 이는 복잡한 문제를 단순화하여 누군가의 탓으로 돌리려는 자기보존적 본능에서 비롯되며, 스피노자의 코나투스 개념으로 설명될 수 있다. 문제는 이러한 방어기제로서의 경멸과 혐오는 사회적 약자나 소수자를 겨냥하기 쉽고, 이는 고정관념과 편견으로 굳어져 깨지기 어려운 상태가 된다는 것이다.

이러한 편견은 조현병의 작동 원리와도 유사하다. 오늘날 우리가 조현병이라고 부르는 정신질환을 포함해 상당수의 정신질환은 생물학적 근원을 찾기 힘들다. 인간 내부의 추론 과정과 외부 감각 정보의 입력 사이에 문제가 생긴 것이 정신질환인데, 환각이나 망상 등 조현병의 대표적인 증상들이 해당된다. 우리의 지각 활동이란 수집된 감각 정보가 뇌에서 추론 과정을 통해 어떤 상을 구성하고, 새로운 감각 정보가 수집되면 그 상이 다시 수정되는 과정을 지속적으로 반복하게 된다. 그런데 환각, 환청 등의 조현병 증상은 이런 감각 정보 수집과 정정 시스템에 오류가 발생한 상태이다.

견고한 고정관념과 편견에 입각해 혐오의 모델을 구축한 사람은 그 편견을 반증하는 새로운 지각 정보가 입력이 되어도 쉽게 오류를 수정하지 않는다. 특정 집단을 강하게 혐오하는 사람이 그에 반하는 사례를 만나게 되면 그 집단에 대한 생각을 근본적으로 수정하기보다는 그 사례가 특수할 뿐이라고 간주한다. 가령, 노인을 '꼰대'라고 부르며 혐오하는 사람이 꼰대스럽지 않은 노인을 만나도 '노인 같지 않다'며 칭찬할 뿐이다. 반증의 경험을 통해 원래 가지고 있던 정보의 오류를 수정하지 못하고 반증 정보를 차단하는 것이다. 이는 감각 정보가 차단된 것과 마찬가지인 눈과 귀를 닫은 사람이 되게 만든다. 내부의 추론과 외부 감각 정보의 조율이 불일치한다면 환각, 환청 등 조현병의 작동 메커니즘과 무엇이 다를까? 혐오는 일종의 방어기제이기 때문에 강한 혐오의 정서가 작동하게 되면 객관적인 데이터, 정보, 논리적 설명 등 그 무엇도 통하기 어렵다.

능력주의 사회는 개인 간의 관계를 단절시키고 큰 틀에서 공동체를 붕괴시키는데, 그렇게 잃어버린 '우리'를 혐오의 과정에서 왜곡되게 찾기도 한다. 집단적 혐오(집단 대 집단)의 골자는 '우리'와 '그들'의 분리에 있다. 나의 불안과 우울, 불행을 탓할 존재를 상정하는 것은 우리 중 그들을 골라내어 축출하는 행위이다. 그들을 가려낸 뒤 남은 우리는 끈끈한 '공감'과 공통의 적을 가진 동지로 뭉친다. 그러나 이런 유대는 지속적이지 못하다. '그들'은 상황과 맥락에 따라 끊임없이 바뀔 수 있고, 그들로 밀려났던 사람들이 우리로 편입될 수도 있으며, 우리로 묶였던 사람들이 영문도 모른 채 그들로 배제될 수 있기 때문이다.

5) 외로움이 대수인가

인간은 원래 외로운 존재인가? 외롭다(lonely)는 단어는 원래 16세기까지 존재하지 않았던 단어라고 한다. 영국의 유명한 극작가 셰익스피어가 처음으로 '홀로됨(loneliness)'이라는 단어를 사용했는데, 단어가 보여 주듯 사람이나 장소가 물리적으로 고립되어 있거나 혼자 있는 상태를 표현하는 단어였다. 그런데 시간이 지나면서 단순히 물리적으로 혼자 있는 상태뿐만 아니라, 정서적으로 외로운 상태를 묘사하는 의미로 확장되었다(김만권, 2023).

외로움이 본격적으로 사용된 것은 19세기 말부터 20세기 초반까지인데, 18세기 말부터 20세기 초의 150년간 유럽의 인구는 폭발적으로 증가했다. 18세기의 산업혁명으로 노동력에 대한 수요가 폭발적으로 증가했으며, 부의 창출의 직접적인 재료인 노동력은 곧 부와 직결되었기에 사람들은 적극적으로 출산을 선택했다. 19세기 들어 늘어난 인구는 도시로 몰려들지만 일자리는 인구의 증가 속도를 따라가지 못했고, 이로 인해 대규모의 실업이 발생하게 되었다. 이때 발생한 실업은 자본주의의 등장 이후 처음으로 생겨난 현상이며, '실업'이라는 용어도 이때 처음 사전에 등장하게 되었다. 당시의 사람들에게 실업이라는 말은 인간의 가치를 상실한다는 의미로 인식되었다. 생산성을 가장 중요한 가치로 여기고, 생산을 중심으로 일상이 편재된 자본주의 사회에서 실업으로 인해 아무런 역할을 수행하지 못하고 있는 상태는 '있을 자리'를 잃고 '불필요한' 존재가 된 느낌을 주었다. 오늘날의 시각으로 보면 완전히 공감되는 실업의 느낌이지만 인류 역사상 처음으로 등장한 실업의 상황을 경험한 당시의 사람들로서는 처음 느껴 보는 매우 이질적이고 생소한 감정이었다. 당시 사람들은 이 감정을 '뿌리 뽑힘' '쓸모 없음' 등으로 부르며 '이 세계에 속할 곳이 없다'는 의미로 정의되었고, 이러한 감정 상태가 20세기의 '외로움(loneliness)'이라는 단어가 내포하는 물리적 · 정서적 고립의 상태로 이어지게 되었다. 즉, 인간은 원래 외로운 존재는 아니었으며 자본주의 사회 발전 과정에서 인류가 경험하게 된 정서적 상태이다(김만권, 2023).

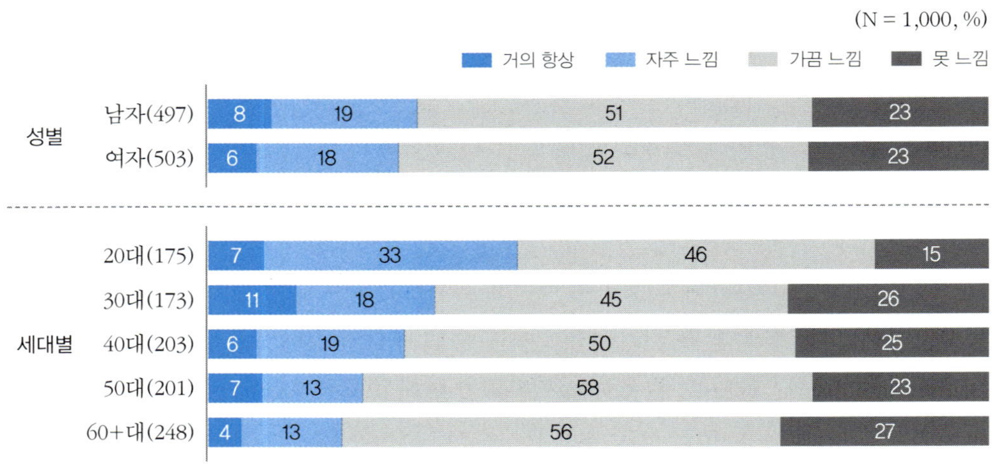

그림 3-7 성별 · 세대별 외로움 체감도

출처: 정한울(2018).

외로움과 종종 혼용되는 단어로 고독이 있다. 정치철학자 한나 아렌트(Hannah Arendt)는 외로움(loneliness)과 고독(solitude)을 구분했다. 고독은 내가 나 자신과 마주앉아 대화하는 상태로서 자신과의 내적 대화를 통해 자율성과 성찰을 가능하게 만드는 중요한 상태이다. 즉, 고독은 타인과의 관계에서 더욱 독립적이고 자율적인 태도를 가질 수 있게 만들어 주는 상태로서 긍정적으로 평가했다. 반면, 외로움은 사회적으로 고립된 상태로서 타인과의 연결이 단절되고, 더 나아가 자신과의 관계마저 끊어지는 부정적 상태이다. 즉, 물리적으로 혼자 있되 타인과의 관계가 끊어진 것이 아니라 타인과의 관계에서 더욱 자율성과 주체성을 찾을 수 있게 만들어 주는 상태가 고독이라면, 외로움은 타인과의 관계가 끊어지고 나아가 자신과의 관계마저 끊어지게 되는 상태라는 것이다(Arendt, 2006).

타인과의 관계가 단절된 외로운 상태는 개인이 혼자 있다고 해서, 즉 외로운 상태라고 해서 어떻게 '자신과의 관계'마저 끊어지게 만들까? 아렌트는 외로움을 일으킨 관계의 단절, 즉 타인의 상실(사회적 연결의 단절)이 발생하면 더 이상 타인과의 관계를 통해 자신을 확인하거나 이해할 수 없게 된다. 인간은 사회적 존재로 타인과의 상호작용을 통해 자신의 정체성을 형성하고 유지하게 되는데, 외로운 상태에서 이러한 상호작용이 사라지게 되면서 자신의 존재 의미와 정체성마저 상실할 위험에 처하게 된다는 것이다. 타인과의 관계 상실은 자기와의 대화, 즉 내적 대화의 상실로 이어지고('외부의 상호작용' 과정은 내적 대화를 위한 일종의 입력인데, 입력이 사라진 셈), 자아를 올바로 찾을 수 없게 됨으로써 자아 상실로 이어진다. 타인과 단절되고 자아를 상실한 인간에게 남겨진 유일한 정신적 능력은 세상의 경험과 분리된 추론이며, 종종 그 추론은 극단주의(예: 종교 근본주의) 또는 혐오로 연결된다. 외로움 속에서 자아를 잃어버린 사람들은 '자기중심적 슬픔'(불의의 기준은 그것이 자신을 불행하게 만든 것이냐 아니냐)에 빠지게 되며 세상에 대한 객관적 인식을 상실하게 되는 것이 아렌트가 본 외로움의 위험성이다.

일부 나라는 외로움의 문제를 매우 심각하게 인식하고 국가적 차원에서 대응에 나서고 있다. 대표적인 나라가 영국과 일본이다. 영국에서는 여당과 야당이 연합해 발간한 보고서 '외로움 퇴치하기(combatting loneliness)'의 조사 결과에 기반해 영국인들이 경험하는 외로움 문제의 심각성을 인식하고, 2018년에 외로움부 장관(minister for loneliness) 직책을 신설하였다(정한울, 2013). 일찌감치 고령화 문제를 겪고 있는 일본에서도 외로움을 피해 스스로 감옥행을 택하는 노인들(일명 '교도소 복지')이 있을 만큼 심각한 외로움 문제를 겪자 2021년에 '고독 담당 장관'이라는 직책을 신설하였다. 우리나라의 상황은 어떨까? 2017년 OECD의 'Better Life Index'에서는 "곤란한 상황에 처했을 때 도움을 청할 가족이나 친구가 있는가?"라는 질문을 근거로 외로움의 정도를 측정하였는데, 이 질문에 대해 우리나라 사람들의 75.9%가 그렇다고 응답해 OECD 국가 중 꼴찌를 기록했다. 외로움부 장관까지 신설하며 외로움 문제에 적극적인 대응을 한 영국의 경우 '그렇다'고 응답한 사람들의 비율이 93%였다. 93%나 되는 사람들이 도움을 청할 가족이나 친구가 있는데 외로움 문제에 대한 과잉 대응 아니냐고 반문할지 모르겠지만, 뒤집어 보면 100명 중 7명의 사람이 곤란한 일이 생겼을 때 도움을 청할 사람이 전혀 없다는 것이며, 우리나라는 그 비율이 1/4이 넘는다는 것이다. 충격적인 수치가 아닐 수 없다. OECD 보

외로움이 죽음이 될 때: 한국 사회의 고독사 현실

'고독'과 관련하여 최근 들어 한국 사회에는 '고독사'의 문제가 대두되고 있다. 2020년에는 「고독사 예방 및 관리를 위한 법률」이 제정되어 2021년 4월부터 시행되고 있는 상황이다. 해당 법률에서 고독사는 "가족, 친척 등 주변 사람들과 단절된 채 홀로 사는 사람이 자살 · 병사 등으로 혼자 임종을 맞고, 시신이 일정한 시간이 흐른 뒤에 발견되는 죽음"으로 정의된다. 특히 고독사의 개념에는 보살핌을 받지 못하는 것, 돌봄 제공자가 없는 것 등의 내용이 포함되어 논의되곤 한다. 2022년 12월 국내 최초로 정부 차원의 고독사 관련 통계 현황이 '2022년 고독사 실태조사' 결과를 통해 발표되었는데, 2021년 고독사 사망자 수는 총 3,378명으로 전체 사망자 수에서 매년 약 1% 내외 수준에 해당했으며, 최근 5년간 증가 추세에 있는 것으로 나타났다. 특히 전체 고독사 사망자의 58.6%가 50~60대의 중장년층이라는 점 등에서 고령층을 넘어 청년층(고독사의 6.3~8.4%)과 중장년층에 대한 관심도 확장되고 있다. 보건복지부는 50~60대의 중장년 남성이 고독사 사망자의 절반 이상을 차지하는 현상의 원인으로 건강관리 및 가사 노동에 익숙치 못하고, 실직 및 이혼 등으로 삶의 만족도가 급격히 감소하는 시기라는 점을 꼽았다. 또한 고독사 중 자살 사망 비중은 16.5~19.5%로, 연령이 낮을수록 자살로 인한 고독사가 많은 것이 확인되기도 하였다(배은경 외, 2023).

고서에 따르면, 젊을수록, 1인 가구일수록, 그리고 일정 소득 수준 이하일수록 외로움을 겪는 사람들의 비율이 높다고 나타났다. 소셜미디어의 활용도가 높은 젊은 층에서 외로움을 경험하는 정도가 높다는 것 역시 온라인의 관계가 현실 생활의 관계와 접목되지 않음을 반증하는 것이다.

6) 소셜미디어, 타인의 시선, 그리고 혐오

소셜미디어의 등장과 발전이 우리의 일상에 엄청난 영향을 미치고 있음은 부정할 수 없는 사실이다. 소셜미디어로 인해 더 재밌는 볼거리도 많아졌고, 정보 습득이 용이하게 되면서 일상이 더욱 편리하게 된 측면이 있다. 그러나 동시에 '디지털 디톡스'라는 유행어가 보여 주듯, 부정적인 영향도 만만치 않다. 그 변화는 다양한 측면에서 개념화 및 논의되고 있는데, 여기서는 우리의 생각과 심리정서 상태에 미치는 영향과 대인관계에 미치는 영향을 중심으로 살펴보자.

디지털 시대의 소셜미디어가 우리의 일상에 작용하는 특성을 보여 주는 개념으로 '주목경제(attention economy)'가 있다. 디지털 정보 사회에서 디지털 재화라고 일컫는 정보에는 희소성이 없다. 무한히 취할 수 있는 것에는 값을 매길 까닭이 없기 때문이다. 정보의 홍수 속에서 인간의 제한된 주의력이 가장 희소하고 가치 있는 자원이 되었다는 '주목경제' 개념은 1971년 노벨 경제학상 수상자 허버트 사이먼(Herbert Simon)에 의해 처음 제시되었다(Simon, 1971). 그는 "정보가 풍부한 세계에서는 정보를 소비할 주의력의 부족이 발생한다"라고 지적했으며, 이후 마이클 골드하버(Michael Goldhaber)와 같은 이론가들이 이 개념을 '주목경제'라는 용어로 발전시켰다(Goldhaber, 1997). 주목경제의 핵심은 희소성의 역전 현상에 있다. 산업사회에서는 물리적 상품이 희소했지만, 디지털 시대에서 콘텐츠와 정보는 무한히 생산되는 반면, 이를 소비할 수 있는 인간의 주의력은 제한적이다. 이러한 환경에서 기업들은 사용자의 주의를 끌고 붙잡아 두는 것을 최우선 목표로 삼게 되었다. 넷플릭스의 CEO 리드 헤이스팅스가 "우리의 가장 큰 경쟁자는 인간의 수면 시간이다"라고 말한 것은 주목경제를 잘 설명한다.

소셜미디어 플랫폼들은 무한 스크롤, 자동 재생, 개인화된 추천 알고리즘, 실시간 알림 등 사용자가 더 많은 시간을 소비하도록 설계된 다양한 기술적 장치를 도입하고 있다. 주목경제는 콘텐츠의 성격에도 큰 영향을 미쳤는데, 감정을 자극하는 내용, 논쟁을 불러일으키는 주제, 짧고 즉각적인 만족감을 주는 콘텐츠가 우선시되는 경향이 강해졌다. 이는 '클릭베이트' 현상, 자극적인 헤드라인, 과장된 콘텐츠의 증가로 이어졌고, 깊이 있고 객관성 있는 저널리즘이나 심층적 사고를 요하는 콘텐츠는 주목경제의 시대에 상대적으로 가치를 인정받기 어렵게 되었다. 개인적 차원에서 주목경제는 우리의 인지 능력과 일상생활에 상당한 영향을 미치고 있다. 많은 사람이 주의력 분산, 집중력 감소, '멀티태스킹'의 일상화를 경험하고 있으며, 디지털기기 의존도가 높아지면서 '포모(Fear Of Missing Out: FOMO)'라는 새로운 불안 형태의 등장, 디지털 중독과 같은 문제가 발생하며 심리적 웰빙에도 영향을 미치고 있다.

소셜미디어는 오늘날 사람과 사람 사이의 관계에 더욱 큰 영향을 미치고 있다. 과거에 사람들은 오프라인의 모습만을 진실이라고 인식했다면, 오늘날은 소셜미디어가 우리 삶에서 차지하는 중요성이 비교도 안 되게 커졌다. 식당에서, 카페에서, 여행지에서, 삶의 곳곳에서 인스타그램의 업로드를 위한 노동은 습관화되었으며, 모든 공간은 소셜미디어 전시용 공간이 되었다. 사람들은 현실에서 드러내지 못하는 자신의 생각과 욕망을 소셜미디어 자아를 통해 거리낌 없이 드러내기도 한다. 가상인 인스타그램이 현실을 능가해 버리는 '인스타그램의 현실 지배 현상'이 나타나고 있는 것이다(주영민, 2019). 소셜미디어가 우리 삶에서 차지하는 비중이 커진 현상을 새로운 문화현상으로 볼 수 있고, 정보 공유의 신속성과 확장성 등 긍정적인 측면도 존재한다. 그러나 소셜미디어를 이용하는 우리의 삶이 더 행복해지기 위해, 한마디로 소셜미디어에 지배당하는 삶이 아니라 소셜미디어를 우리 삶에 긍정적 동력으로 활용하기 위해 소셜미디어에서 일어나는 관계의 속성을 비판적으로 고찰할 필요가 있다.

우선, 소셜미디어의 발전으로 타인의 시선을 의식하고 주관성을 잃어버리는 경향 역시 증가하고 있는데, 이는 과시 문화의 확산을 의미한다. 소위 '인스타그래머블(instagrammable)'에 대한 현대인의 강박은 단순히 개인이 경험하는 소중한 일상을 인스타그램에 공유하는 것뿐만 아니라 타인에게 '좋아요'를 받는 것을 지향하게 만든다. '좋아요'에 대한 집착은 사회적 인정에 대한 집착이다. 남이야 뭐라든 나에게 소중하고 의미 있는 자기만족적 삶이 아닌 타인의 승인을 갈구하는 삶에 무의식적으로 젖어들게 된다. 타인의 평가가 중요하다 보니 소셜미디어에서의 과시적 경향이 심해지거나 소셜미디어에서 그저 좋아 보이기만 하는 타인과 비교해 열등감을 느끼고, 마치 나만 불행한 것처럼 자신의 처지를 비관하는 사람들도 늘어나고 있다. 우리의 삶에는 행복도 있고 불행도 있다. 누구든 마냥 행복만 있지 않으며 또 마냥 불행만 있지도 않다. 불행은 우리를 단단하게 만들며, 그렇게 단단해진 우리에게 또 어느 순간 기쁜 일이 찾아오기도 하는 법이다. 그런데 불행은 소셜미디어의 소재가 아니다 보니 소셜미디어에는 온통 행복뿐이다. 이미 이 자체가 소셜미디어가 현실과는 괴리가 있음을 보여 준다.

이렇게 소셜미디어에서의 삶과 관계는 현실과 다른 판타지 같고 소셜미디어의 인간관계도 당연히 피상적일 수밖에 없다. 온라인에서 수많은 사람이 팔로우하고 좋아요를 눌러도 오프라인의 삶은 사뭇 다를 수 있다. 소셜미디어가 발전한 오늘날의 개인들이 대인관계에서 경험하는 고립과 외로움은 오히려 증가하고 있다는 사실은 이에 대한 반증이다. 소셜미디어가 보여 주는 관계의 허상을 다루는 개념으로 '관계과시(relationship overposting)'가 있다. 관계과시는 소셜미디어 플랫폼에서 자신의 연애 관계를 의도적으로 자주 공개하고 강조하는 행동을 의미한다. 커플 사진, 데이트 하는 모습 등을 지나치게 자주 게시하거나(과도한 노출), 관계의 긍정적 측면만 선별적으로 보여 주거나(큐레이션된 친밀감), 게시물에 대한 좋아요, 댓글 등 타인의 반응에 민감(타인 반응 중시)한 것 등 여러 형태로 나타난다. 이러한 관계과시 행동의 이면에는 복잡한 심리적 동기가 작용하는데, 많은 경우에 자신의 관계가 가치 있고 성공적이라는 사회적 인정을 얻고자 하는 욕구에서 이런 행동을 보인다. 또 일부 연구에 따르면, 역설적으로 관계에 불안감을 느끼는 사람들이 이를 보상하기 위해 더 적극적인 관계과시 행동을 보이기도 한다(Emery et al., 2014; Saslow et al., 2013; Seidman et al., 2019; Steers et al., 2016; Toma & choi, 2015).

매슈 잭슨(Mathew Jackson)은 『휴먼네트워크: 무리 짓고 분열하는 인간관계의 모든 것』에서 기술의 발전이 예전보다 더 많은 사람과 더 빠르게 소통할 수 있게 만들었지만 동종 선호 성향이 소셜미디어의 알고리즘을 통해 증폭되어 결국 분열적 인간관계를 양산한다고 지적했다(Jackson, 2021). 소셜미디어는 마치 메아리 방에 갇힌 것처럼 사람들이 자신과 비슷한 사람을 만나 의견을 듣고 자신의 의견을 확신하게 만든다. 그래서 사람들은 점점 더 연결되고 있지만 동시에 점점 더 분열하고 있다는 것이다. 정보는 네트워크에서 반복 순환하는 속성이 있어서 같은 출처에서 나온 의심스런 정보라도 여러 채널에서 들리면 더욱 신뢰하게 되고(이중 집계), 여기에 동종 선호가 결합되면 자신과 의견이 다른 사람들과는 분리된 채 자기들만의 방에 갇혀 자신의 목소리를 듣게 된다(반향). 논쟁적인 주제와 관련해서 자신과 생각이 비슷한 사람들과만 반복적으로 교류하게 되면 동종 선호의 영향력은 더욱 커져 결국 관계의 양극화와 분열을 초래하게 된다는 것이다. 자신의 의견에 대한 확증편향이 심해질수록 반대 의견에 대한 극단적 정서(혐오)는 쉽게 조장될 것이다.

오늘날 소셜미디어가 심화시키는 혐오의 메커니즘을 성별 혐오의 예를 들어 살펴보자. 소셜미디어 알고리즘은 사용자의 기존 신념과 일치하는 콘텐츠를 우선적으로 노출시키는 경향(필터 버블)이 있으며, 이로 인해 '에코 챔버'가 형성된다. 특정 성별에 대한 부정적 견해를 가진 사람들은 자신의 관점을 강화하는 콘텐츠만 지속적으로 접하게 된다. 일상에서 상대 성별에 대해 부정적 경험을 했던 사람이 만약 소셜미디어에서 상대 성별에 대한 혐오의 내용을 담고 있는 콘텐츠를 발견한다면 흥미를 갖고 보게 될 것이다. 한번 보면 알고리즘에 의해 계속 유사한 혐오의 콘텐츠에 노출된다. 특정 성별에 대한 부정적 콘텐츠를 지속적으로 접하게 되면 성별에 대한 고정관념이나 확증편향이 더욱 강화되고 반대의 관점에 노출될 기회는 줄어들게 된다. 상대 성별에 대해 부정적 경험을 하지 않았던 사람들도 필터 버블 효과에서 자유롭지 않다. 가령, 유튜브에서 여성을 혐오하는 관점을 가진 시청자들은 게임 콘텐츠를 구독하고 있을 확률이 높다(게임 콘텐츠는 남성들의 시청률이 높으므로). 따라서 내가 여성에 대해 혐오의 관점을 갖지 않았던 남성이라도 게임 콘텐츠를 자주 보게 되면 다른 게임 콘텐츠 시청자들 중 일부가 구독하는 여성 혐오 콘텐츠에 노출될 수 있다. 이와 같은 알고리즘 연계에 의해 자꾸 여성에 대해 부정적 정보를 제공하는 콘텐츠에 '선택적 노출'이 되고(동시에 반대의 콘텐츠에는 노출되지 않으면서) 자신도 모르는 사이에 그것이 사실인 양 확신하게 된다. 특히 소셜미디어에서는 검증되지 않은 정보나 맥락이 왜곡된 내용이 빠르게 확산되면서 성별에 관한 오해와 편견이 강화된다. 소셜미디어의 발전은 동시에 온라인 커뮤니티 중심의 정보 교류, 사회관계를 발전시켰는데, 일부 온라인 커뮤니티(예: 일베저장소, 워마드, 메갈리아)는 특

소셜미디어의 지배력을 보여 주는 개념: 필터 버블(filter bubble)과 에코 챔버(eco chamber)

필터 버블은 2011년 일라이 패리저(Eli Pariser)가 그의 저서를 통해 대중화한 개념으로, 온라인 플랫폼의 알고리즘이 사용자의 과거 행동과 선호도에 기반하여 정보를 선별적으로 보여 주는 현상을 말한다(Pariser, 2011). 구글의 검색 결과나 페이스북의 뉴스피드와 같은 서비스는 사용자의 클릭, 검색 기록, '좋아요'를 누르는 행위는 소셜 플랫폼에서 해당 사용자에게 노출되는 게시물의 성향을 결정하는 알고리즘에 큰 영향을 미친다. 사용자가 클릭하는 '좋아요' '싫어요' 데이 터를 기반으로 각 사용자의 선호에 부합하는 맞춤형 콘텐츠가 메인 화면에 노출된다. 이러한 알고리즘 기반의 필터링은 사용자가 좋아할 만한 정보를 더 효율적으로 제공하는 장점이 있지만, 동시에 다양한 관점과 새로운 정보에 대한 노출을 제한하는 결과를 가져온다. 필터 버블은 '그들만의 리그'를 세상의 전부로 인식하는 착시현상, 즉 일종의 확증편향을 만들어 낸다. 자신의 의견과 일치하는 콘텐츠만을 '팔로우'하고 '구독'하는 사람들은 해당 콘텐츠의 화자가 피력하는 의견과 주장에 자신의 생각을 일치시킨다. 결국 내 성향과 맞는 것만 눈에 띄기 때문에 내가 보는 것이 곧 나의 성향이 되는 것이다.

필터 버블 안에서 유사한 성향을 상호 증폭시키는 현상이 '에코 챔버 효과'이다. 에코 챔버는 특정 생각이나 신념이 반복적으로 증폭되고 강화되는 폐쇄적인 환경을 의미한다. 이는 비슷한 견해를 가진 사람들끼리 모여 서로의 의견을 확인하고 강화하는 과정에서 발생하는데, 마치 동굴 속에서 소리가 메아리치듯이 같은 관점이 계속해서 울려 퍼지는 상황에 비유할 수 있다. 온라인 커뮤니티, 특정 정치적 성향의 미디어, 또는 이념적으로 동질적인 소셜네트워크 그룹 등에서 이러한 현상이 두드러지게 나타난다.

필터 버블과 에코 챔버의 차이점은 형성 메커니즘에 있다. 필터 버블은 알고리즘에 의한 자동화된 결과인 반면, 에코 챔버는 주로 사용자의 자발적 선택과 사회적 군집화에 의해 형성된다. 따라서 에코 챔버는 사용자가 비슷한 의견을 가진 집단에 속한다는 것을 인식하는 경우가 많지만, 필터 버블은 사용자가 자신이 제한된 정보만 접하고 있다는 사실을 인식하지 못하게 된다.

그러나 실제 이 두 현상은 상호 보완적으로 작용하는 경우가 많다. 필터 버블로 인해 편향된 정보에 지속적으로 노출되면 에코 챔버 효과가 강화될 수 있고, 반대로 에코 챔버 내에서의 활동 패턴은 알고리즘이 더욱 편향된 정보를 제공하게 만들어 필터 버블을 심화시킬 수 있다. 이러한 순환적 과정은 개인의 견해를 극단화하고 사회적 분열을 심화시키는 위험을 초래하게 된다.

정 사회집단 내의 혐오 관점을 공유하고 강화하는 집단 역학을 발생시킨다.

디지털 시대에 소셜미디어는 이처럼 혐오의 문화를 강화시킬 뿐 아니라 일부 극단적인 경우에는 타인의 죽음과 범죄로 이어지기까지 한다. 소셜미디어를 통한 익명성과 비책임성은 사실에 근거하지 않은 비방, 상대에 대한 수위 높은 혐오의 표현을 자유롭게 구사하도록 만들며 타인을 죽음으로 몰고가기도 한다. N번방 사건, 딥페이크 등 디지털 시대가 가능하게 만든 기술은 혐오를 넘어 성범죄로 연결되기도 한다.

참고문헌

〈국내 문헌〉

김만권(2023). **외로움의 습격: 모두, 홀로 남겨질 것이다**. 혜다.

김홍중(2015). 서바이벌, 생존주의, 그리고 청년 세대: 마음의 사회학의 관점에서. **한국사회학**, 49(1), 179-212.

배은경, 정순둘, 유재언, 이하진(2023). 고독사 예방 및 관리를 위한 정책 방안 도출 연구: 델파이 기법을 중심으로. **보건사회연구**, 43(2), 169-191.

이광석(2013). 지배양식의 국면 변화와 빅데이터 감시의 형성. **사이버커뮤니케이션학보**, 30(2), 191-231.

정한울(2018). 사회적 고립과 외로움 인식 보고서: 한국에도 외로움 장관이 필요한가?. 한국리서치 월간리포트.

주영민(2019). **가상은 현실이다: 페이스북, 알파고, 비트코인이 만든 새로운 질서**. 어크로스.

진태원(2022). **스피노자 윤리학 수업**. 그린비출판사.

통계청(2019). 2019년 사회조사 결과 보도자료(2019. 11. 25.). https://kostat.go.kr/board.es?mid=a10301060300&bid=219&act=view&list_no=378876

〈번역서〉

Arendt, H. (2006). **전체주의의 기원**(이진우, 박미애 역). 한길사. (원저 1958, *The origins of totalitarianism*).

Bourdieu, P. (2005). **구별 짓기: 문화와 취향의 사회학**(최종철 역). 새물결. (원저 1979, La distinction: Critique sociale du jugement).

Foucault, M. (2020). 감시와 처벌: 감옥의 역사(오생근 역, 개정 2판). 나남. (원저 1975, *Surveiller et punir: Naissance de la prison*).

Honneth, A. (2011). 인정투쟁: 사회적 갈등의 도덕적 형식론(문성훈, 이현재 공역). 사월의책. (원저 1992, *The struggle for recognition: The moral grammar of social conflict*).

Jackson, M. O. (2021). 휴먼 네트워크: 무리 짓고 분열하는 인간관계의 모든 것(박선진 역). 바다 출판사. (원저 2019, *The human network: How your social position determines your power, beliefs, and behaviors*).

Lacan, J. (1994). 욕망이론(권택영, 민승기, 이미선 공역). 문예출판사. (원저, *Théorie du désir*).

Nussbaum, M. (2020). 타인에 대한 연민(임현경 역). 알에이치코리아. (원저 2018, *The monarchy of fear: A philosopher looks at our political crisis*).

Nussbaum, M. (2015). 혐오와 수치심(조계원 역). 민음사. (원저 2004, *Hiding from humanity: Disgust, shame, and the law*).

Wilkinson, R., & Pickett, K. (2019). 불평등 트라우마: 소득 격차와 사회적 지위의 심리적 영향력과 그 이유(이은경 역). 생각이음. (원저, *The Inner Level: How More Equal Societies Reduce Stress, Restore Sanity and Improve Everyone's Well-being*).

Young, M. (2020). 능력주의(유강은 역). 이매진. (원저 1994, *The rise of the meritocracy*).

〈해외 문헌〉

Adorno, T. W., Frenkel-Brunswik, E., Levinson, D. J., & Sanford, R. N. (1950). *The authoritarian personality*. Harper & Brothers

Douven, I. (2011). Abduction stanford encyclopedia of philosophy.

Emery, L. F., Muise, A., Dix, E. L., & Le, B. (2014). Can you tell that I'm in a relationship? Attachment and relationship visibility on Facebook. *Personality and Social Psychology Bulletin, 40*(11), 1466-1479.

Festinger, L. (1954). A theory of social comparison processes. *Human Relations, 7*(2), 117-140

Fiske, S. T., & Taylor, S. E. (2013). *Social cognition: From brains to culture* (2nd ed). Sage Publications.

Goldhaber, M. H. (1997). The attention economy and the net. *First Monday, 2*(4). 23-26.

Harman, G. (1965). The inference to the best explanation. *The Philosophical Review, 74*(1), 88-95.

Kanizsa, G. (1979). *Organization in vision: Essays on gestalt perception.* Praeger Publishers.

Mills, C. W. (2000). *The sociological imagination.* Oxford University Press.

Pariser, E. (2011). *The filter bubble: What the internet is hiding from you.* Penguin Press

Saslow, L. R., Muise, A., Impett, E. A., & Dubin, M. (2013). Can you see how happy we are? Facebook images and relationship satisfaction. *Social Psychological and Personality Science, 4*(4), 411-418.

Seidman, G. (2019). The big 5 and relationship maintenance on Facebook. *Journal of Social and Personal Relationships, 36*(6), 1785-1806.

Simon, H. A. (1971). Designing organizations for an information-rich world. In M. Greenberger (Ed.), *Computers, communications, and the public interest* (pp. 37-72). Johns Hopkins University Press.

Steers, M. L. N., Øverup, C. S., Brunson, J. A., & Acitelli, L. K. (2016). Love online: How relationship awareness on Facebook relates to relationship quality among college students. *Psychology of Popular Media Culture, 5*(3), 209-216.

Toma, C. L., & Choi, M. (2015). The couple who Facebooks together, stays together: Facebook self-presentation and relationship longevity among college-aged dating couples. *Cyberpsychology, Behavior, and Social Networking, 18*(7), 367-372.

〈신문 기사〉

경인일보(2019. 6. 24.). "주취 소란 · 도박까지 '부평종합시장 점령한 노숙인". https://www.kyeongin.com/article/1419075

연합뉴스(2019. 11. 14.). "음주 소란 · 오물투기 천지 부산 서면 '싹' 바뀌었다". https://n.news.naver.com/mnews/article/001/0011212080

한국경제(2023. 1. 13.). "한국인, 전 세계서 사치품에 가장 돈 많이 쓴다". https://www.hankyung. com/article/2023011319661

한국경제(2023. 1. 13.). "지난해 한국인 '1인당 명품소비' 세계 1위…얼마길래?". https://www.hankyung.com/article/2023011321197

〈웹사이트〉

World History Encyclopedia. (n.d.). World History Encyclopedia [Online encyclopedia]. https://www.worldhistory.org/

제2부

사회문제와 복지

제 4 장

生: 사람들은 왜 출산을 하지 않을까

1. 우리나라가 사라지고 있다

저출산 문제로 사회가 떠들썩하다. 우리나라 전체 인구는 2028년 5,194만 명을 정점으로 감소하여 2067년 3,929만 명에 이를 전망이다. 저출산이 사회적 화두가 되기 시작한 것은 불과 몇 년 전부터이지만 우리나라는 이미 한참 전에 심각한 인구 감소가 시작되었다. 1983년에 출생자 수가 급격하게 감소하는 1차 인구절벽(demographic cliff)을 겪었고, 밀레니엄을 맞이한 2000년대 초반에 또 한 차례의 인구절벽을 겪었으며, 2015년 이후 세 번째 인구절벽을 경험하였다. 여성 1명이 평생 낳을 평균 자녀의 숫자를 의미하는 합계출산율을 기준으로 보면 1983년 합계출산율은 2.1명으로 저출산이 시작되었다. 부부(2명)가 2명의 자녀를 출산하는 합계출산율 2.0을 '인구대체수준'이라고 하는데, 사실 사람마다 수명이 다르기 때문에 인구 대체가 아니라 사실상 인구 감소이며, 따라서 저출산 상태로 간주한다. 2001년에 합계출산율 1.3명으로 초저출산 상태에 도달한 후 2023년 사상 최저 합계출산율 0.72로 OECD 국가 중 가장 출산율이 낮은 나라가 되었다. 사실

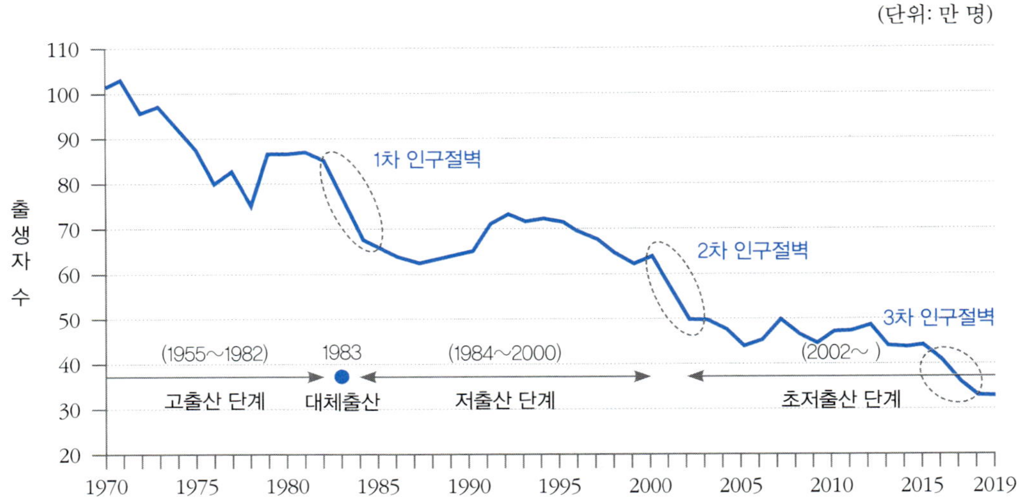

그림 4-1 우리나라 출생자 수

출처: 지표누리 웹사이트를 바탕으로 재구성함.

출산율(fertility rate)의 감소는 많은 선진국에서 공통적으로 발견되는 현상이다. OECD 국가 중 절반에서 지난 60년간 출산율이 감소했으며, 1960년 OECD 국가의 평균 총 출산율은 여성 1인당 3.3명에서 2022년 1.5명으로 감소하였다. 이는 이민을 고려하지 않을 시 OECD 국가가 전반적으로 한 세대의 인구를 다음 세대에서도 동일하게 유지하기 위해 필요한 출산율, 즉 대체출산율(replacement fertility rate) 이하의 인구 감소를 경험하고 있음을 의미한다(OECD, 2024). 다만, 한국은 그 정도가 가장 심한 수준으로 나타나고 있는 것이다.

사람이 존재하지 않는 국가란 있을 수 없으며, 인구는 사회발전의 중대한 동력이다. 인구 감소는 경제, 사회, 문화 등 다차원적으로 심각한 영향을 미치는데, 가령 인구 감소로 인해 축소된 노동력은 생산성을 감소시키게 되고 경제성장에 악영향을 미치게 된다. 이미 회자되기 시작한 '지방 소멸' 개념이 함축하듯, 인구 감소는 특정 지역(주로 지방 소도시나 농촌지역)의 인구 소멸로 이어지게 되며, 지역사회를 붕괴시켜 사회적 고립과 경제적 황폐화를 초래한다. 뿐만 아니라 경제활동을 하는 청년층의 규모가 적어 이들이 짊어지게 될 경제사회적 부담 역시 증가하게 된다. 기본적으로 납세자(노동인구)와 수급자

용어 정리

- **인구절벽**: 인구절벽은 미국 경제학자 해리 덴트(Harry Dent)의 저서 『2018 인구 절벽이 온다(The Demographic Cliff)』에서 소개한 개념이다(Dent, 2015). 이는 개인의 생애주기에서 소비가 최고조에 이르는 45~49세 연령대의 인구가 감소하기 시작하는 시점을 가리키지만, 넓게는 생산가능 인구인 15~64세의 급격한 감소를 의미하는 용어로 사용되기도 한다. 인구절벽이 발생하면 노동력 부족, 경제성장 둔화, 사회복지 부담 증가 등 다양한 사회적 · 경제적 문제가 연쇄적으로 발생하게 된다. 특히 한국은 저출산과 고령화가 동시에 진행되면서 급격한 인구구조 변화에 따른 도전들에 직면하고 있다.
- **합계출산율**: 여성 한 명이 가임기간(15~49세)에 낳을 것으로 예상하는 평균 출생아 수
- **조출생률**: 인구 1,000명당 새로 태어난 사람의 비율

  * 2024년 기준 한국의 합계출산율은 0.75명, 조출생률은 4.7명이다.
- **출산율 대 출생률**: 전통적으로 사용해 오던 개념인 '출산율'은 아이를 낳는 주체(여성)를 중심으로 현상을 설명한다. 그러나 이러한 용어를 사회적으로 사용하는 것이 사회가 여성에게 출산의 책임을 돌리거나, 저출산 현상의 탓을 돌리는 일일 수 있다는 비판 속에 '출생률'이라는 개념이 등장하기도 하였다. 출생률은 출생 인구가 줄어드는 현상 자체와 사회구조에 초점을 둔다는 차이가 있다.

의 균형적 분포에 의해 안정적으로 유지될 수 있는 사회보장제도는 납세자 규모의 감소와 수급자의 증가에 매우 취약해질 수밖에 없다. 우리나라의 국민연금제도 개혁을 비롯해 건강보험 재정에 대한 사회적 우려 등이 심각하게 된 이유는 이 같은 맥락에서이다. 이러한 부담의 증가는 세대 간 갈등을 증가시켜 심각한 사회적 분열을 초래한다. 이미 유럽을 비롯해 저출산, 고령화의 문제를 먼저 경험한 사회에서 겪었던 과정이다.

2. 시기별 주요 인구정책

국가의 인구문제는 국력 및 국가 발전에 매우 중차대한 사안이기 때문에 정부는 시기별로 인구정책의 목표와 방향을 수립해 효과적인 인구 관리에 대응하고자 하였다. 최초의 인구정책은 1962년에 시작되었는데, 사실 이 시기의 인구정책의 관심은 늘어나는 인구를 어떻게 감소시킬 것인가에 있었다. 우리나라는 한국전쟁 이후 1950년대 후반부터 폭발적인 출산을 통한 인구 급증 현상(소위 베이비붐 현상)을 경험하게 되었는데, 이 시기에 출생한 인구, 즉 '베이비붐 세대'의 규모는 약 700만 명에 달한다. 우리나라는 전쟁 직후인 1950년대 후반에는 주로 농업에 의존하던 저개발 국가였으며, GDP 규모가 20억 달러도 되지 않는 가난한 나라였다. 농업 생산량 또한 충분하지 못해 많은 사람이 굶주림을 겪어야 했다. 겨울 동안 저장해 둔 식량이 떨어지고 새로 심은 작물이 다 자라기 전, 대략 4월에서 6월 사이 사람들이 겪어야 했던 심각한 식량 부족 상황인 '보릿고개'는 이 시기의 가난과 어려움을 상징하는 표현이다. 먹을 게 없어서 굶주려야 할 정도로 가난한 나라에서 출산은 많이 해 입이 늘어나니 이 시기는 그야말로 출산과 인구 증가가 사회문제이던 상황이었다.

이러한 사회적 배경하에 1962년부터 1981년 사이에 정부는 '가족계획사업'을 추진하며 인구 증가를 효과적으로 억제하기 위한 기반 조성의 정책들을 추진하였다. 이대로 무턱대고 출산을 하게 두면 안 되겠다 싶어 1961년부터 1966년 사이는 '가족계획 정책 도입기'로, 국가 차원에서 가족계획을 주관하는 가족계획 정책을 입안하였으며("덮어놓고 낳다 보면 거지꼴을 못 면한다"), 1967년부터 1971년 사이는 '세 자녀 갖기 운동기'로("3자녀, 3터울로, 35세 이전에 단산하자"), 1972년부터 1975년 사이는 '두 자녀 갖기 운동기'로("딸 아들 구별 말고 둘만 낳아 잘 기르자"), 1977년부터 1981년 사이는 '가족계획 생활화기'로("좋은 환경 밝은 가정 알고 보니 가족계획") 시기별 전략을 수립해 효과적으로 인구 증가에 대응하고자 하였다.

문제는 1980년대에 시작되었다. 앞서 살펴보았듯, 우리나라는 이미 1980년대 초반에 저출산 현상이 시작되었다. 그러나 정부는 이에 대해 자각하지 못하고 1960년대부터 이

〈1960년대: '덮어놓고 낳다 보면 거지꼴을 못 면한다'〉

〈1970년대: '딸 아들 구별 말고 둘만 낳아 잘 기르자'〉

〈1980년대: '둘도 많다'… 다둥이 출산은 '부끄러운 일'〉

〈1990년대: 성비 불균형 우려〉

〈2000년대: 출산 장려 캠페인〉

그림 4-2 홍보 포스터를 통해 보는 우리나라 가족계획사업으 변천 역사

출처: BBC 코리아(2024. 5. 8.).

어져 온 '인구 억제 정책'을 지속적으로 추진했다. 1982년부터 1990년대 초반 사이는 '한 자녀 갖기 운동기'로, 지난 시기에 이어 자녀를 한 명만 갖자는 운동을 적극적으로 추진했다("하나씩만 낳아도 삼천리는 초만원"). 특히 우리나라는 강한 남아선호사상에 기반해 '아들을 낳을 때까지' 출산하려는 풍조가 있어 이를 반영한 포스터 "잘 키운 딸 하나 열아들 안 부럽다!"가 등장하기도 했다. 앞 시기부터 시작된 피임 도구 배포, 피임 교육 실시 등을 활발하게 추진해 나갔으며, 다자녀가정에 대한 지원을 감소시켜 세 자녀 이상 출산을 억제하고자 하였다.

1990년대 후반부터 2004년 사이의 시기에는 기존에 추진되던 강력한 인구 억제 정책은 더 이상 추진되지 않았지만 그렇다고 감소하고 있는 인구에 대한 자각이 있었던 것도 아니었다. 대신 이 시기의 인구정책은 소위 '신인구 정책'으로 명명되는데, 인구 자질을 향상시키기 위한 정책을 추진하였다. 인구 자질 향상이란 다름 아닌 우리 사회에 뿌리 깊이 자리 잡고 있었던 강한 남아선호사상을 개선하고자 한 것이었으며, 따라서 이 시기의 신인구정책이란 남아선호 개선 정책이나 다름이 없다. 과거 시기부터 이어져 온 남아선호의 결과로 일선 교실에서는 이미 학생들의 심각한 성비 불균형이 나타났고, 이러한 현상을 개선하기 위해 정부가 추진한 대표적인 규제가 태아 성감별을 금지시킨 것이다. 1994년에는 태아 성감별 행위를 강력히 처벌하는 법안이 도입되어 불법 성감별을 한 의료진은 면허 정지나 취소 등의 처벌을 받도록 하였으며, 그 밖에 학교에서 성평등 교육을 강화하여 인식을 개선하고자 하였다. 또한 실제 사회 곳곳에서 일어나고 있던 성차별을 해소하기 위한 법률과 정책을 추진하였는데, 1987년에 제정된 「남녀고용평등법」, 1995년에 제정된 「여성발전기본법」(이후 2015년 「양성평등기본법」으로 개정), 1994년에 제정된 「성폭력 범죄의 처벌 등에 관한 특례법」, 1997년 제정된 「가정폭력범죄의 처벌 등에 관한 특례법」 등이 이에 해당된다. 2001년에는 여성의 권익 증진과 사회적 지위 향상, 성평등 실현 등을 위해 대한민국 중앙행정기관에 '여성부'(2005년 '여성가족부'로 명칭 변경)를 신설하였다.

2000년대 초반에는 앞서 살펴보았듯 심각한 출산율 하락, 즉 2차 인구절벽을 경험하게 되었다. 노무현 대통령의 참여정부 출범 시기와 겹치는데, 이때 정부는 합계출산율의 급격한 하락을 목도하며 처음으로 제대로 된 인구추계를 하게 되었다. 인구추계의 결과는 가히 충격적이었는데, 줄곧 남의 나라 문제로 생각했던 저출산 문제와 고령화 문제가 바로 다름 아닌 우리 사회에서 가장 심각하게 진행되고 있다는 사실을 인식하게 된 것이다. 정부는 상황의 심각성에 대응하기 위해 「저출산 · 고령사회기본법」을 2005년에 제정해 저출산 문제와 고령화에 대한 대응을 국가적 차원에서 체계적으로 대응하기 위한 법적 틀을 마련하였으며, 법에 따라 5년 단위의 '저출산고령사회기본계획'을 수립해 출산을 장려하고 고령화에 대응해 나가기 위한 종합적인 정책 계획을 수립하도록 하였다. 한편, 개별 부처 차원에서 저출산 문제에 대응해 나가는 것에는 한계가 있다고 판단하여 대통령 직속 기구인 저출산고령사회위원회를 2005년에 출범시켜 범부처와 민간까지 아울러 저출산고령화 문제를 종합적으로 다루도록 하였다. 구체적으로 저출산고령사회위원회는 저출산과 고령화에 관한 정책 계획 수립, 부처 간 정책 조정 및 총괄, 정책 효과 모니터링, 사회적 인식 제고 등의 역할을 맡고 있다. 그러나 2005년 이후 시작된 '출산장려운동기'는 현재까지 20여 년간 이어지고 있음에도 불구하고 우리나라의 출산율은 회복되기는 커녕 갈수록 하락하고 있다.

3. 저출산의 원인

1980년대 초반부터 저출산이 시작되었다고 보았을 때, 사람들이 출산을 기피하는 현상이 40여 년간 지속되고 있고, 그것도 더욱 심화되고 있다는 것은 저출산이 일시적이거나 단순한 요인에 의한 것이 아닌 근본적이고 복합적인 요인에 의한 것임을 보여 준다. 사람들은 왜 출산을 기피하는가? 정답은 아무도 모른다. 명쾌한 이유가 파악되었다면 저출산고령사회위원회가 설립되고 출산장려정책을 20여 년간 추진하며 이토록 성과를 얻지 못했을리 없으니 말이다. 관점에 따라 무엇이 더욱 본질적인 저출산의 이유인지에 대해 견해가 다르지만 공통되게 도출되는 원인을 꼽아 보면 다음과 같다.

1) 인구학적 요인

첫 번째 원인은 인구학적 요인, 즉 인구구조적 문제로부터 저출산이 비롯된다는 것이다. 1960년대부터 시작된 우리나라 인구정책의 기조는 출산 억제에 있었다. 그러나 남아를 선호하는 문화는 그대로 공존했으며, 태아 성 감별이 불법화될 때까지 사람들은 태아 성 감별 및 여아 낙태 등의 방법을 동원해 과거처럼 자녀를 많이 출산하지 않더라도 반드시 남아는 출산하고자 하는 시도를 이어 갔다. 이러한 남아선호 현상은 1990년대까지 지속되었는데, 그 결과 출생성비에 심각한 불균형 현상이 초래되었다. 1990년대와 2000년대 초등학교 교실에서 남아와 여아의 비율이 맞지 않았으며, 이는 15~49세 사이 여성인구의 감소, 나아가 주출산연령대(15~34세) 여성 인구의 급감으로 이어졌다. 출산을 맡아야 할 여성의 규모가 감소했으니 출산이 감소하는 것은 생물학적으로 지극히 정상적인 귀결이다.

그러나 주출산연령대 여성 인구의 감소뿐만 아니라 보통혼인율이 지속적으로 하락한 반면, 초혼 연령이 상승했다는 점은 저출산 현상을 더욱 가속화시키는 요인으로 작용하게 되었다. 즉, 결혼을 하지 않으려는 사람들이 늘어났고 결혼을 하더라도 그 시기를 늦추는 사람들이 많아졌다. 여성의 평균 초혼 연령은 1995년에 25.4세였는데, 10년 뒤인 2005년에는 27.7세로 상향되었으며, 2023년 여성 평균 초혼 연령은 31.5세이다(통계청, KOSIS). 초혼 연령의 상승은 당연히 초산 연령을 상승시키며, 초산 연령이 늦춰지면 여성의 임신 가능기간도 축소될 수밖에 없다. 가령, 30대 후반에 첫 자녀를 출산하게 되면 둘째 이상 출산하는 것이 어렵게 된다. 자연스럽게 한 자녀만 출산하는 등 기혼가구의 평균 출생아 수는 감소하게 된다.

보통혼인율이 왜 하락했는지, 초혼 연령이 왜 상승했는지 등은 사실상 사회경제적·문화적 원인이 복합적으로 작용하기에 이후 살펴볼 사회경제적 요인 등과 함께 고려해야 한다. 다만, 여기서는 우리 사회가 혼인을 출산의 당연한 전제로 여기기 때문에 복합적 요인에 의한 보통혼인율 하락, 혼인 연령 상승 등이 저출산을 더욱 심화시키게 되었다는 점만 짚어 보자. 우리는 혼인을 출산의 당연한 전제로 여기지만 사실 당연하지는 않다. 대표적으로 프랑스에서는 비혼가정이 일반화되었는데, 2023년 기준 비혼 출생률

(결혼하지 않은 상태에서 태어난 아이의 비율)이 약 63.9%로, 동일 시기 기혼 출생율 36.1%보다 월등히 높다(INED, www.ined.fr). 원래 프랑스는 대표적인 저출산 국가였다. 그러나 현재 프랑스의 합계출산율은 2023년 기준 1.68로 한국의 2배 수준으로 회복했다. 프랑스가 저출산 국가의 위기를 극복하고 출산율을 회복할 수 있었던 배경에는 출산을 장려하는 다양한 가족 지원 정책, 출산 및 육아 지원, 세금 혜택 등이 있었지만 이와 더불어 비혼 출생률의 증가도 분명한 기여를 했다. 결혼에 대한 인식 변화와 동거 문화의 일반화라는 사회적 변화의 흐름에 대해 프랑스 사회는 차별을 두지 않았다. 즉, 결혼이라는 틀에 얽매이지 않고 출생한 아동에 대해서는 모든 권리를 누릴 수 있도록 동등한 법적 지위를 부여하고 가족수당, 출산 및 육아 휴가 등 각종 사회적 지원을 동등하게 제공했으며, 여러 세제 혜택에 있어서도 기혼가정인가 아닌가에 따른 차별을 두지 않았다. 만일 프랑스인들의 결혼에 대한 인식 변화를 제도적으로 뒷받침하지 않고 구래의 관습과 틀에 얽매여 계속 차별했다면 늘어나는 비혼가구(동거가구)의 출산율이 지금과 같지 않았을 것이며, 프랑스 사회는 심각한 저출산과 인구 감소에 직면했을 것이다. 우리나라는 혼인율이 하락했지만 혼인을 출산의 전제로 여기는 사회적 분위기는 그대로 존재하기에 프랑스처럼 혼인과 상관없는 출산 현상은 나타나지 않고 있다.

덧붙여 기혼가구 중 자녀를 출산하지 않는 무자녀 가구의 비율 증가도 저출산에 기여하고 있다. 전체 기혼 여성 중 무자녀 여성의 비중은 2010년 4.4%(67만 명)에서 2020년 8.4%(139만 명)로 10년 사이에 약 2배 증가했다. 특히 청년층(25~39세) 기혼가구 중 무자녀 가구가 차지하는 비중은 2022년 기준 27.1%로, 특히 젊은 청년층에서 결혼을 하더라도 출산은 하지 않으려는 경향이 심화되고 있다(권익성, 2024).

> "한국 사회에서 정상 가족이란 '결혼한 부부'로 구성되어야 하며, 출산은 혼인신고를 한 부부 사이에서만 용납된다. 기성 부모세대에게 딸이 미혼모가 되었다는 소식은 출산이 결혼 이후에 이루어져야 한다는 '정상 가족주의' 원칙을 깬 것. 가족의 중요성을 강조하는 한국인들이 자녀가 '정상 가족'의 선을 넘어서는 순간 어처구니없이 무너져 내린다."
>
> – 김희경(2022)의 『이상한 정상가족』 中

사례로 보는 가족의 변화: '조립식 가족'

현대 한국 사회에서는 전통적인 '정상 가족(기혼 부부+자녀로 구성된 핵가족)'의 형태가 점차 해체되고, 개인의 삶의 조건과 선택에 따라 새로운 형태의 가족이 만들어지고 있다. 이를 상징적으로 표현한 개념이 바로 '조립식 가족'이다. 조립식 가족은 특정한 형태를 전제로 하지 않으며, 삶의 필요와 정서적 연대를 바탕으로 구성된 다양한 가족의 가능성을 포괄한다. 이를 잘 보여 주는 두 방송 프로그램이 있다.

◌ tvN 리얼리티 예능 〈조립식 가족〉(2022)

이 프로그램은 혼자도, 결혼도 아닌 제3의 방식으로 가족을 구성한 사람들의 삶을 관찰하는 리얼리티 예능이다. 친구나 동료가 함께 살아가며 서로를 '가족'이라고 부를 수 있는가에 대한 질문을 던진다. 이들은 법적 혼인 관계도, 혈연도 아니지만, 공동의 생활을 통해 감정적 유대를 형성하고 '살가운 타인'으로서 가족적 삶을 살아간다. 전통적 가족의 정의를 해체하고, 공동체로서 가족을 재구성하는 가능성을 보여 준다.

◌ JTBC 드라마 〈조립식 가족〉(2024)

이 드라마는 중국 드라마 『以家人之名(이가인지명, In the name of family)』(2020)을 리메이크한 드라마로, 한부모가정, 이혼 · 사별 가정, 재혼가정 등 다양한 사유로 가족이 해체된 이들이 하나의 일상적 가족을 이루며 살아가는 과정을 담고 있다. 전통적 정상 가족 모델에 균열이 생긴 현실을 섬세하게 그려내면서도, 결국 법적 혼인을 통해 '정상 가족'을 회복하는 결말을 선택해 아시아 사회에서 여전히 '결혼-출산' 중심의 가족 규범이 작동하고 있음을 보여 준다. 다양한 가족 형태의 가능성을 열어 놓으면서도 제도적 · 문화적 장벽이 여전히 존재함을 드러낸다.

두 프로그램은 공통적으로 변화하는 가족 형태와 가치관을 보여 주면서 '가족이란 무엇인가'에 대한 질문을 던진다. 더는 혼인과 혈연만으로 가족을 정의하기 어려운 사회에서 이들 사례는 '가족은 제도 이전에 삶의 관계망'이라는 사실을 다시 생각하게 한다.

그림 4-3 드라마 〈조립식가족〉(2024) 포스터

'인구학'이란

인구학(demogrphy)은 인구에 관한 연구, 인구의 규모를 측정하고 증감을 설명하는 학문이다. 인구학은 1.5세기 전에 만들어진 용어로, 당시 국가들이 자국의 인구 특성과 분포에 대한 공식 통계를 수집하기 시작하며 발전했다. 인구의 패턴은 '출생, 사망, 이주'의 세 요인으로 결정되는데, 모든 요인은 사회문화적 영향을 받는 만큼 사회과학의 한 분과로 여긴다. 인구학 작업은 통계적인 경향이 있으며, 센서스 조사 등이 대표적이다.

인구학 관점에서 저출산 문제를 조명하는 사회이론: 인구전환이론

사회의 산업발전에 따라 인구의 성장과 크기가 단계적으로 변화한다는 이론으로, 현더 인구학에서도 계속해 발전되고 있는 매우 영향력 있는 이론이다(Thompson, 1959).

1단계(전통사회, 현대 이전기): 출생률이 매우 높지만 전염병, 질병, 홍수, 가뭄 등 자연재해 등의 영향으로 사망률 및 유아 사망률이 높아 인구가 거의 균형을 이룸

2단계(도시화, 산업화 진행기): 식량의 질 개선, 보다 많은 경작지, 안전한 물의 공급, 하수도 및 쓰레기 처리 시스템 등으로 사망률 하락, 인구 증가

3단계(산업 발달기): 여성의 역할에 대한 가치관 변화, 의무교육으로 인한 아동의 성장환경 변화(노동시장에의 종사 감소), 도시화로 대가족의 필요성 감소, 피임 기술 등으로 출생률 감소

4단계(산업화 이후): 인구의 안정, 인구 전환의 완결

그러나 해당 이론은 서구중심적이며, 기하급수적 성장이 광범위한 기근과 빈곤을 낳을 수 있음에도 종국에 인구가 안정세로 접어들 것이라 낙관하는 태도에 대해 비판을 받기도 한다.

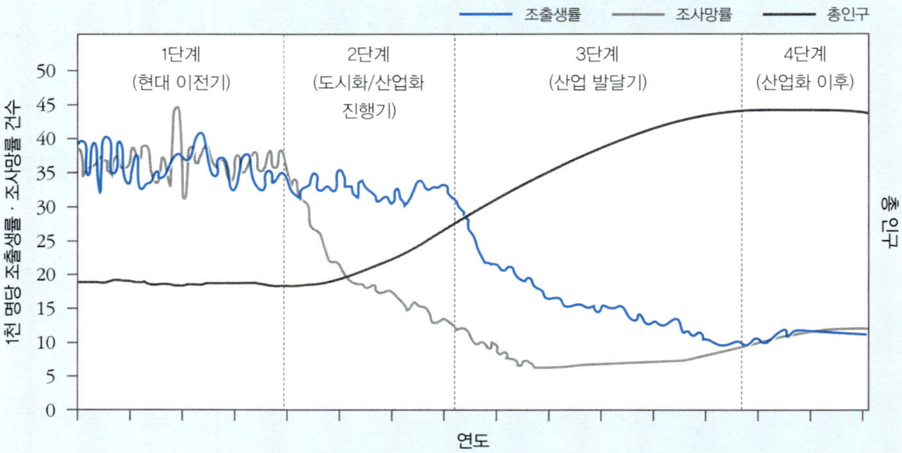

그림 4-4 인구 변천 모형

출처: Giddens (2011).

우리나라에서 가족의 형태가 변화하고 있음을 보여 주는 가장 대표적인 사례가 1인가구의 급격한 증가이다. 2019년 기준으로 스웨덴에서는 혼자 사는 사람들의 비중이 56.6%에 육박했고, 덴마크, 핀란드, 독일 등 다른 유럽 국가들에서도 혼자 사는 사람들의 비율이 40%를 넘어섰다. 혼자 사는 사람들의 증가는 가족 중심성이 사회문화적 특성인 동아시아 국가들에서도 포착된다(Chang, 2014). 행정안전부 보도자료에 따르면, 한국에서도 전체 가구에서 1인가구 비중이 약 40.1%를 넘어서면서, 1인가구가 가장 전형적인 가구 유형으로 부상했다(행정안전부, 2021. 10. 6.). 일찍이 벡과 베크 게른스하임(Beck & Beck-Gernsheim, 2002)이 개인화된 삶이 세계적 현상이 될 것이라 예견했던 것처럼 과

거 소수에 불과했던 1인가구가 국경과 문화적 장벽을 넘어서 보편적 라이프스타일로 자리매김한 것이다.

사회문화적으로 후기 산업사회는 여성의 교육 수준이 높아지고 여성의 노동권에 대한 사회적 관심이 급증한 시기였다. 과거 여성들은 가정 내에서 남성 생계 부양자가 제공하는 생계비에 의존하며 가사노동을 전담하는 전업주부의 삶을 요구받았다. 하지만 이제는 많은 여성이 노동시장에 진출해 직접 생산활동을 하면서 경제적 주체로서 자유롭게 사는 삶을 지향하게 되었다. 특히 1968년 유럽을 강타했던 68혁명을 계기로 가족, 민족, 국가와 같은 전통적 사회집단에서 벗어나 개인의 자유, 인권, 해방이 중요한 사회적 가치로 떠오르기 시작했다. 이처럼 1970년대 이후 다양한 영역에서 일어난 변화들은 경제적 측면에서는 후기 산업사회, 시대사적 측면에서는 후기 근대, 이념적 측면에서는 신자유주의, 문화적 측면에서는 포스트모더니즘으로 불린다.

전통적 부부+자녀 핵가족 모델의 변화는 후기 산업사회로의 변화와 맞물려 나타났다. 19~20세기는 농경사회가 산업사회로 전환되는 과정에서 대가족이 줄어들고 핵가족이 증가하는 시기였다면, 20세기 중후반 후기 산업사회에 접어들면서는 1인가구, 동거가구, LAT족(living apart together, 결혼은 했지만, 같이 살지 않는 부부), 한부모가구처럼 핵가족보다 더 소규모화된 가족 형태가 증가했다. 론 레스타게(Ron Lesthaeghe)와 반 드 카(van de Kaa) 같은 인구학자들은 전기 산업사회의 핵가족 증가를 '제1차 인구 변동(first demographic transition)'으로, 후기 산업사회의 탈핵가족화를 '제2차 인구 변동(second demographic transition)'으로 정의했다. 이때 1인가구의 증가는 제2차 인구 변동의 핵심적 현상이다(Lesthaeghe, 2010; Van de Kaa, 2002).

표 4-1 인구 변동과 산업, 가족 변화

시대	주요 산업	인구 변동	가족 변화
전기 산업사회	제조업	제1차 인구 변동	핵가족화
후기 산업사회	서비스업	제2차 인구 변동	탈가족화

핵가족이 주된 가족 형태였던 제1차 인구 변동 시기는 산업화로 경제가 성장하고 출산율이 매우 낮은 것이 특징이었다. 전근대 농경사회에서는 영아 사망률이 높았기 때문에 부모들은 자녀를 많이 낳는 경향이 있었다. 19세기 이전까지만 해도 가구당 자녀 수는 동서양을 막론하고 약 5~10명을 넘을 정도였다. 19세기 이전 한국 가정의 자녀 출산율도 약 6.9명을 넘었다. 하지만 산업화 이후 영아 사망률이 낮아지고 공교육 시스템이 도입되면서 부모들은 2~3명의 자녀만을 낳아 이들을 위한 양육과 교육에 집중적으로 투자하기 시작했다. 한편, 경제성장으로 의료기술과 영양수준이 크게 좋아지면서 인간의 기대수명이 늘어나고 사망률은 줄어들었다. 이에 제1차 인구 변동에 주목한 인구학자들은 낮은 출산율과 사망률 때문에 인구절벽과 고령화가 발생하는 제로인구성장(zero population growth)을 경고해 왔다.

그러나 현재 우리가 맞닥뜨린 인구 변동은 제1차 인구 변동만이 아니라 제2차 인구 변동이다. 제2차 인구 변동의 본질은 탈가족화에 있다. 탈가족화는 단순히 인구 규모의 양적 축소만을 뜻하지 않는다. 제2차 인구 변동은 결혼관, 가족관, 노동관, 성역할의 변화로 기존의 핵가족 체계가 무너지고, 결혼제도 바깥의 다양한 가구 형태가 증가하는 '인구 구성의 질적 전환'을 뜻한다. 물론 제2차 인구 변동 단계에서도 출산율의 급강하가 일어난다. 하지만 이는 핵가족의 부모가 소수의 자녀에게 집중적으로 투자하면서 출산율이 낮아지는 제1차 인구 변동과는 차원이 다른 현상이다. 이는 사람들이 가족과 결혼제도에 아예 편입되지 않고 비혼의 삶을 선택하면서 결과적으로 나타난 출산율 저하이기 때문이다.

그렇다면 현재 한국 사회가 직면한 출산율 저하 문제는 제1차 인구 변동 때문일까, 제2차 인구 변동 때문일까? 일본의 사회학자 에미코 오치아이(Emike Ochiai)는 [그림 4-5]의 UN 인구통계연보의 출산율 추이를 통해 유럽과 아시아에서 제1·2차 인구 변동의 시기를 가늠했다(Ochiai, 2014). 상대적으로 오랜 기간 근대화를 이루었던 유럽에서는 제1차 인구 변동에서 제2차 인구 변동으로의 전환도 점진적으로 이루어졌다. 독일, 영국, 스웨덴 등 유럽 국가들에서는 대체로 1900년대부터 1930년대 산업화 초기 단계에서 핵가족 형태가 자리 잡기 시작했다. 이 시기에 부부들이 적은 수의 자녀를 낳아 기르면서 출산율이 평균 4명에서 2명으로 줄어드는 제1차 인구 변동이 일어났으며, 1930년대부터는 제1차 인구 변동이 안정기에 접어들었다. 그러다가 1970년대에 후기 산업사회에 진입하면서부터 아예 결혼을 하지 않는 사람들이 증가했고, 이에 따라 출산율이 2명 이하로 다시 한번 떨어지는 제2차 인구 변동을 맞이하게 되었다. 이에 비해 근대화 후발주자였던 일본은 산업화가 유럽보다 단기간에 이루어졌고, 그에 따라 제1차 인구 변동인 핵가족화에서 제2차 인구 변동인 탈핵가족화으로의 전환도 다소 가파르게 일어났다. 한편, 한국, 싱가포르, 중국, 대만은 일본보다 더욱 압축적인 근대화를 경험했다. 이로 인해 동아시아 국가들에서는 제1 · 2차 인구 변동을 매우 짧은 기간에 동시적으로 겪고 있는 상황이다. 한마디로, 지금 한국이 겪는 전대미문의 출산률 저하는 제1차 인구 변동에 따른 출산율 저하와 제2차 인구 변동에 의한 출산율 저하가 중첩되면서 가속이 붙어 발생한 인구 감소 현상이다.

제1 · 2차 인구 변동을 동시에 경험하는 한국인들의 가족에 대한 인식도 양극으로 극단화되어 있다. 현재 한국에는 제1차 인구 변동의 특징처럼 핵가족 모델을 고수하며 결혼을 하고 자녀들의 성공을 위해 모든 자원을 쏟아붓는 가족들이 존재한다. 대치동 학원가의 불패신화는 이런 핵가족 자녀관을 표상한다. 반면, 그 반대편에는 제2차 인구 변동

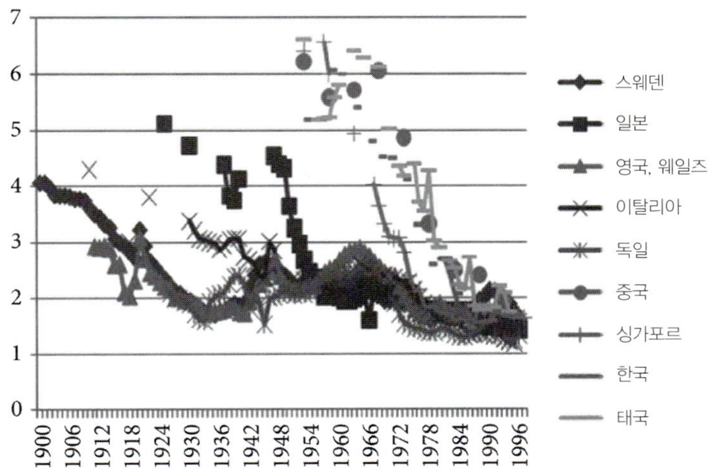

그림 4-5 아시아와 유럽의 출산율 추이

출처: Ochiai (2014: 9, 12.).

의 추세처럼 가족에게 헌신해야 하는 결혼제도 자체에 회의를 느끼고 솔로의 삶을 택하는 개인들도 증가하고 있다. 지금은 이런 상반된 가족 가치관이 공존하고 있지만, 시간이 흐를수록 인구변동의 단계상 탈핵가족화를 지향하는 제2차 인구 변동의 경향이 더 우세할 것이다.

반면, 현재 한국 정부는 제1차 인구 변동을 중심으로 저출산 관련 인구정책을 설계하고 있다. 신혼부부 특혜, 출산 장려 정책, 양육지원, 일 · 가정 양립 정책 등은 모두 '부부+자녀'로 구성된 핵가족을 전제로 한 인구정책이다. 탈핵가족화로 대변되는 제2차 인구 변동으로 거대한 판이 이동하는 상황에서 핵가족 모델만을 표방하는 인구정책은 그 효과가 떨어질 수밖에 없다. 결혼관, 가족관, 노동관, 성역할 변화와 같은 '인구구성의 질적 전환'을 고려하지 않고 '부부+자녀' 가구를 무리하게 늘리려는 인구정책이기 때문이다.

2) 사회경제적 요인

저출산의 두 번째 원인이자 가장 주요한 원인은 사회경제적 조건의 변화에서 찾을 수 있다. 우리 사회는 1997년 IMF 외환위기를 극복한 2000년대 이후부터 만성적인 고용불안정과 취업난을 겪고 있다. 경제성장률은 둔화되었고 정규직 일자리는 감소한 반면, 비정규직이 증가하였지만 청년의 학력은 더욱 고학력화되면서 수요와 공급의 미스매치가 극대화되어 청년 실업문제가 중대한 사회문제로 부상하였다. 통계청에 따르면, 15~29세의 청년층이 임금근로자로 첫 직장을 잡는 데 걸린 평균 기간은 11.5개월이었는데, 통계청에서 데이터 집계를 시작한 2006년 이후 역대 가장 긴 시간을 기록했다. 최종 학교 졸업자 가운데 취업을 하지 않은 사람은 129만 명에 달했으며, 이 중 3년 이상 취업을 하지 못하고 있는 사람은 5명 중 1명 꼴인 23만 8천 명으로 나타났다(통계청, 2024). 취업난, 고용불안정으로 교육 기간이 늘어나고 취업 준비 기간이 증가하면서 자연스레 결혼을 하는 시기도 지연될 수밖에 없다. 결혼할 의향이 있어도 소득이 안정된 후 결혼을 하려고 하기 때문에 결국 고용불안정은 소득 불안으로 연결되고, 소득 불안은 결혼을 연기하거나 포기하게 만들어 앞서 살펴본 혼인율 감소에 기여하게 되는 것이다.

일자리를 구한 후에도 문제는 해결되지 않는다. 우리나라 노동시장이 가정친화적이지 않다는 사실은 이미 알려져 있고, 체감되고 있다. 우리나라 직장인들의 근로시간은 다른 나라와 비교해 매우 높은 수준에 해당한다. 즉, 우리나라 사람들이 다른 나라에 비해 직장에서 더 오랜 시간을 보낸다는 것이다. 2022년 기준 우리나라 근로자들의 연간 근로시간은 1,904시간으로 OECD 평균인 1,719시간에 비해 월등히 높을 뿐만 아니라 OECD 국가 중 5위에 해당될 정도로 장시간 근로하고 있다.

마음 놓고 아이를 맡길 수 있는 돌봄체계가 없는 경우 일을 하는 여성과 남성 모두 장시간의 근로환경 속에서 아이 돌봄에 대한 일상적 불안을 가지고 살 수밖에 없다. 무자녀 부부의 특성에 대해 분석한 한국노동연구원의 연구 결과에 의하면, 무자녀 부브에서 여성의 교육수준이 유자녀 부부의 여성보다 전반적으로 높았으며, 무자녀 부부에서 여성의 취업 비중은 유자녀 부부의 경우보다 30.4% 높은 71%로 나타났다. 특히 전문 관리직 여성의 무자녀 부부 비중은 29.4%로, 고용 안정성이 높은 전문 직종임에도 불구하고 자녀를 출산하지 않는 경향이 높아졌다는 결과를 제시했다. 이는 결국 직장 업무와 출산 및 양육 양립이 어려움으로써 경제활동을 포기하고 유자녀를 선택하거나, 경제활동을 포기하지 않는다면 결국 무자녀를 선택하게 되는 구조를 보여 준다.

일을 하지 않는 여성의 경우에도 마찬가지이다. 배우자의 장시간 근로는 독박 육아로 연결되며 더 많은 자녀 출산을 기피하게 만드는 요소가 된다. 뿐만 아니라 최근 사회의 경쟁 격화로 자녀 양육과 교육에 소요되는 비용이 점차 높아지고 있는데, 이러한 비용을 감당하려면 가정경제가 맞벌이 체제로 가야 한다. 그렇지 않은 외벌이의 경우 양육과 교육 비용 부담은 더 많은 자녀 출산을 선뜻 선택하지 못하게 만드는 요소가 된다.

양육과 교육 비용에 더불어 출산을 가로막는 부담 요소가 또 있으니 바로 주거비용에 대한 부담이다. 국토연구원이 발표한 '저출산 원인 진단과 부동산 정책 방향' 보고서에 의하면, 우리나라의 저출산 문제에 집값 상승의 영향이 가장 크게 작용하고 있으며, 이런 흐름이 2010년 이후부터 심화되고 있다는 결과를 제시했다. 부부들이 첫째 자녀의 출산을 결정할 때 가장 크게 작용하는 요인으로는 '전년도 주택 가격(매매+전세)'의 영향(기여도)이 전국 기준 30.4%로 가장 높았다. 둘째 자녀의 출산에도 주택 가격의 영향(기여도)이 높았지만 그 비중은 28.7%로 다소 줄었고, 대신 사교육비의 기여도가 9.1%로 첫째 자녀(5.5%)에 비해 더 높은 것으로 나타났다. 셋째 자녀의 출산에는 주택 가격 요인이

27.5%로 더 줄고, 사교육비는 14.3%로 높아졌다(박진백, 권진우, 2024). 결국, 주택에 소요되는 비용에 대한 부담과 나아가 교육비 부담 구조가 우리나라 출산율 회복의 발목을 잡고 있는 셈이다. 자녀 출산뿐만 아니라 과도한 주거비 부담은 신혼집 마련에 대한 부담으로 이어져 미혼 인구의 결혼을 늦추거나 감소시키는 요인이 된다. 결국 집값은 미혼 인구의 결혼을 가로막고 기혼 부부의 출산을 가로막아 '삼포세대'를 양산하는 배경이 되는 셈이다.

이러한 사회구조적 요인들은 현실적 조건뿐만 아니라 출산에 대한 사람들의 인식과 심리에 영향을 미치는 요인으로 작용하게 된다. 일명 '수저론'으로 표현되듯, 본인의 삶이 더 나아지리라는 기대감이 없는 상황에서 자녀의 미래를 밝게 전망할 수 있을까? 자녀에게 밝은 미래를 줄 수 있다는 희망이 없기 때문에 쉽게 출산을 선택하지 못하는 것은 당연한 귀결이다.

언론기사를 통해 엿보는 아이 키우기 힘든 대한민국

한국 양육비 세계 1위… 1인당 GDP의 7.8배" (조선일보 2023. 5. 2.)

한국에서 자녀를 만 18세까지 키우는 데 드는 비용이 1인당 GDP의 7.79배로, 전 세계에서 가장 높았다. 2021년 한국 1인당 GDP(약 3만 5,000달러, 약 4,700만 원)로 계산하면 아이 한 명을 기르는 데 3억 6,500만 원가량이 필요한 꼴이다. 한국과 중국의 양육비 부담은 독일(3.64배, 9위)과 호주(2.08배, 14위) 등 다른 나라를 크게 웃도는 수준이다.

"'낳고 키우기 힘든 사회'… 아이에 물려주지 않으려 해" (한겨레 2024. 10. 7.)

아이를 낳을 의향이 없는 응답자를 대상으로 그 이유를 물었을 때 가장 많은 26.5%가 첫 손에 '아이가 행복하게 살기 힘든 사회여서'를 꼽았다.

경제적 관점에서 저출산 문제를 조명하는 사회이론

자녀 수-자녀 질의 트레이드 오프 이론(quantity-quality trade-off theory)에서는 소득과 출산율 간의 부적 관계를 설명하였다. 자녀의 수가 늘어날수록 부모는 자녀를 돌보기 위해 더 많은 시간을 활용해야 한다. 동시에 소득이 증가할수록 양육의 기회비용이 커지기에 부모는 자녀의 수(양, quantity)를 감소시키고 자신의 소득을 교육 등에 투자함으로써 자녀의 삶의 질(질, quality)을 향상시키고자 한다는 것이다(Becker & Lewis, 1973).

젠더 관점에서 저출산 문제를 조명하는 사회이론

여성의 권리가 신장되고 젠더 간극이 줄어든 현대사회에서 출산은 여성과 남성의 협상의 이슈가 되었다고 분석하며, 모든 돌봄과 양육 환경은 부, 모 모두의 관여가 필요한 일이 되었고, 커리어에 대한 열망이 있는 여성은 자녀에 대한 욕구가 줄어들 것이라고 분석한다. 이들은 그렇기에 여성이 출산을 통한 경제적 불이익을 경험하지 않는 사회(연구에서는 13개의 고소득 국가)에서 노동시장 참여율, 소득, 출산율이 함께 증가한다고 분석했다(Doepke & Kindermann, 2019).

출처: cho & Han (2024).

3) 가치의 문제: 물질적 가치에 대한 중시, 돌봄의 가치 경시

아이를 낳고 키우는 육아에 대해 "밥벌이도 못하는 육아"라는 표현을 종종 사용한다. 육아보다 밥벌이를 우위에 두는 정서, 즉 돌봄의 가치보다 물질적 가치를 중시하는 의미를 함축한 표현으로, 오늘날 육아에 대한 사회적 인식을 보여 주는 표현이다.

안정적인 소득을 벌고 가정을 책임질 수 있을 만큼의 자산을 축적하는 것이 쉽지 않은 사회, 일을 하면서 아이를 안전하게 키우는 것은 더욱 힘든 사회는 분명 사람들이 선뜻 출산을 선택하지 못하게 만들고 있다. 다만, 아무리 힘들어도 출산과 육아에 가장 중요한 의미와 높은 가치가 부여된다면 힘든 조건 속에서도 사람들은 출산을 하려고 할 것이다. 그러나 자녀를 낳고 키우는 보람과 기쁨보다 좋은 차와 명품, 럭셔리 해외여행 등 물질적 가치에 더 높은 가치가 부여되기에 출산은 과감하게 포기되기도 한다. 맞벌이를 하면서 자녀를 두지 않는 부부를 의미하는 딩크(Double Income No Kids: DINK)족의 등장은 이러한 가치가 반영된 현상이다.

이처럼 자녀에 대한 가치보다 개인적 성취와 삶의 질 향상에 더 높은 가치를 부여하는 사람들이 늘어나고 있는 것은 사실이지만, 여전히 자녀가 주는 의미와 가치를 완전히 부정하는 사람들은 많지 않다. 물질적 가치에 대한 선호로 출산을 선택하지 않는 사람들이 사회를 뒤흔들 정도의 심각한 출산율 저하에 직접적으로 기여한다고 보기는 어렵다.

보다 보편적으로 사람들의 내면에 자리 잡고 있으며 출산과 양육을 어렵게 만드는 가치는 육아, 더 나아가 돌봄의 가치에 대한 암묵적 경시에서 찾을 수 있다. 모든 인간은 인생의 어느 순간에 타인에게 의존하고 돌봄을 경험하게 된다. 아기가 태어나면 부모에 의해 돌봄을 받아야 하고, 노인이 되어 쇠약하게 되면 역시 누군가의 돌봄을 받아야 한다. 비단 아이와 노인만이 아니다. 살면서 한 번쯤 크게 아프거나 다치는 일을 경험할 수 있는데, 그런 순간에 누군가의 돌봄을 받지 않는다면 생존의 위협을 받을 수 있다. 즉, 우리가 현재 살아 숨쉬고 있음은 언젠가, 어느 순간엔가 우리가 타인에 의해 돌봄을 받았던 돌봄의 수혜자였음을 증명하는 것이다. 지위가 높든 낮든 누군가의 돌봄이 없었다면 우리 모두는 지금 이 자리에 없다. 현재의 우리 모두의 모든 것을 가능하게 해 준 누군가의 돌봄이란 얼마나 대단하고 위대한가.

> "세상에 나와 성인이 되기까지, 성인이 되어서도 불의의 사고나 장애가 생기는 경우에도 그리고 나이가 들어 노쇠해지면 인간다운 삶을 위해 돌봄을 받아야 한다. 돌봄을 받아야 하는 삶의 시간대는 전체 인생의 4할에 육박한다. 누구도 돌봄을 외면한 삶을 살 수는 없다. 돌봄은 우리 삶에 반드시 있어야 하는 가치이자 실천이고, 그래서 삶을 이어 가는 목적이자 원동력이며 인생사적으로 가장 빛나는 순간이자 삶의 안식처"
>
> – 김희강(2022). 『돌봄민주국가』 中

그런데 우리는 돌봄을 대단하게 여기기는 커녕 무척 초라하게 취급하는 사회에 살고 있다. 누군가에 의한 돌봄의 제공은 우리 모두의 존재를 위해 없어서는 안 되지만 우리는 그것을 당연히 여기고, 주목하지 않으며 무시하기까지 한다. 직장에서의 승진과 성취를 이루는 사람은 능력 있고 대단한 일을 하는 것으로 인식하지만, 집에서 묵묵히 건강한 자녀를 키우는 주부를 대단하다고 여기지는 않는다. 오히려 육아를 전담하는 주부에 대해 '밥 벌이도 못하는' '집에만 있는' 등 마치 자신의 역할을 제대로 수행하지 못하는 듯한 수식어를 붙이거나 심지어 '맘충'과 같은 혐오 표현도 사용한다. 인간은 누구나 존중받고 싶고, 자아실현을 하고 싶은 욕구를 가지고 있다. 아이를 출산하고 양육하는 일을 경제활동에 비해 의미 있고 대단한 일로 인정하지 않는데 누가 그 일을 하고 싶을까?

경제활동에 비해 육아는 특별히 전문성을 요구하지 않으므로 그런 취급은 당연하다고 주장하는 사람들도 있다. 과연 육아는 전문성을 요구하지 않는 허드렛일에 불과할까? 육아를 경험해 본 사람들 중 육아가 쉽다고 하는 사람은 거의 없을 것이다. 아무도 가르쳐주지 않고, 절대 생각대로, 마음먹은 대로 되지 않는 일이 바로 육아이다. 한 인간을 키워낸다는 것은 방대한 수준의 이해와 공감, 다차원적 지식, 돌봄을 제공하는 사람의 건강한 심리와 내적 성숙을 필요로 한다. 끝도 없는 인내와 무조건적 희생, 태산 같은 무게의 책임감은 굳이 언급할 필요도 없겠다. 사회적으로 높은 지위를 성취한 능력자들 중에서도 '자식 농사'에는 어려움을 겪는 사람이 많다. 그만큼 육아는 어려운 일이다. 결코 허드렛일 따위가 아니다.

그런데 육아는 전문적이지 않은 노동으로 취급된다. 초 · 중 · 고의 일반 교육과정에 육아에 대한 체계적 배움이 없다는 것은 육아가 전문적 지식과 이해를 필요로 하는 분야로 인식되지 않기 때문이다. 교육철학자 존 듀이(John Dewey)는 교육을 인간이 사회 구성원으로서 잘 살아가기 위한 수단이라고 설명했다(Dewey, 2019). 즉, 교육은 단순한 지식을 전달하는 것이 아니라 개인이 사회의 일원으로 잘 적응하고 사회에서 효과적으로 살아가는 데 필요한 능력과 태도를 기르는 과정이며, 교육과정을 통해 개인은 사회 구성원으로서의 삶을 준비하게 된다고 말했다. 지금까지 개인의 사회 구성원으로서의 역할이란 '경제활동'과 관련된 역할, 즉 직업적 역할만 강조되어 왔다. 그러나 경제의 발전도, 위대한 과학적 발견도 모두 사람이 하는 일이며, 그런 사람을 제대로 길러 내는 일이야말로 경제 발전 못지않게 사회적으로 중요한 일이다. 그런데 사람을 잘 기르기 위해 필요한 교육은 없으며, 개인의 역량과 책임에 맡긴다. 사회가 산업화되고 현대화되기 이전, 즉 대가족, 마을공동체 등 공동체를 중심으로 일상이 영위되던 시절에는 육아를 개인에게 도맡기는 것이 아니라 공동체 차원에서 진행되었으며, 따라서 육아를 위한 별도의 교육은 불필요했다. 육아처럼 경험 기반 지식을 요하는 분야의 스승은 일상의 공동체 도처에 존재했기 때문이다. 대가족 형태에서 나보다 먼저 육아를 시작한 형제자매, 친척의 육아 과정을 어깨너머로 보며 관찰 및 학습했고, 또 조카를 함께 돌보며 실습도 했다. 내 아이가 태어나면 함께 사는 부모님이, 친척 어른이, 옆집 어른이 실용적인 정보를 제공하고 조언했다. 그러나 현대사회에서는 더 이상 일상의 공동체를 통한 학습과 실습은 가능하지 않기 때문에 오롯이 개인의 역량과 책임이 된다. 아무런 지식과 연습 없이 바로 실전에 투입되는 출산과 양육의 경험은 그야말로 충격적이다. 때로는 산후우울증을 심화시키기도 하고, 심한 경우에는 가정 파탄으로 이어지기도 한다. 무책임한 출산으로 인한 학대의 문제도 종종 뉴스에 등장한다. 사회 구성원으로서 제대로 역할을 수행하기 위해, 사회가 잘 돌아가게 하기 위해 과학적 원리보다 미적분보다 육아에 대한 지식과 학습이 덜 중요할까?

누군가를 돌보는 일은 돌봄을 받는 대상에게만 의미 있고 중요한 것이 아니라 돌봄을 제공하는 사람을 무한히 성숙시킨다. 고되고 힘들지만 한 인간을 제대로 성숙시키는 가장 직접적인 경험일 것이다. 사회가 존속하기 위해 가장 필요한 노동, 모든 인간이 삶의 어느 시점엔가 수혜자가 되기도, 제공자가 되기도 하는 인간의 보편적 조건인 돌봄, 사람을 무한히 성숙시키며 동시에 값진 보람을 선사하는 돌봄의 가치가 제대로 인식되고 공유되지 않는다면 지금처럼 돌봄은 회피의 대상이 되어 여성화되고, 하층민화되며, 이주민화될 것이다. 직장을 그만두고 육아에 전념하는 사람들의 일을 충분히 가치 있게 인식 및 평가해 주고, 그에 대한 대가를 지불해 주고, 모두가 돌봄의 주체이자 대상이라는 보편적 공감이 존재하지 않는 한 출산과 양육은 늘 차선이 될 것이다.

> "'돌봄'은 사회적 역량이자, 복지와 번영하는 삶에 필요한 모든 것을 보살피는 사회적 활동이다. 무엇보다도 돌봄을 중심에 놓는다는 것은 우리의 상호 의존성(interdependency)을 인지하고 포용하는 것을 의미한다."
>
> "보편적 돌봄이란 어떤 형태로 나타나든 모든 돌봄이 우리의 가정에서뿐 아니라 친족에서부터 공동체, 국가, 지구 전체를 포함한 모든 영역에서 우선시되는 것을 의미한다."
>
> —The Care Collective (2021). 『돌봄선언』 中

저출산에 대응하는 여러 사회적 시도

1. 출산을 증가시키기 위한 노력

1) 혼인 유인

아직까지 한국 사회에서 혼외 출산은 문화적 · 보편적으로 받아들이고 있지 않기에(OECD 국가 평균 혼외 출생률 41.5%, 한국은 2.2%) 국가는 혼인을 통한 출산 증가를 시도한다. 결혼을 위한 유인책인 신혼부부 주거 지원, 대출 지원 등의 제도가 중앙정부 및 지방정부 차원에서 다양하게 제시되고 있다.

2) 출산 유인

결혼한 커플을 대상으로는 출산을 유도하는 정책이 적극적으로 제시되고 있다. 예를 들어, 국토교통부는 공공분양주택에서 신혼, 신생아 특별 공급을 별도로 진행하며, 2025년의 경우 출산가구 대상 주택공급을 연 7만 가구에서 12만 가구로 확대하여 계획하고 있다. 또한 관련 저리 대출 상품의 경우 결혼시 0.1%p, 최초 출산 시 0.5%p, 다자녀가정의 경우 0.2%p의 우대금리 추가 지원을 진행한다.

2. 이주민 유입 등으로 인구를 유지하려는 노력

우리나라는 단일민족성이 높은 나라였지만, 저출산 고령화 등으로 노동인구가 감소하였으며, 출생과 사망 외에 인구 수에 영향을 미치는 유일한 사회문화적 요인은 '이주'로 간주되기 때문에 급격한 인구 감소를 경험하는 상황에서 이민정책을 통한 인구 보완을 시도하기도 한다. 정부는 현재 '제4차 외국인 정책 기본계획'을 진행 중인데, '국민과 이민자가 함께 도약하는 미래지향적 글로벌 선도 국가' '이민을 활용한 경제와 지역 발전 촉진' 등의 구호를 내세워 이민을 확장하고 있다.

3. 결혼–출산 외의 다양한 가족 형태 인정에 대한 움직임

아직까지 한국 사회에서 보편적이지는 않지만, 결혼하지 않고도 출산을 하여 아이를 잘 키울 수 있는 환경을 만드는 것은 서구 국가들에서 시도한 대표적인 출산 증가 방안이다. 동반가정 등록제, 「생활동반자법」 등 가족제도를 유연화하고, 다양한 삶의 형태가 가족과 유사한 보호 및 지원을 받을 수 있게 하는 새로운 안들이 사회적으로 제시되고 있다.

참고문헌

〈국내 문헌〉

권익성(2024). 지난 10년간 무자녀 부부의 특성 변화. 한국노동연구원 패널브리프 2024-02.

김희강(2022). 돌봄민주국가: 돌봄민국을 향하여. 박영사

김희경(2022). 이상한 정상가족: 자율적 개인과 열린 공동체를 그리며. 동아시아.

박진백, 권건우(2024). 저출산 원인 진단과 부동산 정책방향. 국토정책 브리프 947호. 국토연구원.

통계청(2024). 2024년 5월 경제활동인구 청년층 부가조사 결과.

〈번역서〉

Dent, H. (2015). 2018 인구절벽이 온다(권성희 역). 청림출판. (원저 2014, *The democraphic cliff*).

Dewey, J. (2019). 민주주의와 교육(김성숙, 이귀학 공역). 동서문화사.

Giddens, A. (2011). 현대사회학(김미숙, 김용학, 박일성, 송호근, 신광영, 유홍준, 정성호 공역). 을유문화사.

The Care Collective. (2021). 돌봄 선언: 상호의존의 정치학(정소영 역). 니케북스. (원저 2020).

〈해외 문헌〉

Beck, U., & Beck-Gernsheim, E. (2002). *Individualization: Institutionalized individualism and its social and political consequences*. Sage.

Becker, G. S., & Lewis, H. G. (1973). On the interaction between the quantity and quality of children. *Journal of political Economy, 81*(2, Part 2), S279-S288.

Cho, D., & Han, J. (2024. 4. 16.). Women's career interruptions and the declining fertility rate in South Korea. KDI Focus. KDI.

Doepke, M., & Kindermann, F. (2019). Bargaining over babies: Theory, evidence, and policy implications. *American Economic Review, 109*(9), 3264-3306.

Lesthaeghe, R. (2010). The unfolding story of the second demographic transition. *Population and Development Review, 36*(2), 211-251.

OECD. (2024). Declining fertility rates put prosperity of future generations at risk. https://www.oecd.org/en/about/news/press-releases/2024/06/declining-fertility-rates-put-prosperity-of-future-generations-at-risk.html.

Thompson, W. S. (1959). *Population and progress in the far east*. University of Chicago Press, Chicago, Ill.

van de Kaa, D. J. (2002). The idea of a second demographic transition in industrialized countries. *Birth, 35*(3), 45.

〈웹사이트〉

Institut national d'études démographiques (INED), www.ined.fr

저출산고령사회위원회, https://www.betterfuture.go.kr/index.do

지표누리, https://www.index.go.kr/

〈신문 기사〉

BBC 코리아(2024. 5. 8.). "어버이날은 사라지게 될까?… '인구폭발'에서 '인구위기'의 나라가 되기까지.

뉴시스(2025. 1. 13.). "국토부, '청년주택드림대출' 등 맞춤형 주거지원… '로또 줍줍' 손 본다". https://www.newsis.com/view/NISX20250110_0003028174

대한민국 정책브리핑(2023. 12. 29.). "이민 활용한 경제발전 촉진… 법무부, 4차 외국인정책 기본계획 확정". https://www.korea.kr/news/policyNewsView.do?newsId=148924252

연합뉴스(2023. 6. 20.). "OECD 41.5%는 비혼출산, 한국은 2.2%… 동반가족등록제 고려를". https://www.yna.co.kr/view/AKR20230620133000530.

조선일보(2023. 5. 2.). "한국 양육비 세계 1위… 1인당 GDP의 7.8배". https://www.chosun.com/international/international_general/2023/05/02/3BEB3PW5FVAS5EXJIB2IG7LV6E/

한겨레(2024. 10. 7.). "88% '낳고 키우기 힘든 사회'… 아이에 물려주지 않으려 해". https://www.hani.co.kr/arti/society/society_general/1161282.html

제 5장

老: 고령화

1. 오래 사는 게 문제인가

2025년을 기점으로 우리나라는 전체 인구의 1/5이 노인인 초고령사회에 진입했다. 우리나라의 고령화 문제의 심각성은 널리 알려진 사실이다. 저출산고령사회위원회의 명칭에서도 나타나듯, 고령화와 저출산은 동전의 양면처럼 붙어 있는데, 그 이유는 고령화 현상이 출산율 하락과 연결되어 있기 때문이다. 출산율 하락으로 젊은 세대가 전체 인구에서 차지하는 비율이 감소하는 것은 상대적으로 65세 이상 노인이 전체 인구에서 차지하는 비율을 증가시키는 원인이 된다.

그러나 고령화가 비단 저출산에서만 기인하는 것은 아니다. 저출산으로 젊은 층의 인구는 줄어드는 반면, 과학과 의학 기술의 발전으로 인해 인간의 평균수명은 점차 늘어나고 있는 것은 고령화를 가속화시키는 원인이 되고 있다. 한때 유행처럼 회자되던 '백세시대'는 이러한 현상을 표현한 말이다. 저출산 문제를 제외하고 본다면 기술의 발전으로 더 오래 살게 된 것이 고령화 현상이다. 그렇다면 백 세까지 살 수 있게 된 것이 부정적인

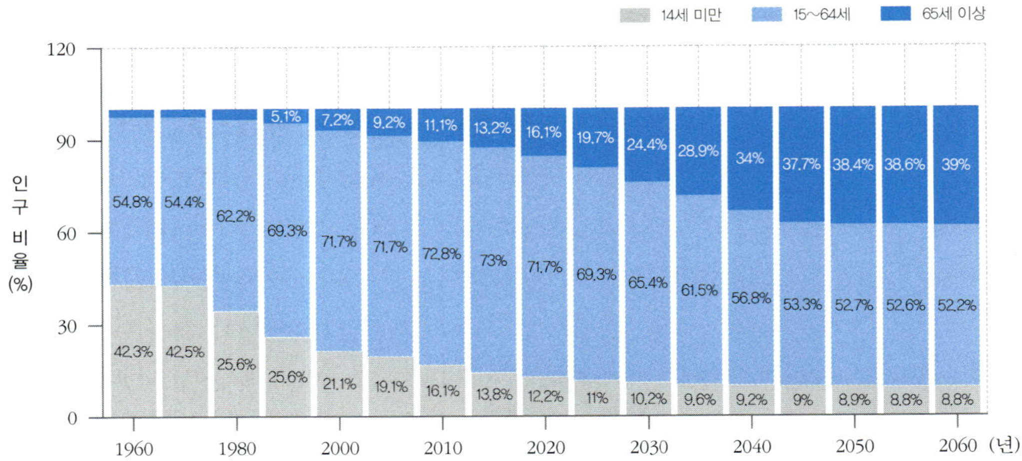

그림 5-1 대한민국 연령대별 인구 구성비 변화 추이(1960~2060년)

주: 1960~2020년은 실측치, 2025~2060년은 추계치임.
출처: 통계청(2020).

현상인가? 우리 모두는 언젠가 노인이 되는데, 대부분의 사람은 오래 살기를 원한다. 무병장수가 꿈이다. 고령화는 나름대로 인류 발전의 성과인 것이다.

그런데 왜 사람들은 고령화를 심각한 문제로 바라보고 부정적으로 인식하는 것일까? 여러 가지 이유가 있겠지만, 한마디로 행복하게 사는 노인의 모습을 쉽게 볼 수 없기 때문이다. 일상에서 흔히 마주치게 되는 노인들, 미디어에 비친 노인들은 종종 병들어 쇠약하고 가난하며 완고하다. 노인들에 대한 이미지는 사회의 취약계층이자 아웃사이더와 같다. 이처럼 행복하지 않은 노인들이 많아진다는 사실, 그리고 언젠가 나도 그 대열에 합류해 노년이 주는 4고(가난, 불건강, 무위, 고독)를 겪게 될 것이라는 사실은 고령화에 대한 막연한 불안감과 부정적 인식을 형성하기에 충분하다. 한마디로, 한국인이 그리는 자신의 말년은 불행하고 불안하다. 생애 마지막에 대해 인식이 부정적인 사회에서 희망적인 미래를 이야기할 수 있을까.

그렇다면 노인은 모든 나라에서 취약하고 고립되어 있으며 소외된 존재일까? 우리나라보다 먼저 고령화를 경험한 선진국의 경우 노인들이 비교적 행복하고 주체적인 삶을 살아가며 정치적으로 큰 영향력을 발휘하기도 한다. 일반적으로 노인들의 사회적 위상이 높은 것은 아니지만, 우리나라처럼 다수의 노인이 노년의 4고를 겪으며 불행하게 살아가지는 않는다. 즉, 우리나라 노인들이 다른 나라 노인들에 비해 유달리 더 불행하다.

그 이유는 우리나라의 빠른 고령화 속도에서 기인한다. 우리나라는 2000년에 노인 인구가 전체 인구의 7%를 차지하는 고령화사회에 도달했으며, 2017년에 노인 인구가 전체 인구의 14%를 차지하는 고령사회에 도달했다. 그리고 2025년 초고령사회에 진입했다. 고령화사회에서 고령사회까지 17년, 고령사회에서 초고령사회에 도달할 때까지 8년이 걸린 셈이다. 일반적으로 선진국의 경우 100여 년의 시간에 걸쳐 서서히 고령화가 진행되었다. 전 세계에서 대표적인 고령 국가이자 우리보다 먼저 고령화로 인한 온갖 사회문제를 경험했던 일본의 경우에도 고령화사회에서 고령사회까지 24년이 걸렸으며, 고령화사회에서 초고령사회까지 11년이 걸렸다. 우리나라의 인구 고령화는 일본보다 훨씬 빠르게 진행되고 있다.

고령화가 빠르게 진행된다는 것은 그만큼 사회가 인구구조 변화에 대응하고 정책적 대비를 할 시간이 부족하다는 것을 의미한다. 한 국가의 인구구조가 크게 변하는 만큼 매우 광범위한 사회적 대응이 필요하다. 사회보장제도뿐만 아니라 교육, 고용, 경제 등 사회 전반에 걸쳐 노인인구가 많은 사회에 걸맞은 시스템을 구축해 나가야 하며, 이러한 변화는 결코 단시간 안에 이룰 수 없다. 그렇다 보니 우리나라는 인구구조 변화에 미처 대응할 틈도 없이 인구 고령화를 겪고 있으며, 사회 현실과 사회 시스템의 부조화가 발생시키는 필연적인 문제들을 겪고 있는 것이다.

2. 가난한 노년: 노인 빈곤 문제

고령화 현실과 사회 시스템의 부조화가 발생시키는 여러 문제 가운데 단연코 으뜸은 노인 빈곤 문제일 것이다. 생존과 직결된 문제이기 때문이다. 우리나라는 OECD 국가 중 노인들이 가장 가난한 나라이다.

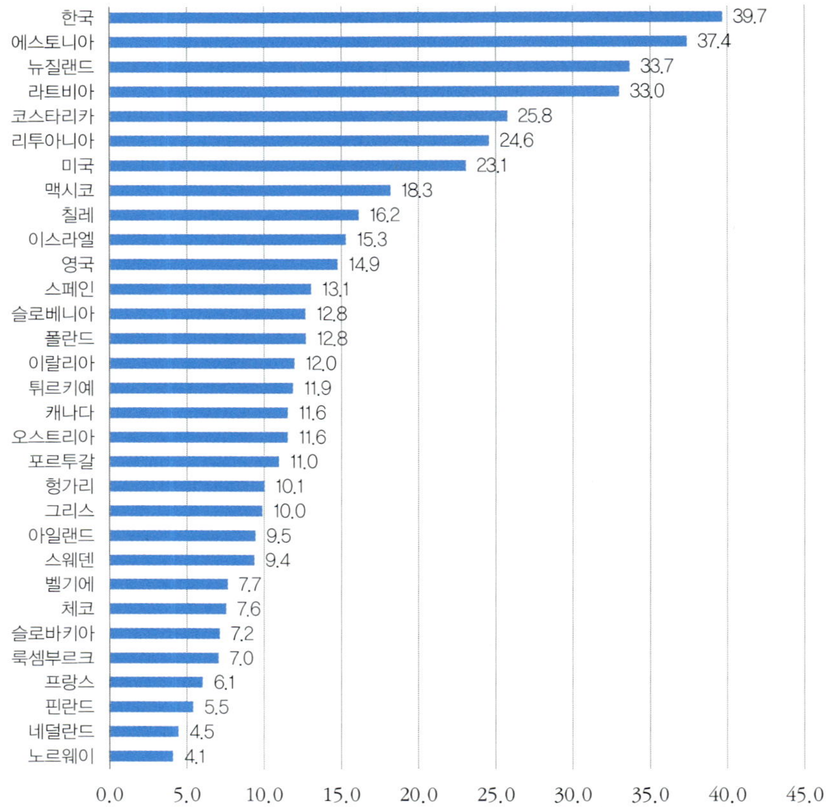

그림 5-2 OECD 국가 노인빈곤율(2022년 기준)

주: 처분가능소득, 중위소득 50%
출처: OECD. (2022).

1) 우리나라 노인들은 얼마나 가난한가

우리나라 노인빈곤율을 언급할 때 신문 기사나 기관 발표마다 수치가 조금씩 다르게 나타난다. 그 이유는 어떤 소득을 기준으로 삼는지, 어떤 자료를 분석하는지, 그리고 빈곤을 어떤 기준으로 정의하는지에 따라 산출되는 빈곤율이 달라지기 때문이다. 우리나라 통계청에서 발표한 공식 통계치에 따르면, 2024년 우리나라 65세 이상 노인의 상대 빈곤율(중위소득 50% 이하)은 시장소득(근로, 투자, 임대 등 각종 경제활동을 통해 벌어들인 소득)

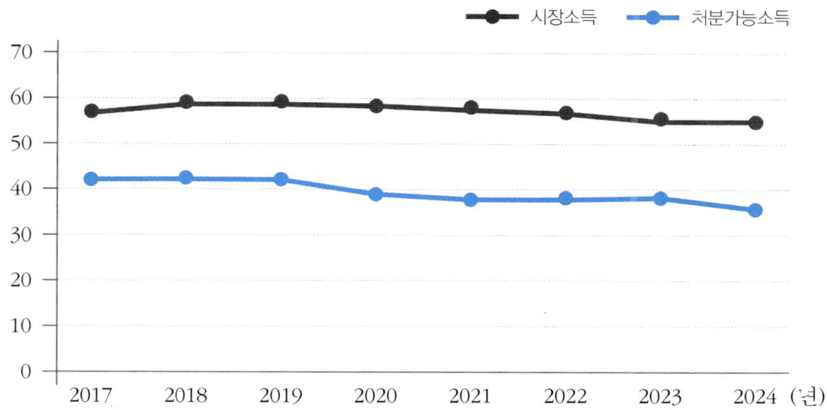

그림 5-3 연도별 우리나라 노인빈곤율 변화

출처: e-나라지표.

을 기준으로 했을 때 54.9%, 처분가능소득(세금을 제하고 복지급여 등 공적이전을 합해 개인이 실제 사용 가능한 소득)을 기준으로 했을 때 35.9%이다(e-나라지표, 2025). 한마디로, 노인 10명 중 5~6명이 시장소득 기준으로 빈곤한 상태에 있으며, 노인 10명 중 3~4명은 연금을 받은 이후에도 여전히 빈곤한 상태에 있다는 뜻이다. 그나마 2020년 이후로 시장소득은 감소 추세이며 처분가능소득도 40% 아래로 내려왔는데, 이는 이전 노인세대에 비해 경제적으로 보다 준비된 베이비붐 세대의 노년기 진입, 기초연금제도를 비롯한 노후소득보장제도의 정책효과에서 비롯된 결과이다. 기초연금은 2014년 7월에 도입되어 우리나라 하위 70%의 노인에게 월 20만 원씩 급여를 지급하다가 2018년에 이르러 25만 원으로 인상되었고, 2019년에는 소득 하위 20%까지 30만 원으로 증액되었다. 2020년에는 이 비율을 늘려 소득 하위 40%까지, 그리고 2021년에는 기초연금 수급자 전체를 대상으로 확대했다. 정부의 복지급여 등을 모두 합산한 처분가능소득을 기준으로 보았을 때 노인빈곤율이 감소하는 것과 정책의 확대가 정확히 일치한다.

사실 복지정책의 확대로 노인빈곤율이 감소하고 있다고 하더라도 여전히 다른 나라와 비교하면 우리나라 노인들은 압도적으로 가난하다. 지난 10여 년간 한국의 노인빈곤율은 OECD 국가 중 1위를 꾸준히 유지해 왔다. 대다수 선진국의 노인빈곤율이 10% 안팎

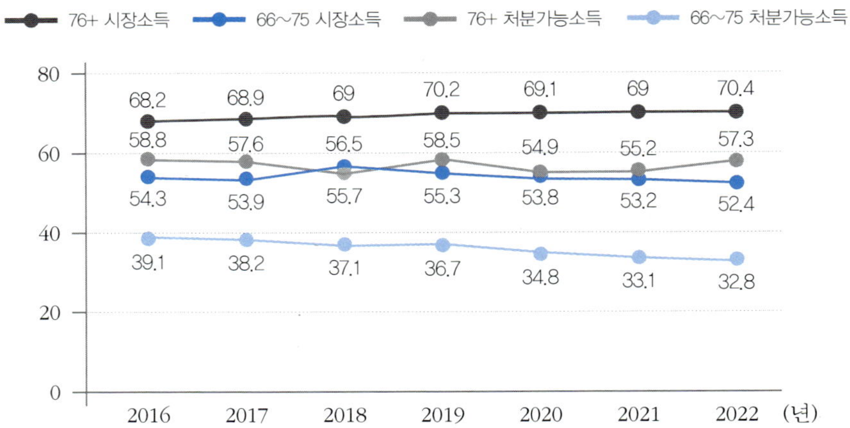

그림 5-4 노인 연령 집단별 빈곤율 변화

출처: 한국보건사회연구원(2024).

이고, OECD 평균 비율도 2022년 기준 14.8%(OECD, 2025)인 것을 감안할 때 35.9%라는 비율은 2배가 넘는 수치로 여전히 최고 수준이다.

특히 우리나라의 노인 빈곤은 다음과 같은 특성을 갖는다. 첫째, 고령일수록 빈곤의 정도가 심해진다는 것이다. 노인집단을 75세를 기준으로 구분해 보면, 75세 이하의 경우

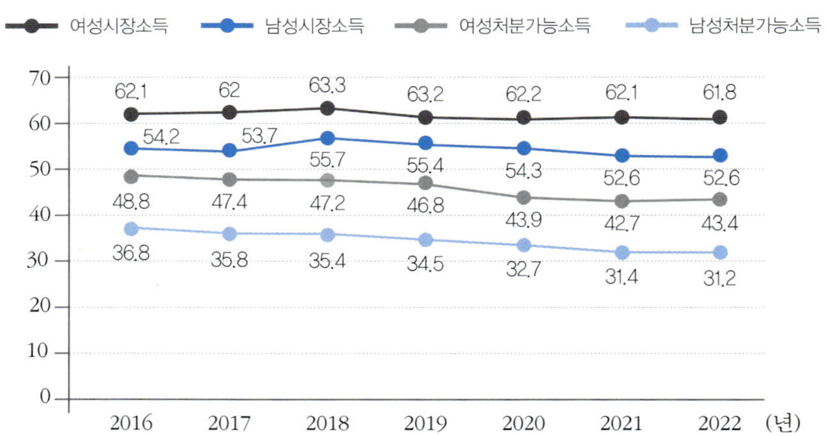

그림 5-5 우리나라 노인 성별 빈곤율(처분가능소득 중위 50%, 2022년 기준)

출처: 한국보건사회연구원(2024).

2022년 시장소득 빈곤율은 52.4%인 반면, 75세 이상의 경우 70.4%이다. 복지정책의 효과를 보여 주는 처분가능소득 빈곤율은 75세 이하 32.8%, 75세 이상 57.3%로 시장소득 빈곤율에 비해 감소하지만, 여전히 75세 이하와 75세 이상의 빈곤율 차이는 20%p 이상 벌어진다.

둘째, 빈곤이 여성 노인에게 집중되고 있다는 것이다. 노인의 성별에 따른 빈곤율을 살펴보면 시장소득 기준 여성 노인의 빈곤율은 2016년 이후 지속적으로 60%를 넘어서고 있으며 남성 노인의 경우 50% 이상을 유지하고 있다. 소득보장정책의 효과성을 가늠할 수 있는 처분가능소득 기준 빈곤율의 경우 남성은 여성은 40%대로 하락하며 남성은 30%대로 하락한다. 그러나 처분가능소득 기준 남성 노인과 여성 노인의 빈곤율 차이는 시장소득을 기준으로 했을 때 보다 다소 커진다. 이는 여성 노인이 남성 노인보다 제도의 사각지대에 놓여 있을 확률이 더 크다는 점을 보여 준다.

셋째, 혼자 사는 노인들의 빈곤율이 높게 나타나는데, 혼자 사는 노인들의 71.8%는 소득보장 제도의 혜택 이후에도 여전히 빈곤한 상태에 머물러 있다. 일반적으로 1인 가구는 다인 가구에 비해 높은 빈곤을 경험하지만, 청년, 장년, 중장년 등 다른 세대와 비교해도 노년층 1인 가구의 빈곤율은 압도적으로 높게 나타난다.

지금까지의 논의를 종합하면, 우리나라의 높은 노인 빈곤은 노인 가운데서도 고령, 여

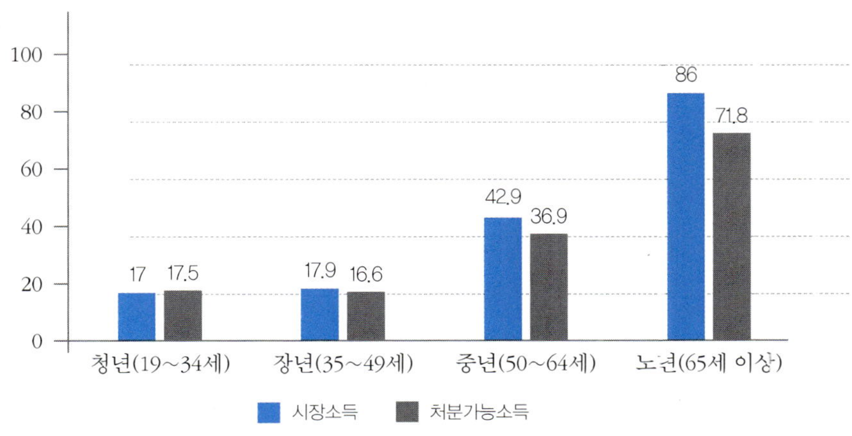

그림 5-6 세대별 1인 가구 빈곤율

출처: 한국보건사회연구원(2024).

성, 독거노인에게 집중되어 있다. 빈곤과는 다른 개념인 '불평등'의 관점에서 보면 보통 주요 OECD 국가들이 근로 활동을 하는 연령기의 소득불평등도보다 은퇴한 이후인 노년기에 이르면 불평등도가 감소하는 것으로 나타난다. 반면, 우리나라는 오히려 노년기에 소득불평등도가 증가하는 것으로 나타난다. 즉, 다수의 노인이 빈곤한 가운데 소수의 노인만이 높은 소득과 자산에 기반해 경제적으로 안정된 생활을 영위해 노인 간의 경제적 불평등이 높게 나타나는 것이다.

2) 우리나라 노인들은 왜 가난한가

농경 사회와 달리 자본주의 사회에는 '은퇴'라는 제도가 있다. 사람은 누구나 소득이 있어야 생존할 수 있는데, 은퇴는 생계 수단의 상실을 의미한다. 그래서 대부분의 자본주의 국가에서는 은퇴 후의 소득을 보전해 안정된 노후생활을 할 수 있도록 연금제도를 실시하고 있다. 우리나라에도 연금제도가 존재한다. 다른 복지제도에 비해 비교적 일찍 도입되어 1988년 1월부터 시행에 들어갔다. 그러나 제도 도입 초기부터 전 국민이 국민연금의 당연적용 대상이었던 것은 아니었으며, 대기업 근로자 중심의 극히 일부 국민들만 1988년부터 국민연금에 가입했다. 이후 보다 작은 규모의 사업장, 농어촌 지역, 도시 지역 자영업자 등으로 가입 범위가 확대되어 갔지만, 그전에 이미 노년기에 진입했거나 노년기 진입을 목전에 두고 있었던 현재의 노인 대다수는 제대로 국민연금에 가입하지 못한 채 노년을 맞이하게 되었다. 그 결과 현재 65세 이상 인구 중 국민연금 수급자의 비율은 10명 중 4명 정도에 불과하다. 뿐만 아니라 국민연금의 수급자라고 하더라도 충분한 기간(20년 이상)을 가입하지 못했기 때문에 연금으로 받는 금액이 크지 않다. 2025년 9월 기준 1인당 국민연금 수령액은 월 62만 5,248원이다. 국민연금 급여의 분포는 좌상향의 형태로, 월 80만 원 이상의 연금을 받는 비율은 소수, 월 40만 원 이하의 저연금액 수급자가 압도적인 다수를 차지한다[국민연금연구원 발표 자료에 따르면, 2019년 기준 월 80만 원 이상 급여액 수급자는 전체의 9.9%에 불과하고, 월 40만 원 이하의 저연금액 수급자는 65.6%에 달한다(국민연금연구원, 2020)]. 국민연금이 노후생활은커녕 '용돈'에 불과하다는 비난을 받는 이유이다. 결론적으로 국민연금제도는 상당히 많은 노인에게 연금 급여를 제공하지 못하거나, 하더라도 생계유지에 부족한 낮은 수준의 급여만을 제공하고 있는 현실이다.

국민연금제도뿐만이 아니다. 우리나라의 전반적인 노인복지 수준은 선진국에 비해 터무니없이 낮다. 2021년 기준 우리나라의 노인 관련 지출은 GDP 대비 3.4%로, OECD 국가 평균 7.7%의 약 절반 수준이다(OECD Social Expenditure Database). 가령, 선진국 가운데 미국은 국가에서 운영하는 건강보험제도가 없어 국민들이 의료불평등에 고통받는 대표적인 복지 후진국인데, 그 와중에도 노인들을 위한 의료제도는 확충하고, 노인복지는 발전시킨 편이다. 우리나라에서는 2000년대 중반이 넘어서야 노인장기요양보험제도, 기초노령연금, 노인돌봄서비스와 같은 기본적인 노인복지 제도를 갖추기 시작했다. 우리나라에서 노인복지가 늦게 발전한 이유는 우리 사회가 가지고 있는 고유의 문화와 관습 때문이다. 즉, 오랜 전통에 의해 우리 사회는 '자식'이 곧 노인복지이고, 특히 '큰아들과 맏며느리'가 노인복지라는 당연한 관념을 가져왔기 때문에 국가가 노인복지 제도를 통해 노후의 삶을 보장하고 노인들을 돌보아야 한다는 인식 자체를 하지 못했다.

그러나 우리 사회는 IMF 외환위기 이후 2000년대에 급격한 변화를 맞이하였는데, 한국인의 삶을 송두리째 바꿀 만큼 그 변화는 깊었고 속도는 빨랐다. 2000년대의 우리 사회는 평생직장이라는 용어 대신 계약직, 비정규직이라는 새로운 용어를 받아들여야 했다. 맞벌이로 살아가야만 불안정한 사회 속에서 겨우 적응해 살아갈 수 있는 시대가 된 것이다. 이처럼 치열해진 경쟁과 삶의 불안정은 부모 세대로 하여금 자녀 교육에 모든 것을 쏟아붓게 만들었다. 자녀들은 부디 이 지독한 경쟁사회에서 살아남을 수 있도록, 더 강한 전투력을 갖추길 바라면서 말이다. 부모님을 모시고 살려면 방이라도 하나 더 있어야 하는데 부동산 가격은 폭등했다. 자녀 세대의 아등바등을 바라보는 부모님들도 자식에게 짐이 되고 싶지 않다는 생각을 하게 된다. 사회는 더 이상 자식이 노인복지가 될 수 없는 사회로 변해 버린 것이다. 이처럼 기존의 문화와 가치가 급격한 사회 변화와 맞부딪히면서 자식이 노인을 부양하는 것도 아닌, 그렇다고 국가가 노인을 책임지는 것도 아닌 공백이 발생했다. 그 과정에서 다수의 가난한 노인들이 발생했으며, 결국 오늘날의 노인 빈곤층이 형성된 것이다.

3. 노인들이 가난에서 벗어나려면 무엇이 필요한가

1) 내실 있는 노후소득보장제도는 행복한 노년의 기본조건이다

몇 해 전 EBS에서 서구 복지국가에 관한 특집 다큐멘터리를 방영했는데, 유럽의 한 노부부가 은퇴 후 요트를 마련해 함께 요트를 타고 세계 일주를 하며 낭만적이고 여유롭게 살아가는 모습이 담겼다(EBS, 2014. 3. 26.). TV에만 비친 미화된 모습이 아닌 실제 유럽 선진 복지국가의 노인들의 모습이다. 그들이 그럴 수 있는 이유는 한 가지, 내실 있는 국민연금제도 때문이다. 노인 빈곤에 대한 해결책을 이야기할 때는 노후의 안정된 삶을 보장하기 위한 대표 제도인 연금을 언급하지 않을 수 없다. 결국 노인들이 가난하다는 것과 연금이 부실하다는 것은 동어 반복이다. 한국은 선진 복지국가에 비해 국민연금제도 도입이 늦어졌기 때문에 현재 노인들 가운데 절대다수가 국민연금의 혜택을 받지 못하며 그로 인해 빈곤한 삶을 살고 있는 것이라면, 앞으로 연금에 가입할 시간이 충분히 있는 미래의 노인 세대는 가난에서 벗어날 수 있을까? 전망은 그리 밝지 않다.

우선 아직도 국민연금은 국민의 절대다수를 포괄하지 못하고 있다. 2025년 기준 국민연금 가입자 수는 약 2,200만 명으로, 전체 인구의 약 45~50%, 생산가능인구(15~64세)의 약 60~65%만이 국민연금에 가입되어 있다. 주로 여성으로 이루어진 비경제활동인구는 제외되어 있고, 비정규직을 비롯해 자영업자를 포함하는 지역가입자들 중 많은 사람이 가입은 하였으나 보험료를 납부하지 않는 납부예외자이거나 장기 체납자이다. 이대로라면 현재 근로 세대가 노인이 되었을 때에도 노인의 상당수가 국민연금의 혜택을 받지 못하게 될 것이다. 해결 방법은 간단하다. 무엇보다 국민연금에 대해 국민들이 제대로 알아야 한다. 요즘 사회적으로 재테크 열풍이 불고 있는데, 국민연금도 나의 노후를 대비해 가장 중요하고 필요한 재테크로 인식되어야 한다. 그래서 적용 제외 대상자들(예: 주부)이 자발적으로 국민연금 가입을 할 수 있도록 해야 하며, 지역가입자들의 자발적 납부를 높여야 한다. 또한 사업장 가입자인 정규직 노동자뿐만 아니라 다양한 형태의 비정규적 근로를 하는 노동자들까지 포괄할 수 있도록 제도가 확대되어야 한다.

국민연금의 경제적 의의와 역할

국민연금이 국가에 의해 의무가입으로 강제되고 있다는 점, 그리고 곧 재원이 고갈될 것이라는 두려움 때문에 사람들은 국민연금 보험료를 납부하는 것에 대해 부정적으로 인식하고 있고 경제적으로 손해라고 생각하고 있다. 특히 국가에 대한 불신, 재테크 열풍으로 인해 자신이 개인적으로 재테크를 해서 노후를 준비하는 것이 더 나을지 모른다는 생각을 하기도 한다. 그러나 실제 국민연금은 국가의 사회안전망이라는 공동체 윤리에 기댄 정책만은 아니다. 국민연금은 그 자체로 매우 강력한 경제적 혜택을 제공한다.

첫째, 국민연금은 주식이나 부동산과 같은 단순 투자 상품이 아니라 노후, 장애, 사망 등 개인이 감당하기 어려운 위험에 대비하기 위한 사회보험이다. 개인이 투자 상품을 통해 노후를 준비하는 것이 이상적일 수 있지만, 많은 사람이 생애과정 중에 질병, 자녀 교육과 결혼, 사업 실패나 실업, 이혼과 사별 등 다양한 문제를 맞닥뜨리게 되고, 그 과정에서 미래의 노후 준비는 뒷전이 되기 쉽다. 국민연금은 생애의 다양한 위험 속에서도 규칙적으로 노후를 준비할 수 있도록 의무가입으로 운영되는 사회보험이다. 국민연금 가입자들은 매월 일정액을 보험료로 납부하고, 이를 국민연금 기금이 주식, 채권, 대체투자 등에 분산 투자해 장기적인 수익을 추구한다. 이 제도는 '최대 수익'을 목표로 하기보다는 모든 국민이 최소한의 노후생활을 보장받도록 설계되어 있다.

둘째, 종신 연금으로 장수 위험을 해소한다. 국민연금은 사망할 때까지 연금을 지급하기 때문에 예상보다 오래 살게 되어도 생활비가 바닥날 위험(장수 리스크)을 해소한다. 민간 보험이나 퇴직/개인 연금은 대부분 일정 기간만 연금을 지급한다. 민간 보험사에도 종신연금 상품도 존재하지만, 수수료나 가입 기준이 까다로워 국민연금만큼 부담이 적지는 않다. 국민연금은 공적 성격과 규모의 경제 이점을 바탕으로 안정적으로 연금을 종신 지급한다.

셋째, 물가 상승을 반영하여 안정성을 확보한다. 국민연금 급여액은 일정 부분 물가 상승을 반영해 조정된다. 주식, 부동산, 코인 등은 물가 상승 이상으로 수익을 낼 수도 있지만, 반대로 경기침체나 시장 폭락 등의 위험이 상존한다. 은행 저축과 연금 상품도 물가를 반영하지 않기에 인플레이션이 심한 경우에는 오히려 마이너스 투자를 한 결과가 될 수 있다. 반면, 국민연금은 국가가 운영하는 공적 제도로서 물가 변동에 맞추어 급여액을 조정하므로 연금 수급자의 실질 구매력이 크게 떨어지지 않도록 설계되어 있다.

넷째, 장기적으로 준수한 수익률을 기대할 수 있다. 국민연금 기금은 전문 운용 인력을 통해 국내외 주식, 채권, 부동산, 인프라 등에 분산 투자한다. 이로서 단기 변동성은 줄이면서 중장기적으로 안정적인 수익률을 추구한다. 개인이 직접 투자할 경우 운이 좋게 대박을 낼 수도 있으나, 실패 시 손실을 온전히 감수해야 한다. 국민연금은 이러한 위험을 사회가 분산하고, 전문적 기금운영가를 통해 기금을 운용함으로써 안정적인 수익 보장을 추구한다.

국민연금은 국민 모두의 노후를 안정적으로 보장하기 위한 제도라는 공동체적 목적을 가지지만 동시에 장수 위험 해소, 물가 상승 반영, 종신성, 안정적인 수익률, 세제 혜택 등의 측면에서 개인 투자보다 경제적으로도 장점을 갖는다. 국민연금만으로 노후가 풍족하지 않을 수 있으므로 다른 자산 운용을 병행하는 것이 좋지만, 최소한의 안전장치이자 분산투자로서 국민연금이 갖는 경제적 가치와 효용도 매우 크다고 할 수 있다.

노후에 '요트 타고 세계 일주'를 하려면 무엇보다 연금액이 넉넉해야 할 것이다. 현재와 같이 연금 수급자들이 평균 월 62만 원을 수급한다면 요트는커녕 하루하루 생계가 빠듯하고 병원 치료라도 받아야 하는 상황이 되면 곧 형편은 어렵게 된다. 따라서 국민연금의 급여 수준을 높여야 한다. 지금까지 국민연금은 일하는 동안 월 소득의 9%를 보험료로 내면 은퇴 뒤에는 일할 때 벌던 소득의 40%를 연금 급여로 받는 구조였다. 이를 '보험료율 9%−소득대체율 40% 체제'라고 부른다. 국민연금제도가 도입된 1988년부터 지금까지 유지되어 온 보험료율 9%는 다른 나라와 비교했을 때 매우 낮은 수준이며, 빠른 속도의 고령화와 더불어 낮은 보험료율로 인해 연금 재정의 지속가능성에 대한 우려는 커져 왔다. 실제로 OECD 평균 국민연금 보험료율은 18.8%에 달하며(OECD, 2025), 독일, 프랑스, 스웨덴 등 선진 복지국가에서는 소득의 20% 이상을 연금 보험료로 납부하고 있다. 이러한 국가들은 높은 보험료율을 통해 안정적인 연금 급여를 보장하고 있으며, 노후의 삶에 대한 재정적 불안을 줄이고 있다.

반면, 보험료율 9%−소득대체율 40% 체제에서 우리나라 국민연금 가입자들은 일할 때 납부한 보험료에 비해 2.5~3.5배의 연금 수익비를 가져가게 되며, 이 구조가 지속되면 국민연금 기금은 2055년에 고갈될 것이라는 전망이 국회예산정책처에서 제시되었다. 2055년은 1990년생이 연금을 받기 시작하는 해이다. 기금이 고갈되면 고갈 이후인 2070~2080년에는 '일하는 세대(만 18세부터 연금에 가입한다면 2011~2062년생)'의 경우

소득의 35% 내외를 보험료로 내야 할 것으로 추정된다.

이에 따라 긴 시간 동안 연금 개혁을 위한 논의가 진행되어 왔으며, 마침내 2025년 3월 국회에서 통과된 개정안에 따라 소득대체율은 더 이상 하락하지 않고 2025년부터 43% 수준으로 고정되도록 조정되었다. 반면, 2026년부터 보험료율을 매년 0.5%p씩 인상하여 2033년까지 13%로 상향 조정되었다.

국민연금이 실질적인 노후 소득 보장 수단이 될 수 있도록 개혁하는 작업은 우리나라에서 10여 년간 지속되고 있는 OECD 국가 노인빈곤율 1위라는 오명을 끊어내고, 노인빈곤을 장기적 차원에서 해결하는 가장 근본적인 방법이다. 하지만 이미 노인이 된, 즉 현재의 빈곤한 노인들에 대한 대책은 될 수 없다. 현재의 빈곤한 노인을 위해 도입된 정책이 기초연금제도이다.

연금은 사회보험의 일종으로 '보험료 납부', 즉 가입자의 기여를 조건으로 한다. 반면, 기초연금은 보험료를 납부하지 않아도 정부가 세금을 통해 지원하는 공공부조성 노후소득 안전망이다. 2007년 기초노령연금제도로 도입된 현재의 기초연금제도는 노인의 소득 하위 70%에게 월 30만 원가량의 급여를 지급하고 있다. 기초연금은 국민연금 가입

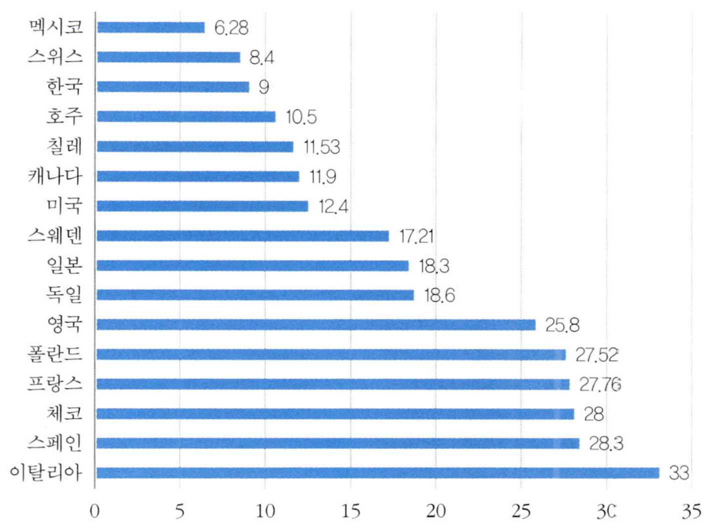

그림 5-7 국가별 연금보험료율

출처: OECD. (2023).

기간과 연동되어 있어 15년 이상 국민연금을 가입한 사람들은 감액된 급여를 받는다. 하지만 현재 감액 급여의 수급자는 8.7% 정도에 불과하여 실질적 영향력은 거의 없는 편이다.

기초연금의 노인 빈곤 완화효과는 여러 연구에서 실증적으로 증명된 바 있으나 기초연금의 급여수준도 노인 빈곤을 획기적으로 완화하기에는 충분하지 않다. 외국에도 우리나라 기초연금과 유사하게 보험료가 아닌 세금을 통해 노인들에게 지급하는 급여가 있다. 다만, 한국보다 수혜 대상의 범위가 적은 대신 급여 액수는 높다. 급여 기준으로 보면 각 나라의 평균 소득 대비 기초연금의 급여는 OECD 평균 20%인 데 비해 우리나라는 5.5%에 그친다. 우리나라의 기초연금은 다른 나라보다 훨씬 광범위한 인원에게 지급되고 있으나 그 액수가 너무 작다. 그렇다고 외국처럼 대상을 축소하기도 어렵다. 시장소득을 기준으로 노인들의 절반 이상이 빈곤한 상태에 놓여 있는 한국 사회에서 기초연금의 대상이 되는 소득 하위 70%의 노인들 대부분은 사실상 기초연금과 같은 공적이전소득이 매우 절실한 빈곤층이기 때문이다.

2) 보다 근본적으로: 국민 모두가 스스로 노후에 대비하는 문화 필요

이상은 국가정책을 통해 노인 빈곤에 대응하는 방법에 대해 논의했다. 그러나 인구 5명 가운데 1명이 노인인 초고령화사회에서 국가정책에 모든 것을 기대는 것은 한계가 있다. 따라서 국가정책과는 별개로 스스로 노후에 빈곤하게 되지 않도록 미리부터 대비하고 준비해 나가는 '노후 준비' 문화의 확산이 필요하다. 사실 우리나라 국민들은 자신의 노후에 대해 매우 소홀하다. 성공적인 노년의 생활을 위해 노후에 대해 미리부터 대비하는 것이 필수적임에도 불구하고 국민의 절대다수가 노후에 대한 준비를 하지 못하고 있다. 그 이유는 인간의 행동이 '미래'에 대한 대비보다 '현재'의 문제해결에 맞추어 이루어지는 경향이 있기 때문이다. 특히 우리나라 사람들은 노후 준비가 본격적으로 이루어져야 할 청장년기에 자녀의 교육과 결혼에 상당한 투자를 한다. 이처럼 자신의 노후 준비를 방해할 정도로 자녀의 교육과 결혼에 엄청난 투자를 하는 현상은 한국 사회의 문화적·관습적 특성에서 연유한다. 한국보건사회연구원의 조사에 따르면, 자녀 한 명을 양

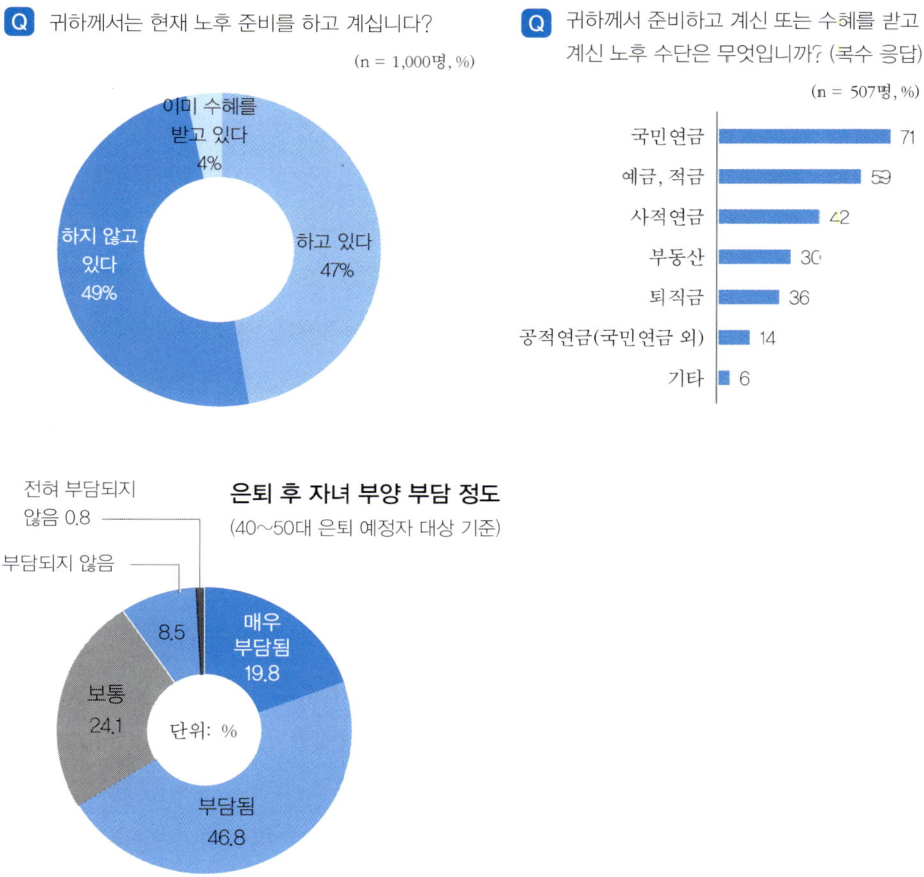

그림 5-8 우리나라 국민들의 노후 준비에 관한 인식

출처: 동아일보(2024. 2. 3.).

육하는 데 3억 원이 넘는 비용이 소요된다(한국보건사회연구원, 2012). 평균적인 가장 평생 연봉의 4분의 1에 해당하는 상당히 부담스러운 금액이다. 한국 사회에서 적어도 1990년대 말 IMF 외환위기 이전까지만 해도 부모의 노후 준비는 자녀에게 투자해 성공한 자녀로부터 '효도'를 받는 것이었다. 자녀 교육에 대한 헌신적이고 적극적인 투자가 노후 준비의 전통적인 방법이었던 것이다. 자녀가 고등교육을 받아 대기업 같은 안정된 직장에 들어가 부모를 봉양할 것이라는 기대가 한국인의 문화적 가치관이었다. 무엇보다도 한국인의 높은 교육열은 청장년층의 자녀 교육에 대한 투자 수준과 기간을 크게 상승시키고 있다. 한국 사회에서는 고학력자를 선호하는 사회 분위기 때문에 상당수의 사람들이 대학에 진학한다. 대학생 자녀는 대학교 재학 기간 동안 학비와 생활비의 일정 부분을 부모에게 의존할 수밖에 없다. 따라서 대학 진학률이 낮은 OECD의 다른 국가들보다 한국인의 자녀 양육에 대한 경제적 부담이 상대적으로 클 수밖에 없다. 특히 이른바 '사교육 공화국'으로 불리는 한국에서는 영어 유치원과 같은 조기교육에서부터 고등학교, 심지어 대학교까지 이어지는 과외 열풍으로 가계가 많은 부담을 안고 있다.

하지만 대학 진학이 성공을 보장하는 길이 되지 못하게 되면서 '자녀 교육 = 노후 준비'라는 등식에 균열이 가기 시작했다. 특히 IMF 외환위기 이후 한국 사회의 경제구조가 급변하면서 이 등식은 완전히 무너졌다. 우리나라의 대학 진학률은 OECD 국가 중에 최고 수준이지만, 대졸자의 취업률은 매우 낮다. 2021년도 기준 OECD 국가의 평균 대졸 청년 고용률은 82.9%인 반면, 우리나라는 75.2%에 불과해 조사 대상 37개 국가 중 31위로 최하위권에 머물렀다(한국경제연구원, 2020). 고학력자의 기대에 미치는 일자리가 부족한 미스매치 현상, 여기에 경기 불황이 겹치면서 청년 실업이 갈수록 심각해져 우리나라 신입 사원의 입사 연령이 1998년 25.1세에서 2018년 30.9세를 기록했다. 이는 취업에 걸리는 시간이 길어짐에 따라 부모로부터 자녀의 경제적 독립 시점이 늦춰지면서 장년기 부모의 노후 준비가 자녀의 교육이 끝난 이후에도 계속 우선순위에서 밀리게 된다는 사실을 의미한다.

자녀 교육과 함께 장년층의 노후 준비를 어렵게 만드는 것은 자녀의 결혼자금 마련이다. 우리나라에서 결혼 비용으로 평균 3억 원 이상이 지출된다는 분석 결과가 나왔는데, 이 중 신혼집 구입 비용이 전체의 79%를 차지하는 것으로 조사되었으며, 혼수 지출과 각종 부대 비용 또한 상당히 높은 수준이었다(동아일보, 2024. 5. 6.). 혼수 지출 평균 비용은 2,615만 원으로 예단(566만 원), 예물(530만 원), '스드메(스튜디오 촬영, 드레스, 메이크업 패키지)'(479만 원), 예식장(990만 원), 신혼여행(744만 원), 이바지 음식(170만 원), 답례품(117만 원) 등으로 지출되었다. 이처럼 상당한 비용을 결혼에 지출하는 것에 대해 과거 한국소비자원이 조사한 바에 의하면, '호화 사치 풍조'(85%), '타인과의 비교 의식(27.6%)', '물질만능주의(24.6%), '사회 지도층의 과시(21.5%)' 등에서 비롯된 것으로 분석되었다. 우리나라의 이러한 비합리적 결혼 관습은 노후 준비에 악영향을 미치게 된다. 평균적으로 30세 안팎의 나이에 취업을 하고, 30대 초반에 결혼을 한다면 결혼 당사자가 막대한 결혼자금을 1~2년 내에 마련하는 것은 매우 어려운 일이다. 따라서 결혼비용의 대부분이 다시 부모의 부담이 된다. 결국 30~40대의 부모는 자녀의 교육에, 50~60대의 부모는 30대 자녀를 결혼시키는 데 자신이 모은 자금의 상당 부분을 지출하게 된다.

이처럼 자녀에 대한 과도한 교육열과 결혼 풍습으로 인해 30대에서 50대 후반까지 상당한 자원을 자녀에게 투자하지만, 기대와 달리 자녀의 취업과 독립은 늦어지고, 자신의 은퇴 시기는 예상보다 앞당겨지면서 노후에 대한 준비 없이 노년기를 맞이하게 되며, 이는 곧 노후 빈곤으로 연결되는 것이다. 따라서 무엇보다 노년기에 접어들기 전에 생애주기에 걸쳐 자녀 양육에 소요되는 비용과 나의 노후 준비에 투자되어야 할 예산을 구분하여 자녀에게 올인하는 것이 아니라 나의 노후에 대해 스스로 대비하도록 해야 한다. 이는 개인적 차원에서 이루기 쉽지 않으며 '문화적'으로 확산되어야 한다.

노후 준비 지원 서비스

우리나라의 노후 준비 지원 서비스는 국민이 노후를 보다 안정되고 주체적으로 준비할 수 있도록 돕기 위해 국가가 운영하는 공적 제도이다. 2016년 「노후준비 지원법」의 시행을 계기로 본격적으로 출범했으며, 노후 준비를 국민의 '선택'이 아닌 기본적인 권리이자 국가의 책임으로 규정하였다.

노후 준비 지원 제도는 국민이 은퇴 이후에 겪게 될 수 있는 경제적 · 사회적 · 건강적 · 정신적 문제를 사전에 점검하고 준비할 수 있도록 진단, 상담, 교육, 정보 제공, 서비스 연계 등의 통합적인 지원을 제공한다. 서비스는 단순히 재정적 준비에 국한되지 않고, 관계 단절, 역할 상실, 건강 악화, 고립감 등 노후 삶 전반의 질적 측면을 고려한다는 점에서 특징적이다. 이를 통해 국민이 노후를 단지 견디는 시간이 아니라 의미 있고 존엄한 삶의 시기로 설계할 수 있도록 돕는 것이 제도의 핵심 목표이다.

서비스 구성은 크게, ① 노후 준비 수준 진단, ② 맞춤형 상담, ③ 노후 준비 교육, ④ 정보 제공, ⑤ 지역 서비스 연계로 이루어져 있으며, 국민 누구나 무상으로 이용할 수 있다. 예를 들어, 노후 준비 수준 진단은 개인의 경제, 건강, 여가, 대인관계 등에 걸쳐 종합적인 준비 수준을 평가해 준다. 이후 전문 상담과 교육을 통해 구체적인 준비 방향을 설정하고, 지역 내 유관기관 및 서비스 등으로 연계되어 노후준비를 실행에 옮길 수 있도록 돕는 구조이다.

제도 시행 초기에는 국민연금공단이 중심이 되어 전국에 분포된 국민연금공단 지사에서 지역 노후준비지원센터를 운영하며 서비스를 제공해 왔다. 그러나 2025년부터 지방자치단체로 서비스 제공의 권한과 책임이 확대되었다.

〈노후 준비 지원 서비스 구성〉

4. 노년이 행복하지 않으면 사회가 행복할 수 없다

인간의 생애주기로 보았을 때 노년은 삶의 노하우가 축적된 지혜의 시기이다. 과학기술의 발전이 미비했던 전통사회에서 생활의 정보와 지혜의 주 원천은 축적된 경험이었고, 축적된 경험을 보유한 노인은 존경의 대상이 되기도 했다. 노년에 경험하는 육체적

쇠약으로 인해 노년기는 세대를 막론하고 취약했지만, 노년이 취약함을 넘어 '의미 없고' '초라하게 된' 것은 산업사회의 도래와 맥을 같이한다. 산업사회는 생산력에 절대적 가치를 부여하는 사회이다. 인간의 생애주기와 모든 사회시스템은 '생산'에 초점을 맞춘다. 따라서 생물학적 취약성으로 인해 생산력에서 상대적 우위를 점할 수 없는 노년기는 '은퇴'의 시기로 규정된다. 생산과 이윤 창출이 최고의 가치인 산업사회에서 생산의 일선에서 물러나는 은퇴의 시기는 어떤 의미도 부여되지 못하는 무가치한 시기로 강등된다. 인간의 평균수명이 비교적 짧았던 초기 산업사회에서는 은퇴로 보내는 '무가치한' 시기 역시 길지 않았기에 별다른 문제가 되지 않았다. 그러나 과학기술의 발전으로 인간의 평균수명은 연장된 반면, 노동시장의 유연화, 경쟁의 격화 등으로 은퇴 시기는 점점 단축된 결과, 은퇴 이후의 시기가 개인의 생애주기에서 차지하는 비중이 커졌다. 가령, 우리나라 사람들이 주된 일자리에서 퇴직하는 평균연령은 50세 전후인데(통계청 '2023년 경제활동인구조사 고령층 부가조사' 결과 평균 49.4세), 평균수명은 83.6세(2023년), 이 중 건강수명은 73.1세에 불과하여 은퇴한 후 20년이 넘는 시간을 몸은 건강하지만 막상 할 일은 없는 '무위'의 상태로 보내야 한다(통계청, 2023). 막연하게 맞이하고, 막연하게 보내기에는 너무 긴 시간이다. 아무리 대단한 업적을 이루었던 사람이라고 해도 20년을 할 일 없이 지내면 쇠락하기 마련이며, 이런 상태를 결코 행복하다고 할 수 없다. 고령사회에 대한 대응을 노년기가 갖는 의미와 노년기의 과업에 대해 사회가 다시 규정하는 것으로부터 출발해야 하는 이유이다.

노년기의 의미와 과업을 어떻게 규정할지에 대해 영국의 사회철학자 피터 라슬렛(Peter Laslett)의 논의는 의미 있는 시사점을 제공한다(Laslett, 1991). 라슬렛은 생애주기를 4단계로 구분했다. 제1기는 태어나서부터 학업이 마무리되는 시기로, 경제적 의존의 시기이자 학업(배움)의 과업을 수행하는 시기이다. 제2기는 취업부터 은퇴까지의 시기로, 2기의 과업은 경제적 독립과 사회적 의무의 수행이다. 이 시기에 수행해야 할 사회적 의무는 시민으로서 납세의 의무와 사회 구성원의 재생산 의무이다. 제3기는 은퇴 후부터 신체적 건강이 유지될 때까지의 시기로, 라슬렛은 이 시기를 자아실현의 시기이자 '인생의 꽃'으로 명명했다. 산업사회에서 개인의 생애주기에서 자아실현을 하는 시기는 '제2기'로 인식된다. 노동시장에서 결정된 직업은 개인이 자아를 실현하는 수단이며, 성취의 결과로서 지위는

그림 5-9 피터 라슬렛의 인생 4단계

출처: Laslett (1991).

자아실현의 결과물로 등치된다. 그러나 라슬렛에 의하면, 제2기의 삶은 사회 구성원으로서의 책무 수행과 가족에 대한 부양 책임을 중심으로 구성되기에 진정한 자아실현의 시기로 명명될 수 없다.

그 모든 책무로부터 자유롭게 되는 제3기야말로 자신이 하고 싶었던 일을 실천하며 자아실현을 할 수 있는 인생의 클라이막스라는 것이다. 마지막으로, 제4기는 신체적 쇠약으로 인해 타인의 돌봄에 의존해야 할 때부터 죽음에 이르기까지의 시기로, 이 시기는 또 다시 누군가의 돌봄에 의지하게 되는 '의존의 시기'이다. 각 단계의 길이는 개인마다 다르며, 특히 제3기와 제4기의 길이는 개인의 건강 상태 등 개별적으로 결정된다. 라슬렛의 생애주기 구분이 갖는 의미는 노년기에 해당되는 '제3기'가 갖는 의미를 재규정했다는 점에 있다. 노년기는 무의미한 여생이 아니라 자아실현의 시기이며, 인생의 진정한 의미를 찾고 인간적 성숙의 완성이라는 분명한 과업이 주어지는 시기이다.

우리나라 노인들이 가장 긴 시간을 보내는 여가 활동은 'TV 시청'이다(문화체육관광부, 2023). 자아실현의 시기이자 인생의 꽃인 시기로서 노년과 한참 거리가 먼 활동이다. 비단 노년에 대한 사회적 인식뿐만 아니라 노인들 스스로 노년에 대해 소극적인 태도를 보이는 경우가 많다. 일상에서 만나는 노인들이 종종 "이 나이 들어서 뭐하러……."와 같은 말을 뱉는 모습을 볼 수 있는데, 노인들에게 뿌리 깊이 자리 잡은 무기력의 표현이다.

인구 고령화와 함께 중요하게 등장한 사회문제가 '세대 갈등'인데, 우리보다 먼저 고령화를 경험한 서구 사회에서는 세대 갈등의 문제가 꽤 심각하기도 했다. 우리나라도 세대 갈등에서 비롯된 각종 사건 및 사고가 언론에 종종 등장한다. 사건 및 사고로 연결되지 않더라도 '틀딱' '꼰대' 등의 신조어가 보여 주듯, 노인 혐오 문화가 젊은 층에게 일반화되었다. 서로 혐오하고 갈등하는 사회를 결코 좋은 사회라고 할 수 없다. 세대 갈등에 대한 해법으로 젊은 세대에 대한 교육, 세대 통합 프로그램 등이 제안되지만, 이는 근본적인 해법이라고 볼 수 없다. 근본적으로 노년의 모습이 좋아 보여야 하고, 되고 싶고 닮고 싶어야 한다. 그러려면 라슬렛의 표현대로 노인들이 은퇴한 후 '자아실현'을 하며 살아갈 수 있는 사회가 되어야 한다. 내실 있는 사회보장제도를 통해 경제적 가난의 문제를 해결하는 것은 당연한 출발이며, 필요조건이지만 충분조건은 될 수 없다. 자아실현을 할 수 있는 사회시스템의 확립, 가령 은퇴 후 새로운 도전을 상상해 보고 준비해 볼 수 있도록 각종 교육, 사회참여, 지원 시스템을 확립하는 것, 또 새로운 도전을 시도하는 것이 위험천만하더라도 까딱하면 노년이 망하는 게 아니라 기회가 부여될 수 있도록 제도적 지원 시스템을 마련하는 것은 사회보장제도를 통한 물질적 기반 확립 못지않게 중요하다.

'성공적인 인생이란 무엇일까?'라는 질문에 대한 답은 개인이 가진 가치관에 따라 달라질 수 있다. 그러나 시작보다 끝이 중요하다는 말이 있듯이, 아무리 만족스럽고 풍요로운 젊은 시절을 보냈어도 불행하고 비참한 노년을 보내게 된다면 성공적인 인생이었노라고 할 수 있을까? 5명 중 1명이 노인인 사회에서 각종 지표는 우리나라 노인들의 다

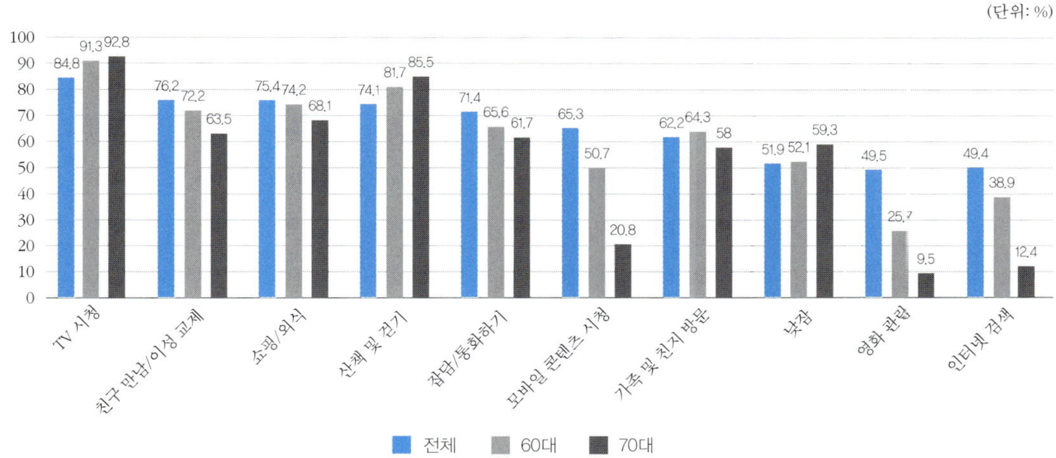

그림 5-10 우리나라 노년층의 여가 활동 유형

출처: 문화체육관광부(2023).

수가 행복하지 않다는 것을 보여 준다. 행복하고 좋은 사회란 추상적인 무엇이 아니라 결국 행복한 국민들이 많은 사회가 행복한 사회이다. 인구 중 1/5을 차지하는 인구집단의 다수가 행복하지 않은 사회는 결코 좋은 사회가 될 수 없다. 더불어 누구에게나 찾아오는 노년에 대해 모두가 비관적인 상을 가지고 있다면 살아가는 과정이 신명날 수 없다. 자녀 양육의 의무, 사회 구성원으로서 노동과 납세의 의무 등 모든 의무로부터 자유롭게 된 노년에 하고 싶었으나 미처 하지 못했던 일을 마음껏 하며 인생을 풍요롭게 완성지을 수 있는 시기로 노년기가 자리매김된다면 나에게 다가올 노년이, 그리고 초고령사회가 그리 암담하지만은 않을 것이다.

미디어로 엿보는 상반된 노년의 삶

65세 이상 노인 인구가 전체의 20%에 가까운 초고령사회로 접어든 지금, 우리 사회가 어떤 노년을 만들어 가고 있는지를 보여 주는 작품들이 있다.

〈죽여주는 여자〉(2016)

이 영화는 노인 빈곤과 고립, 성적 소외, 자살 문제를 다룬 매우 현실적인 작품이다. 주인공 '소영'은 일명 '박카스 아줌마'로 불리며, 탑골공원에서 만난 노인들에게 성매매 서비스를 제공하거나 삶을 끝내고 싶어 하는 노인들의 자살을 도와주기도 한다. 소영의 삶은 그 자체로 우리 사회 노인복지의 사각지대를 적나라하게 드러낸다. 탑골공원에는 수많은 노인이 모여 있지만, 그들은 서로 단절되어 있고 외롭게 살아간다. 영화는 노년기의 절망과 사회적 무관심, 제도적 지원의 부재를 통해 '어떻게 늙어갈 것인가'에 대한 질문을 우리에게 던진다.

〈디어 마이 프렌즈〉(2016)

반면, 드라마 〈디어 마이 프렌즈〉는 우정과 회복, 자아실현의 가능성을 중심으로 노년을 조명한다. 등장인물들은 각각 삶의 고통을 안고 있다. 등장인물들은 각기 다른 삶의 무게를 견디고 있지만, 친구들과의 연대와 지지를 통해 삶의 의미를 다시 찾아간다. 이 드라마는 노년이 단지 '마무리의 시기'가 아니라, 또 한번 삶의 중심에 서서 자아를 회복하고 관계를 맺는 시기일 수 있음을 따뜻하게 보여 준다.

두 작품은 모두 노년의 다양한 얼굴을 보여 주지만, 그 방향성은 상반된다. 〈죽여주는 여자〉가 현실의 어두운 그림자와 제도의 부재, 고독한 노년의 삶을 날카롭게 고발한다면, 〈디어 마이 프렌즈〉는 함께하는 노인들의 관계 회복과 감정적 유대를 통해 희망의 메시지를 전한다. 결국 '노년이 어떤 시기로 인식되며 어떤 방향을 지향하는가'에 따라 노년의 삶은 상당히 다른 얼굴을 하게 된다. 의무와 책임으로부터 자유롭게 된 노년이 하고 싶던 일을 실현하며 인생을 완성 짓는 시기로 자리매김된다면 누구에게나 찾아올 노년이 그리 암담하지만은 않을 것이다. 또한 노인 세대 역시 획일적인 집단이 아니라, 각기 다른 사회적 · 역사적 경험을 가진 다층적 세대로 이해해야 한다. 같은 '노년'이라고 해도 '신노년' '베이비붐 세대' '홀몸노인'처럼 그 안에는 다양한 정체성과 집단심리가 존재하기 때문이다.

그림 5-11 영화 〈죽여주는 여자〉(2016) 포스터(왼쪽), 드라마 〈디어 마이 프렌즈〉(2016) 포스터(오른쪽)

노인 세대 자세히 들여다 보기

세대란 흔히 10대, 20대, 30대처럼 비슷한 연령 집단을 지칭하는 개념으로 인식되지만, 생물학적 연령을 넘어 명백한 사회역사적 산물로 보아야 한다. 각 세대는 어떤 사회역사적 경험을 하느냐에 따라 각기 다른 집단심리를 갖게 되며, 김태형(2013)은 이러한 세대별 집단심리는 유년기, 청소년기, 청년기, 성인기의 경험과 부모-자식 관계를 통해 형성된다고 했다. 이러한 관점에서 보면 65세 이상 인구집단인 노인을 단일한 집단으로 볼 수 없으며, 사회적으로 회자되는 '신노년' '베이비붐 세대' 등의 개념도 노인 세대의 비동일성을 포착하기 위한 개념으로 활용되어 왔다.

그렇다면 현재의 노인 세대는 유년기부터 성인기까지의 경험을 통해 어떤 집단심리를 형성하고 있으며, 앞으로의 노인 세대는 과거의 노인 세대와 어떻게 다를까? 사회역사적 구성물로서 세대를 형성하는 경험은 특정 시점을 기준으로 단절적인 것이 아니라 연속적인 것이다. 따라서 특정 출생연도를 기준으로 세대를 구분하는 것은 어렵고 논란의 여지가 있겠지만, 2025년 기준 1960년대생이 65세 이상 노인 인구에 편입되기 시작했으므로 편의상 현 노인집단을 1950년대 전후 출생 집단으로, 그리고 미래의 노인집단을 1960년대 전후 출생 집단으로 구분해서 살펴보자.

○ 1950년대생

1950~1953년 한국전쟁 시기에 태어나 절대빈곤의 시대에서 유년기를 보냈다. 지독한 가난 속에서 생존 문제와 경제적 이슈에 민감한 반면, 개인적 욕망 실현 및 문화생활의 경험 기회가 제약되었으며, 이는 성인기까지 이어져 여가와 문화생활 등에 소극적인 특성으로 나타난다. 이들의 부모 세대는 일제강점기와 한국전쟁을 겪은 세대로, 권위주의에 익숙한 부모 세대의 억압적 권위에 짓눌렸으며 1950년대 유년기 동안 경험한 전쟁과 빈곤의 사회상으로 인해 이들은 비관주의와 우울감을 흡수하게 된다.

이들은 박정희 정권 유신체제 하에서 청소년기를 보냈으며, 정치적 견해는 물론, 언론 탄압, 대중가요 금지곡, 장발과 미니스커트 단속 등 일상생활에서 강력한 통제를 경험하였다. 학교에서도 강도 높은 군사훈련과 병영화, 반공교육이 지속되었다. 다만, 박정희 정권의 경제개발계획 등이 결실을 맺으며, 청소년기에 경제개발의 성과를 목격하고 가난에서 벗어날 수 있다는 희망을 경험하기도 한다.

1950년대생이 청년기에 도달하는 1970년대에 대학에 진학한다는 것은 곧 엘리트가 된다는 의미였다. 대학 진학률이 높지 않았기에 대학에 진학한 이들은 '엘리트'로서 권위주의에 짓눌려 자란 아픈 상처를 딛고 반독재 학생운동에 과감하게 뛰어들었으나, 박정희 정권의 국가비상사태선포와 유신정권 수립으로 패배감과 좌절감을 경험하게 된다.

이들은 성인기에 IMF 외환위기의 직격탄을 맞은 세대이며 명예퇴직, 정리해고 등 구조조정의 최대 피해자가 된다. 부모 부양에 대한 책임 의식을 가진 마지막 세대이자, 자녀 세대의 뒷바라지를 위한 막대한 사교육비와 등록금 등을 부담하는 소위 '샌드위치 세대'이다. 사오정(45세 정년퇴직), 낀세대, 쉰세대 등의 신조어는 이들이 경험한 인생의 실패감에 대한 냉소를 담고 있는 용어이다.

○ 1960년대생

1960년대생은 경제성장의 성과가 가시화되는 시기(제1차 경제개발 5개년 계획이 끝나는 1966년 무렵부터)에 유년기를 보내게 된다. 한국 경제가 계속 발전할 수 있다는 낙관주의를 경험하며, 기대감과 희망이 넘치는 시기에 성장하면서 이들이 접한 낙관적이고 희망적인 부모, 긍정적이고 진취적인 사회 분위기는 희망, 기대, 자신감 등 긍정적인 심리를 내면화하는 데 기여한다.

이들은 청소년기에 여전히 병영화된 학교에서 권위에 의한 억압과 통제를 받으며 생활하게 된다(단체 기합, 선생님들의 구타 행위의 일상화). 학도호국단 체제에서 학생 군사훈련을 받았고, 권위주의적 질서와 가부장적 질서를 내면화하게 된다. 한국 사회의 풀뿌리 공동체들이 붕괴되기 전 청소년기를 보낸 마지막 세대로서 '우리 중심'의 집단주의적 사고방식을 갖고 있다.

1980년 5·18 민주화운동의 영향을 받아 격렬한 민주화운동에 참여하고, 1987년 6·10 민주항쟁에 이르기까지 이들은 청년기에 치열한 투쟁과 승리를 경험하게 된다. 당시 대학생들은 거의 강요되다시피 정치에 관심을 가졌는데, 이들이 민주화운동에 과감히 뛰어든 이유는 유년기에 형성된 건강한 심리(가 파생시키는 적극성), 대학생들에게 지배적이었던 '지식인 의식', 그리고 집단주의 문화 때문이었다.

오늘날처럼 '취준생'이라는 단어가 존재도 하지 않았을 시절, 이들은 대학 졸업장만으로도 직장을 골라 들어갈 수 있었으나, 직장 생활을 시작한 지 얼마 되지 않아 IMF 외환위기를 맞게 된다. 경제적 기반을 마련하기도 전에 여러 어려움을 겪었고, 사회 진출 이후 현실적인 생존 문제에 직면하면서 세상과 타협해야 하는 경험을 하게 된다.

출처: 김태형(2013).

참고문헌

〈국내 문헌〉

국민연금연구원(2020). 2019 국민연금생생통계.

김태형(2013). 트라우마 한국사회. 서해문집.

문화체육관광부(2023). 2023 국민여가활동조사.

통계청(2023). 2023년 경제활동인구조사 고령층 부가조사.

한국경제연구원(2020). 대졸 청년 일자리 현황과 과제.

한국보건사회연구원(2012). 2012년 전국 출산력 및 가족보건 · 복지실태조사.

한국보건사회연구원(2024). 2024년 빈곤통계연보.

〈해외 문헌〉

Laslett, P. (1991). *A fresh map of life: The emergence of the third age*. Harvard University Press.

〈신문 기사〉

동아일보(2024. 2. 3.). "'이러면 누가 결혼하겠나'… 대한민국 평균 결혼 비용 3억 돌파". https://www.donga.com/news/Society/article/all/20240203/123369550/2

동아일보(2024. 5. 6.). "'성인 자녀 부양-노후 준비 동시에' 50대 부모의 해법은 [김동엽의 금퇴 이야기]". https://www.donga.com/news/Opinion/article/all/20240505/124799345/1

〈보고서 및 연구 자료〉

교육부(2019). '경제협력개발기구(OECD) 교육지표 2023' 결과 발표 보도자료(2023. 9. 12. 배포). https://if-blog.tistory.com/14465

통계청(2020). 장래인구추계. https://kosis.kr/statHtml/statHtml.do?orgId=101&tblId=DT_1BPA003&conn_path=I2

e-나라지표(2025). 노인 빈곤율. https://www.index.go.kr/unity/potal/main/EachDtlPageDetail.do?idx_cd=1024

OECD. (2022). Income and poverty of older people. https://data-explorer.oecd.org/vis?tm=%20poverty&pg=0&hc[Measure]=&snb=28&vw=sr&df[ds]=dsDisseminateFinalDMZ&df[id]=DSD_PAG%40DF_IPOP&df[ag]=OECD.ELS.SPD&df[vs]=1.0&dq=.A.....&pd=%2C&to[TIME_PERIOD]=true

OECD. (2025). Pensions at a glance. https://www.oecd.org/en/publications/pensions-at-a-glance-2025_e40274c1-en/full-report/old-age-income-poverty_3cd946d7.html#figure-d1e51510-7283adb936

〈동영상 및 웹사이트〉

이동휘(2019. 5. 17.). [기획] 노후 준비, 어떻게 생각하십니까?. 한국리서치 여론 속의 여론. https://hrcopinion.co.kr/archives/11835

EBS(2014. 3. 26.). EBS 다큐프라임-행복의 조건, 복지국가를 가다 6부 노후 [Video]. Youtube. https://www.youtube.com/watch?v=zHpcqMWrQ1s

e-나라지표, https://www.index.go.kr/unity/potal/main/EachDtlPageDetail.do?idx_cd=1024

OECD Social Expenditure Database, https://www.oecd.org/social/expenditure.html

제 6 장

病: 건강 불평등

"모든 종류의 불평등 중에 의료 분야의 부당함이 가장 충격적이고 반인륜적이다."

–마틴 루터 킹 목사

'불평등'은 생물학적 문제가 아니라 사회구조적 문제이다. 그래서 불평등을 이야기하면 사회구조적으로 결정되는 계층구조, 그에 따른 소득, 소비 등 물질적인 불평등을 떠올린다. 건강은 사회구조적 문제가 아닌 생물학적 문제로 인식되는 경우가 많다. 남보다 더 자주 아프거나 중한 질병 또는 희귀질환에 걸리는 것은 개인의 인체 내부나 생활 습관에서 유래한 생물학적 이유에 의한 것이지, 사회구조의 영향을 받는다고 생각하지 않기 때문이다. 그래서 불평등과 건강의 조합을 어색하게 여기기도 한다. 그런데 정말 건강은 사회구조적 불평등과 관계가 없을까?

1. 건강 불평등 1: 소득수준과 건강수준은 상관이 있다

건강에 대한 가장 보편적인 오해는 '건강은 태어날 때부터 주어진 것'이라는 생각이다. '허약 체질' '건강 체질'이라는 말은 이러한 생각에서 기인한다. 물론 유전적으로 면역이 약하거나 남들보다 허약하게, 혹은 약한 기능을 가지고 태어나는 사람들도 있다. 만일 태어날 때부터 건강이 주어진 것이라면 소득수준에 따라 건강수준에 일관된 차이가 존재하지 않을 것이다. 그런데 실제 통계는 소득수준에 따라 기대수명(특정 연령대의 개인이 앞으로 생존할 것으로 예상되는 평균 연령)과 건강수명(기대수명 중 질병 및 부상으로 고통받는 기간을 제외한, 건강한 삶을 유지하는 기간)에 명확한 차이가 있음을 보여 준다. 통계청이 발표한 자료에 의하면, 소득 상위 20%에 해당하는 소득 5분위의 사람들과 소득 하위 20%에 해당하는 1분위 사람들 간의 기대수명에 6.48세의 차이가 나며, 소득수준에 따른 기대수명의 격차는 점차 벌어질 것이라고 한다. 건강수명도 마찬가지이다. 2020년 기준 소득 분위에 따른 건강수명은 소득 5분위(상위 20%) 73.9세, 4분위 72.6세, 3분위 72.2세, 2분위 71.2세, 그리고 1분위(하위 20%) 65.6세로, 5분위와 1분위의 건강수명 격차는 기대수명보다 더 크다(한국건강증진개발원, 2021). 추세적으로 보았을 때 지난 2012년 이후 소득수준에 따른 건강수명은 계속 벌어지고 있다. 한마디로, 건강은 태어날 때부터 주어지

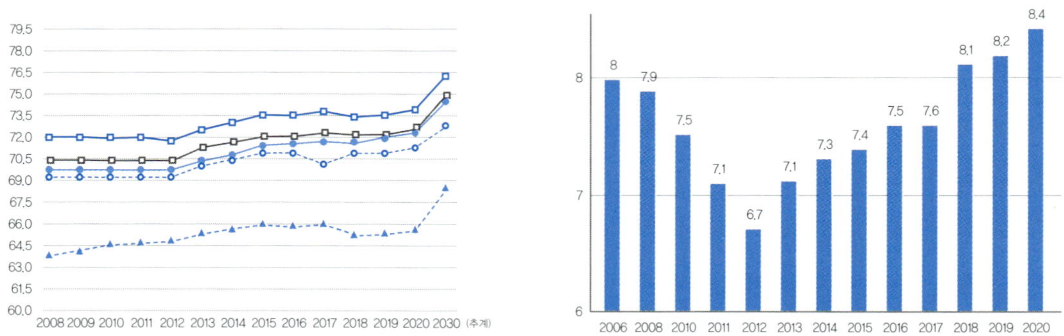

그림 6-1 소득 5분위별 건강수명 및 건강수명 격차 추이

출처: 한국건강증진개발원(2021).

는 것이 아니라 어떤 계층에 속하냐에 따라 달라지며, 잘 살수록 더 건강하게 오래 사는 경향이 점점 높아지고 있다는 것이다.

이처럼 건강에 있어서도 소득수준에 따라 불평등이 나타나는 이유는 복합적이다. 첫째, 의료서비스에 대한 접근성과 이용의 차이에서 비롯된다. 소득수준이 높을수록 건강관리를 위해 더 나은 의료서비스를 이용할 수 있는 반면, 저소득층의 경우 경제적 부담으로 의료서비스 이용에 제약을 받게 되어 적절한 치료를 받지 못할 가능성이 크다. 이러한 제약으로 인해 저소득층은 특히 초기 의료 대처에 소극적인 경향을 보인다. 초기에 빠른 대처를 하면 할수록 큰 건강의 문제를 막을 수 있다는 사실은 그간 많이 알려져 온 사실이다. 이 때문에 건강검진의 중요성도 강조되고 있으며, 정부는 모든 국민을 대상으로 하는 보편적인 건강검진을 실시하고 있는 것이다. 그러나 생계로 인해 아파도 제때 제대로 된 치료를 받지 못하거나 병원에 갈 시간도 없이 일을 해야만 하는 현실에 놓이게 되면 질환을 더 키우게 되어 건강상의 중대한 문제를 초래하게 되는 것이다. 이승윤(2024)은 저소득층이 건강을 돌보지 못하는 현상을 시간 빈곤과 소득 빈곤이 교차하는 이중 빈곤의 관점에서 설명했다. 빈곤에서 벗어나기 위해 혹은 빈곤에서 벗어나기 어려워도 생계를 위해 소득이 필요하므로 더 긴 시간 동안 일할 수밖에 없는 현실에서 치료를 받으러 병원에 가는 것은 쉽지 않은 선택이다. 특히 건강문제가 생겼을 때 치료를 받기 위해 가사노동이나 돌봄을 외주화하기 어려워 자신을 돌볼 시간이 없다. 생활비 때문에 대리운전이나 새벽 배달 노동과 같은 부가적인 노동까지 하다 보니 만성피로를 경험하는 경우가 많고, 이는 불건강의 원인이 된다. 이런 맥락에서 세계보건기구 산하 국제암연구소(IARC)에서는 야간 노동을 2군 발암물질로 분류했다.

둘째, 소득계층 간 생활환경의 차이도 건강에 영향을 미치는 중요한 요인이다. 생활환경이란 의식주(衣食住)로 대변되는데, 의식주는 인간이 생활하는 데 있어 필수적인 요소임과 동시에 특히 식사와 주거는 건강과 직접적 관련성을 갖는다. 저소득층이 경험하는 경제적 제약은 식품 선택에 직접적인 영향을 미치게 된다. 가격이 저렴한 고지방, 고당분, 고염분의 식품들은 경제적으로 접근하기 쉬운 반면, 신선한 과일과 채소, 양질의 단백질은 상대적으로 비싸기 때문에 제한된 예산 내에서 충분히 섭취하기가 어렵다. 또 많은 저소득 지역은 일명 '푸드 데저트(food dessert, 식품 사막)'인데, 이는 건강한 식품을 판매하는 상점에 대한 접근성이 제한되어 있음을 의미한다(Ploeg et al., 2009). 양질의 음식을 제공하는 레스토랑, 신선한 유기농 식재료를 판매하는 유기농 브랜드 매장들은 주로 중산층 거주지역에 밀집되어 있다.

저소득층은 종종 여러 일자리를 가지고 있거나 장시간 노동을 하는 경우가 많아 식사 준비를 위한 시간이 부족하거나 적절한 주방 시설이나 조리 도구에 대한 접근이 제한될 수 있다. 이로 인해 빠르게 섭취할 수 있는 편의식품에 의존하게 되는 경향이 있다. 이러한 식품은 영양가가 낮고 비만, 당뇨 등의 만성질환으로 직결된다. 반면, 안전한 공원, 산책로, 체육시설 등 운동 공간이 부족한 지역사회에 거주하며 운동과 건강 관리를 위한 비용 지불이 어렵기 때문에 신체활동을 통한 건강 관리를 하기가 어렵다.

건강하고 쾌적한 주거 환경 역시 건강에 직접적인 영향을 미치는 요인이다. 저소득층의 상징적 거주지인 '반지하'는 통풍이 잘 되지 않고 해가 들지 않아 건강에 부정적인 영향을 미치는 주거 환경이다. 습기와 누수로 인한 곰팡이 발생은 천식, 알레르기, 호흡기 질환의 위험을 증가시키며, 노후화된 건물에서 납, 석면 등에 노출되면 신경계 손상, 암 등 심각한 건강문제를 유발하게 된다. 위생적이지 못한 환경의 해충문제는 천식, 감염병 등의 위험을 증가시키며, 보통 저소득층의 주거지는 과밀한 경우가 많은데, 이 같은 과밀 주거 환경은 전염병 확산 위험을 높이고 정신건강에 부정적 영향을 미친다.

질병관리청(2024)에 의하면, 소득수준이 높을수록(상 66.3%, 하 54.4%) 건강 정보 이해 능력 수준이 높은 것으로 나타났다. 역으로 저소득층은 '건강 리터러시(health literacy)' 수준이 낮아 건강 개념과 의료시스템 작동 방식에 대한 이해가 제한적일 수 있으며, 건강에 대한 정보 접근성에도 제약을 받는다.

언론 기사를 통해 보는 생활환경과 건강: 건강도 계급이다!

건강은 개인의 노력만으로 지킬 수 있는 것이 아니다. 건강 상태는 우리가 사는 '생활환경'과 밀접하게 얽혀 있다. 최근 언론보도들을 보면 저소득층의 생활환경이 곧 건강 불평등으로 이어지고 있음을 알 수 있다.

◌ **"세탁기가 없어 병이 난다" (한겨레, 2024. 5. 17.)**

일부 저소득층 가구는 세탁기가 없어 세탁방을 이용해야 하며, 그 경우도 세탁 비용 문제로 빨래를 자주 하지 못한다. 이로 인해 위생문제가 발생하고, 곰팡이나 진드기 등 피부 질환을 앓는 경우가 많다.

◌ **"열악한 집이 아토피를 키운다" (내일신문, 2017. 2. 22.)**

열악한 주거 환경—곰팡이, 결로, 환기 부족—은 아토피피부염 발생과 악화를 부르는 가장 중요한 원인이다. 특히 열악한 집에 사는 저소득층 아동의 경우, 발병 이후에도 생활 관리나 치료가 제대로 이루어지지 않아 피부평에 그치지 않고 호흡기질환과 정신건강 문제로까지 번지는 경우도 많다.

◌ **"비만은 개인의 책임이 아니다" (한겨레, 2024. 11. 22.)**

비만문제도 마찬가지이다. 2024년 한겨레는 "비만은 선택이 아니라 삶의 결과"라는 전문가 발언을 인용하며, 열악한 식환경, 저가 · 고열량 음식의 의존, 운동할 시간과 공간의 부재 등 구조적 요인이 작용한다고 보도했다. 따라서 비만은 주로 취약한 저가 음식을 먹어야 하는 저소득층과 시간 빈곤에 시달리는 불안정 노동자들에게 더 쉽게 나타난다. 비만이 사회적 문제임에도 국가가 체계적인 예방 정책을 세우지 않는다면, 의료 현장은 비만에서 시작된 만성질환으로 병들게 될 것이다.

◌ **"고소득층의 전유물인 숲세권은 웰니스" (지이코노미, 2024. 9. 30.)**

최근 고급 아파트들은 '숲세권' '프리미엄 시설'을 강조하며 건강을 주거 마케팅의 핵심으로 내세운다. "도심 한복판에서 쾌적한 라이프를 누릴 수 있는 웰니스 단지"라는 광고는 이런 인식을 반영한다. 웰니스(Wellness)는 웰빙(well-being), 행복(happiness), 건강(fitness)을 결합한 개념으로, 쾌적한 환경에서의 건강한 삶을 의미한다. 그러나 이러한 주거지는 높은 비용 때문에 오직 일부 고소득층만 누릴 수 있다.

결국 '건강한 삶'조차 주거 환경과 계층에 따라 차등화되는 건강 불평등이 심화되고 있다. 이처럼 건강은 단지 '몸'의 문제가 아니라, 삶의 조건과 사회경제적 지위의 문제라는 인식이 필요하다. 이는 더 건강한 사회를 만들기 위해서는 개인의 건강 관리 및 치료 외에도 생활환경의 사회적 개선과 불평등 완화 정책이 함께 가야 하는 이유를 잘 보여 준다.

영화 〈기생충〉이 보여 주는 고소득층과 저소득층의 주거 환경

그림 6-2 영화 〈기생충〉 속 기택 가족의 반지하 주택(왼쪽), 영화 〈기생충〉 속 박사장 가족의 고급 단독주택 모습(오른쪽)

영화 〈기생충〉은 고소득층의 박 사장 가족과 저소득층 기택 가족의 삶을 '주거 공간'을 통해 극명하게 대비시킨다.

먼저, 기택 가족은 햇빛조차 들지 않는 반지하에서 곰팡이와 악취, 소독차 연기, 노상 방뇨, 침수 위협 등 일상적이고 구조적인 위생 위험에 노출된 채 살아간다. 영화 초반, 기택 가족은 소독차에서 뿜어져 나오는 유독한 연기를 '공짜 방역'이라며 창문을 닫지 않은 채 온몸으로 맞는다. 이는 해충이나 전염병으로부터 보호받지 못하는 환경에서 살아가는 이들의 무기력한 현실을 보여 준다. 집 앞 골목은 공공화장실처럼 사용되고, 폭우가 쏟아지면 집 전체가 물에 잠겨 위생과 안전은커녕 인간의 존엄과 건강을 위협받는 상황임을 시사한다.

반면, 박 사장 가족은 햇빛과 바람이 잘 통하는 고지대 단독주택에서 '웰니스 라이프'를 누린다. 잔디가 있는 마당과 넓은 유리창, 조용한 주거 환경은 단순히 쾌적함을 넘어서 건강과 안정이 설계된 공간이다. 주거 공간 자체가 신체적 · 정신적 건강을 증진시키는 요소로 작용하는 것이다. 특히 기택네 집을 침수에 빠뜨린 폭우조차 박 사장 아들에게는 야외 캠핑을 위한 이색적 날씨가 되는 장면은 생명과 안전한 삶마저도 특정 계층만 누릴 수 있는 프리미엄이 되는 현실을 암시한다.

더 나아가 영화는 지하 벙커에 숨어 사는 인물 '근세'를 통해 공간과 정신건강, 사회적 배제의 극단을 보여 준다. 햇빛 한 줄기 없는 곳에서 수년을 지낸 그는 점차 현실 인식을 잃고, 박 사장을 신처럼 숭배하며 망상과 강박, 정신적 불안정에 빠진다. 그는 말 그대로 사회의 가장 깊은 곳에서 잊힌 존재이며, 건강권조차 박탈당한 계층의 비가시적 현실을 대변한다.

또한 영화 전반에 반복적으로 등장하는 계단과 높낮이의 구조는 물리적 공간을 넘어서 사회적 위계와 계층 구조를 상징한다. 아래에서 위로 올라가는 계단은 곧 계급 상승의 희망과 벽을 상징하고, 위에서 아래를 내려다보는 시선은 불평등과 양극화에 대한 은유적 시선이다. 이러한 주거 환경의 차이는 단지 인테리어나 라이프스타일의 품격이 아니라, 건강, 위생, 심리적 안정성이라는 생존 조건의 격차를 보여 준다. 실제로 WHO에서는 "적절한 주거는 건강의 기본조건"이라고 강조하며, 주거 불평등이 건강 불평등의 핵심 원인임을 지적했다.

2. 건강 불평등 2: 지방에 살면 아파도 제대로 치료받을 수 없다

어느 지역에 살고 있는지에 따라서도 건강에 차이가 있다. 한국건강증진개발원(2021)의 건강수명통계집에 의하면, 우리나라의 시 · 군 · 구별로 건강수명을 비교했을 때 2020년 상위 20% 지역의 평균 건강수명은 71.6세인 반면, 하위 20%인 지역은 69.2세로 2.4세 차이가 있다. 특히 건강수명이 높은 지역은 서울을 비롯한 수도권이며, 지방 도시들의 경우 건강수명이 하위권을 차지한다.

상식적으로 어느 지역에 살고 있는지 여부가 수명에 영향을 미친다는 것은 잘 납득이 되지 않는다. 그런데 2023년 3월 대구에서 발생한 사건은 의료체계가 불충분한 지역에 살면 치료받지 못해 사망할 수도 있다는 무서운 경각심을 준다. 대구에 사는 17세 여학생이 4층 건물에서 추락했는데 받아 주는 병원이 없어 119 구급차를 타고 2시간 이상 떠돌다 숨지는 어처구니없는 사건이었다. 어떤 병원은 병실이 없고, 어떤 병원은 중증 외상 환자를 받을 인력이 없는 등 곧바로 치료를 받았더라면 살 수도 있었을 어린 학생이 의료체계 미비로 안타깝게 목숨을 잃어버린 것이다. 이렇게 지역은 수명에 영향을 미친다.

소득 5분위별 건강수명 추이 [단위: ~세(연령)]

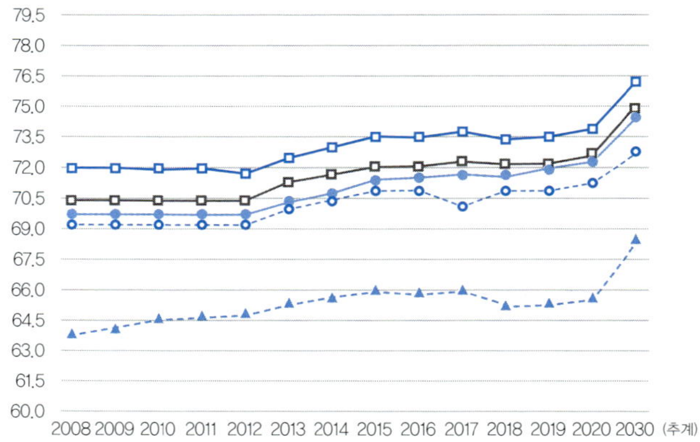

출처: 한국건강증진개발원(2021).

지역 간 기대수명 및 사망비 차이

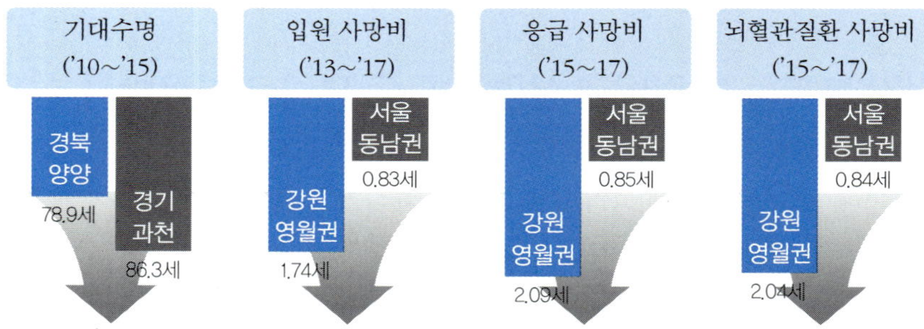

그림 6-3 우리나라 건강수명 통계와 지역별 건강수명 격차

출처: 보건복지부(2021).

앞서 소득수준에 따라 건강수명 격차가 발생하는 이유를 살펴보았을 때 설명되었듯이, 소득수준이 높은 사람들이 특정 지역에 더 많이 살고 있을 가능성과 또 그러한 지역을 중심으로 의료서비스에 격차가 발생하는 것이 지역별 건강 격차의 원인이 될 수 있다. 의료서비스를 제대로 받으려면 의료 자원이 제대로 갖추어져 있어야 한다. 의료 자원이란 대표적으로 병원과 의사 등을 말한다. 그런데 우리나라의 의사들은 수도권에 매우 편중적으로 분포하고 있다. 2011년부터 2020년 사이 수도권의 의사는 2.9% 증가한

표 6-1 수도권 및 비수도권의 의료기관 유형별 의사 수(2011~2020)

구분	수도권			비수도권		
	2011(명)	2020(명)	연평균 증감률(%)	2011(명)	2020(명)	연평균 증감률(%)
의사 수						
전체	42,692	55,065	2.9	36,740	43,618	1.9
300병상 이상	19,311	23,208	2.1	12,862	14,617	1.4
300병상 미만	5,236	7,186	3.6	7,638	9,543	2.5
의원	18,145	24,671	3.5	16,240	19,458	2.0
인구 10만 명당 의사 수						
전체	170.8	211.5	2.4	142.7	169.1	1.9
300병상 이상	77.3	89.1	1.6	50.0	56.7	1.4
300병상 미만	21.0	27.6	3.1	29.7	37.0	2.5
의원	72.6	94.7	3.0	63.1	75.4	2.0

주: 1) 일반 병의원에서 활동하는 의사 수 기준임.
2) 의료기관은 일반 병의원을 대상으로 함. '300병상 이상'은 상급 및 300병상 이상의 종합병원이며, '300병상 미만'은 300병상 미만의 종합병원 및 병원임.
3) 수도권은 서울, 인천, 경기이며, 비수도권은 그 외 시도임.
4) 인구는 각 연도 말 주민등록인구 기준임.
출처: 보건복지부(2022). 국민보건의료실태통계.

반면, 비수도권은 1.9% 증가했다. 광역자치단체별로 살펴보면 서울에 압도적으로 많은 의사들이 분포되어 있다. 보건복지부 보고서에 의하면, 인구 1천 명당 활동 의사 수는 서울 3.1명, 경북 1.4명, 11개 시도는 평균 2명 미만인 것으로 나타났다(보건복지부, 2021).

우리나라는 민간 주도의 의료체계가 구성되어 있어서 의료 자원의 불균형한 분포가 지속되어 왔다. 의사 면허를 딴 의사가 서울에서 일을 할지, 지방에서 일을 할지 결정하는 것은 의사의 자유와 선택인데, 누구나 소득수준이 높고 인구도 많은 서울에서 의사를 하고 싶지 않겠는가. 그러니 서울로 몰리는 것이다. 반대급부로, 배출되는 의사는 제한되어 있으니 지방의 의사 수는 감소하는 것이다.

이처럼 민간 주도의 의료 공급 체계는 지역 간 편중을 가져오는 게 불가피하기 때문에 공공 의료가 존재하는 것이다. 공공 의료는 정부나 공공기관이 운영하는 의료서비스이며, 대표적으로 보건소와 공공병원이 해당된다. 의료서비스 공급을 민간의 선택에만 맡길 경우, 민간은 시장의 원리에 따라 수익을 중심으로 판단하고 선택하기 때문에 공급의 편중을 보일 수 있다. 이러한 편중을 보완하고 모든 국민이 의료서비스에 접근할 수 있도록 하기 위해 정부가 직접 운영하는 공공 의료가 존재하는 것이다. 그런데 우리나라는 2022년 말 기준 공공 의료가 차지하는 비중이 전체 의료기관 대비 기관 수 기준 5.2%, 병상 수 기준 8.8%, 의사 인력 기준 10.2% 수준으로, OECD 국가 중 꼴찌로 나타났다. OECD 국가의 공공 의료 비중 평균은 기관 수 기준 55.1%, 병상 수 기준 72%이다. 즉, OECD 국가들은 평균적으로 전체 병원 중 절반 이상이 공공 병원이고, 2/3가 공공 의료 병상인 셈이다. 미국은 의학은 발전했으나 의료시스템은 민간 보험에 전적으로 의존해 대표적인 의료 불평등 국가로 분류된다. 그런 미국에서도 기관 수 기준 23.9%, 병상 수 기준 21.4%가 공공 의료이다.

우리나라에는 공공 의료기관의 수가 지나치게 적어 사실 일상적으로 공공 의료의 존재를 체감하지 못하다가 코로나19를 경험하며 다수의 사람이 공공 의료의 존재를 체감하게 되었다. 각 지역별 공공 의료기관은 감염병 전담 병원으로 지정 및 운영되는 등 코로나19 대응에 있어 가장 중추적인 역할을 담당했다. 이처럼 공공 의료기관은 감염병 등 민간 병원으로 대응하기 어려운 중대한 의료 상황이 발생했을 때, 그리고 의료 편중 현상을 보완해 모든 국민이 의료문제로 생존에 위협을 받지 않게 하는 중요한 역할을 수행함에도 불구하고 우리나라의 공공 의료서비스 비중은 터무니없이 낮다. 32개 시 · 군 · 구에는 응급의료기관이 없고, 그중 12개 시 · 군 · 구에는 응급의료시설조차 없다(보건복지부, 2021). 이런 이유로 치료를 제때 받지 못해 조기에 사망한 환자의 비율, 즉 '치료 가능 사망률'이 서울에서 가장 낮게 나타나고 있으며며(38.56명), 강원 49.61명, 경남 47.28명, 부산 46.9명, 충북 46.41명 등 지방의 경우 서울에 비해 높은 수치를 보이고 있다.

우리나라 공공 의료의 비중이 이처럼 낮은 것은 공공 의료시설이 부족한 것뿐만 아니라 공공 의료 체계에서 일하고자 하는 의사가 부족한 것도 한몫한다. 2013년에 2,411명이던 공중보건의 수는 2023년 1,432명으로 감소했다. 신규 공중보건의 수도 2013년 851명에서 2023년 402명으로 절반이 넘게 감소했다. 2020년 지방의료원에서는 의사 140명, 간호사 760명이 정원 미충족되고 있다.

지금까지 의료 자원 불균형과 건강 불평등에 대해 논했는데, 사실 문제는 이보다 복잡하며 단순히 의료 자원의 불균형으로만 설명될 수 없는 복합적인 현상이다. 이 같은 맥락에서 최근 건강 형평성에 대한 논의는 의료 형평성의 범주를 넘어 보건과 복지의 연계성을 중요하게 고려하는 방향으로 확장되고 있다. 박유경 등(2020)의 연구에서는 지역간 건강 격차가 물리적인 의료기관 접근성만의 문제가 아니라, 의료기관에 접근하는 과정에서 작용하는—개인의 인식적 조정과 지역적 맥락을 포함한—다양한 요인을 종합적으로 고려해야 함을 지적했다.

의료 필요가 높은 집단, 예를 들어 당뇨나 고혈압의 유병률이 높은 인구집단의 경우에도 거주하는 지역사회의 복지 인프라에 따라 의료 필요 충족 과정이 상당히 달라질 수 있다. 지역사회에 운동시설이나 체육 프로그램과 같은 건강 증진 인프라가 잘 구축되어 있다면 의료기관을 방문하기 이전에 건강 관리가 이루어질 수 있으며, 이는 결과적으로 의료서비스 이용 패턴과 건강 결과에 긍정적인 영향을 미칠 수 있다.

특히 정신건강 영역에서는 지역사회 기반의 사회관계 프로그램, 여가 프로그램 등 예방적 접근이 중요하게 작용한다. 이러한 복지 프로그램은 주민들의 주관적 건강 상태를 향상시키고, 정신건강 문제가 의료적 개입이 필요한 수준으로 악화되는 것을 예방할 수 있다. 결과적으로 동일한 의료 필요를 가진 인구집단이라도 지역의 복지 인프라 수준에 따라 의료 필요 충족 여부와 건강 결과가 상이하게 나타날 수 있다.

이처럼 건강 불평등은 의료시스템 내의 문제만이 아닌, 지역사회의 복지 인프라와 밀접하게 연결되어 있다. 따라서 건강 불평등 해소를 위한 정책적 접근은 의료 자원의 분배뿐만 아니라, 지역사회 차원의 예방적 복지 인프라 구축까지 포괄하는 통합적 관점에서 이루어져야 한다. 이는 의료와 복지 영역 간의 협력적 거버넌스를 요구하며, 건강 형평성의 개념을 보다 넓은 사회적 맥락에서 재정립하는 계기가 될 수 있다.

3. 건강 불평등 3: 바이러스는 사람을 가린다

2020년 초, 어느 날 갑자기 시작된 코로나19는 아주 오랜 시간 동안 끝날 듯 끝나지 않으며 우리의 일상을 파괴했다. 겪어 본 적 없는 위기 앞에 사회는 대혼란이었다. 학생들은 학교에 가지 못했고, 많은 사람이 일자리를 잃었으며, 목숨까지 잃었다. 예외 없이 모두가 마스크를 써야 했고, 거리를 두어야 했다. 코로나19 앞에서는 다 같이 힘들었고, 그래서 만인이 평등해 보였다. 그런데 과연 평등했을까?

결론부터 말하자면 코로나19 앞에서 만인은 평등하지 않았다. 특정 집단의 사람들이 더 아프고, 더 일자리를 잃고, 더 가난해졌고, 그리고 일상으로 회복하는 데 더 큰 후유증을 겪었다. 어느 연구 결과에 의하면, 소득이 낮을수록 코로나19로 인한 사망률이 높았는데, 의료급여 수급자의 경우 일반 건강보험 가입자에 비해 코로나19 감염률이 3배 이상 높았으며, 사망률은 2.5배에 달했다(현대건강신문, 2024. 7. 30.). 또한 도시보다 중소도시 거주자의 코로나19 사망률이 1.73배, 도시보다 농촌 거주자가 1.9배 더 높았다(Kim et al., 2020; Lee et al., 2021; 최규진, 2023에서 재인용).

코로나19 바이러스가 가난하고 소득이 낮은 사람들만 특별히 선별한 것일까? 우리는 코로나19 시기에 광범위한 '사회적 거리두기'를 실시했다. 치료제도 없고, 전염성이 강한 질병 앞에 우리가 스스로를 지키기 위해 할 수 있는 사실상 최선의 선택이었다. 그런데 그 와중에 어떤 사람들은 조용히 거리두기의 대열에서 이탈해야 했다. 코로나19 의심 증상이 있거나 가족이 감염되어 PCR 검사를 받은 비율은 정규직이 80.3%인 반면, 비정규직은 73.6%였다. 코로나19 의심 증상이 있는데도 불이익 때문에 업무를 지속한 비정규직은 43.7%로 정규직 23.4%의 두 배에 달했다. 비정규직은 정규직보다 감염에 따른 불이익을 더 크게 겪는 것으로 나타났는데, 감염 뒤 격리로 인한 소득 감소를 경험한 비정규직의 비율은 51.6%로 정규직 23.6%보다 약 2.2배 높았으며, 코로나19 감염 뒤 직장에서 퇴직을 강요받은 비정규직 비율도 10.1%로 정규직(1.5%)보다 약 6.7배 높게 나타났다(한겨레, 2022. 4. 20.). 코로나19에 확진되어 격리될 시 비정규직이 겪는 경제적 불이익이 정규직에 비해 컸기 때문에, 그리고 하루하루 생계를 위해 일이 중단되면 안 되기 때문에 코로나19의 공격에도 억지로 일터로 내몰릴 수밖에 없었던 것이다. 비슷한 일에 종사하는 유사 계층 간에 상호작용이 높다는 점을 고려할 때 아파도 일터로 나간 불안정한 저소득 노동자들 간에 코로나19의 전파력이 높게 나타났을 것이며, 또 아픈 사실을 숨기느라 적절한 치료를 받지 못해 사망률이 높아진 것도 필연적인 귀결이었을 것이다.

코로나19가 할퀸 상처의 깊이도 계층별로 달랐다. 신한은행이 전국 20~64세 경제활동인구 1만 명을 대상으로 실시한 '보통 사람 금융생활 보고서 2022'에 의하면, 소득 하위 20%, 40%에 해당하는 가구의 총소득은 2019년 이후 내리막길을 걷다가 2021년에는 2018년 이후 최저치를 기록한 반면, 상위 40%, 20%에 해당하는 가구의 총소득은 2019년 대비 각 3.0%, 5.1% 상승해 코로나19 이전 수준을 뛰어넘은 데 이어 4년 중 최고치를 기록했다. 그 결과, 소득 양극화는 더욱 확대되었는데, 소득 1분위(하위 20%)와 5분위(상위 20%) 사이 총소득 격차는 2019년 4.76배, 2020년 4.88배, 2021년 5.23배로 확대되었다(녹색경제신문, 2022. 4. 5.).

코로나19 회복 국면에서 전체 사회가 일상으로 돌아가고 있는 와중에도 이들은 여전히 코로나19의 상흔으로부터 회복하는 데 어려움을 겪고 있었다. 2022년에 실시한 한국

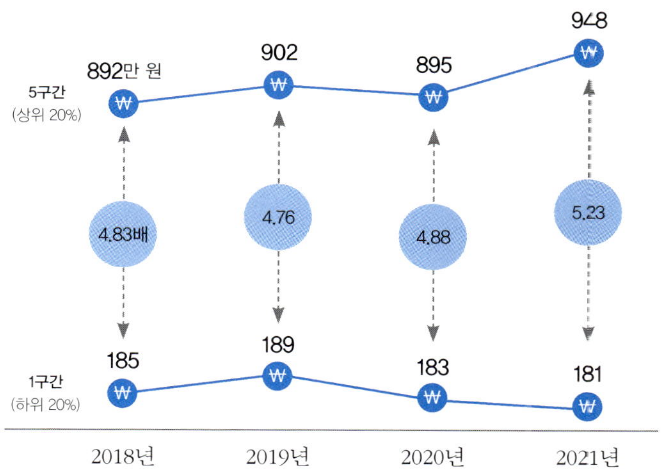

그림 6-4 코로나19 이후 소득수준별 소득 변화

출처: 녹색경제신문(2022. 4. 5.).

보건사회연구원의 '사회통합 실태 진단 및 대응 방안 연구'에서 "코로나19 이전 일상을 얼마나 회복했다고 생각하느냐?"는 질문에 대해 경제활동 상태, 소득수준, 연령대 등에 따라 차이를 보이는 것으로 분석되었다. 고용이 상대적으로 안정된 상용직(6.21점), 소득 상위 20%(6.37점)의 일상 회복 정도는 평균(6.05점)을 웃돌았으나, 자영업자, 고용주(5.85점), 임시 일용직(5.96점), 소득 하위 20%(5.85점)의 점수는 평균에 미치지 못했다(이태진 외, 2022).

4. 왜 국가가 국민들의 건강을 지켜 주어야 할까

미국은 세계에서 가장 부유한 나라이며 강대국이다. 뿐만 아니라 가장 발전된 의학 기술과 제약산업을 보유한 국가이기도 하다. 워낙 미국의 의료 기술이 뛰어나다 보니 한때 최상위 상류층을 중심으로 미국에서 출산을 하고 중증질환 또는 난치병에 걸렸을 때 미국에 가서 치료를 받는 소위 '원정 출산' '원정 치료' 등이 유행하기도 했다. 또 지난 코로나19 동안 대부분의 사람이 미국 제약회사 화이자, 모더나가 만든 백신을 접종했다.

그런데 정작 미국에서 가장 많은 코로나 확진자와 사망자가 나왔다. 2023년 9월 통계로 미국의 코로나19 확진자 수는 약 1억 8백만 명이며, 이 중 사망자는 약 117만 명이다. 가장 발전된 의료 및 제약 기술을 가지고 있는 국가에서 가장 많은 코로나19 환자 및 사망자라니, 다소 앞뒤가 안 맞게 느껴지지만 미국의 의료보장제도를 고려하면 충분히 납득이 간다. 미국은 국가가 국민의 건강을 보장하는 전 국민 대상 공공 의료보장제도를 가지고 있지 않다. 개인이 자발적으로 가입하는 민간의료보험 체계를 기본으로 하여 보험료를 지불할 능력이 없는 저소득층이나 노인을 위해 메디케이드(저소득층), 메디케어(65세 이상 노인) 제도를 공공 의료보장제도로 이원화해 운영하고 있다. 2023년 기준으로 미국 인구의 약 25.4%가 메디케어 프로그램에 가입되어 있으며, 약 19.4%가 메디케이드의 적용을 받고 있다. 그러니 인구의 대다수는 민간보험을 통해 스스로 건강을 지켜야 하는 상황이다. 민간의료보험 체계에서 고용주가 중요한 역할을 맡고 있는데, 이는 대다수의 근로자가 기업 복지 혜택의 일환으로 회사로부터 건강보험 지원을 받기 때문이다. 좋은 직장을 다니면 그나마 괜찮은 의료보험제도에 가입하여 혜택을 받을 수 있겠지만 그정도의 복지 혜택을 받기 어려운 직장에 다니거나 고용 지위가 불안정한 비정규직 노동자는 혜택을 받기 어려울 수 있다. 또 민간의료보험에 가입되어 있다고 해서 문제가 해결되는 것은 아니다. 보험이 있다고 해도 기본적으로 개인이 지불해야 하는 의료비용이 매우 높다. 보험상품이 매우 복잡하고 보장 범위가 제한적인 경우가 많아 이로 인해 충분한 치료를 받지 못하는 경우도 발생한다.

민간 보험상품이 갖는 이런 특성은 우리나라 민간 의료보험상품에서도 경험되는 현상이다. 보통 ○○생명보험 회사 등을 통해 민간 의료보험제도를 가입하게 되면 보장의 내용과 범위 등이 복잡하기 그지없고 기억하기도 어렵다. 그러다 보니 민간 의료보험에 가입하는 대다수의 사람은 '대강' 가입한다. 우리나라는 기본적으로 국가가 보장하는 건강보험제도가 있고, 그에 덧붙여 개인들이 보충적 · 추가적으로 민간 보험상품에 가입하는 것이기 때문에 보험상품이 복잡하고 제한적이어도 우리에게 치명적이지는 않다. 반면, 미국은 국가의 보장 없이 오롯이 민간 보험상품에 의존해 의료문제를 전부 해결해

〈식코(Sicko), 2007년〉

그림 6-5 영화 〈식코〉(2007) 포스터

2007년 개봉된 마이클 무어 감독의 다큐멘터리 영화 〈식코(Sicko)〉는 미국의 영리 중심 의료 체계가 시민들에게 미치는 부정적 영향을 비판적으로 조명한다.

의료보험이 있는 환자들이 보험회사에 의해 치료를 거부당하는 실제 사례들, 이익의 극대화를 위해 환자들의 치료를 거부하도록 직원들을 독려하는 보험회사의 관행, 과도한 의료비로 인해 파산하는 사람들의 이야기 등 미국의 의료보장제도의 문제점으로 인한 다양한 피해 사례를 다룬다.

영화의 후반부에서 무어는 9 · 11 테러 현장 구조 작업에 참여했다가 건강이 악화된 자원봉사자들과 함께 쿠바로 여행을 한다. 미국에서 받지 못했던 치료를 쿠바에서 무상으로 받는 장면을 통해 미국 의료시스템의 문제점을 극적으로 드러낸다.

야 하기 때문에 문제가 되는 것이다. 미국 의료보장제도의 현실을 다룬 마이클 무어 감독의 다큐멘터리 영화 〈식코(Sicko)〉는 민간 의료보험에 가입했음에도 불구하고 죽어간 아이의 이야기, 암환자의 이야기 등 미국 의료보장제도의 문제점을 적나라하게 고발한다. 아이러니하게도 미국은 세계에서 가장 의료가 발전한 나라이지만 2023년 기준 기대수명 79.1세, 그중 건강수명은 69.8세로 우리나라(기대수명 83.5세, 건강수명 73.1세)에 못 미친다(OECD, 2023a). 미국의 잘난 의료보장제도는 자국민 다수의 생명을 지키는 것과 무관하며, 값비싼 의료비용을 척척 지불할 수 있는 최상위 부자들을 위해 존재하는 셈이다.

미국의 현실은 국가가 국민의 의료문제를 민간 시장에 맡기고 아무런 역할을 하지 않을 때 어떤 일이 일어나는지를 보여 준다. 정리하면, 국가가 국민들의 건강을 지키기 위해 적극적으로 제도를 만들고 개입해야 하는 이유는 다음과 같이 두 가지로 압축할 수 있다.

첫째, 의료는 사회적 영향력이 크기 때문이다. 어떤 재화의 소비가 사회에 이로움을 제공할 때 우리는 그 재화를 '가치재(merit goods)'라고 부른다. 의료는 대표적인 가치재이다. 개인이 아플 때 병원에서 잘 치료받고 하루 빨리 건강을 회복하는 것은 개인에게 이로울 뿐만 아니라 사회 전체에도 이롭다. 아프면 경제활동을 할 수 없는데, 개인의 생계에 타격이 될 뿐만 아니라 아파서 경제활동을 하지 못하는 사람들이 많다면 그 사회의 경제가 마비될 것이다. 또 전염성을 가지고 있는 질병일 경우 조속히 치료받고 건강을 회복해야 타인의 건강도 지킬 수 있다. 즉, 개개인의 신체적 건강은 긍정적 외부효과를 갖는다. 보통 가치재나 외부효과의 특성을 갖는 재화나 서비스는 많이 공급되면 사회에 유리하지만, 시장에 맡길 경우 바람직한 수준으로 공급되지 않는다. 앞서 살펴보았듯, 민간 중심으로 의료서비스가 공급된 결과 지방에 의료 불균형이 발생하는 현상이 대표적인 예이다. '사회적 적절성'의 논리보다 민간의 '이윤' 중심 논리가 개입하기 때문이다. 이런 경우 국가가 개입해 균형을 맞추고 모든 사회 구성원이 혜택을 받을 수 있도록 보장하는 역할을 수행해야 궁극적으로 사회 전체에 이득이 된다.

둘째, 의료서비스에 대한 정보가 어렵기 때문이다. 앞서 민간 의료보험제도의 복잡함에 대해 언급했는데, 사실상 의료 자체가 어렵고 높은 전문성을 요하는 분야이다. 따라서 의사와 환자인 국민의 관계는 절대 균형이 맞을 수 없다. 정부의 개입 없이 의료서비스를 시장의 논리에 맡긴다는 것은 의사와 환자 사이가 상품의 공급자와 수요자의 위치에 놓이게 됨을 의미한다. 공급자와 수요자 간의 합리적인 선택과 거래가 이루어지려면 상호 동등한 정보를 가지고 있어야 한다. 어느 한쪽이 일방적으로 많은 정보를 가지고 있는 현상을 '정보의 비대칭성'이라고 하는데, 정보의 비대칭성이 발생할 경우 상품의 공급자와 수요자는 공정한 거래를 할 수 없다. 의료서비스는 수요자인 환자와 공급자인 의사 사이에 '정보'의 명확한 불균형이 존재한다. 우리는 질병에 대한 전문적 지식을 가지고 있지 않으며, 그래서 의사의 진단과 처방에 일방적으로 의존하게 된다. 일반 재화와 서비스는 잘못된 구매를 하면 구매비용만 손해를 보지만, 의료는 잘못된 구매를 하면 생명이 손실될 수 있다. 비교불가이다. 그래서 의료서비스는 반드시 중간에 객관적인 누군가가 개입해야 하는 것이다.

건강은 멀쩡한 중산층 가정을 가난으로 몰락시키는 주범이다!

간병 파산

"가족 간병의 숨겨진 비용… 연간 6,000억 달러 '충격'" "아픈 가족을 돌보기 위해 삶을 완전히 바꿔야 했음. 집을 안전하게 개조하는 데 돈을 쓰거나, 부모를 돌보느라 일할 시간을 잃어 수입도 줄게 되었음. 결국 아버지가 돌아가신 후 파산에 이르렀음. 가족을 돌본 것에는 후회 없지만, 재정적으로 큰 타격" (포춘코리아, 2024. 10. 15.)

재활 난민

"월 400만 원 간병비 때문에 우리 가족이 선택한 일" "가족이 번갈아 가면서 간병인으로 투입되면서 회사를 그만두기도 함" "집은 지방인데 서울에 있는 대학병원에 입원해 있어 응급연락이 올 수 있는 문제, 적극적인 간호를 위해 병원 근처에서 단기 임대를 알아보기도 함, 결국 가족 모두 이사를 결정" "발병 초기에는 모두가 의욕에 넘쳐 있었고 금전적으로 여유가 있었는데, 재정적인 어려움이 뒤따름" (오마이뉴스, 2025. 1. 6.)

보론: 건강에 돈 욕심이 개입될 때

의대 열풍이 뜨겁다 못해 광풍으로 치닫고 있다. 의대에 진학하기 위해 초등학교부터 '의대 입시반'을 만들고, 의대에 진학하기 위한 N수생의 규모는 역대 최고이다. 명문대 공대보다 의대가 더 높은 평가를 받은 지 오래이고, 소위 SKY 대학 진학 후 의대에 진학하기 위해 휴학을 하거나 자퇴를 하는 비율도 역대 최고이다. 이처럼 너도나도 앞다퉈 의대에 진학하고 의사가 되려고 하는 이유는 불안정한 사회에서 의사만큼 확실한 직업이 없다는 인식 때문이다. 대학 전공에서부터 취업 보장은 물론, 고소득, 무정년, 사회적 지위와 존경, 대한민국에서 특권층으로 살 수 있는 길이 보장되는 전공은 의대 외에는 없기 때문이다. 가령, 경영학과에 진학하는 것이 경영자가 되는 것을 보장하지 않으며, 정치학과에 진학하는 것이 국회의원을 보장하는 것은 아니다. 의대를 제외한 대부분의 학과는 진학과 졸업 후에 다시금 모호하고 불확실한 미래와 싸워야 한다. 불확실하고 불안정한 사회에서 대학 진학과 동시에 미래가 확실하고 최고 소득이 보장되는 직업, 의사는 적성과 사명감보다 안정감이 우선인 그런 직업이 된 듯하다.

2022년 7월, 국내 최고 병원 중 하나로 평가받는 서울의 A 병원에서 근무하던 간호사가 뇌출혈 증상으로 쓰러졌는데 치료할 의사가 없어 인근 병원으로 이송되었으나 끝내 사망하는 사건이 발생했다(연합뉴스, 2022. 8. 2.). 수술을 할 의사가 휴가 등으로 부재한 상황에 대체 인력이 없어서 발생한 사건으로, 우리나라 대표 대형 종합병원에서 일어난 일이라 가히 충격적이었다. 이 사건은 우리나라 '필수 의료'의 민낯을 드러냈는데, 암, 심장, 뇌혈관 등 필수 진료 과목에 대한 전공의들의 기피와 정원 미달 사태로 인해 필수 의료 분야의 의사가 부족한 현실과 그 심각성, 그리고 그런 현상이 몰고 올 미래의 파장에 대해 경종을 울리는 사건이었다. 통계자료에 의하면, 2017년부터 2022년까지 5년간 병원의 거부로 인한 재이송 중 사망한 환자의 규모가 3,752명에 달한다(뉴시스, 2024. 5. 29.). 그리고 가장 많은 거부 이유는 전문의 부재였다.

"내외산소보다 피안성과 정재영"이라는 말이 있다. 이는 내과, 외과, 산부인과, 소아과 등 필수 진료과보다 노동강도도 약하면서 더 많은 소득을 올릴 수 있는 피부과, 안과, 성형외과, 정형외과, 재활의학과, 영상의학과를 선택하는 게 더 합리적이라는 표현이다.

심적 · 물적 고생을 해서 무언가를 이루었을 때 그에 대한 응당의 보상을 받고 싶은 것은 자연스러운 욕구이다. 예전에는 보상이 '보람' '존경' '사명감'이었다면, 지금은 초등학교부터 의대 진학을 위해 달렸고, N수까지 하면서 심적 · 물적 고생을 해서 의사가 되었으니 보상받고 싶고 꽃길만 걷고 싶지 응급실, 수술실에서 고생하고 싶지 않은 것이다(한국일보, 2023. 5. 1.).

OECD의 '한눈에 보는 보건의료 2023(Health at a glance 2023: OECD Indicators)'에 의하면, 2020년 한국 의료기관에 고용된 봉직의의 연평균 임금 소득은 구매력평가 환율 기준 19만 2,749달러로, 관련 자료를 제출한 28개 국가 중 가장 높았다(OECD, 2023b). 각국의 물가수준에 견주어 의사 임금이 한국에서 가장 높다는 의미이다. 네덜란드(19만 1,482달러), 독일(18만 7,715달러), 아일랜드(16만 7,912달러) 등이 뒤를 이었다. 국내 임금 노동자 소득 대비 개원 전문의 소득은 6.8배로, OECD 국가 중 최고 수준이었다. 봉직 전문의 소득은 임금 노동자 평균의 4.4배로, 칠레(4.7배) 다음으로 차이가 컸다. 일반적으로 의사

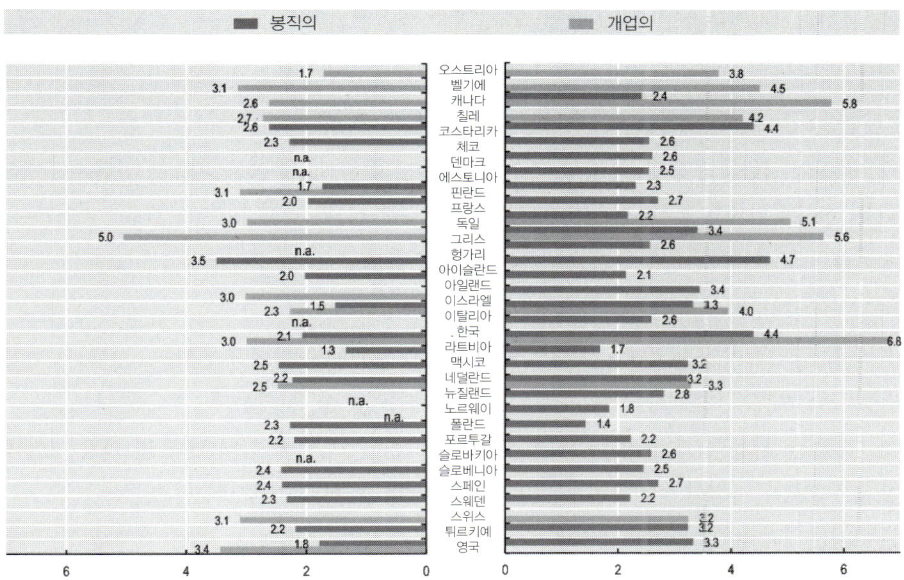

그림 6-6 OECD 국가의 의사 보수 수준

출처: OECD. (2023b).

는 높은 수준의 전문성을 보유해야 하는 전문직이고, OECD 국가 전반적으로 평균 임금 노동자 소득 대비 의사들의 소득 수준은 높은 편이다. 그러나 우리나라 의사들은 다른 OECD 국가와 비교해 의사들의 소득수준이 월등히 높은 수준이다. 특히 덴마크, 노르웨이, 핀란드, 스웨덴 등 소위 북유럽 복지국가들과 비교해 보면 의사라는 직업이 상당한 특권적 직업임을 알 수 있다.

열심히 공부해서 의대에 진학해 노력에 상응하는 물질적 보상을 원하는 것을 나무랄 수는 없다. 자본주의 사회의 시장원리에 따라 모든 개인은 자신의 이익을 극대화시키고자 합리적 선택을 하며 살아가기 때문에 의사도 마찬가지일 뿐이다. 그렇다면 지방 도시의 의료 부족 문제, 필수 의료 전문의 부족 문제 등 시장의 원리에 의한 개인들의 합리적 선택이 초래한 결과도 수용해야 할 것이다. 어쩌면 미래 어느 시점에 수술을 제때 받지 못해 자신이 혹은 가족이 속수무책으로 죽어 가는 모습도 지켜 볼 준비가 되어 있어야 할 것이다.

참고문헌

〈국내 문헌〉

박유경, 김진환, 김선, 김창엽, 한주성, 김새롬(2020). 지역 의료불평등 해소를 위한 미충족 의료 지표 활용의 비판적 분석. **보건행정학회지, 30**(1), 37-49.

보건복지부(2021). 제2차 공공보건의료기본계획.

보건복지부(2022). 제5차 국민보건의료실태조사.

보건복지부, 질병관리본부(2006). 국민건강영양조사: 제3기(2005) 검진조사.

이승윤(2024). **보이지 않는 노동자들: 경계 없는 노동, 흔들리는 삶**. 문학동네.

이태진, 김동진, 곽윤경, 이원진, 우선희, 김지원(2022). 사회통합 실태 진단 및 대응 방안 연구: 포스트코로나 시대의 사회통합 제고를 위한 정책방향. 한국보건사회연구원.

질병관리청(2024). 2023 국민건강통계.

최규진(2023). "재난 불평등과 건강: 코로나19 팬데믹을 되짚어 보며". 참여연대 월간복지동향 2023년 3월호.

통계청(2023). 한국의 사회통향 2023.

한국건강증진개발원(2021). 건강수명통계집: 한눈에 보는 건강수명 2021.

〈해외 문헌〉

Barker, D. J. (1998). In utero programming of chronic disease. *Clinical science (London, England: 1979), 95*(2), 115-128.

Kim, D. W., Byeon, K. H., Kim, J., Cho, K. D., & Lee, N. (2020). The correlation of comorbidities on the mortality in patients with COVID-19: An observational study based on the korean national health insurance big data. *Journal of Korean Medical Science, 35*(26), e243.

Lee, H., Lee, J. R., Jung, H., & Lee J. Y. (2021). Power of universal health coverage in the era of COVID-19: A nationwide observational study. *The Lancet Regional Health Western Pacific, 2021*(1).

Lundberg, O. (1993). The impact of childhood living conditions on illness and mortality in adulthood. *Social Science & Medicine, 36*(8), 1047-1052.

Mathews, F., Yudkin, P., & Neil, A. (1999). Influence of maternal nutrition on outcome of pregnancy: Prospective cohort study. *BMJ: British Medical Journal, 319*(7206), 339-343.

O'Connor, T. G., Heron, J., Golding, J., Beveridge, M., & Glover, V. (2002). Maternal antenatal anxiety and children's behavioural/emotional problems at 4 years: Report from the avon longitudinal study of parents and children. *The British Journal of Psychiatry, 180*(6), 502-508.

OECD. (2023a). *Health statistics 2023: Life expectancy and healthy life years.* OECD Publishing.

OECD. (2023b). *Health at a glance 2023: OECD Indicators.* OECD Publishing.

Ploeg, V. M., Breneman, V., Farrigan, T., Hamrick, K., Hopkins, D., Lin, B. H., Nord, M., Smith, T. A., Williams, R., Kinnison, K., Olander, C., Sihgh, A., & Tuckermanty, E. (2009). Access to affordable and nutritious food: measuring and understanding food deserts and their consequences: Report to congress. United States Department of Agriculture, Economic Research Service. https://www.ers.usda.gov/publications/pub-details?pubid=42729

Reynolds, R. M., Walker, B. R., Syddall, H. E., Andrew, R., Wood, P. J., Whorwood, C.

B., & Phillips, D. I. (2001). Altered control of cortisol secre tion in adult men with low birth weight and cardiovascular risk factors. *The Journal of Clinical Endocrinology & Metabolism, 86*(1), 245-250.

Sable, M. R., & Wilkinson, D. S. (2000). Impact of perceived stress, major life events and pregnancy attitudes on low birth weight. *Family Planning Perspectives, 32*(6), 288-294.

〈신문 기사〉

내일신문(2017. 2. 22.). "저소득층 자녀 '아토피 치료혜택 더 못 받아". https://www.naeil.com/news/read/228482

녹색경제신문(2022. 4. 5). "더욱 뚜렷해진 'K자 양극화'… 코로나19, 저 · 고소득층 간 격차 늘려". https://www.greened.kr/news/articleView.html?idxno=294953

뉴시스(2024. 5. 29.). "'병원 뺑뺑이'로 5년간 3752명 사망… 미 · 영 · 일 · 프, 다 의대 증원". https://www.newsis.com/view/NISX20240529_0002752351

미디어스(2020. 8. 5.). "KBS '바이러스가 묻다'… 공평하지 않은 바이러스, K방역의 빈틈에 주목하라!". https://www.mediaus.co.kr/news/articleView.html?idxno=189898

세계일보(2024. 10. 23.). "소득수준 낮을수록 암환자 생존율 떨어져… 낮은 암검진 수검률 탓". https://www.segye.com/newsView/20241023510186?OutUrl=naver

연합뉴스(2022. 8. 2.). "서울아산병원 간호사 근무 중 뇌출혈 사망… 병원은 수술 못했다". https://www.yna.co.kr/view/AKR20220802106851017

오마이뉴스(2025. 1. 6.). "월 400만 원 간병비 때문에 우리 가족이 선택한 일". https://www.ohmynews.com/NWS_Web/View/at_pg.aspx?CNTN_CD=A0003093680&CMPT_CD=P0010&utm_source=naver&utm_medium=newsearch&utm_campaign=naver_news

지이코노미(2024. 9. 30.). https://www.geconomy.co.kr/news/article.html?no=289620

포춘코리아(2024. 10. 15.). "가족 간병의 숨겨진 비용… 연간 6000억 달러 '충격'". https://www.fortunekorea.co.kr/news/articleView.html?idxno=43141

한국일보(2023. 5. 1.). "사명감? 그게 뭐죠? 의대 차석은 메스 대신 레이저를 잡았다". https://www.hankookilbo.com/News/Read/A2023042013570000372

한국일보. "그 많던 의사는 다 어디로 갔나?". https://interactive.hankookilbo.com/v/doctor/

한겨레(2022. 4. 20.). "일터 약자일수록 PCR 검사 덜 받고 계속 일한다". https://www.hani.co.kr/arti/society/society_general/1039718.html

한겨레(2024. 5. 17.). "'겨울옷 무료 세탁'… 서울 중구 명동주민센터, 저소득층 위해 '원스톱 세탁 대행 서비스' 운영". https://www.seouland.com/arti/society/society_general/16986.html

한겨레(2024. 11. 22.). "국가가 비만 정책 손 놓으니 '의료 현장은 동맥경화' [건강한겨레]". https://www.hani.co.kr/arti/hanihealth/healthcolumn/1168651.html

현대건강신문(2024. 7. 30.). "코로나19 대유행 시기 의료급여 대상자 사망률 높았다". https://www.hnews.kr/m/page/view.php?no=64245

라포르시안(2023. 10. 10.). "지방환자 '빅5 병원'서 지출한 원정진료비 연간 2조 넘었다". https://www.rapportian.com/news/articleView.html?idxno=165929

제7장

死 1: 죽음

1. 죽음과 삶은 동전의 양면이다

인간은 누구나 죽는다.

인간은 언제 죽을지 모른다.

어디에서 죽을지 아무도 모른다.

어떻게 죽을지 모른다.

생전에 경험할 수 없다.

아무도 대신 죽을 수 없다.

누구나 빈손으로 간다.

죽음 앞에서는 누구나 평등하다.

이상은 죽음에 관한 공리(axiom)이다. 공리란 과학적 · 논리적 · 철학적으로 증명하지 않아도 확실한 것을 받아들이는 명제를 말한다. 그래서 앞과 같은 죽음의 공리를 제시하면 이를 부정할 사람은 아무도 없다.

하지만 이와 동시에 죽음의 공리를 진심으로 생각하며 사는 사람도 드물다. 인간은 누구나 죽으며, 언제 어디에서 죽을지 아무도 모르기 때문에 우리는 당장 내일 죽을 수도 있다. 맞는 말이라며 고개를 끄덕일 것이다. 그런데 스스로 내일 당장 죽을 수도 있다고 진심으로 믿고 사는가? 많은 사람이 죽음의 공리를 진심으로 받아들이지 않는 모순적인 삶을 살아간다.

이와 같은 모순이 발생하는 이유가 회피이든, 두려움이든, 금기이든, 죽음에 대한 우리의 태도는 결코 긍정적이지 않다. 타인과의 대화에서 죽음은 '재수 없고' '기분 나쁜' 대화의 소재이기에 기피된다. 죽음에 대한 사람들의 모순적 태도에 대해 셸리 케이건(Shelly Kagan)은 그의 저서 『죽음이란 무엇인가(Death)』에서 조목조목 논리적으로 파헤친다(Kagan, 2012). 보통 죽음은 육체적이고 생리학적인 죽음을 뜻하고 인간으로서 존재의 '끝'을 의미한다. 그런데 내 존재가 '끝'이 났다면 어떻게 죽음이 내게 나쁜 것이 될 수 있을까? 일단 내가 죽었다면 나는 더 이상 존재하지 않는데 말이다. 만약 죽음으로부터 '생존'할 수 있다고 믿는다면 얼마든지 죽음은 나쁜 경험이 될 수 있다. 따라서 죽음은 오직 '살아 있는' 사람들에게 나쁜 것이다. 죽음이 나쁘다고 생각되는 또 다른 측면은 존재할 수 없기 때문이다. 존재하지 못하는 것이 나쁜 이유는 삶이 선사하는 좋은 것들을 누리지 못하게 만들기 때문, 즉 죽음이 선사하는 '박탈' 때문이다. 그런데 박탈이 존재하기 위해서는 삶이 주는 축복이 있어야 한다. 삶이 주는 축복이 하나도 없다면 죽음은 나쁜 것이 아닐 것이다. 따라서 삶에서 좋은 것들을 얻고 있어야 죽음은 나쁜 것이 될 수 있다. 가진 것이 많았던 중국 진나라의 진시황이 죽음을 두려워하고, 우리가 사랑하는 사람들과 함께 할 소중한 시간들을 잃기에 죽음을 두려워한다는 것은 박탈될 수 있는 '좋은 삶'이 있기 때문이다(Kagan, 2012).

그렇다면 좋은 삶을 영원히 누리면 좋을까? 케이건은 "영원히 사는 나는 과연 나인가?"라는 질문을 던졌다. 기억이 사라지는 것처럼 관심과 욕망도 변한다. 10년 전의 나와 오늘의 나는 다르다. 사람의 선호와 가치관, 심지어 성격은 계속 변한다. '나'라는 육체는 살아 있지만 1000년 후의 나는 취향도, 성격도 다르고, 과거의 경험과 기억도 잊어버린 완전한 다른 사람이 되어 있을 것이다. 영생을 살게 된 존재들이 겪는 피로와 고통은 가끔 드라마 소재로도 등장하는데, 어쩌면 지금의 삶에서 소중하다고 느끼는 것들이 소중한 이유는 '유한'하기 때문일 것이다. "삶이 소중한 이유는 언젠가 끝나기 때문이다"라고 한 프란츠 카프카(Franz Kafka)의 말처럼 죽음이 없었다면 삶은 이토록 귀하지 않았을 것이다.

케이건은 궁극적으로 죽음에 대한 두려움, 분노, 슬픔 등 우리가 갖는 막연한 감정은 비합리적이라고 지적했다. 죽음에 대한 비합리적인 감정들을 배제하고 죽음에 직면한다면 '언제 죽을지 모른다'는 불확실성만 남게 되는데, 뒤집어 보면 이 불확실성이란 '지금 살아 있다'는 확실성과 동전의 양면이다(Kagan, 2012). 단 한 번뿐인 유한한 삶, 얼마만큼의 시간이 남아 있는지 모르는 삶이기 때문에 대충 살 수 없다. 최대한 조심스럽게, 전략적으로, 그리고 가치 있게 살아야 한다. 삶이 소중하기에 죽음의 무게가 의미 있고, 죽음이 있기에 삶이 소중하다.

2. 죽음은 삶을, 시대를 반영한다

모든 인간은 육체를 지닌 생물학적 존재일 뿐만 아니라, 타인과 상호작용하면서 자기 존재를 인식하는 사회적 존재이다. 조지 미드(George Mead)는 『마음, 자아, 그리고 사회(Mind, Self, and Society)』에서 인간의 모든 경험은 본질적으로 사회적 경험이라고 말했다(Mead, 1967). 죽음도 생물학적 현상만이 아니라 사회적 사건이다. 의학계에서는 죽음을 "생물학적 존재가 비생물학적 존재가 되는 것"(이길홍, 1980: 85)으로 정의하고, 죽음의 경위에 따라 자연사, 돌연사, 병사, 폭력사, 변사 등으로 구분해 왔다(김순자, 1994: 8). 하지만 죽음사회학자 로버트 카스텐바움(Robert Kastenbaum)은 『죽음, 사회, 인간경험(Death, Society, and Human Experience)』에서 인간이 개인이자 사회 구성원으로서 맞는 죽음을 이해하려면 생체의학적 상태(bio-medical state)만이 아니라 죽음의 당사자인 인간, 인간이 살아가는 시공간의 세계, 그리고 그 세계에 존재하는 사물과 현상을 포함한 사회적 죽음 체계(societal death system)를 파악해야 한다고 주장했다(Kastenbaum, 1986).

문화사회학자 올랜도 패터슨(Orlando Patterson)도 죽음의 사회적 측면에 주목해 왔다. 그는 생물학적 존재이자 사회적 존재인 인간에게 죽음의 차원은 생물학적 죽음(biological death)과 사회적 죽음(social death)으로 이루어진다고 보았다(Patterson, 1982). 예를 들어, 노예, 흑인, 범죄자, 성매매 여성이 사회적으로 존재하지 않는 사람처럼 취급되기도 하는 것처럼, 생체의학적으로는 살아 있으나 사회적으로 죽은 사람처럼 취급되는 사람들도 존재한다. 랠프 엘리슨(Ralph Ellison)이 1952년에 발표한 소설 『보이지 않는 인간(Invisible Man)』에서는 아프리카계 미국인들이 미국 사회에서 마치 없는 사람처럼 취급되는 모습을 잘 보여 준다(Ellison, 2008). 이와 반대로 육체는 이미 죽었지만 의미 있는 인생으로 가족과 공동체에게 기억되면서 기일과 추모행사를 통해 사회적 존재감을 유지하는 경우도 있다. 이런 면에서 카스텐바움은 한 인간의 죽음을 단지 한 개인의 사망(death)을 넘어서 사망 이전의 투병과 같이 죽음에 이르는 과정(dying), 그리고 사망 이후에 타인에 의해 기억되고 경험되는 죽음 이후(after death)에 이르는 시간적 사건으로 해석하기도 했다(Kastenbaum, 1986).

죽음은 예외 없이 모두에게 일어나는 일이며, 자신 혹은 가까운 타인의 죽음은 개인이 경험하는 최대의 사건이다. 그럼에도 불구하고 우리는 죽음에 대해 생각하지도, 이야기하지도 않는다. 현대사회에서 죽음은 금기가 된 주제이다.

문화인류학적으로 보면 전통사회에서 죽음은 공동체 안에 늘 존재했다. 촌락의 장례식은 마을 사람들이 모여서 치루는 마을 잔치처럼 이루어졌다. 따라서 죽음은 자연스럽게 개인 차원이 아니라 공동체의 차원에서 경험되고 받아들여졌다. 평생을 살던 집에서 가족이 지켜보는 가운데 생을 마감했고, 마을 공동체는 함께 망자를 애도하며 유가족의 슬픔과 상실을 나누며 치유자로서의 역할을 수행했다.

이성과 과학의 발전에 바탕을 둔 근대사회의 출현은 감각적으로 확인되지 않은 세계를 거부하는 경향성과 함께 인간의 욕망과 생존, 물질적 만족과 풍요가 삶의 중요한 기준으로 자리 잡게 만들었다. 이성을 통해 자아를 의식하고 개인의 해방을 추구하며 행복의 가치를 강조하던 근대적 사유는 인간의 삶에서 자아의 강력한 작용과 생존의 가치를 추구하게 만들었다. 이는 한편에서는 '죽음'의 자리, 즉 인간이 자신의 유한성을 자각하고 인식하게 만드는 공간을 점차 소멸시켰다. 자아와 욕망이 삶에서 차지하는 공간은 확장된 반면, 자신의 죽음 및 유한성을 의식하는 자아 성찰의 공간은 축소되었다.

근대사회의 또 다른 특징은 전통적 공동체의 붕괴와 개인주의화이다. 산업화와 근대 자본주의의 출현은 사람들이 농촌을 떠나 도시로 이동하게 만들었다. 이 과정에서 전통적 공동체는 해체되었으며, 사람들은 익명성과 고립감이 증가하는 도시 환경에서 살아가게 되었다. 도시에서의 삶이란 공동체적 연대보다 개인의 생존과 성공이 중요시되는 삶이다. 삶의 변화는 죽음을 대하는 문화와 자세에도 변화를 가져왔다.

전통사회에서는 노인, 병자, 죽어 가는 사람들도 사회적으로 고유한 각자의 자리를 가지고 있었다면, 기능적으로 분화되고 생산주의적이고 성취지향적인 근대사회는 이들을 사회적으로 쓸모 없는 존재로 간주했다. 따라서 일상에서 질병, 노화, 고통, 죽음 등의 현상을 배제하려는 경향이 나타나게 되었다. 일상 속에서 공동체 구성원과 함께 접하고 공유할 수 있었던 질병, 노화, 고통, 죽음은 보이지 않는 병원 안으로 갇히게 된다. 현대사회에서 죽음은 '의료화'되었고, 일상에서 분리되었으며, 죽음의 불안과 공포는 공동체의 공유에서 개인의 책임이 되었다.

오늘날 태어나고 죽는 모든 과정은 병원이라는 공간에서 이루어진다. 병원에서 진행되는 죽음에 이르는 과정은 죽음에 대한 개인의 선택권을 박탈하며, 인간존엄성에 의문을 제기하게 만든다. 유가족의 상실과 슬픔에 대한 치유 과정도 생략되며, 감정을 추스를 겨를도 없이 일상으로 돌아오기를 강요받는다. 과거에는 타인의 죽음을 일상에서 자주 마주하면서 자신의 죽음에 대해서도 성찰할 기회가 주어졌다. 죽음에 대한 대응이 개

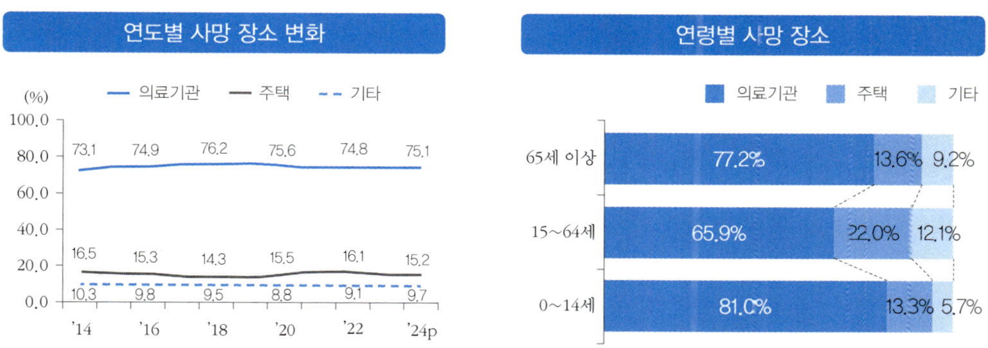

그림 7-1 죽음의 의료화

출처: 통계청(2025. 2. 26.).

인이 아니라 마을과 공동체 단위에서 이루어졌기 때문이다. 그러나 산업화, 도시화에 따른 가족 범위의 축소와 '죽음의 의료화'로 인해 죽음은 일상에서 분리되었고, 죽음에 대한 대응은 공동체가 아닌 오롯한 개인의 몫이 되었다. 죽음이 병원으로 들어가 일상에서 분리됨으로써 사람들은 죽음을 쉽게 접할 수 없게 되었는데, 이러한 과정을 통해 아이러니하게도 개인이 느끼는 죽음에 대한 긴장과 부담은 더욱 증가했다. 공동체에서 공유되었던 죽음의 불안과 공포는 근대사회 이후 개인이 감당해야 할 책임이 되었다. 죽음의 개인화는 죽음에 대한 대화를 금기시하게 만들었고, 죽음을 남의 일처럼 타자화시켰으며, 죽음의 고통과 생사에 대한 통합적 성찰의 기회를 잃어버리게 만들었다. 앤소니 기든스(Anthony Giddens)는 현대사회에서 사람들은 가족처럼 매우 친밀한 사이가 아니라면 죽음을 직접 지켜볼 기회를 잃게 되었고, 주로 미디어를 통해 매개된 경험(mediated experience)으로 타인의 죽음을 감각하게 되었다고 지적했다(Giddens, 1992).

삶과 밀접한 죽음이 삶으로부터 분리되고 금기시되는 현상을 죽음으로부터의 '소외'라고 한다. 현대인의 삶에서 죽음이 금기시되거나 밀려나고 있다는 것은 우리가 유대가 없는 타인의 죽음에 대해 가지고 있는 무관심이 반증한다. 우리나라 사람들이 문상하는 모습을 보면 잘 알거나 사회적 관계를 맺은 사람의 장례식에 조문하기도 하지만, 한 번도 만난 적이 없는 고인의 죽음에 살아 있는 사람과의 관계로 인해 문상하는 경우도 많다. 고인의 삶, 인간관계, 가족사, 죽음에 이른 경위, 주변 사람들에 미친 영향 등 죽음과 관련된 내용에 대해 진지하게 묻고 이야기를 나누기보다는 형식적인 문상에 그치는 경우가 많다. 장례식장은 고인의 삶이나 죽음에 대한 이야기보다는 오랜만에 만난 지인들이 이야기를 나누고 각자의 소식을 전하는 사교와 만남의 장소가 된다. 죽음의 장소에서 죽은 자는 없고 살아 있는 자의 일상적 관심만 존재한다.

죽음으로부터 소외되는 것은 죽어 가는 사람도 마찬가지이다. 병원은 중환자의 장기 요양소이자 가장 빈번한 임종의 장소인데, 죽어 가는 사람은 인공호흡기를 비롯한 첨단 의료 기계에 둘러싸여 삶의 마지막 시간을 보내게 된다. 죽어 가는 사람은 자신의 죽음을 제대로 준비하고 받아들일 기회를 잃었고, 가족과 지인들에게 작별의 말도 제대로 남기지 못한 채 단순히 육체적 연명만을 도모하며 죽어 간다.

죽음으로부터의 소외는 코로나19 팬데믹 시기에 극적으로 드러났다. 요양병원과 중

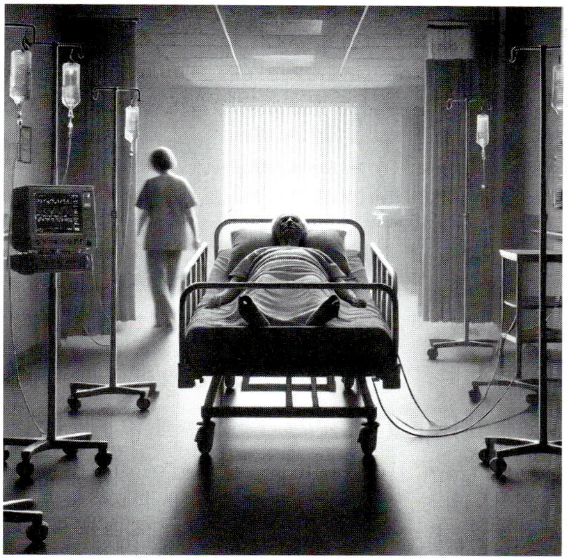

그림 7-2 죽음으로부터의 소외(by ChatGPT)

환자실은 바이러스 감염 확산을 막기 위해 장기간 전면 출입제한이 이루어졌고, 이로 인해 환자들은 가족의 얼굴을 보지 못한 채 고립 속에서 사망을 했고, 남은 가족은 그의 임종을 지키지 못했다는 죄책감과 슬픔에 시달려야 했다. 이와 같은 상황은 인간다운 죽음의 의미를 심각하게 훼손했으며, 죽음을 앞둔 사람과 남은 가족 모두에게 깊은 심리적 상처를 남겼다. 이는 단순히 전염병에 따른 일시적 조치로 치부할 수 없는 문제로, 병원화된 현대인의 죽음에 대해 다시 한번 회의감을 갖게 만들었다.

3. 우리 시대의 죽음, 그 의미

김정현(2014)은 현대사회가 성과와 경쟁을 중심으로 구성되면서 죽음을 삶의 자연스러운 일부로 받아들이기보다는 회피하려는 경향이 강해졌다고 말했다. 경제발전과 신자유주의적 가치관의 확산으로 인해 사람들은 죽음을 직면하고 이에 대해 깊이 성찰할 시간적 · 심리적 여유를 잃어 가고 있다. 특히 의료 기술의 발달로 죽음의 공간이 병원과 요양원으로 이동하면서 죽음은 점차 가족과 공동체의 영역에서 벗어나 개인의 고립된 문제로 변질되었다. 결과적으로 죽음은 현대인의 삶에서 자연스러운 과정이 아닌, 소외되고 심지어 금기시되는 존재가 되었다.

동시에 현대사회에서의 죽음의 특징은 '죽음의 범속화(Banalisierung des Todes)'인데, 현대인들이 타인의 죽음에 점점 무관심해지고, 죽음이 단지 거쳐야 할 하나의 사회적 의례로만 소비되는 경향을 일컫는다. 장례식조차도 진정한 애도의 공간이라기보다는 사회적 관계를 유지하기 위한 형식적인 문상 문화로 변질되고 있는 것이 죽음의 범속화를 보여 준다. 레프 톨스토이(Leo Tolstoy)의 『이반 일리치의 죽음』에서 묘사된 것처럼, 현대사회에서 죽음은 단순한 형식적 사건으로 다루어지며, 깊은 성찰이나 의미 부여 없이 신속하게 처리되고 잊혀진다(김정현, 2014).

김홍중(2009)은 현대 한국 사회에서 죽음에 대한 인식이 근본적으로 변화한 시점을 1997년의 IMF 외환위기 이후로 꼽는다. 삶의 자연스러운 일부인 죽음이 현대사회에서는 점차 '생존의 실패'로 간주되는 경향이 강해졌다는 것이다.

이러한 변화는 경제적 생존, 사회적 생존, 생물학적 생존 등 세 가지 생존의 차원과 밀접하게 연관된다. 첫째, 경제적 생존 차원에서 무한경쟁 사회가 형성되었다. IMF 이후 정리해고, 실직, 빈곤 문제가 심화되면서 경제적 실패는 곧 삶의 실패로 인식되었다. 노동시장에서 경쟁력을 잃는 것은 사회적 소외로 이어지며, 이는 궁극적으로 삶과 죽음을 결정짓는 중요한 기준이 되었다. 둘째, 사회적 생존 차원에서는 계층 간 격차가 뚜렷해지고 경쟁이 심화되는 과정에서 취업, 결혼, 인간관계 등 다양한 영역에서 낙오되지 않기 위해 사회적 지위를 유지하는 것이 중요해졌다. 이러한 환경에서 사회적 실패는 존재 자체의 실패로 간주되어 때로는 자살과 같은 극단적 선택으로 이어지기도 한다. 셋째, 생물학적 생존 차원에서는 질병과 죽음을 극복하고 수명을 연장하려는 노력이 강화된 것과 관련된다. 의료 기술의 발전으로 생명 연장이 최우선의 가치가 되는 사회적 분위기가 형성되었고, 고령화사회로 접어들면서 오래 사는 것을 성공적인 삶의 지표로 여기게 되었다(김홍중, 2010).

이러한 세 가지 생존 차원의 변화로 인해 현대사회에서 죽음은 자연스러운 과정이 아닌 '패배' 또는 '실패'로 인식되는 경향이 짙어졌다. 이는 한국 사회의 높은 자살률, 웰다잉(well-dying) 논의의 필요성 증대, 무의미한 생명 연장 시도 등 다양한 사회적 문제로 이어지고 있다.

노르베르트 엘리아스(Norbert Elias)는 죽음의 개인화는 현대사회에 와서야 등장한 시대사적 현상이라고 강조했다(Elias, 2011). 과거 한 개인의 죽음은 공동체가 함께 치르는 집합적 의례였다. 하지만 도시화와 핵가족화로 인해 죽음이 가족에게 귀속된 가정의례로 축소되었다가 최근에는 개인화가 심화되면서 혼자 맞는 죽음, 즉 고독사도 증가하게 되었다.

엘리아스는 그의 저서 『죽어 가는 자의 고독(The Loneliness of the Dying)』에서 현대사회의 개인주의화와 죽음의 관계를 분석하며 '죽어 가는 자의 고독'을 현대인의 필연적 운명으로 묘사했다. 개인주의화가 심화된 현대사회에서 개인의 삶은 타자의 삶과 연관되며, 의미를 가지기보다는 개별화된 존재, 즉 '갇혀 있는 인간(Homo Clausus)'으로서의 삶이 되었다. 사회적 관계와 연결망 속에서가 아니라 개인의 사적인 삶의 영역에 갇혀 살아가는 현대인은 죽어 가는 과정도 주변 세계로부터 분리되고 사회적 소통 가능성을 상실하며 고독 속에 놓이게 된다는 것이다. 즉, 현대인의 인성 구조와 고도의 개인주의화의 결과인 외로움과 고독은 죽음의 과정에서도 그대로 발현된다. 가령, 노인이나 환자는 일상생활의 바깥 공간(예: 양로원, 요양병원)에서 낯선 의료인과 요양사들의 간병서비스를 받으며, 익명으로 외롭게 죽어 간다. 현대사회의 개인주의적 삶이 죽음에까지 투영된 것이다. 엘리아스가 표현한 '죽어 가는 자의 고독'의 극단적인 형태가 고독사이다. 고독사는 몇 해 전만 해도 충격적인 사회 이슈로 등장했는데, 이제는 더 이상 충격적으로 받아들이지도 못할 만큼 연령, 계층, 지역 등을 초월해 일어나고 있다. 어쩌면 고독사는 앞으로 우리 사회가 받아들여야 할 일반화된 죽음의 형태가 될지 모른다.

고독사는 가족, 친구, 지인 등 주변과 단절된 상태에서 홀로 죽음을 맞이하는 현상을 말한다. 한때 뉴스에서 심심치 않게 접하며 충격을 금할 수 있었던 고독사 소식은 이제는 뉴스거리조차 안 될 정도로 흔한 현상이 되었다. 이런 배경하에 2020년에는 「고독사 예방 및 관리를 위한 법률」이 제정되어 2021년 4월부터 시행되고 있는 상황이다. 해당 법률에서 고독사는 "가족, 친척 등 주변 사람들과 단절된 채 홀로 사는 사람이 자살 · 병

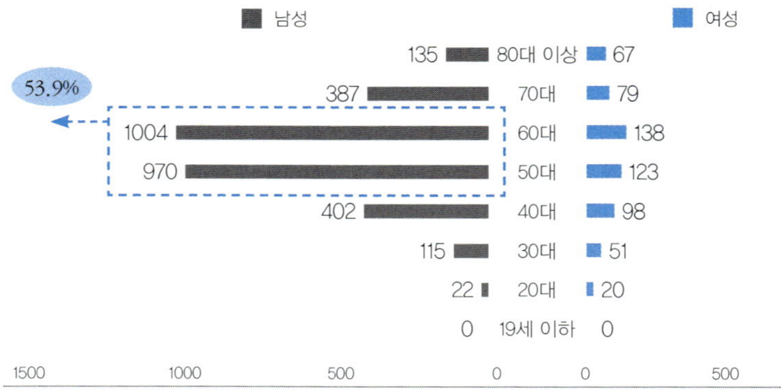

구분	성별 미상
80대 이상	3
70대	4
60대	4
50대	4
40대	2
30대	0
20대	0
19세 이하	0
연령 미상	12

그림 7-3 우리나라의 고독사 통계(성별, 연령별)

출처 : 보건복지부(2024. 10. 17.).

사 등으로 혼자 임종을 맞고, 시신이 일정한 시간이 흐른 뒤에 발견되는 죽음"으로 정의된다. 특히 고독사의 개념에는 보살핌을 받지 못하는 것, 돌봄 제공자가 없는 것 등의 내용이 포함되어 논의되곤 한다.

한국 사회에서 이러한 고독사 사례는 연도별로 증가하는 경향을 보이고 있다. 보건복지부의 '2024년 고독사 사망자 실태조사' 결과에 따르면, 최근 5년간 고독사는 연평균 5.6% 증가했다. 구체적으로 고독사 사망자 수는 2021년 3,378명에서 2022년 3,559명, 2023년 3,661명으로 매년 증가하고 있다.

고독사는 현대사회가 직면한 심각한 사회문제로 떠오르고 있다. 고령화와 1인가구의 증가, 사회적 관계의 약화가 고독사의 주요 원인으로 지목되고 있다. 특히 고독사는 경제적 불평등과 사회적 고립이 결합되면서 특정 성별, 연령, 계층에게서 두드러지게 나타나고 있다. 성별로는 남성의 고독사가 여성보다 더 빈번하다. 2023년 기준으로 남성 고독사 사망자는 전체의 84.1%를 차지해 여성보다 5배 이상 많았다. 이는 남성들이 상대적으로 사회적 관계를 유지하는 데 취약하며, 감정적 표현이나 도움 요청을 어려워하는 문화적 특성과 연관이 있다. 연령대별로 고독사는 50대가 가장 많았고, 그다음으로 60대, 40대 순으로 나타났다. 주로 중장년층과 노년층에서 높은 비율로 발생하지만, 최근에는 20~30대의 청년층 고독사도 적지 않다. 연령대에 따라 고독사의 원인도 다르게 나타나는데, 50대 이상에서는 질병이 직접적인 원인인 경우가 80% 이상인 반면, 20대와 30대에서는 자살이 주요 원인으로 나타났다. 중장년층에서는 경제적 어려움, 실직, 가족 해체 등이 주요 요인으로 작용하며, 노년층에서는 고령화로 인한 사회적 고립과 건강 문제, 빈곤 등이 고독사의 원인으로 나타났다.

특히 주목할 만한 점은 50~60대 남성이 고독사에 가장 취약한 것으로 나타났다는 점이다. 이는 남성들이 상대적으로 건강 관리와 가사노동에 익숙하지 못하고, 중장년기에 실직이나 이혼 등을 겪으면서 가족이나 동료와의 연대가 약화되는 것이 원인이다. 덧붙여 고독사 중 자살 사망 비중은 16.5~19.5%로, 연령이 어릴수록 자살로 인한 고독사가 많은 것이 확인되기도 하였다(배은경 외, 2023).

고독사는 급격한 도시화와 개인주의적 문화의 확산에서도 기인한다. 한국은 전통적으로 가족 중심의 돌봄 체계가 강했지만 점차 가족의 기능이 약화되고, 1인가구가 급증하면서 개인이 고립되는 경우가 많아졌다. 특히 도시지역에서는 인구 밀도가 높음에도 불구하고 이웃 간 교류가 부족해 고독사가 발견되기까지 오랜 시간이 걸리는 사례가 빈번하다. 2023년 기준 지역별로 보면 경기, 서울, 부산 순으로 고독사가 많이 발생했는데, 이는 대체로 인구가 많은 지역과 일치한다. 실제로 고독사의 상당수는 사망 후 여러 날이 지나서야 발견되는 경우가 많아 고독사 방지를 위한 사회적 안전망의 부족이 문제로 지적되고 있다.

고독사는 경제적 빈곤과도 연관이 깊다. 생계 곤란으로 인해 사회적 활동이 줄어들고, 몸이 아파도 의료서비스를 제대로 받지 못하게 되면서 결국 극단적인 고립에서 죽음에 이르는 경우가 많다. 이에 따라 고독사는 단순히 개인의 문제가 아니라 구조적이고 사회적인 문제로 접근해야 할 필요성이 있다. 한국 사회에서 고독사의 증가는 단순한 통계적 증가를 넘어 현대사회에서 인간관계의 위축과 사회적 연대의 약화를 보여 주는 상징적인 현상이다. 이를 해결하기 위해서는 지역 공동체의 회복, 사회적 고립을 방지하기 위한 제도적 장치, 그리고 심리적 지원과 돌봄 체계 강화가 필수적이다.

현상적으로 1인가구의 급증은 고독사 증가로 이어진다. 1인가구가 급증하면서 혼자 사는 사람들이 겪는 어려움이 사회문제로 대두되고, 이에 대한 사회적 관심이 크게 늘었다. 1인가구의 빈곤, 질병, 우울, 나아가 그로 인한 극단적 결말로 고독사가 미디어를 통해 연일 보도되고 있으며, 이러한 문제들의 현황과 원인을 파악하는 연구들도 계속되고 있다. 정부와 지방자치단체에서도 1인가구의 고독사 문제를 해결하고자 다양한 방안을 모색하고 있다. 가령, 노인 · 장애인 1인가구를 위해 정부가 지원하는 '응급안전안심서비스', 서울시가 고독사 위험군을 실시간으로 관리하기 위해 도입한 '스마트 플러그' '서울 살피미 앱' 등이 대표적이다.

1인가구의 고독사 문제에 대응하기 위해 정부와 지방자치단체가 노력하고 있는 점은 긍정적이지만 다음과 같은 점에서 한계를 갖는다. 첫째, 기술 의존적 접근의 한계이다. '응급안전안심서비스' '스마트 플러그' '서울 살피미 앱' 등은 기술에 익숙하지 않은 노인이나 취약계층에게 접근성이 떨어질 수 있으며, 특히 디지털 문해력이 낮은 고령층은 이러한 서비스를 효과적으로 활용하기가 어렵다. 또한 기술에 기반한 '기계적 모니터링' 솔루션은 단지 물리적 안전만 확인할 뿐, 정서적 · 사회적 고립 문제에는 대응하지 못한다. 가령, 전기 사용량이나 움직임 감지만으로 그 사람의 정신적 건강과 삶의 질을 파악할 수 있을까? 나아가 이와 같은 방식은 프라이버시 침해의 우려를 낳게 된다. 디지털 기술을 활용한 상시 모니터링 체계는 개인의 사생활 침해로 이어질 수 있으며, 이는 서비스 거부나 부정적 인식의 원인이 될 수 있다.

둘째, 대상자의 제한성 문제인데, 대부분의 지원 서비스는 특정 기준(연령, 소득, 장애 여부 등)에 따라 제공되어 기준에 벗어나지만 실제로 위험한 1인가구는 지원받지 못할 수 있다. 미디어 등에서 활용되는 사회적 프레임은 1인가구와 고독사 문제를 생활고와 고립을 경험하는 취약계층의 문제로 설정하는데, 사실 1인가구에는 취약계층만 있는 것이 아니며, 1인가구가 경험하게 되는 예기치 못한 죽음, 곧 고독사는 계층을 초월해 일어날 수 있는 문제이기 때문이다.

종합적으로, 현재 제시된 해법은 근본적인 문제해결로 보기 어려우며, 증상 치료에 그치는 접근에 불과하다. 즉, 현재의 대책들은 고독사가 발생한 후 빠르게 발견하거나 발생 직전에 개입하는 성격이 강하며, 1인가구가 고독사 위험에 처하게 되는 근본적인 사회경제적 원인(빈곤, 사회적 고립, 의료 접근성 등)을 해결하지는 못한다. 특히 기술적 모니터링보다 더 중요한 것은 지속적인 사회관계망 구축을 통해 1인가구라고 하더라도 가족의 역할을 대체해 상호 교류하고 소통할 수 있는 공동체를 마련하는 것인데, 현재의 대

디지털 기술을 활용한 고독사 방지 서비스

- 응급안전안심서비스: 노인(독거, 노인 2인 및 조손 가구) 및 장애인 가정 나의 화재, 응급 호출 및 장시간 쓰러짐 등을 감지하고 신고하는 정보통신기술(ICT) 기반의 장비를 설치하는 사업(예: 냄비를 태우는 등 화재 사고를 119에 곧바로 신고, 화장실에서 쓰러진 어르신을 응급관리요원이 발견)
- 스마트 플러그: 사물인터넷(IoT) 기술이 전력량이나 조도를 감지, 일정 시간 변화가 없으면 동 주민센터 복지플래너에게 위험 신호를 전달하여 고독사 예방을 목적으로 함
- 서울 살피미 앱: 지정된 시간 동안 폰 반응(화면 터치, 잠금 해제를 비롯한 통화 송수신 내역 등)이 없으면 미리 긴급구호자로 설정해 놓은 보호자 혹은 동 주민센터 담당자에게 위험 문자가 전송되는 서비스

출처: 보건복지부(2024. 4. 4.); 서울특별시(2022. 5. 4.); 서울신문(2022. 12. 27.).

책은 이런 부분에서 부족하다.

4. 좋은 죽음과 복지

19세기에 등장한 실존주의 철학은 죽음의 문제를 다시금 철학적 사유의 대상으로 제기했다. 이들은 관찰 가능한 객관적 사실로서의 죽음을 넘어서 죽음이 개인의 현실적인 삶에 갖는 실존적 의미와 영향에 주목했다. 실존주의 철학자들은 인간이 실존으로서 자신을 자각하는 계기로 죽음의 의미를 강조했다. 인간은 신의 존재와 내세의 존재를 가정하지 않더라도 죽을 수밖에 없는 존재(mortal)인 자신의 실존에 직시함으로써 삶의 의미를 발견할 수 있다는 것이다. 죽음은 결국 인간의 실존, 즉 삶에 대한 문제이다.

죽음에 대해 성찰할 기회를 상실한 현대인의 삶이 결코 더 행복하다고 말하기는 어렵다. 죽음을 잊은 시대에 인간은 자기 분노를 더욱 과격하게 표출하고, 폭력을 일상적으로 휘두르며, 자살이 만연한 사회에서 살게 되었다. 이처럼 부자연스럽고 부정적인 죽

음이 난무하는 배경에는 삶에 대한 의미의 상실이 자리 잡고 있다. 삶의 의미를 회복하는 방법은 여러 가지가 있겠지만 죽음에 대해 직시하고 이해함으로써 자신에게 주어진 삶의 가치를 깨닫는 것부터 출발한다. 누구나 사회 속에서 의미 있게 존재하는 사람임을 자각해야 자신과 타인에게 위해를 가하지 않게 된다. "죽음에 관해 가르치는 것은 곧 산다는 것이 무엇인지를 가르치는 것"이라고 말한 죽음학자 록카드(Lockard, 1986)의 말을 되새겨 보아야 한다.

미국의 정신과의사인 퀴블러-로스(Kubler-Ross, 1969)는 말기 환자들이 자신의 죽음을 받아들이는 과정에서 죽음이 피할 수 없는 일임을 부정하는 '부정(denial)'의 시기, 좌절로 인한 억제된 감정을 쏟아내는 '분노(anger)'의 시기, 무의미한 탈출구를 찾는 '타협(bargaining)'의 시기, 결국 피할 수 없음을 인지하는 '우울(depression)'의 시기, 그리고 받아들이고 앞으로 나아가는 '수용(acceptance)'의 시기 등 5단계를 거친다고 정리했다. 피할 수 없는 죽음을 피하려고 하고 부정할수록 품위 있는 죽음의 마지막 단계인 '수용' 단계에 도달하기 어렵다. 퀴블러-로스는 죽음은 삶의 마지막 성장 기회이며, 죽음에 직면하고 준비하는 것은 인간이 살아가면서 수행해야 할 중요한 과업임을 제시했다.

인간 발달 단계 이론을 제시한 에릭 에릭슨(Eric Erikson) 역시 생애 주요 과업으로 죽음을 제시했다. 에릭슨은 노년기의 심리사회적 발달위기를 자아통합감 대 절망이라고 설명했다(Erikson, 1963). 이때 자아통합감은 자신이 살아온 인생을 수용하고 두려움 없이 죽음에 직면할 수 있는 능력을 뜻한다. 따라서 노년기의 죽음에 대한 수용은 노년기의 중요한 과제이며, 삶을 마무리하고 인간다운 존엄한 죽음을 맞이할 준비는 노년기의 삶의 질을 향상시키는 필수적 행위이다. 죽음에 대한 인식은 인간의 중요한 발달 과업 중 하나인 것이다.

모든 인간은 태어나는 순간부터 죽음이라는 종착지를 향해 달려간다. 그렇다면 일생에서 종착지에 잘 도착하는 것만큼 중요한 일이 또 있을까? 아무리 남부러운 일생을 살아왔어도 죽음을 앞둔 생의 마지막 단계에서 불안과 공포, 고독과 고통에 시달려야 한다면 성공적인 인생이라고 말할 수 있을까? 그래서 다수의 연구는 죽음으로부터 소외된 일상을 복원하고, 죽음을 숙고하고 준비하는 것의 중요성과 그것이 삶에 미치는 긍정적 영향에 대해 논한다. 스탠퍼드대학교 의과대학의 정신의학과 명예교수이자 실존적 심리치료의 선구자인 어빈 얄롬은 죽음을 실존적 심리치료 접근법의 핵심으로 다루었다(Yalom, 2008). 얄롬은 인간 존재의 중심에는 삶과 죽음이 있고, 서로 뗄 수 없는 상호 의존적인 관계라고 설명하면서 인간 실존에 큰 한 켠을 차지하는 죽음을 직면하는 것이 삶을 더욱 풍요롭게 살기 위한 준비 단계가 될 수 있다고 보았다. 케이건의 저서에서도 결국 우리가 죽음에 대해 가져야 하는 바람직한 감정은 두려움도, 분노도 아니며, 대신 살아 있다는 사실에 대한 감사한 마음이라고 했다. 죽음에 대한 성찰은 더 나은 삶을 살기 위한 준비라는 것이다(Kagan, 2012). 죽음을 체험할 수는 없지만 죽음을 자신에게 당면한 문제로 직면하고, 삶과 죽음의 의미를 탐구하며, 자신과 타인의 죽음에 대비하는 마음의 준비를 하는 것, 이것이 모든 사람이 죽음에 대해 가져야 할 태도이다. 죽음 준비는 단어 그대로 잘 죽기 위한 준비인데, 잘 죽는다는 것은 삶을 얼마나 잘 살아왔는가와 관련이 있고, 결국 잘 살아가는 것이 잘 죽기 위한 준비가 된다.

5. 복지의 영역으로서 죽음

복지가 더 나은 삶을 살기 위한 제도적 · 실천적 노력이라고 한다면 우리 사회가 보다 나은 죽음의 문화를 육성하고 죽음을 성찰하기 위한 제도를 마련하는 것 역시 복지의 당연한 영역이 되어야 한다.

사실 복지국가의 주요 슬로건인 "요람에서 무덤까지(from the cradle to the grave)"는 이미 무덤, 즉 죽음이 복지의 매우 중요한 지점임을 내포하고 있다. 이 슬로건은 1942년 영국에서 발표되어 현재까지 모든 복지국가의 기초 원리가 되고 있는 베버리지 보고서(Beveridge report)에서 유래했다. 이는 한 개인이 태어나서 죽을 때까지 살아가는 모든 단계에서 필요한 복지를 국가와 사회공동체가 책임져야 한다는 이상(idea)을 담은 문구로, 우리나라를 비롯해 많은 나라가 복지국가를 모색해 가는 과정에서 표방하고 있다.

실제 복지국가들은 출생부터 노후까지 인간이 생애주기에서 느끼는 기본 욕구와 특수 욕구를 고려하여 다양한 복지서비스를 제공하면서 이 비전을 실현하려고 노력해 왔다. 예를 들어, 신생아와 산모에게 제공되는 출산 및 보육 서비스, 아동 및 청소년기의 교육

서비스, 노동 연령기의 실업급여와 훈련서비스, 노년기의 연금과 방문요양서비스가 그 예이다. 그러나 현재의 복지제도는 요람을 포함하고 있지만 여전히 무덤까지 이르지 못하고 있다. 복지국가들의 생애주기서비스에서 죽음은 거의 존재하지 않거나 매우 축소된 상태로 다루고 있다. 그러나 지금까지의 복지는 물질적 재분배와 생활수준의 향상에 초점을 맞추고 있다면, 앞으로의 복지는 삶의 질 문제와 인간 실존이 갖는 비물질적이고 정신적 속성을 간과할 수 없다. 그렇기에 죽음의 영역에 대한 복지적 대응이 필요한 시점이다. 웰다잉은 곧 웰리빙이기 때문이다.

1) 웰다잉과 연명의료결정제도

웰다잉은 무엇인가? 좋은 죽음이 무엇인지에 대한 정의는 좋은 삶이 무엇인지에 대한 정의만큼 다양할 수 있으며, 여러 가지 영향에 의해 규정될 수 있다. 크리코리안과 동료들(Krikorian et al., 2020)은 좋은 죽음은 공동체의 문화, 종교 그리고 개인의 죽음 경험에 의해 영향을 받는다고 했다. 서구 국가에서 최근 좋은 죽음의 핵심 요인으로 부각되는 것은 죽음에 대한 인식, 환자(죽음을 앞둔 이)의 선호, 죽음의 수용, 환자 중심적 생애 말기 치료 결정 등이다. 이처럼 서구 사회에서는 죽음에 있어 '개인의 자율성'을 중시하는 경향이 강하며, 동양권에서는 '가족과의 관계'가 강조되는 경향이 있다(김대균, 2024).

일반적으로 사람들은 죽음에 따르는 공포와 여러 가지 부정적인 요인을 피할 수 있는 죽음(가령, 심한 외상을 초래하는 죽음, 고통 속의 죽음, 준비되지 못한 죽음, 가족에게 많은 부담을 주는 죽음, 고독사, 젊어서의 죽음)이 좋은 죽음이라고 인식하는 경향이 있다. 즉, '나쁜 죽음을 피하는 것'이 좋은 죽음이라는 것이다. 이러한 인식은 좋은 죽음에 대한 '소극적' 인식이다. 예를 들어, 무엇이 행복이냐는 질문에 대해 가난하지 않은 것, 전쟁을 겪지 않는 것, 질병을 겪지 않는 것, 무능력하지 않은 것 등과 같은 '부정성 회피 전략'으로 응답하는 것이 소극적인 인식 방법이다. 우리가 좋은 죽음에 대해 소극적 방식으로 인식하는 것은 좋은 죽음이 성찰의 대상이 되지 못하고, 죽음 그 자체로 직접적으로 인식되지 못하고 있는 것을 반증한다. 좋은 죽음에 대한 인식은 죽음이 주는 공포와 고통 속에서도 자신의 의미와 완성을 추구하고, 그것을 통해 직접적인 행복을 찾는 전략이 되어야 한

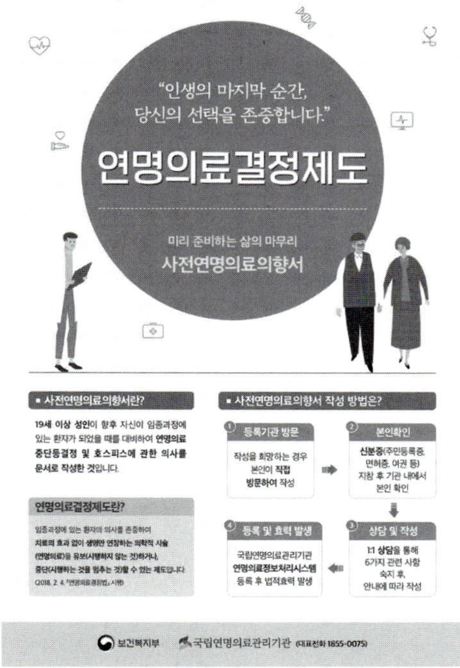

사전연명의료의향서

※ 색상이 어두운 부분은 작성하지 않으며, [ ]에는 해당되는 곳에 √표시를 합니다.

등록번호		※ 등록번호는 등록기관에서 부여합니다	
작성자	성 명		주민등록번호
	주 소		
	전화번호		
연명의료 중단등결정 (항목별로 선택합니다)	[ ] 심폐소생술		[ ] 인공호흡기 착용
	[ ] 혈액투석		[ ] 항암제 투여
호스피스의 이용 계획	[ ] 이용 의향이 있음		[ ] 이용 의향이 없음
사전연명의료 의향서 등록기관의 설명사항 확인	설명 사항	[ ] 연명의료의 시행방법 및 연명의료중단등결정에 대한 사항	
		[ ] 호스피스의 선택 및 이용에 관한 사항	
		[ ] 사전연명의료의향서의 효력 및 효력 상실에 관한 사항	
		[ ] 사전연명의료의향서의 작성 · 등록 · 보관 및 통보에 관한 사항	
		[ ] 사전연명의료의향서의 변경 · 철회 및 그에 따른 조치에 관한 사항	
		[ ] 등록기관의 폐업 · 휴업 및 지정 취소에 따른 기록의 이관에 관한 사항	
	확인	년 월 일 성명	(서명 또는 인)
환자 사망 전 열람허용 여부	[ ] 열람 가능	[ ] 열람 거부	[ ] 그 밖의 의견
사전연명의료 의향서 보관방법			
사전연명의료 의향서 등록기관 및 상담자	기관 명칭		소재지
	상담자 성명		전화번호

본인은 「호스피스 · 완화의료 및 임종과정의 환자에 대한 연명의료결정에 관한 법률」 제12조 및 같은 법 시행규칙 제8조에 따라 위와 같은 내용을 직접 작성하였습니다.

작성일 년 월 일

작성자 (서명 또는 인)

그림 7-4 연명의료결정제도

출처: 국립연명의료관리기관.

다. 그래서 웰다잉의 출발 조건은 '인정'과 '준비'이다. 누구에게나 찾아오는 죽음을 막연히 회피하고 두려워할 것이 아니라 결혼이나 출산을 준비하듯 삶의 과정 중 하나로 인정하고 준비하는 것이다. 죽음에 대한 성찰 속에서 삶에서 중요한 것들을 더욱 소중히 여기고 삶을 행복하게 성장시켜 가며, 존엄성이 보장되는 마무리를 포함하는 일련의 과정인 것이다.

지금까지의 '웰다잉'을 위한 사회제도적 실천과 노력은 주로 연명의료결정제도와 호스피스 완화 의료, 그리고 죽음 준비교육 등을 중심으로 전개되어 왔다. 우리나라 사람들의 가장 빈번한 사망 원인은 만성질환이다. 만성질환이 발병하면 오랜 투병 기간이 소요되며, 병이 악화되어 죽음에 임박하면 병원에서 연명치료를 받다가 임종하는 것이 일반적인 모습이다. 뇌사 판정을 받은 환자도 기계적인 연명장치를 통해 심장과 폐 등의 기능을 오랫동안 유지하는데, 많은 중환자는 치료를 해도 더 이상 회복이 불가능한 시점을 넘어선 이후에도 '최선을 다한다'는 명목으로 의미 없는 치료에 매달린다. 그러다 삶을 되돌아보고 마무리할 시간도 없이 급작스레 삶을 마감하는 상황에 직면한다.

임종이 가까워져 어쩔 수 없는 상황에서 치료를 중단하는 것에 대해 가족과 의료진은 '포기'하는 것으로 인식하지만 사실상 이는 삶을 포기하는 것이 아니라 얼마 남지 않은 여명을 보다 가치 있게 보내기 위한 것으로 보아야 한다. 임종 전의 대부분의 사람은 각종 의료 장치에 의해 의사소통이 어려운 상황에 있기 때문에 스스로의 지향과 결정이 반영되기보다는 주변 사람들에 의해 판단된다. 그래서 도입된 것이 2015년의 '호스피스·완화의료 및 임종과정에 있는 환자의 연명의료결정에 관한 법률안'이며, 2018년에 「연명의료결정법」으로 개정되며 시행에 들어갔다. 이 법에 의해 환자가 사전에 연명의료의향서를 작성했거나 임종기에 2명 이상의 가족이 일치된 진술을 하고, 가족 전원이 합의한 경우 등의 상황에서 연명의료 중단을 결정하도록 하고 있다.

사전연명의료의향서는 어떻게 죽을 것인가에 대해 스스로 결정해 의료진이 이를 참고해 치료 방침을 정할 수 있도록 문서로 작성한 것이다. 작성자의 건강에 문제가 생겼을 때 어떤 의학적 처치를 받기 원하는지, 혹은 무엇을 거부하는지, 임종은 어디서 하고 싶은지, 임종 후의 문제를 결정해 줄 대리인은 누구인지 등에 대한 내용이 수록된다. 전국의 국민건강보험공단 본부, 지사, 출장소 및 보건복지부 지정을 받은 사전연명의료의향서 등록기관에서 작성하고 등록한 후 국립연명의료관리기관(www.lst.go.kr)의 연명의료정보처리시스템의 데이터베이스에 보관된다. 사전연명의료의향서와 함께 유언장도 작성되는데, 질병을 앓고 있지 않아도 미리 유언장을 작성해 놓고 일정한 주기마다 내용을 점검해 수정할 수 있다. 유언장에는 가족에게 남기고 싶은 이야기, 임종 방식과 장례 방식, 유산의 처리 방법과 금융 정보 등 필요한 정보를 수록할 수 있다. 자필로 작성한 개인의 유언장은 별도의 공증 없이도 법적인 효력을 가지며, 「민법」(제1066조)에 따라 유언자가 직접 쓴 다섯 가지 필수 요건, 즉 내용, 날짜, 주소, 성명, 날인이 모두 포함되어 있으면 효력이 인정된다.

「연명의료결정법」에 따른 사전연명의료의향서의 작성 등은 죽음에 있어 당사자가 배제되고 주변인과 의료진에 의해 결정되는 생애 말기의 과정에 대해 스스로 결정할 수 있도록 죽음에 대한 자기결정권을 보장하기 위한 제도적 절차이다. 사실 이러한 절차는 그야말로 모두가 맞이하는 죽음을 존엄하게 만들기 위한 아주 '최소한'의 절차일 뿐이다. 죽음으로부터의 소외를 극복하고 죽음을 통해 삶을 더욱 풍요롭게 만들기 위해서는 근본적으로 죽음에 대한 문화를 개선해야 하고 죽음 준비에 대한 교육을 중요하게 인식하고 실천해야 한다.

세계적인 죽음학자 알폰스 데켄(Alfons Deeken) 교수는 "우리 모두 언젠가는 죽는다는 사실을 받아들일 때 비로소 우리에게 주어진 삶이 얼마나 의미 있는지를 깨닫게 된다. 그런 의미에서 죽음 준비 교육이야말로 진정한 삶에 대한 교육이다"라고 죽음 준비 교육의 필요성을 설파했다. 죽음 준비 교육을 통해 자연스러운 생로병사와 상실, 슬픔에 대해 토론하면서 삶과 죽음의 가치관을 형성할 수 있다. 단순히 죽음을 준비하는 것(예: 유언장, 장례 방식)이 아니라, 자신의 삶을 살펴보며 가치 있게 살기 위한 과정이다. 그래서 고령층의 경우 직접적인 대상이 될 수 있지만 비단 고령층에 한정되지 않으며 연령과 무관하게 진행되어야 한다.

2) 죽음에 대한 사회보장

한국의 사회복지제도의 법적 근간이 되고 있는 「사회보장기본법」 제3조 5항에서는 평생사회안전망이라는 용어를 정의하고 있는데, 이는 "생애주기에 걸쳐 보편적으로 충족되어야 하는 기본 욕구와 특정한 사회위험에 의하여 발생하는 특수욕구를 동시에 고려하여 소득 · 서비스를 보장하는 맞춤형 사회보장제도를 말한다"라고 되어 있다. 만약 죽음이 인간 모두가 맞게 되는 보편적인 경험이고, 좋은 죽음을 맞는 것이 인간 모두의 기본 욕구라고 한다면 죽음이 평생사회안전망을 통해 보장받아야 하는 것은 당연한 귀결이다. 그렇다면 요람에서 무덤까지 생애주기별 맞춤형 복지를 지향하는 사회복지는 어떻게 이 죽음의 문제에 개입하면서 공동체의 구성원이 조금 더 좋은 죽음을 맞이할 수 있도록 지원할 수 있을까? 그 방법은 매우 다양할 것이지만 그중 몇 가지 간단한 예시만 들어 보려고 한다.

먼저, 현재의 개인 중심의 고독사 대책을 보완할 수 있다. 현재 고독사 대책은 주로 저소득층 1인가구를 중심으로 고독사 위험군을 발굴하고, 이들에게 안부살핌 서비스를 제공하는 것이 주된 사업이다. 그러나 아무리 고독사를 미리 예방하려고 노력해도 인간은 모두 언제가 죽음을 맞이하며, 우리는 그때와 시간을 알 수 없다. 한마디로 고독사는 막기 어렵다. 따라서 고독사 위험군 발굴에 집중하는 정책만이 아니라, 일반 시민들이 임종, 사망, 죽음 이후의 과정을 잘 마무리할 수 있게 지원하는 보편적 웰다잉 시스템이 마련되어야 한다.

인간의 존엄한 죽음을 돕는 보편적 사회복지 시스템을 마련하려면 먼저 이를 위한 법적 · 제도적 근거가 수립될 필요가 있다. 보편적 사회복지 시스템은 다양한 방식으로 모색할 수 있겠지만, 그중 하나로 고민해 볼 만한 대안은 현재의 장기요양보험에 장례급여를 신설하는 것이다. 지금도 「국민기초생활 보장법」에는 장제급여가 하나의 급여 형태로 포함되어 있다. 이는 저소득층 수급자만을 대상으로 하고 있으며, 수급자에게 장제에 필요한 비용만을 지급하는 수준에 그치고 있다. 하지만 혼자 사는 사람들이 증가하면서 소득과 상관없이 많은 1인가구가 자신의 죽음을 정리하는 데 어려움을 겪고 있다. 장기요양보험은 과거 가족이 전적으로 감당해 오던 간병과 요양을 사회서비스로 제공함으로써 죽음을 준비하는 환자와 가족의 부담을 크게 덜어 주었다. 하지만 사망 이후의 의례, 즉 장례는 여전히 가족에게 맡겨 있는 상황이다. 그러나 1인가구처럼 죽음을 홀로 준비해야 하는 사람들이 늘어나고 있는 개인화된 사회에서는 죽음 이후를 정리하는 장례급여의 보편화가 필요해 보인다. 특히 장례급여가 단순히 장례비용 지원 같은 현금 형태가 아니라, 공영 장례와 유품 정리를 포함한 서비스 형태로 지원된다면 죽음을 앞둔 1인가구에게 큰 심리사회적 안정망이 되어 줄 수 있다. "요람에서 무덤까지"라는 복지국가의 모토를 생각했을 때에도 죽음의 단계에까지 인간의 존엄을 보장하는 일은 복지국가의 성숙을 위해서도 의미가 있다.

공영 장례의 보편화도 고민해 볼 수 있다. 현재 지방자치단체들은 「장사 등에 관한 법률」 제12조에 따라 무연고 사망자의 시신을 매장 및 화장하는 일을 담당하고 있다. 그러나 시신 처리에 초점을 맞춘 앞의 조항이 비인간적이라는 문제가 대두되면서 지방자치단체마다 공영 장례 조례 제정이 이어지고 있다. 하지만 조례를 제정한 지방자치단체가 전

국민기초생활보장제도의 장제급여

'장제급여'는 생계급여, 주거급여, 의료급여 중 하나 이상의 급여를 받는 수급자(이하 '수급자'라 함)가 사망한 경우 사체의 검안(檢案) · 운반 · 화장 또는 매장, 그 밖의 장제조치가 필요한 경우에 지급되는 급여이다(「국민기초생활 보장법」 제7조 제1항 제6호, 제14조 제1항 및 '2024년 국민기초생활보장사업안내', 265쪽).

특별자치시장 · 특별자치도지사 · 시장 · 군수 · 구청장(자치구의 구청장을 말하며, 이하 "시장 · 군수 · 구청장"이라 함)은 단독가구주(單獨家口主)의 사망 등 불가피한 경우에는 직접 장제를 실시할 수 있는 사람을 지정하여 장제급여를 할 수 있다(「국민기초생활 보장법 시행규칙」 제18조 제2항).

장제급여 지급

장제급여는 실제로 장제를 실시하는 사람에게 장제에 필요한 비용이 지급된다(「국민기초생활 보장법」 제14조 제2항 및 '2024년 국민기초생활보장사업안내', 265쪽). 다만, 그 비용을 지급할 수 없거나 비용을 지급하는 것이 적당하지 아니하다고 인정하는 경우에는 물품을 지급할 수 있다. 장제급여액은 1구당 80만 원이 지급된다('2024년 국민기초생활보장사업안내', 265쪽).

체의 23.7%에 불과하며, 지방자치단체마다 장례수준도 천차만별이다(한겨레21, 2021. 10. 20.). 공영 장례의 대상도 주로 저소득층 무연고자에 한정되어 있어 대부분의 1인가구는 공영 장례 서비스를 신청하지 못한다. 더욱이 현재의 공영 장례는 짧게 장례식을 치른 후 화장 비용을 지방자치단체가 부담하는 데 그치고 있고(중앙일보, 2021. 12. 18.), 고인이 살아온 공간인 집에서 유품이나 발자취를 잘 갈무리해 주는 수준까지는 이르지 못하고 있다. 하지만 장례 의식은 죽음을 정리하는 일부의 단계에 불과하다. 카스텐바움의 주장처럼 죽음은 단순한 생체의학적 마감을 넘어 죽음을 맞을 자기 자신, 자신이 살아온 시공간의 세계, 나아가 그 안에서 함께해 온 사물과 인연들의 마무리를 뜻한다(Kastenbaum, 1986). 자신의 '인체'만이 아닌 자신의 '인생'이 예의를 갖춘 죽음을 맞기를 희망하는 것이다. 이를 위해서는 무연고자를 위한 공영 장례를 넘어서 자신의 공간과 유품들이 의미 있게 정리되는 서비스가 필요하다. 물론 현재 이러한 죽음 준비 서비스를 유료로 제공하는 사업체들이 설립되고 있으나, 비용도 비싸고 접근성도 좋지 못하다. 만약 죽음이 모든 인간이 필연적으로 경험하는 매우 중요한 생애 과정이라고 한다면 죽음을 시장에서 다루기보다는 사회적 의례로 다룰 필요가 있다.

사회복지 실천 현장에서는 노인과 1인가구를 포함한 주민들이 자신의 죽음을 미리 성찰하고 자신의 삶을 의미화할 수 있도록 돕는 공동체적 애도, 죽음 준비 프로그램을 활성화할 필요가 있다. 실제로 몇몇 종합사회복지관과 노인종합복지관에서 자신의 지난 삶을 되돌아보고 함께 이야기하거나, 웰다잉 선언문을 작성하거나, 살아 있을 때 죽음의 상황을 미리 경험해 보는 임종 체험을 할 수 있도록 하는 프로그램들을 개발하여 실천하고 있다. 이 외에 죽음을 준비하고자 하는 사람들이 사회와 교류하며 타인을 도울 수 있도록 하는 크고 작은 기회들을 열어 주는 사회복지 프로그램을 개발할 필요도 있다. 죽음 연구자들은 삶의 막바지에 죽음을 준비하는 사람들이 타인이나 사회에 기여할 수 있는 기회를 주는 것이 이들이 편안한 죽음을 맞는 데 크게 이바지했음을 다양한 에피소드를 통해 드러내 왔다(Steinhauser et al., 2000; Wenger & Rosenfeld, 2001). 이는 의미 있는 삶을 통해 의미 있는 죽음을 준비하는 자기 애도이자 사회적 애도의 방식이 될 수 있다.

브라보마이라이프(2021. 10. 29.)

▲ 종로노인종합복지관의 웰다잉 교육 프로그램 '행복한 마무리를 위한 고백(Go Back)' 기본반 수강생들이 자애 명상 수업을 듣고 있다.

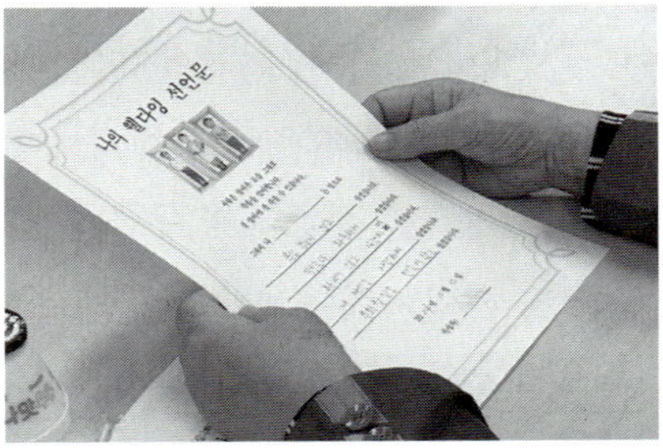

성산종합사회복지관(2024. 11. 14.)

▲ 성산종합사회복지관의 웰다잉 교육 '죽음은 ○○이다': '웰다잉 체크리스트' '웰다잉 선언문' '나에게 주는 상장 작성' 활동을 활용하여 잘 살아온 나와 우리를 응원하고 지지하는 시간도 갖는다.

무연고자의 장례를 통해 본 인간 존엄의 가치: 〈스틸 라이프〉

〈스틸 라이프(Still Life)〉는 2013년에 개봉한 영국 영화로, 고독사한 무연고자들의 공영 장례를 담당하는 공무원 존 메이의 이야기를 그리고 있다. 그는 자신도 혼자 살아가면서 22년 동안 무연고자들의 유품을 기반으로 지인들을 찾아 장례식을 치뤄 주는 일을 담당해 왔다. 하지만 유가족과 지인들의 거부와 외면으로 혼자 장례를 치르는 일이 다반사이다. 대부분의 공무원이 행정적으로 장례를 처리하는 데 반해, 그는 고인들의 사진을 사진첩에 정리하고 유품들을 바탕으로 추도문을 정성스럽게 작성하는 등 죽음에 대해 예의를 보이고자 노력한다. 그러나 늦은 행정 처리로 결국 해고당하게 된다. 존 메이는 마지막 업무로 마침 자신의 아파트 맞은편에 살던 빌리 스투크의 고독사를 처리하는 일을 맡게 되는데, 그는 그의 삶을 추적하고 지인을 찾아다니는 과정에서 그가 한 여성을 매우 사랑한 사람이며, 딸을 그리워했으며, 전쟁의 트라우마로 알코올중독에 걸려 노숙자로 삶을 마감하게 된 비극을 알아 가게 된다. 결국 존 메이는 빌리 스투크의 장례식에 많은 지인과 가족이 모이게 해 주었지만, 공교롭게도 당일 존 메이는 불의의 교통사고로 홀로 죽음을 맞게 된다. 존 메이의 장례식에는 아무도 찾아오는 사람이 없었으나, 영화의 마지막 장면에 그가 애도를 표했던 수많은 고독사한 무연고자가 모여 그를 애도하면서 끝이 난다. 한 사람의 인생이 얼마나 소중한지, 한 사람의 공무원이 얼마나 가치있는 일을 할 수 있는지, 사회적 편견과 차별이 얼마나 피상적인지에 대해 화두를 던지는 〈스틸 라이프〉는 2013년 베니스 영화제에서 오리종티 감독상을 비롯해 4관왕을 차지했을만큼 명작으로, 인간의 삶과 죽음, 사회적 애도에 대해 성찰하게 해 준다.

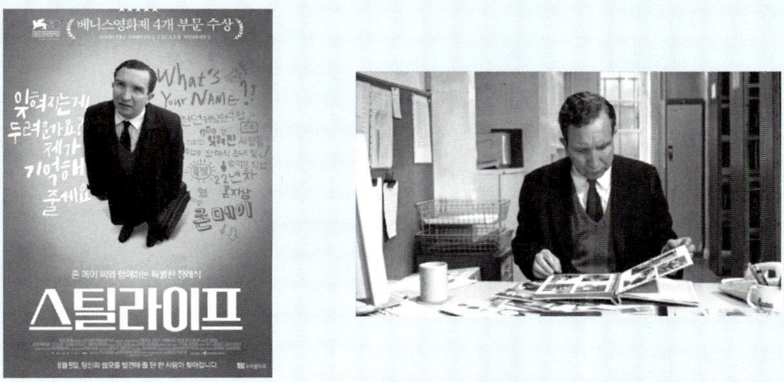

그림 7-5 영화 〈스틸라이프〉(2013) 포스터와 영화 속 한 장면

참고문헌

〈국내 문헌〉

김대균(2024). Medicalized Death, 우리시대의 흔한 죽음. 2024년 보건사회연구 콜로키움: 우리는 존엄한 죽음을 맞이하고 있는가?. 한국보건사회연구원. https://repository.kihasa.re.kr/handle/201002/45371

김순자(1994). 죽음에 대한 종합적 고찰. **Journal of Korean Academy of Fundamentals of Nursing, 1**(1), 7-17.

김정현(2014). 현대에서 '죽음'의 의미. **열린정신 인문학연구, 15**(2), 77-100.

김홍중(2009). 진정성의 기원과 구조. **한국사회학, 43**(5), 1-29.

배은경, 정순둘, 유재언, 이하진(2023). 고독사 예방 및 관리를 위한 정책 방안 도출 연구: 델파이 기법을 중심으로. **보건사회연구, 43**(2), 169-191.

이길홍(1980). 죽음학에 관한 종합적 고찰. **한국의과학, 12**(2), 85-98.

〈번역서〉

Ellison, R. (2008). **보이지 않는 인간2**(조영환 역). (원저 1952, *Invisible man*. 1952).

Elias, N. (2011). **죽어가는 자의 고독**(김수정 역). 문학동네. (원저 1982, *The loneliness of the dying*).

Heidegger, M. (2006). **존재와 시간**(이기상 역). 까치글방.(원저 1927, *Sein und zeit*)

Kagan, S. (2012). **주음이란 무엇인가**(박세연 역). 엘도라도. (원저 2012, *Death*, 2012).

〈해외 문헌〉

Erikson, E. H. (1963). *Childhood and Society*. Norton.

Giddens, A. (1992). *The transformation of intimacy: Sexuality, love, and eroticism in modern societies*. Stanford University Press.

Kastenbaum, R. (1986). *Death, society and human experience*. Routledge.

Krikorian, A., Maldonado, C., & Pastrana, T. (2020). Patient's perspectives on the notion of a good death: A systematic review of the literature. *Journal of Pain and Symptom Management, 59*(1), 152-164.

Kubler-Ross, E. (1969). *On death and dying*. Routledge.

Lockard, B. E. (1986). How to deal with the subject of death with students in grade

K-12. Paper presented at the Annual Meeting of the Mid-South Educational Research Association, Memphis, Nov. 20.

Mead, G. H. (1967). *Mind, self, and society.* Chicago University Press.

Patterson, O. (1982). *Slavery and social death: A comparative study, with a new preface.* Harvard University Press.

Steinhauser, K. E., Clipp, E. C., McNeilly, M., Christakis, N. A., McIntyre, L. M., & Tulsky, J. A. (2000). In search of a good death: Observations of patients, families, and providers. *Annuls of Internal Medicine, 132*(10), 825-832.

Wenger, N. S., & Rosenfeld, K. (2001). Quality indicators for end-of-life care in vulnerable elders. *Annals of Internal Medicine, 135*, 677-685.

Yalom, I. D. (2008). Staring at the sun: Overcoming the terror of death. *The Humanistic Psychologist, 36*(3-4), 283-297.

〈신문 기사 및 웹페이지〉

보건복지부(2024. 4. 4.). "혼자 사시는 노인 누구나 응급안전안심서비스 신청 가능합니다". https://www.mohw.go.kr/board.es?mid=a10503010100&bid=0027&act=view&list_no=1480948&tag=&nPage=1

보건복지부(2024. 10. 17.) .고독사 사망자 실태조사 보도자료.

브라보마이라이프(2021. 10. 29). "'좋은 죽음 알리자'… 웰다잉 소개하는 노인복지관들". https://bravo.etoday.co.kr/view/atc_view/12880?utm_source=chatgpt.com

서울신문(2022. 12. 27.). "'고독사 더는 안 돼'"… 1인가구 안부 살피는 '서울 살피미 앱'". https://go.seoul.co.kr/news/newsView.php?id=20211228014016

서울특별시(2022. 5. 4.). "전기 사용 없으면 출동… 고독사 예방 '스마트플러그' 2,000가구 확대". https://news.seoul.go.kr/welfare/archives/542803

성산종합사회복지관(2024. 11. 14.) "죽음은 ________이다". https://sungsan21.org/33/?bmode=view&idx=126501531&utm_source=chatgpt.com

중앙일보(2021. 12. 18.), "지방자치단체가 대신하는 마지막 인사… 무연고 시신 위한 공영 장례".

통계청(2025. 2. 26.). 2024 인구동향조사 출생사망통계 보도자료.

한겨레21(2021. 10. 20.). "어느 도시에서 죽냐가 장례식을 좌우한다?".

제8장

死 2: 자살

1. 총성 없는 전쟁을 하고 있는 나라

우리나라의 자살률은 세계적 수준으로, 연도에 따라 조금씩의 변동은 있지만 줄곧 OECD 국가 최상위권(1~2위)을 유지하고 있다.

우리나라 사망 원인 통계를 살펴보면 자살로 인한 사망률은 2000년대부터 계속 증가했으며, 2008년 세계 금융위기 이후 2009년에 자살률은 인구 10만 명당 31명으로 급격하게 증가했다. 2011년 31.7명으로 정점을 찍은 후 다소 감소하였으나 아직도 높은 수준을 유지하고 있다. 보건복지부의 '2023년 자살사망통계 발표'에 따르면, 한국인들이 문제가 닥쳤을 때 하나의 유효한 선택지로 자살을 인식하는 경향이 증가했다(보건복지부, 2014. 10. 4.). '2023년 자살 실태조사' 결과, 자살에 대한 수용적 태도를 묻는 문항(자살은 때때로 관련된 사람들에게 구제책이 될 수 있다/ 자살만이 유일한 합리적 해결책인 상황이 있다)에 대한 동의 비율이 2018년 조사에 비해 각각 6.2%p(25.0% → 31.2%), 2.9%p(24.5% → 27.4%) 높아진 것으로 확인되었다(보건복지부, 2024).

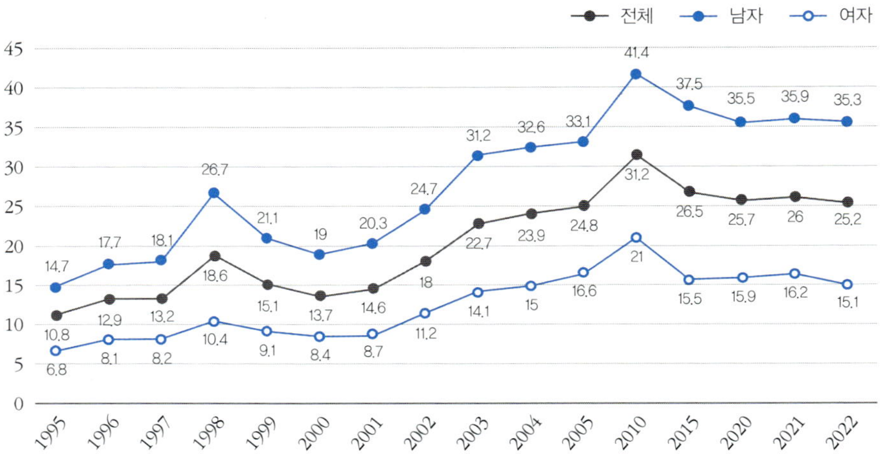

그림 8-1 우리나라 자살 사망의 연도별 변화

출처: 통계청(각 연도).

2024년 기준 자살률은 인구 10만 명당 29.1명으로, 2024년 한 해 동안 한국에서 자살로 사망한 사람은 총 14,872명으로 집계되었다. 2022년에 우크라이나-러시아 전쟁이 발발했는데, 2024년 UN은 전쟁 발발 후 2년 동안 전쟁으로 인해 사망한 우크라이나 민간인을 약 12,000명으로 집계했다. 한마디로 전쟁 중인 나라에서 2년 간의 민간인 사망자보다 우리나라에서 같은 기간 자살로 세상을 떠나는 사람들이 두 배 많은 셈이다. 대한민국은 총성 없는 전쟁을 하고 있는 나라이다. 무엇이 대한민국 국민들의 일상을 전쟁터로 만들고 있는 것일까?

2. 자살을 바라보는 관점: 개인적 요인 대 사회구조적 요인

자살을 바라보는 관점은 크게 개인의 문제로 보는 관점과 사회의 문제로 보는 관점의 두 가지가 있다. 자살을 개인의 문제로 보는 관점에서 자살의 가장 중요한 원인은 우울증이다. 왜 특정 개인에게 우울증과 같은 자살의 원인이 되는 심리적 문제가 나타날까? 첫째, 생물학적 원인을 생각해 볼 수 있다. 유전적으로 타고난 생물학적 취약성이 자살에 영향을 미친다는 것이다. 가령, 우울증, 조현병, 알코올중독 등에 취약한 어떤 특별한 유전자를 가지고 태어난 사람은 그렇지 않은 사람보다 자살을 선택할 확률이 높아질 수 있다. 둘째, 심리적 원인이다. 이러한 관점은 한 개인이 가진 심리적 특성(예: 우울 증상) 자체가 자살을 유발한다는 입장이다. 자살을 선택한 사람들의 90% 이상이 정신과 질환을 앓고 있는데, 정신과 질환은 마치 성격처럼 개인의 심리적 속성이라는 것이다. 가령, 똑같은 일을 겪어도 어떤 사람은 소심하고 '유리 멘털'이어서 위기에 쉽게 무너지는 반면, 어떤 사람은 강단 있고 '강철 멘털'이어서 극복하고 일어선다. 그러나 자살을 생물학적(유전적) 원인이나 심리적 원인에 의한 개인의 문제로만 설명하기에는 명확한 한계가 있다. 특정 시기에 다른 시기보다 사회 전체의 자살률이 증가하고, 특정 사회가 다른 사회보다 꾸준히 높은 자살률을 보이는 것은 유전자의 문제 혹은 개인 특성의 문제로 해명되지 않기 때문이다.

자살을 사회적 관점에서 이해하는 입장의 대표론자가 에밀 뒤르켐(Émile Durkheim)이다(Durkheim, 2019). 뒤르켐은 자살을 사회적 사실(social fact)로 칭했다. 뒤르켐은 자살에 대한 프랑스의 공식 기록을 분석한 결과, 특정한 범주에 속한 사람들이 다른 사람들보다 높은 자살률을 보이며, 특정 시기에 자살률이 증가한다는 사실을 발견했다. 이로부터 개인의 내면이 아닌 외부에 존재하는 어떤 원인들이 자살에 영향을 미치는 측면을 조명했다. 즉, 앞서 살펴본 '개인적 요인'처럼 사람들이 자살을 선택하는 이유가 개인적 불행이나 특성 때문이라는 기존의 인식에 대해 뒤르켐은 자살에 대한 실증적 근거들에 기반해 인간은 자신의 삶이 불행하다는 이유만으로 자살하지 않으며 사회적 원인으로 인해 자살을 택하게 된다고 주장했다. 그렇다면 '사회적 원인'이란 무엇인가?

뒤르켐은 그의 저서 『자살론(Le Suicide)』에서 이를 사회통합과 사회규범의 규제라는 개념에 입각해 설명했다. 즉, 개인이 속한 사회집단에 대한 통합 정도가 강하고 사회규범의 규제에 따라 욕망을 조절할 수 있는 사람들이 자살 가능성이 낮다는 것이다. 이처럼 통합과 규제의 정도에 따라 이기적 자살(egoistic suicide), 아노미적 자살(anomic suicide), 이타적 자살(altruistic suicide), 운명론적 자살(fatalistic suicide)의 네 가지 종류의 자살이 있다고 보았다. 이기적 자살은 사회통합의 정도가 낮고 집단의 결속이 약해서 개인이 고립되어 있을 때 나타나는 자살이다. 아노미적 자살은 사회규범의 규제가 부족할 때 발생한

뒤르켐의 사회적 자살 4유형

1. 이기적 자살

사회통합이 약한 상태에서 개인이 고립감을 느끼며 발생한다. 사례로는 독거노인의 자살(가족과 단절된 채 홀로 지내는 노인이 고립감과 외로움을 느껴 스스로 생을 마감하는 경우), 취약계층의 자살(빈곤층이나 실직자들이 사회적 지원망과 단절되어 발생하는 자살), 피해학생의 자살(학교에서 따돌림이나 사회적 소외를 경험한 학생들이 느끼는 극심한 고립감으로 인한 자살)이 이에 속한다.

2. 아노미적 자살

사회규범이 불안정하거나 붕괴된 상황에서 발생하는 자살로, 사회경제적 환경의 급변이 주요 원인이다. 사례로는 경제위기 시의 자살(1997년 IMF 외환위기 당시 경제적 파산과 실직으로 인한 자살률 급증), 이혼 후 자살(결혼 생활이라는 안정된 규범에서 벗어난 뒤, 새로운 사회적 지지망을 형성하지 못한 이들이 겪는 무규범 상태에서의 자살), 입시 실패로 인한 자살(입시 실패나 성적 저하로 인해 자신의 삶의 목표와 규범을 잃었다고 느낄 때 발생하는 자살)이 이에 속한다.

3. 이타적 자살

사회통합이 과도하게 강한 상태에서 개인보다 집단의 가치를 우선시할 때 발생한다. 사례로는 종교적 순교(종교적 신념에 따라 자신을 희생하는 행위), 군인의 전사(전쟁 중 동료나 국가를 위해 스스로를 희생하는 경우), 명예를 지키기 위한 자살(일본의 할복 문화나 가족의 명예를 지키기 위해 생을 마감하는 경우)이 이에 속한다.

4. 운명론적 자살

사회규범과 규제가 과도하여 개인의 욕망과 미래에 대한 가능성이 억제될 때 발생한다. 사례로는 강제수용소에서의 자살(수용소나 교도소 등 극단적으로 규제된 환경에서 개인의 자유와 가능성이 완전히 박탈된 상황에서 발생), 가부장적 억압 속의 자살(과거 일부 여성들이 가부장제 사회에서 심한 억압과 강압을 느끼며 발생), 강압적 환경에서의 자살(군대나 공장과 같이 지나치게 규율이 엄격한 조직에서 탈출구를 찾지 못한 개인이 절망을 느끼며 선택한 자살)이 이에 속한다.

다. 사회의 급격한 변화가 야기하는 불안정으로 인해 개인이 무규범의 상태에 처하게 되는 상황, 즉 아노미적 상황에서 발생하는 자살을 의미한다. 이타적 자살은 개인의 사회통합 정도가 과도할 때, 특히 사회적 결속력이 지나치게 강해 사회의 가치를 개인의 가치보다 더 우위에 둘 때 발생한다. 운명론적 자살은 개인이 사회규범에 의해 과도하게 규제될 때 발생하는데, 강압적인 규율로 인해 개인의 욕망과 미래에 대한 가능성이 억제되면서 나타나는 자살이다.

3. 극단적 선택의 극단적 맥락

자살이라는 극단적인 선택을 한다는 것은 자살을 선택할 당시에 육체의 생존을 포기할 만큼 커다란 고통을 느꼈다는 것을 의미한다. 무엇이 그토록 고통스러웠을까? 사람마다, 상황마다 이유는 천차만별일 것이다. 우리가 살고 있는 자본주의 사회는 다른 사회체제에 비해 경제적 불평등으로 인한 스트레스가 크고, 따라서 자본주의 사회의 대표적인 고통은 경제적 좌절로부터 비롯되는 고통이라는 것에 다수가 공감할 것이다. 취업난으로 인한 청년층의 좌절, 투자 실패, 파산, 일자리 상실로 인한 생활고, 무능하다는 평가에서 오는 패배감, 은퇴 이후의 생활과 생계에 대한 막막함 등이 흔히 목격할 수 있는 경제적 좌절의 사례이다.

돈이 없으면 불행할까? 가난하게 되면 불행할까? 경제적 실패를 비관해 자살하는 사례를 우리는 언론보도를 통해 종종 접할 수 있는데, 이러한 뉴스는 표면적으로 보면 경제적 고통이 자살의 원인이 된다는 메시지를 던진다. 하지만 사실 자살의 선택으로 인해 경제적 실패 그 후에 무엇이 올지 경험해 보지 않았다는 점에서 돈이 없으면 불행할 것이며, 적어도 앞으로 계속해서 불행에서 벗어날 수 없을 것이라고 '가정'했다는 것이 더 적합하다. 특히 돈이 얼마나 없어야 고통을 경험하게 되는지에 대한 기준 또한 상대적이다.

2015년 주식 투자 실패로 강남에 거주하는 일가족이 비관 자살을 한 기사가 보도된 적이 있는데, 당시 이들이 투자 실패에도 불구하고 여전히 시가 8~10억 원의 서울 서초구 소재의 대형아파트와 1억 3천만 원의 현금이 남아 있어 놀라움을 샀다. 해당 자산은 어떤

'실직 · 재취업 실패'… 일가족 살해사건, 시대의 자화상(연합뉴스, 2015. 1. 7.)

서울 서초구 세 모녀 살해 사건은 실직 후 마지막 보루로 삼았던 주식 투자마저 실패하자 절망한 40대 실직 가장이 아내와 두 딸을 살해한 비극이다. 법조인들이 많이 사는 부촌으로 유명한 서울 서초구 서초동의 146m^2 넓이의 아파트에서 강 모(48) 씨는 유서 작성 후 아내(44)와 맏딸(13), 둘째딸(8)을 잇따라 살해한 뒤 도주했다. 그는 충북 대청호에서 투신을 시도하고 흉기로 손목을 긋는 등 최소 두 차례 이상 스스로 목숨을 끊으려고 했지만 미수에 그쳤고, 결국 경찰에 검거됐다.

비극의 시작은 3년 전 컴퓨터 업체에 다니던 강 씨가 실직하면서였다. 강 씨는 가족 중 아내에게만 실직 사실을 알린 뒤 백방으로 새 직장을 물색했지만, 40대 중반 남성에게 취업시장의 문은 좁기만 했다.

강 씨는 두 딸에게 직장을 잃었다는 것을 들키지 않으려고 실직 후 2년간 선후배들이 일하는 사무실을 전전하는 생활을 했다. 그는 더 이상 받아 주는 곳이 없어지자 서울 남부터미널 인근에 고시원을 얻어 낮 시간을 보냈다.

이런 와중에도 강 씨는 중산층의 생활수준을 고집하며 지출을 줄이지 않았다. 결국 모아 놓은 돈이 바닥을 보이자 강 씨는 2012년 11월께 자신이 살고 있던 대형아파트를 담보로 5억 원을 빌려 마지막 도박에 나섰다. 강 씨는 대출금으로 아내에게 매달 400만 원씩 생활비를 주고 나머지는 모두 주식에 투자했는데, 투자는 성공적이지 못했다. 그동안 지출된 생활비 1억 원을 제외한 나머지 4억 원 중 2억 7천만 원을 날리고 남은 돈은 1억 3천만 원에 불과했다.

강 씨는 2004년 5월께 거주하는 아파트를 구입했고, 현재(2015년) 시가는 대략 8~10억 원 수준이었다. 강 씨는 5억 원 외에 다른 빚도 없는 상태여서 집을 팔고 생활수준을 낮추면 충분히 생활이 가능한 상태였지만 온 가족이 죽는 쪽을 택했다.

표창원 전 경찰대 교수는 이번 사건과 관련하여 "절대적으로는 생활고라고 볼 수 없으나, 스스로 그 이전의 생활수준이나 교제하던 이웃, 같은 부류였던 사람과의 비교에서 오는 박탈감을 느꼈던 것으로 보인다"면서 "앞으로 남은 것은 몰락뿐이란 생각을 했을 수 있다"라고 분석했다.

사람에게는 죽음을 불사할 만큼의 고통이고 어떤 사람에게는 그 십분의 일이면 충분하기도 하다. 사람들은 돈이 없어서 불행하고 돈이 없어서 고통을 경험하게 된다고 착각을 하지만, 사실상 돈의 유무가 아니라 돈에 대한 개인의 '관념'이 고통의 진정한 근원이다.

돈이 없다고 해서 인간으로서 누려야 할 기본적인 욕구와 사회적인 욕구가 충족되지 않는 사회는 잘못된 사회이다. 돈이 없어서 외제 차를 구매하지 못하고 사치를 하지 못하는 것은 당연한 것이겠지만, 적어도 물질적으로 충분한 풍요를 누리고 있는 현대 사회에서 돈의 유무로 인해 배움의 기회가, 인간다운 거주의 기회가, 직업을 갖고 사회에 기여할 기회가 가로막힌다면 그것은 잘못된 사회이다. 만약 돈이 없어서 친구까지 잃는다면 그것은 더더욱 잘못된 사회이다.

우리나라보다 경제발전 수준이 낮은 사회보다 우리나라의 자살률이 높다는 점은 잘 알려진 사실이다. 일반적으로 자살률은 경제가 낙후된 후진국보다 오히려 경제가 발전된 선진국에서 더 높게 나타난다. 우리나라는 1997년 IMF 외환위기 이후 자살률이 급격하게 증가했다. 그러나 아이러니하게도 수많은 기업이 도산하고 실업자가 양산되었던 1998년 외환위기 직후 때보다 경제위기를 극복하고 경제가 계속 성장하기 시작한 2003년 이후 자살률이 더 높게 나타났다. 그리고 현재까지 자살률은 지속적으로 상승하고 있다. 『자살공화국 : 한국인은 왜 자살하는가?』의 저자 김태형은 한국에서 IMF 경제위기 이후 자살률이 급증했던 것은 경제위기 그 자체 때문이 아니라 그것과 결부된 중장기적 사회 변화, 즉 한국 사회가 신자유주의 체제로 전환된 것과 밀접한 관련이 있다고 설명했다 (김태형, 2017).

1997년의 경제위기와 그 극복 과정에서 단행된 노동시장의 구조조정과 경쟁체제의 본격적인 도입은 승자독식의 분배 원칙으로 사회경제적 양극화를 심화시켰으며, 개인 간 경쟁의 심화로 인해 인간관계는 보다 적대적 관계로 변하고 공동체는 해체되었다. 개인들이 소속감을 느낄 수 있는 공동체가 있는 경우 사회적 스트레스는 공동체를 통해 심리적으로 완충되거나 건강한 방식으로 해결될 수 있다. 가령, 직장 상사가 부당하게 부하 직원을 괴롭히면 직장 내 공동체가 건강한 경우 함께 상사를 욕하며 집단 치유를 경험하거나 노동조합을 결성해 직장 내에서 일어나는 부당함에 대해 집단적으로 저항할 수 있다. 그러나 노동시장의 경쟁주의는 이러한 공동체성을 사라지게 만들었다.

외환위기 이전의 직장은 '평생직장'이었고, 직장 동료는 입사하면 은퇴할 때까지 평생을 함께하는 동료였지만 2000년대 이후 평생직장 개념은 사라졌다. 직장은 계약 종료와 함께 언제든 퇴사할 수 있는 일터일 뿐이고, 동료는 언제든 남남이 될 수 있는 존재가 되었다. 덧붙여 동료와 나의 성과에 따라 연봉, 승진이 달라지는 상황에서 공동체는 더더욱 불가능하다. 이처럼 고통을 나눌 수 있는 공동체가 부재하다면 일상생활에서 겪는 심리적 고통의 무게는 개인에게 본연의 무게 이상으로 가중되어 느껴진다.

1) 공동체의 붕괴와 자살

공동체의 붕괴는 사회 구성의 가장 기본단위인 가족에게서도 나타난다. 순수한 사랑의 결실로 맺어진 부부는 험난한 세상을 함께 헤쳐 나가는 동맹자이며, 세상사의 상처를 치유하고 다시 일어설 수 있는 안식처이다. 가장이 실직을 당하거나 파산을 하게 되면 부부는 리어카를 끌고 거리에 함께 나선다. 그러나 오늘날은 가장이 실직을 당하면 부부는 갈라서고 가정은 붕괴된다(김태형, 2017). 애초에 결혼부터 경쟁이다. 소득, 재산, 직업, 학력, 나이, 외모, 부모의 자산처럼 결혼정보회사가 구축한 신자유주의적 결혼 등급은 굳이 결혼정보회사에서 결혼 상대를 구하지 않더라도 대부분의 성인 남녀가 고려하는 적나라한 기준이 되었다. 사랑보다 경제적 이해관계에 근거한 동맹관계는 당연히 실직이나 파산과 같은 경제적 위기 앞에 속수무책으로 붕괴된다.

자살이라는 극단적인 선택에 이르기까지 작용하는 요인들은 다양하다. 사람마다 사정은 다르므로 자살의 요인을 어느 한 가지로 집약시킬 수 없다. 그러나 어떤 요인이 되었든 개인이 자살을 떠올리게 되는 그 좌절의 순간에 고통의 무게를 함께 나눠 줄, 그리고 손을 붙잡아 줄 '누군가'가 있는 사람은 자살에 쉽게 이르지 않는다. 고난의 현대사회를 살아가며 좌절을 겪어 보지 않은 사람, 마음 깊숙이 한 번쯤 자살이라는 단어를 떠올려 보지 않은 사람은 그리 많지 않겠지만 모두가 이를 실행에 옮기지는 않는다. 결국 직접적인 자살행위로 연결되는 그 마지막 단계에서는 떨어지는 사람을 붙잡아 줄 누군가의 유무, 즉 건강한 관계와 공동체가 존재해야 한다.

결국 최악의 고통이자 자살의 주범은 고독이다. 삶에서 위기 상황이 발생해도 자신을 둘러싼 지지망이 있는 경우 고통은 나눌 수 있다. 지지망은 기본적으로 사람일 수도 있지만 더 넓은 커뮤니티이거나 제도, 사회, 국가일 수 있다. 실직을 당하더라도 2년간 실직 전 임금의 80%를 받으며 교육을 받고 재취업의 기회를 누릴 수 있는 복지제도가 있다면 실직이 극단적인 고통이 되지는 않을 것이다. 사회보장제도가 다소 취약하더라도 친인척이나 이웃에게 도움을 받을 수 있다면 역시 극단적인 고통으로 연결되지는 않을 것이다. 그래서 삶의 과정에서 만나게 되는 고통의 궁극적 엔딩에는 '고립', 즉 관계의 단절이 있는 것이다. 뒤집어 이야기하면 사회적 관계는 자살의 낭떠러지 앞에 존재하는 안전장치, 즉 사회적 안전망(social safety net)이다.

2) 불평등과 고통

절대적인 가난은 그 자체로 고통스러울 수 있지만 심리적 고통은 가난보다 '불평등'의 상황에서 더 크게 나타난다. 우선, 극소수의 부자와 다수의 가난한 국민으로 사회가 양극화되어 있고 다수의 가난한 국민이 상호 연대감을 유지하고 있다면 고통은 가난한 국민들끼리 서로 위로하고 지지해 주며 집단 치유의 방식으로 해결될 수 있다. 만일 고통의 크기가 너무 커서 집단 치유로 경감될 수 없는 상황이라면 연대를 통해 근원적 해결을 위한 공동 행동에 나설 수도 있다. 이 경우 불평등으로 인한 고통은 사회변혁의 에너지가 된다(김태형, 2017).

그러나 만일 극소수의 부자와 다수의 가난한 국민으로 양극화되어 있는데 국민들이 서로 파편화되어 반목하는 경우라면 가난한 국민은 부자들한테서 받는 고통에 더해서 자신과 유사한 이웃들로부터도 고통을 받는다. 사장에게 부당한 대우를 받는 비정규직 노동자가 정규직 노동자들로부터도 고통을 당하는 것과 비슷한 이치이다. 사회적 약자와 피지배계층들은 공동체를 상실하면 고통이 더 극대화되고 만성화된다. 결론적으로 병든 사회는 사회경제적 불평등과 공동체의 붕괴가 결합되어 있는 사회이다. 이것이 개발도상국보다 경제적으로 발전했지만 심화된 양극화를 경험하는 선진국의 자살률이 높은 이유이다.

이러한 맥락에서 보았을 때, 불평등 자체가 단순한 자원의 분배 문제를 넘어서 인간의 심리와 사회적 관계망을 훼손하는 구조적 폭력으로 작동하게 된다. 경제적 차이는 생존의 조건만이 아니라, 인간으로서의 존엄, 존재 가치, 사회적 인정에도 영향을 미친다. 불평등한 사회에서 가난은 단순히 돈이 없는 것이 아니라, 사회적 시선과 낙인 속에서 존재 자체를 부정당하는 경험으로 이어진다.

이런 사회에서 사람들은 서로에게서 연대와 지지를 기대하기보다는 경쟁과 비교 속에서 고립되고 단절된 삶을 살아간다. 자신이 절대적으로 얼마를 가졌는가보다는 타인에 비해 덜 가졌다고 느낄 때 좌절감과 열패감은 커진다. 특히 SNS와 미디어의 발달은 이런 비교의 강도를 극대화시켰으며, 많은 사람들이 현실에서는 감당하기 어려운 상향 비교 속에서 정서적 탈진과 자존감 하락을 겪고 있다. 더욱 심각한 것은 불평등과 고립이 개인의 문제로 환원되면서 사회는 문제를 구조적으로 성찰하기보다는 정신건강의 문제, 개인의 심리적 취약성으로 치부하는 경향을 보인다는 점이다.

결국 진정한 치유는 고통받는 개인에게 정신과 치료를 권하는 것이 아니라, 그 고통이 발생한 사회적 맥락과 구조를 바꾸는 것에서 출발해야 한다. 불평등을 완화하고, 사회적 연대를 복원하며, 공동체 속에서 인간으로서 존중받는 경험이 가능하게 될 때, 비로소 고통은 줄어들고 삶은 다시 회복된다.

경제적 성장이 사회의 모든 문제를 해결해 줄 것이라는 오래된 믿음은 이제 한계에 다다랐다. 물질적으로 풍요롭지만 정서적으로 피폐한 사회, 경쟁에서 이긴 자는 점점 소수이고, 다수는 실패의 책임을 혼자 떠안으며 고통받는 사회는 정신적으로 건강할 수 없다.

4. 한국의 자살

1) 세대별 자살

자살의 원인이 고통과 고립이라고 했을 때 생애주기별로 직면하게 되는 삶의 과제와 문제가 다르기 때문에 자살을 선택하게 되는 이유도 생애주기별로 다르다. 물론 동일한 생애주기라고 해서 모두 같은 이유로 자살을 선택하는 것은 아니다. 그러나 특정 생애주

표 8-1 연령별 자살률 추이(인구 십만 명당)

구분	1995	2000	2005	2010	2015	2020	2021	2022
10~19세	4.5	3.8	4.3	5.2	4.2	6.5	7.1	7.2
20~29세	12.6	11.2	17.9	24.4	16.4	21.7	23.5	21.4
30~39세	12.8	15.2	21.8	29.6	25.1	27.1	27.3	25.3
40~49세	14.8	19.1	28.4	34.1	29.9	29.2	28.2	28.9
50~59세	16.7	22.3	34.7	40.1	34.3	30.5	30.1	29
60~69세	18.1	26.1	54.6	52.7	36.9	30.1	28.4	27
70~79세	25.6	39.5	80.5	83.5	62.5	38.8	41.8	37.8
80세 이상	28.5	51.8	128.1	123.3	83.7	62.6	61.3	60.6

출처: 통계청(각 연도).

기의 과업을 성공적으로 수행해야 하는 인간적 조건과 사회 현실의 괴리는 특정 생애주기의 과업 달성의 실패로 연결되고, 이러한 실패는 개인마다 정도와 양상의 차이는 있을지라도 감내해야 할 고통으로 나타난다. 따라서 세대별 자살의 차이를 살펴보기 위해 생애주기의 의미와 과업에 대한 정리로부터 출발할 필요가 있다.

생애주기에 대한 정의와 단계 구분은 논자마다 다양하다. 생애주기는 일반적으로 연령을 기준으로 구분할 수 있는데, 미성년 시기인 아동 및 청소년기(0~18세), 성인기(18~64세), 노년기(65세 이상)로 크게 분류할 수도 있으며, 이를 보다 세분화해 영·유아

표 8-2 에릭슨의 심리사회적 성격 발달이론

단계	위기	긍정적 결과	부정적 결과
생후 1년	신뢰/불신	일어나는 일들을 신뢰한다.	일어나는 일에 불안감을 느낀다.
생후 2년	자율성/의심	스스로를 통제하는 데 자신감을 갖는다.	스스로에 대해 부끄럽게 여긴다.
3~5세	주도성/죄책감	자신의 활동에 자율적이며 자신감을 갖는다.	스스로를 부족하게 여기고 죄책감을 갖는다.
6세~사춘기	근면성/열등감	사물을 이해하고 조직하는 능력을 갖는다.	사물을 이해하고 조직하는 데 열등감을 갖는다.

청년기	정체성/ 정체감 혼미	자기 정체성을 확립한다.	스스로의 정체성에 혼미함을 느낀다.
성인 초기	친밀감/고립	타인을 위해 봉사하고 사랑할 수 있는 능력을 기른다.	애정 관계를 형성하지 못한다.
중년기	생산성/침체성	가정과 사회에 대한 책임감을 갖는다.	자인의 이익에만 몰두한다.
노년기	자아 통합/ 절망감	성취감 속에 기꺼이 죽음과 대면한다.	생에 대한 불안과 죽음에 대한 낙심에 빠져든다.

기(0~5세), 아동기(6~12세), 청소년기(13~18세), 청년기(20~29세), 장년기(30~49세), 중년기(50~64세), 노년기(65~84세), 초고령기(85세 이상) 등으로 구분할 수도 있다. 생애주기와 발달과업에 대한 대표적 학자인 에릭슨(Erickson, 1976)은 사회적 환경과 상호작용에 근거하여 생애주기를 8단계로 구분하였다. 각 단계는 사회적 과업 또는 위기를 포함하며, 성공적으로 다음 단계로 넘기 위해 각 단계의 과업을 적극적으로 해결해야만 한다고 보았다.

2) 청소년: 우리나라 공교육은 어떻게 무기력을 학습시키는가

에릭슨의 생애주기 8단계 구분 중 청소년기에 해당되는 5단계의 주요 발달과업은 '자아정체감 획득'이다. 청소년기는 아동기에서 성인기로 거쳐 가는 과정으로, 신체적 · 심리적 · 인지적 · 사회적 측면에서 중요한 변화를 겪게 되는 시기인데, 특히 심리적 측면에서 자아에 대한 의문과 정체감을 형성하며 부모에 대한 의존성이 점차 옅고 독립적인 자아를 형성해 가며 자신만의 고유한 특성을 찾아감으로써 '자아정체감'을 획득하게 된다. 또한 성인기를 예비하는 시기로, 진학이나 취업 등의 고민과 선택 및 결정 과정에 직면하게 되고 성인으로서 미래의 자신에 대한 기대와 불안이 공존하게 된다. 이런 사회환경과의 관계 속에서 청소년은 방황과 갈등을 겪기도 하고 자아를 탐색하기도 하면서 자아정체감을 형성한다.

청소년들은 주로 가정에서 부모와의 관계, 학교 내에서 교사나 또래와의 관계 등 자신을 둘러싼 주변 환경과의 상호작용을 통해 자아정체감의 형태를 완성해 간다. 가정환경은 인간발달에 큰 영향을 끼치는 환경으로, 가정 내 문화, 부모의 양육 방식과 태도 등은 청소년의 자아정체감 형성에 결정적인 역할을 하는 요인이다. 밖에서 경험하게 되는 시행착오와 방황은 가족 구성원으로부터의 존중과 정서적 지지를 통해 긍정적 자아정체감 형성으로 이어질 수 있다.

학교는 성인이 될 준비를 하는 청소년에 대한 교육과 여러 가지 활동을 위한 경험, 타인과의 관계 형성 등이 이루어지는 장이다. 학교에서 청소년들은 학업과 동아리 활동 등을 통해 역량을 강화하고 자아정체감에 중요한 영향을 미치는 성취감을 체험하게 된다. 뿐만 아니라 사회 구성원으로서 역할을 수행하고 보람을 느끼게 되며 타인과의 상호작용을 통해 자신의 세계를 형성하게 된다. 한마디로 청소년기의 자아정체감은 청소년 스스로 형성해 나가는 것일 뿐만 아니라 주변 환경과 타인과의 상호작용을 통해 끊임없이 자신의 자아를 형성하는 것이기 때문에 청소년과 그를 감싸고 있는 가정, 학교, 사회 전반의 영향을 고려해야 한다.

건강보험심사평가원이 국회에 제출한 자료에 의하면, 19세 이하 아동 및 청소년 정신과 진료 환자 수는 2016년의 22만 명에서 2020년 27만 명으로 증가했으며, 우울증은 2017년 29,534명에서 2020년 48,221명으로 3년간 60% 이상 증가한 것으로 나타났다. 자살은 연령, 계층을 막론하고 비극적인 사건이지만, 특히 청소년의 자살은 사회에 적잖은 충격을 준다(박진우, 허민숙, 2021).

성인의 경우 우울증, 정신분열증 등의 정신병리적 원인으로 인해 자살을 시도하는 경우가 많은 반면, 청소년의 경우 특별히 정신질환의 표현이라고만 보기 어렵다. 평소에 평범하게 생활하다가 갑작스런 스트레스나 어려움을 회피하고자 하는 충동적 욕구나 가족이나 친구에 대한 보복 등이 자살의 동기가 될 수 있다. 지그문트 프로이트(Sigmund Freud)는 청소년기에 본능적 충동 및 이성에 대한 관심이 증가하는 반면, 이를 조절해야 하는 자아는 비교적 약한 상태에 있다고 했는데, 청소년기의 이러한 특성으로 인해 스트레스나 고통에 대한 한순간의 충동적 선택의 결과가 자살로 연결되기도 한다. 청소년 자살의 다수는 사전 계획 없이 시도되고 감정적인 경우가 많다. 청소년들은 실제 자살하려는 자살 의도를 가지고 자살하기보다는 자신의 괴로움에 대한 극단적 표현의 방법으로 자살을 선택하는 경우가 많다. 이러한 청소년 자살의 특징은 다수의 청소년 자살의 원인이 내부적 원인보다 외부적 환경 요인이 청소년기의 충동성과 혼합되어 유발되는 상황임을 제시한다.

다수의 연구에서 우리나라 청소년들의 높은 자살의 원인을 입시제도 위주의 가정교육과 학교교육의 문제점에서 찾는다. 자아정체감 형성이라는 중요한 발달과업과 그 자아정체감 형성에 가장 중요한 역할을 수행해야 하는 두 주체인 가정과 학교가 성공적 입시 수행의 대리자들로 기능하고 있는 사회 현실의 괴리는 우리나라 청소년들의 삶을 더욱 불안하고 위태롭게 만든다. 따라서 우리나라 청소년 자살 문제를 이해하기 위해서 입시제도와 그 속에서 학교와 가정이 어떤 역기능을 수행하는지 살펴볼 필요가 있다.

우리나라는 강력한 학벌주의 사회로, 개인의 개성이나 특기보다는 좋은 대학으로의 진학을 더 중요하게 간주하는 문화를 가지고 있다. 우리 사회의 대입제도가 지속적으로 과열되고 청소년들의 학업 부담 과중, 사교육비 증가, 공교육 위상 저하 등의 문제를 유발하자 정권마다 '고교 교육 정상화'와 '사교육비 절감'이라는 기치를 내걸며 대입제도를 개혁하고자 시도했다. 그러나 입시제도 이면에서 작용하는 학벌주의 문화와 대학 서열화 등의 구조적 문제를 개혁하거나 교육의 근본적인 변화를 추구하기보다는 성적에 대한 평가 방법의 변화에 제한되어 왔으며, 이는 오히려 잦은 입시제도 변화에 따른 혼란을 틈타 사교육 시장만 더욱 팽창시키는 결과를 낳으며 상황을 더욱 악화시켜 왔다.

현행 대입제도는 수시전형과 정시전형의 이원적 체제로 운영되고 있다. 수시전형 제도는 수능이라는 시험 중심의 대입제도가 시험 위주의 단편적인 지식을 전달하는 주입식 교수법과 무조건적 암기와 반복적 문제풀이식 교육을 강제하게 되어 학교교육을 파행시키고 있다는 문제의식에서 1997년에 처음 도입된 제도이다. 학생 개인이 갖는 잠재력과 다양한 역량을 개발하기 위해 고교 교육과정의 다양화가 필요하며, 수능 성적만으로 합격생을 가르는 것이 아니라 학생의 특기와 취미, 장점 등 잠재력을 평가해 다양한 기준을 대학 진학 시 평가 요소로 반영한다는 것이다. 수시전형 내 특기자전형, 논술전형, 학생부교과전형, 학생부종합전형 등 다양한 선발 기준의 전형을 마련한 것도 '다양화'라는 맥락에서였다.

수시전형의 다양성에도 불구하고 가장 주류는 '학생부 중심'의 선발이었다. 봉사활동, 동아리 활동 등을 비롯한 다양한 학교 내 · 외적 활동 수행과 이를 학생부에 반영해 대학 진학 시 평가 요소로 활용하는 것이다. 수시전형은 매년 비중을 늘려가 1997년 도입 당시 1.4%에 불과하던 수시 선발 비중이 2007년에 51.5%로 정시모집 인원을 추월했고, 2018년에는 70%를 넘어서게 되었다(중앙일보, 2018. 5. 10.).

그러나 수시전형은 점차 애초의 도입 의미를 잃어 가며 학생 입장에서는 적성과 소질을 살리는 다양한 활동보다 '학교생활 기록부에 채워 넣어야 하는' 당위적 활동으로 변질되어 갔으며, 다니고 있는 학교의 시스템, 부모의 물적 토대와 지원에 따라 학생부의 양과 질에서 격차가 발생하기 시작했다.

무엇보다 수시전형은 '다양성' '창의성'에 초점을 둔 학생 선발이라는 관점에서 입학사정관 중심의 평가와 선발을 진행하지만 사실상 합격 기준이 명확하지 않으며, 이러한 불명확성은 입시를 준비해야 하는 학생과 부모의 '과열 대응'을 낳게 된다. 급기야 수시전형을 둘러싼 일련의 사회적 이슈를 통해 폭로되었듯(예: 서울대 교수 자녀 SCI급 논문 공저자 끼워 넣기, 숙명여고 쌍둥이 사건, 조국 사건) 부모의 능력에 좌우될 뿐인 '금수저 · 감깜이 전형'으로 전락했다. 청소년을 성장시키고 자아정체감을 형성시켜야 할 두 주체인 가정과 학교는 학벌사회 진입의 수단이자 주모자로 기능하고 있음을 보여 주는 사건들이며, 이러한 가족 · 사회 환경에서 청소년의 자아정체감이란 어느 대학에 진학하는가와 동일시되고 있다.

수시전형의 또 다른 문제점은 공교육 정상화의 목적으로 대학입시에서 학교 '내신'이 차지하는 비중을 강화시킴으로써 사실상 교실을 '경쟁의 공간'으로 둔갑시켰고, 역설적으로 학생들의 학교생활을 더욱 양극화시켰다는 점이다. 수시전형으로 인해 폭로된 비리와 문제점으로 인해 논문, 수상, 외부 활동 등 소위 '부모 찬스'로 채웠던 많은 활동이 평가에서 배제되었는데, 이는 역으로 내신등급의 상대적 중요성을 강화시킨다. 내신등급은 곧 학교 내에서의 상대평가 결과이기 때문에 친구도 잘하고, 나도 잘하는 '선의의 경쟁'은 필요 없다. '나만' 잘해야 한다. 청소년기의 자아정체감 형성의 중요한 요소인 타인과의 '관계성'이 진정성을 갖기 어렵게 되었다.

또한 이론적으로 보면 수시전형은 공부를 잘하는 학생뿐만 아니라 개별적 소질과 적성을 가진 '모든 학생'을 위한 학교 활동을 활성화시켰어야 했으나 실상은 그러한 활동 실적이 입시 결과로 연결될 수 있는 학생들의 적극성은 강화시키는 반면, 그렇지 않은 학생들에게 학교생활은 더욱 무의미하게 되는 결과를 초래했다. 오히려 내신 평가에서 다른 학생들의 등급 기반을 '깔아 주는' 들러리로 전락함으로써 학교는 쉬는 시간 10분 동안 친구를 만나는 공간 이상의 의미를 갖기 어렵게 되었다. 우리 사회의 대다수의 청소년은 왜 이곳에 있는지 자신도 모르는 채 '유체 이탈' 상태로 중학교 3년, 고등학교 3년의 소중한 시간을 교실에 갇혀 보낸다.

가정은 어떠한가? 각박한 경쟁사회를 살아 내려면 좋은 대학에 진학해야 한다는 믿음으로 부모들은 자신의 노후를 포기하며 자녀 교육에 '올인' 한다. 안정된 직업과 가족을 부양하기에 충분한 소득이 보장되지 않는 현실, 경쟁에서 밀리면 혹은 한 번의 실패로 언제든 도태될 수 있는 각박한 사회 현실은 부모로 하여금 자식에 대한 진정한 사랑의 실천은 자녀들을 보다 나은 대학 학벌로 무장시켜 경쟁사회에서 보다 우위를 점할 수 있도록 지원해 주는 것이라는 믿음을 갖게 했다. 그러나 우리나라 부모들이 자녀의 대학 진학에 노심초사하며 가진 자원을 올인하는 숭고한 자녀 사랑의 이면에는 부모들의 내면화된 욕망이 존재한다.

자녀 교육열에 대한 부모들의 열의가 단순히 자녀의 미래를 위해 필요하고 합리적인 선택을 넘어 욕망으로 보는 것이 타당한 근거는 두 가지이다. 첫째, N수의 보편화 현상이다. 자신의 소질이나 적성과 무관하게 대다수의 청소년이 의대에 진학하고자 하는 현상, 의대에 진학한 경우 명문대 의대에 진학하거나 네임 밸류가 더 높은 대학에 진학하기 위해 N수를 하는 현상은 대학 진학이 미래의 어떤 상태를 위한 현재의 합리적 선택이 아니라 더 높은 욕망의 대상이기 때문에 나타난다. 합리성의 관점에서 보면 비용, 시간 등의 면에서 명확하게 비합리적인 선택을 하는 사람들이 왜 갈수록 늘어나는가?

둘째, 명문대 진학이 확실하게 미래를 보장해 주지 않기 때문이다. 명문대에 진학한다고 하더라도 정도의 차이는 있을지언정 불안정한 노동시장의 조건과 삶의 조건으로부터 자유롭지 않다. 수저론은 개천에서 용이 나는 사회, 공부 잘해서 학벌과 개인의 능력만으로 신분 상승을 할 수 있는 사회의 종말을 의미한다. 오늘날의 사회 현실은 명문대 학벌조차 안정된 삶을 보장하지 못하기 때문에 '대학 진학 = 보장된 미래'의 등식은 유일하게 의과대학에만 적용될 수 있고, 이것이 오늘날의 의대 러시 현상의 이유이다. 그러나 10년 뒤 의사라는 직업이 오늘날과 같을 것이라고 장담할 수 있는가? N수를 해서 서울 강남구에 빼곡이 들어선 성형외과와 피부과 간판 사이를 비집고 같은 간판 하나를 추가하는 것이 보장된 미래일지 생각해 보아야 한다. 물론 충분히 보장될 수도 있다. 우리는 모두 미래를 알 수 없다. 더구나 오늘날과 같이 빠른 속도로 변화하는 사회에서, 그것도 소위 '불확실성의 시대'에 10년 후라는 긴 미래를 예측하기가 어렵다. 그래서 더더욱 모두가 의사가 되는 미래가 정당하다고, 충분히 가치 있다고 확신하는 것이 아이러니가 아닌가?

의심의 여지 없이 우리나라의 모든 부모는 좋은 대학 진학에 절대적인 가치를 두고 있으며, 이를 위한 부모의 온갖 노력은 도덕적으로 정당하다. '온갖 노력'에는 자신의 노후 준비를 지연시키고 자녀 사교육에 자원을 쏟아붓는 물질적 노력에서부터 자녀가 가지고 있는 고유한 특성과 소질 개발보다 어떤 학원에서 어떤 선행학습이 필요할지 관심을 갖는 노력, 올바른 가치관 정립보다 명문대 진학의 당위성을 끊임없이 주입시키는 노력, 혹시라도 내 자녀가 뒤처질까 싶은 두려움과 불안감에 끊임없이 남과 비교하며 자녀를 채찍질하는 노력이 모두 포함된다.

부모의 욕망은 '다 너를 위한 일' '내가 이만큼 희생하는데' 등의 레퍼토리를 통해 도덕적으로 정당화되고, 이로 인해 청소년들은 자신의 소질과 적성을 찾아야 할 시간에 선행학습을 해야 하고, 자신의 철학과 가치관을 정립해야 할 자리에 명문대 진학의 욕망을 채운다. 주체성은 남과의 비교 속에 소멸되었고, 부모가 설정해 주는 인생의 방향을 그대로 수용하며 자기주도성을 잃었다. 지금까지 부모가 다 결정해 주었기 때문에 그 영역을 넘어서면 자기 할 일을 잃어버리는 자기주도성의 상실은 한계에 부딪히게 되었을 때 곧바로 포기하는 습성으로 연결된다. 캥거루족, 유리 멘털과 같이 오늘날의 청년들을 지칭하는 담론은 이런 맥락에서 탄생한다.

청소년기의 올바른 자아정체감 형성과 건강한 성장을 지원해야 하는 중요한 두 축인 학교와 가정은 이렇게 대학 진학을 위한 입시제도의 대리자로 기능하게 되고, 청소년기의 자아정체감은 성적과 대학 입시의 성공으로 등치된다. 공부를 잘하지 않으면 자아정체감은 커녕 인간의 기초적인 욕구라고 할 수 있는 소속감의 욕구도, 사랑의 욕구도 좌절된다. 청소년들의 정신건강 악화는 두 가지 극단적인 방법으로 표출된다. 한쪽 극단에는 학교폭력, 온라인상의 왕따, 악성 댓글과 같은 각종 '폭력'의 방식이 있고, 다른 극단에는 자살이 있다.

3) 청년기: 우리나라는 어떻게 희망을 앗아 가는가

에릭슨의 생애주기 이론에서 청년기는 '친밀감 대 고립'이라는 과업을 수행해야 하는 시기로, 본래 자신의 자아정체감을 바탕으로 타인과 깊은 관계를 맺고 사회에서 자신의 역할을 찾는 시기이다. 그러나 오늘날 한국의 청년들은 이러한 과업을 달성하기에 적절치 않은 환경에서 살아간다. 청년기에 흔히 나타나는 소속감과 사랑의 욕구는 '좋은 일자리에 취업해야만 인정받을 수 있다'는 사회적 통념에 부응하지 못하게 될 때 크게 좌절되며, 이로 인해 청년들의 정신건강은 자살에 이를 만큼 악화되기도 한다.

건강보험심사평가원의 자료에 따르면, 20대와 30대의 우울증 진료 인원이 2017년 대비 2021년에 무려 127%나 증가했다. 더 심각한 문제는 청년 자살률의 급증이다. 2021년 한 해 자살로 생을 마감한 사람 중 20~39세 청년이 25.6%를 차지하여 5년 전보다 3.1%p 늘어났다. 통계청이 발표한 '2021년 사망원인통계'에 따르면, 연령별 사망 원인 중 자살이 차지하는 비율은 20~29세가 56.8%, 30~39세가 27.3%로 나타났다. 한마디로, 20대 사망자의 절반, 30대 사망자의 1/4이 자살로 생을 마감했다. 청년들의 극단적 선택은 우울증처럼 개인의 정신적 요인이 큰 몫을 하지만, 그 이면에는 취업난과 학자금 대출 상환, 경제적 곤란, 투자 실패와 같은 현실적 문제로 인한 스트레스와 좌절감이 놓여 있다. 경찰청 2021년 변사자 통계의 연령대별 자살 동기 비율을 살펴보면, 21~30세는 정신적 · 정신과적 문제(54.4%)가 1순위, 경제생활 문제(18.9%)가 2순위로 높았다. 31~40세에서도 여전히 정신적 · 정신과적 문제(39.3%)가 1순위, 경제생활 문제(37.0%)가 2순위였지만 30대가 되면서 경제생활의 문제가 점차 커지는 것을 알 수 있다.

청년기는 원래 경제적 · 사회적으로 자립함과 동시에 인간관계에서 친밀감을 형성하는 시기이다. 그러나 현실은 이와 반대로 흘러가고 있다. 자본주의는 "노력하면 성공할 수 있다"는 낙관적 메시지를 청년 세대에게 꾸준히 주입하고 있지만, 높은 청년 실업률, 불안정한 노동시장, 폭등하는 주거비용 등은 청년들을 끊임없는 경쟁과 실패의 경험으로 몰아넣는다. 더구나 '수저론'으로 대표되는 사회적 불평등은 개인의 의지단으로는 극복하기 어려운 불평등의 벽을 느끼게 만든다. 청년들은 대입이라는 청소년기의 절대적 목표를 통과한 이후에도 다시 학점, 스펙, 자격증 등 취업이라는 또 다른 목표를 향해 끝없이 달려야 한다. 이 과정에서 청년들은 자신이 진정으로 좋아하고 잘할 수 있는 일을 찾고자 하는 희망을 점차 잃게 되고, 살아남기 위한 레이스에 몰두하면서 자아실현의 기회를 잃어버린다. '성공 아니면 실패' '대박 아니면 쪽박'이 될 수 있다는 심리적 압박감, 사회적 인정에서 소외될 수 있다는 두려움, 이미 낙오되었다는 좌절감(이생망)이 깊어지는 와중에 대인관계의 형성은 사치가 된다. 실제로 청년들 사이에는 고립감이 만연한 추세인데, 한국청소년정책연구원이 2021년에 발간한 '청년의 사회적 고립 실태 및 지원 방안 연구'에 따르면, 청년의 13.4%가 스스로를 '고립되어 있다'고 느낀다고 답했으며, 38%가 '나는 혼자'라고 느낀다고 응답했다(유민상, 신동훈, 2021).

현실의 고립감에서 벗어나 어떻게든 청년기의 주된 과업인 친밀감을 형성하기 위해 청년들은 SNS에 몰두하곤 한다. 그러나 SNS에서 타인의 성공과 일상을 더욱 손쉽게 접하게 되면서 상대적 박탈감과 열등감이 더욱 심화된다. 타인의 화려한 라이프스타일이 온라인상에서 부각될수록 '돈이 곧 선(善)'이 되는 기준을 내재화하게 되고, 이 풍요로운 세계에서 나만 뒤처졌다는 생각에 청년들의 자존감은 더욱 바닥을 치게 된다. 이로 인해

청년층의 경제적 좌절과 자살 관련 언론보도

"서울에서 30대 남성이 가상화폐 투자에 1000만 원 이상을 투자했다가 원금을 잃고 자살"(국민일보, 2018. 1. 8.)

"충북 청주에서 20대 여성이 가상화폐와 주식투자로 수천만 원의 손해를 보고 자살"(뉴시스, 2018. 9. 15.)

"충남 아산과 충북 옥천에서 30대 남성 2명이 각각 주식투자 실패로 자살"(MBC 뉴스, 2011. 8. 2.)

"부산에서 28세 남성이 주식투자 실패를 비관해 연탄불을 피워 자살"(경향신문, 2011. 9. 18.)

무리한 '영끌'에 뛰어들었다가 결국 실패하는 사례가 점점 많아지고 있다. 언론은 과도한 투자 실패 이후 빚에 시달리다가 자살을 하게 된 청년들의 소식을 잇달아 보도한다.

청년층의 정신적 위기는 두 가지 방향으로 드러난다. 한쪽에서는 헬조선을 외치며 사회에 대한 분노와 좌절감을 적극적으로 표출하기도 하고, 다른 한편에서는 은둔형 외톨이나 자살 등 자기파괴적 선택을 하기도 한다. 보건복지부가 2023년에 발표한 '2023년 고립 · 은둔 청년 실태조사' 결과에 따르면, 고립 또는 은둔을 경험한 적이 있는 청년 8,436명 중 6,360명에 해당하는 75.4%가 자살을 생각한 적이 있고, 이 중 26.7%(1,698명)

〈한국이 싫어서〉는 2024년 8월에 개봉한 작품으로, 장강명 작가의 동명 소설을 원작한 영화이다. 이 영화의 주인공인 계나는 20대 후반의 흙수저 출신으로, 나름 괜찮은 대학을 나왔지만 자신을 '물려받은 것은 개뿔 없는' '경쟁력 없는 인간'으로 소개한다. 그녀는 금융회사 신용카드팀 승인실에서 일하면서 끝없는 경쟁 시스템과 쳇바퀴 같은 일상에 지쳐갔다. 하지만 학자금 대출과 부모님의 주거 구입에 도움이 되기 위해 이를 악물고 일을 한다. 옆에 오래 함께한 남자친구가 있지만 돈과 집안 배경을 따지는 남자친구의 부모에게 환멸을 느낀다. 이 영화는 계나가 결국 '헬조선'을 박차고 떠나 자신의 행복을 찾아 뉴질랜드로 떠나는 이야기를 담고 있다.

그림 8-2 영화 〈한국이 싫어서〉(2024) 포스터

2009년에 개봉한 영화 〈김씨 표류기〉는 채무와 실직이라는 고단함에 지쳐 한강 다리 위에서 자살을 시도하려다가 밤섬에 갇힌(정확히 말하면 스스로를 가둔) 남자 주인공 김 씨를 여자 주인공 김 씨가 망원경으로 발견하게 되면서 벌어지는 일이다. 여자 주인공 김 씨는 히키코모리로, 외모 비하에 큰 상처를 입고 방 안에 틀어박혀 외부와의 접촉을 차단하고 SNS를 통해서만 세상과 소통하는 여성이다. 이 작품은 현대사회에서 경제적 · 정서적 고통과 고립을 겪으며 표류하고 있는 청년들의 모습을 따뜻한 시선으로 그려 내고 있다.

그림 8-3 영화 〈김씨 표류기〉(2009) 포스터

가 실제로 자살을 시도한 경험이 있을 정도로 상황은 심각하다(김성아 외, 2023). 헬조선이든, 고립 또는 은둔이든 방향은 다르지만 모두 한국 사회가 많은 청년을 포용하지 못하고 있고, 이로 인해 청년들은 한국 사회로부터 물리적으로나 심리적으로 떨어져 나가고 있는 현상을 잘 보여 준다. 오늘날 한국 사회에서 청년들이 겪는 위기는 단순한 개인의 문제가 아닌, 구조적이고 복합적인 요인들이 뒤엉킨 총체적 결과이다. 청년들은 성인으로서 사회에서 자리를 잡아야 할 시기에 사회로부터 뽑혀 나가는 경험을 하게 되는 것이다. 이들의 흔들리는 삶을 지탱해 줄 마땅한 사회적 안전망과 자원의 부족, 그리고 경쟁의 논리가 모든 것을 지배하는 현실은 청년들을 점점 더 고립으로 내몰고 있다.

4) 노인: 빈곤보다, 건강 악화보다 고독

우리나라의 자살로 인한 사망 가운데 가장 높은 비중을 차지하는 것이 노인 세대의 자살이다. 뿐만 아니라 우리나라 노인 자살률이 OECD 국가 중 가장 높다. 노년기의 자살률이 높은 이유는 무엇일까? 통계 결과에 따르면, 개인의 자살에 영향을 미칠 수 있는 '스트레스'는 청소년기에 가장 높게 나타나며, 연령이 증가할수록 낮아지다가 노년기에 소폭 상승한다. 소폭 상승한다고 하더라도 다른 연령집단에 비해 노년층의 스트레스 정도는 낮은 편이다. 일반적으로 노인의 생리학적 특성 가운데 뇌 기능(인지 기능)은 우울증에 취약한데, 이러한 뇌 기능의 변화가 높은 자살을 설명한다고 보기에는 그 수치가 높고 노인 자살의 일관된 패턴이 설명되지 않는다. 우리나라 노인 자살에는 몇 가지 특징이 있는데, 후기 고령층일수록, 남성 노인일수록, 도시지역에 거주하는 노인일수록 자살률이 높게 나타난다.

노년기에 직면하게 되는 핵심적인 어려움인 가난, 건강, 고독, 무위 등 노인의 4고가 자살의 원인인가? 자살을 선택하는 노인 가운데 경제적으로 어렵거나 건강 상태가 좋지 않은 경우가 많다. 이로 인해 경제적 문제와 건강 상태가 노년기 자살의 중요한 원인이라고 보는 관점이 지배적인데, 그렇다면 가난하지만(혹은 건강하지 않지만) 자살을 선택하지 않는 경우는 어떻게 설명할 수 있는가? 단적으로 우리나라 빈곤 노인 중 다수는 여성이지만 남성 노인의 자살률이 압도적으로 높다. 반대로 부자이지만(혹은 건강하지만)

자살을 선택하는 경우는 어떻게 설명할 수 있는가?

자살과 직접적으로 연관된 것으로 보이는 경제, 건강 등의 조건은 사실 표면적 이유이며, 그 이면에 '잠재된' 원인은 따로 있다고 볼 수 있다. 즉, 어떤 원인으로 인해 가난하거나 건강하지 못한 상황이 더 견디기 어려운 고통이 되거나, 반대로 가난하거나 건강하지 못함으로 인해 강화되는 어떤 원인이 자살 선택으로 연결된다. 노인의 4고 중 '물리적 상태'를 나타내는 가난과 건강의 문제는 '심리적 상태'를 나타내는 고독과 무위를 강화시키는데, 대부분의 노인 자살의 이면에는 고독과 무위가 있다. 가난한 노인이어도 돈독한 관계에 의한 튼튼한 심리적 지지망을 가지고 있다면 자살을 선택하지 않는다. 병약한 노인이어도 든든한 돌봄이 보장되고 무가치하다고 느끼지 않으면 자살을 선택하지 않는다.

2023년 노인실태조사 결과, 우리나라 노인의 88%가 노인 단독가구를 구성하고 있다. 노인 단독가구란 노인 홀로 거주하는 노인 독거가구와 노부부만 거주하는 노인 부부가구를 포함한 개념이다. 노부부를 자식이 모셔야 한다는 우리 사회의 전통적인 부양관은 더 이상 일반적이지 않으며 주변에서 3대가 함께 사는 경우는 쉽게 찾을 수 없다. 노인 10명 중 9명은 스스로 자녀와 함께 거주하는 것을 원하지 않는다(2023년 노인실태조사 결과, 10.3%가 자녀와의 동거 희망). 우리 사회는 IMF 외환위기 이후 지난 20여 년간 급격한 변화를 겪었으며, 부양 및 부모 세대와 자녀 세대의 동거에 대한 인식 변화 역시 사회 변화의 한 줄기이다.

주목할 점은 단순한 '동거가구 형태'의 변화가 아니다. 각 연도별 노인실태조사 결과에 따르면, 부모 세대와 자녀 세대가 함께 거주하지 않을 뿐만 아니라 자녀와 왕래 및 연락하는 빈도 역시 감소하고 있다. 동거 실태뿐만 아니라 연락과 교류 빈도가 감소하고 있는 것은 노년기 일상 관계에 있어 부모-자식 중심의 관계성이 감소 및 변화를 겪고 있음을 의미한다.

사실 이러한 모습 역시 주변에서 쉽게 볼 수 있다. 둘이 벌어 빠듯하게 먹고 사는 생계 현실과 주택 마련 부담, 자녀 교육 부담의 가중된 부담을 짊어지고 살아가는 오늘날의 자녀 세대는 부모님을 모시고 사는 것이 물질적으로 어렵게 느끼며 육아와 생계를 꾸리느라 벅찬 하루하루의 현실에서 부모님과의 교류는 삶의 부차적인 부분으로 밀려나고 있다. 문제는 자식 소식, 손자녀 소식이 뜸한 노부모의 하루하루는 점점 고독하게 된다는 것이다. 연락 한번 편히 하기 힘들만큼 바쁜 자식도 야속하고, 자식을 그렇게 바쁘게 만드는 사회도 야속하고, 그저 모두 야속할 뿐이고 야속함은 쌓여 우울이 된다.

우리나라 노인들이 경험하는 관계의 문제는 자녀와의 관계에 국한되지 않는다. 우리나라 이혼 부부 3쌍 중 1쌍이 황혼이혼, 즉 혼인 지속 기간이 20년 이상인 부부의 이혼에 해당한다(통계청, 2024). 통계청의 혼인 · 이혼 통계에 따르면, 2024년에 30년 이상 결혼생활을 하다가 이혼한 부부는 10년 전과 비교해 2배 가까이 증가했다. 황혼이혼의 증가가 발생하는 배경에는 자녀세대(2030)의 부모의 이혼에 대한 지지 증가, 국민연금의 분할연금제도의 확대와 재산 분할 시 가사노동의 기여도 인정 사례 증가에 따른 이혼으로 인한 경제적 자립 환경이 과거보다 나아진 점 등을 꼽을 수 있다. 사회적 · 제도적 환경 변화는 '졸혼'이라는 명칭이 보여 주듯, 자녀의 성장 및 독립과 함께 더 이상 권위주의적이고 가부장적인 부부관계를 참으며 살아야 할 필요성을 약화시키며, 이혼 증가로 연결되었는데, 이 같은 황혼이혼의 증가는 노년기의 관계 단절의 또 다른 측면을 보여 준다. 특히 우리나라의 현 노인 세대가 가지고 있는 가부장적인 문화는 피이혼 대상으로서 남성의 고립과 소외를 강화시킨다. 우리나라의 높은 남성 노인 자살률 역시 이러한 맥락과 무관하지 않다.

요약하면, 우리나라의 현 노인 세대는 관계적 측면에서 가족에 대한 의존도가 높은 반

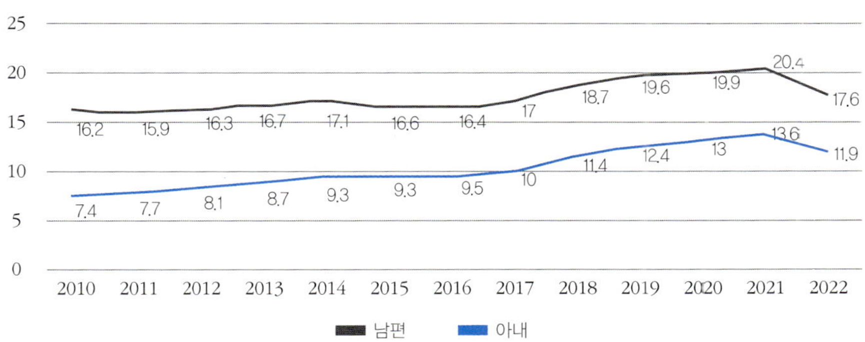

그림 8-4 55세 이상 이혼율 변화(천 명당 건수)

출처: 국가통계포털(kosis).

면, 사회문화적 변화로 가족 중심의 관계성이 해체됨으로써 관계의 단절을 경험하게 되고 이것이 현 노인 세대가 겪는 4고 중 '고독'의 핵심이다. 가족이 어렵다면 가족 중심의 관계성을 넘어서 가족 외부에서 대안적 공동체를 만들고 새로운 관계를 복원시켜 나가야 하는데, 현 노인 세대가 가지고 있는 문화적 특성으로 인해 이 역시 쉽지 않다. 사람은 저마다 어려움을 경험할 수 있는데, 어려운 순간에 의지하거나 상의할 누군가가 있을 때는 자살이라는 극단적 선택까지 이르지 않는다. 노인들의 가족관계와 사회적 관계망의 축소, 그리고 수입의 감소와 신체적 능력 상실로 인한 사회집단에의 통합 약화는 소외감, 외로움 등 부정적 심리상태로 연결된다. 이처럼 사회통합(특히, 가족의 응집력)의 약화가 노인들의 삶에 미치는 부정적인 결과물로서 나타나는 자살을 뒤르켐은 아노미적 자살로 명명한 바 있다.

5) 한국의 자살: 세대별로 같고 또 다르다

사회경제적 불평등의 심화와 개인주의의 만연으로 인한 공동체의 붕괴는 우리나라만의 문제는 아니며, 신자유주의 국가들에서 나타나는 공통된 현상이다. 그럼에도 불구하고 우리나라에서 유독 자살률이 높게 나타나는 이유로는 한국인의 집단심리를 꼽을 수 있다(김태형, 2017). 한국인의 집단심리는 긍정적인 작용을 하기도 하지만 동시에 부정적 효과를 발휘하기도 하며 관계의 붕괴에 직면했을 때 최악의 결과로 연결되기도 한다. 가령, IMF 외환위기, 태안반도 기름유출 사건, 코로나19 등의 사회적 위기에 직면했을 때 국가와 시민사회의 효과적 협업을 낳기도 하지만 타인의 시선을 지나치게 의식하거나 체면을 중시해 불필요하거나 과한 소비 혹은 과시를 낳기도 하고 자녀 교육 중심의 왜곡된 가족문화를 확산시키기도 한다.

한국인의 강한 집단주의 문화는 다른 민족보다 한국인이 '우리(공동체)'의 상실, 관계의 파탄이 초래하는 고통을 가장 끔찍한 수준에서 경험할 가능성이 높다는 것을 의미한다. '우리'를 중시하는 집단주의적 사회일수록 정의와 평등을 중시한다. 이런 맥락에서 한국인들은 타인과 사회로부터 차별받거나 무시당하거나 동떨어지는 고통을 가장 견디기 어려워한다. 한국의 독특한 자살 문화인 가족 동반자살 역시 같은 맥락에서 해석할 수 있다. 가족 동반자살은 소속의 가장 기본단위인 가족과 보호자의 울타리를 상실했을 때 남은 자녀들이 우리 사회에서 사람대접을 받지 못하고 큰 고통 속에 살아갈 것이라는 염려와 두려움, 특히 남은 자녀들이 적절한 돌봄을 받지 못할 것이라는 사회시스템에 대한 불신에서 비롯된 선택이다. 제3자의 눈으로 보았을 때 상당히 비윤리적이고 비합리적으로 비추게 되는 가족 동반자살을 자행하는 근저에는 가족에 대한 (왜곡된) 사랑과 염려, 그리고 사회에 대한 불신이 깔려 있다.

자살은 단순히 개인의 극단적인 선택으로 환원될 수 없다. 그것은 한 개인의 죽음이 아니라, 그가 속한 공동체가 붕괴되었음을 드러내는 사회적 신호이기도 하다.

특히 한국은 OECD 국가 중 자살률이 지속적으로 최상위권에 머물러 있는 국가이며, 10~30대의 사망 원인 1위가 자살이라는 사실은 청년 세대가 삶의 시작점에서부터 벼랑 끝에 서 있다는 것을 상징적으로 보여 준다. 반면, 고령층 자살률 역시 OECD 평균의 두 배 이상을 넘는 수준으로, 고령사회로의 진입과 함께 새로운 자살 고위험군이 부상하고 있다. 이처럼 자살은 세대 전반을 관통하는 사회문제이며, 각 세대가 처한 사회적 조건과 문화적 특성 속에서 다르게 드러난다.

또한 한국 사회에서 자살은 고통과 절망의 표현일 뿐 아니라, 때로는 사회에 대한 무언의 항의로 기능하기도 한다. 존재를 인정받지 못한 사람들, '우리'로부터 배제된 사람들, 돌봄과 연대에서 소외된 사람들의 마지막 선택은 때로 우리 사회가 얼마나 누군가의 고통에 무심했는지를 되돌아보게 한다.

그렇기에 자살을 단지 개인적 심리의 문제나 정신건강의 문제로만 접근하는 것은 문제의 핵심을 가리는 것이다. 자살을 줄이기 위해서는 정책적 접근, 복지 체계의 확장, 사회적 연대의 회복, 그리고 가장 중요하게는 '우리'라는 감각의 회복이 필요하다.

보론: 자살과 타살은 동전의 양면이다

최근 몇 년간 일명 '묻지마 살인사건'으로 우리는 공포에 떨어야 했고, 옷깃만 스쳐도 인연이라는데 지나가던 행인과 옷깃이 스치면 긴장부터 하게 되었다. 묻지마 살인사건이 충격적인 이유는 타인을 살해할 만큼 끔찍한 폭력을 저지름에 있어 아무 이유가 없다는 것이다. 사실 피살된 피해자에 대해 아무 이유가 없는 것이지, 아예 아무 이유가 없었다고 보기는 어렵다. 묻지마 살인을 저지른 사람들이 포토라인에서 종종 뱉는 살인의 이유는 “나 혼자 실패한 것이 억울해서” 등이다. 즉, 자신의 인생이 잘 풀리지 않는 것에 대한 분노와 억울함이 넘쳐 폭력화되는데, 정확히 누굴 향해 분노하고 억울해야 하는지 불명확하기에 ‘아무나’를 향해 칼끝을 겨눈다. 묻지마 살인이 아닌 단순한 시비가 끔찍한 살인으로 연결되는 사건들도 있는데, 대상이 불명확한 분노는 작은 트리거에도 과한 폭력으로 대응하게 만든다. 학교폭력, 온라인의 왕따, 악성 댓글 등 살인은 아니더라도 사회 도처에서 일어나는 각종 ‘폭력’ 역시 맥락은 같다. 학교폭력의 가해자들은 단언컨대 부모와 사회로부터 온전한 사랑을 받지 못한 공통점을 가지고 있다. 제대로 사랑받은 사람은 타인에게 폭력을 행사할 수 없기 때문이다.

자살과 살인, 학교폭력 등은 전혀 유사하게 느낄 수 없지만 가족 및 사회로부터 온전한 사랑이 부재하다는 점, 진정성 있는 관계의 단절이라는 점에서 공통분모를 가지고 있다. 폭력이라는 공통점도 가지고 있다. 그 폭력이 자신을 향하면 자살이 되고, 타인을 향하면 살인, 학교폭력 등이 될 뿐이다. 그래서 자살과 타살 및 타인을 향한 폭력은 개인이 처한 상황과 환경에 따라 동일한 폭력 충동이 자기 자신 또는 타인을 향해 상반된 방향으로 표현된 것이다.

한국의 자살 대응

우리나라의 자살 예방 정책은 OECD 최고 수준의 자살률이라는 심각한 사회 문제에 대응하기 위한 국가 차원의 정책적 노력으로 전개되어 왔다. 자살은 단순한 개인의 문제가 아닌 사회구조와 공동체의 실패를 반영하는 지표로 인식되면서 정부는 2000년대 중반부터 자살 문제를 중대 사회문제로 다루기 시작했으며, 이러한 노력은 2011년 「자살예방 및 생명존중문화 조성을 위한 법률」의 제정으로 이어졌다. 이 법은 자살 예방을 국가의 책무로 명시하고, 이를 실행하기 위한 종합계획 수립과 국가 및 지방자치단체의 역할을 제도적으로 규정하였다. 이에 따라 정부는 5년마다 ‘자살예방 기본계획’을 수립하고 있다. 2023년 4월에 발표된 제5차 자살예방 기본계획(2023~2027년)은 인구 10만 명당 자살 사망자 수를 2021년 26.0명에서 2027년 18.2명으로 30% 줄이는 것을 목표로 한다.

이를 위해 정부는 정신건강 검진 빈도와 범위(대상자)를 확대하고, 지역 맞춤형 자살 예방 대책을 수립하였다. 또한 정부는 '생명존중안심마을'을 전국 17개 시 · 도에 조성하여 각 지역의 인구 구성에 맞는 마을을 만들고, 자살 고위험군을 조기에 발견하여 전문기관에 연계하는 생명지킴이가 활동하며, 주민 동아리가 생명존중 캠페인, 유해환경 개선 등의 활동을 하도록 하는 계획을 수립하였다. 그러나 정부는 지난 4차 자살예방 기븐계획에서도 자살률을 2017년 24.3명에서 2022년 17명으로 줄이겠다는 목표를 내세웠으나, 결국 자살률은 감소하지 않고 오히려 증가했다. 특히 한국의 자살에 대한 관점은 사회문제보다는 개인의 정신병리학적 관점에서 보는 시각을 더 강화하고 있다는 비판을 받는다. 제5차 자살예방 기본계획은 기존 10년 주기였던 정신건강 검진을 2년 주기로 앞당기고 이를 20~34세의 청년층에 우선 도입하는 것, 검사 대상 질환도 우울증에서 조현병, 조울증까지 확대하는 것 등의 내용을 담고 있다. 이러한 계획은 자살을 병리화하고 자살 뒤에 있는 사회적 원인을 소거하고 있다(이민아, 2023).

참고문헌

〈국내 연구〉

건강보험심사평가원(2022). 최근 5년(2017~2021년) 우울증과 불안장애 진료 현황 분석.

김성아, 김문길, 임덕영, 노혜진, 노현주(2023). 고립 · 은둔 청년 실태조사 연구. 보건복지부 · 한국보건사회연구원.

김태형(2017). 자살공화국: 한국인은 왜 자살하는가?. 세창미디어.

박진우, 허민숙(2021). 아동 · 청소년의 정신건강 현황, 지원제도 및 개선방향. NARS 현안분석, 국회입법조사처.

보건복지부(2021). 2020 노인실태조사 결과.

보건복지부(2024. 10. 4.). 2023년 자살사망통계 발표.

유민상, 신동훈(2021). 청년의 사회적 고립 실태 및 지원방안 연구. 한국청소년정책연구원.

이민아(2023). 노동시장에서의 위기 심화와 청년 여성 자살률. 한국여성학, 39(4), 31-66.

통계청(2024). 2024년 혼인 · 이혼 통계.

〈번역서〉

Durkheim, E. (2019). 에밀 뒤르켐의 자살론(황보종우 역). 청아출판사. (원저: *Le suicide: A study in sociology*).

〈웹사이트〉

https://www.mohw.go.kr/board.es?mid=a10503010100&bid=0027&act=view&list_no=1483270&nPage=1

WHO. Mortality Database. https://www.who.int/data/data-collection-tools/who-mortality-database

국가통계포털, https://kosis.kr

국립연명의료관리기관, www.lst.go.kr

통계청(각 연도). 사망원인통계. https://kostat.go.kr/board.es?mid=a10301010000&bid=218&act=view&list_no=433106

〈신문 기사〉

연합뉴스(2015. 1. 7.). "'실직 · 재취업 실패'… 일가족 살해사건, 시대의 자화상".

연합뉴스(2017. 9. 7.). "[그래픽] 한국 자살률 26.5명 하루 평균 37명 꼴… 2020년까지 20명 목표".

중앙일보(2018. 5. 10.). "수시는 어떻게 대세가 됐나".

제 3 부

복지란 무엇인가

제 9 장

복지의 대상

1. 사회복지는 인간을 어떤 존재로 보는가

보통 인간의 존재론적 본성을 보는 관점은 크게 '성선설'과 '성악설'로 나뉜다. 성선설(性善說)은 유교 사상가 맹자가 제시한 학설로, 인간을 기본적으로 선한 성품을 지닌 존재로 바라본다. 맹자의 성선설은 사람을 측은하게 여기는 마음, 즉 측은지심(惻隱之心)을 사람이 지닌 본성으로 규정한다. 예를 들어, 아이가 우물에 빠진 것을 보면 바로 아이를 불쌍히 여기며 구하고자 하는 마음이 생기는데, 이는 아이의 부모에게 잘 보이고 싶다거나, 명예를 얻기 위해서라거나, 곤경에 빠진 아이를 구하지 않았다고 비난받을까 봐 두려워서가 아니라, 위험에 처한 사람을 돕고자 하는 측은지심이 동하기 때문이라고 보는 것이다(이경무, 2017: 386). 물론 사회에는 타인의 고통에 민감하지 않거나, 남에게 고통을 주는 행위를 즐기는 사람도 존재하지만, 맹자는 이러한 사례들을 환경적 영향 때문에 발생하는 비정상적 현상으로 보고, 본래 인간은 도덕적 잠재력을 지닌 선한 존재라고 해석했다(고재석, 2017: 41).

반면, 성악설(性惡說)은 인간 본성을 악하게 보는 학설로, 유교 사상가로는 순자가 이에 속한다. 순자는 인간의 본성은 악하며, 선함은 인위에서 비롯된다고 보았다(민황기, 2011: 264). 그는 인간은 본성이란 나면서부터 이익을 좋아하기 때문에 이를 그대로 두면 서로 싸우고 빼앗고 폭력과 잔혹함이 발생한다고 여겼다. 인간의 악은 감각적 욕망으로부터 파생된 음탕과 무절제를 초래하기 때문에 인위적인 배움과 규율을 통해 선함을 만들어 내야 한다고 보기도 했다(이장희, 2005: 231).

현대의 각 학문 분야는 인간의 잠재적 본성 중에 주로 어떤 한 측면을 강조해 왔다. 특히 근대 사회과학은 기본적으로 성악설에 가까운 인간관을 가지고 있다고 볼 수 있다. 예를 들어, 경제학은 인간을 이기적인 존재로 전제한다. 자유주의 경제학의 고전에 해당하는 『국부론(The Wealth of Nations)』의 저자 스미스는 시장경제가 개인주의적 이윤 추구를 지향하는 인간의 본성에 기반을 둔다고 보았다(Smith, 2024). 스미스는 우리가 저녁 식사를 할 수 있는 것은 고기, 쌀, 반찬을 파는 상점 주인들의 자비심이나 인류애 덕분이 아니라, 그들이 사업을 통해 자기 이익을 추구하고자 하기 때문이라고 설명했다. 시장경제에서 개인은 사실상 공익을 증대시킬 의도가 없이 단지 자신의 이익을 추구할 뿐이지만, 이러한 이기성이 사회를 돌아가게 하는 힘이라고 보는 것이다.

『자본론』을 통해 자유주의 고전 경제학을 비판하고, 사회주의 정치경제학의 기반을 다진 카를 마르크스(Karl Mark)도 인간과 인간이 서로 대립하는 측면에 집중했다(Marx, 2015). 마르크스는 지금까지 존재하는 인간 사회의 역사를 '계급투쟁의 역사'로 진단했다. 다시 말해, 농경사회의 '지주 대 농노', 산업사회의 '자본가 대 노동자'의 관계와 같이, 인간의 사회 체계를 지배계급과 피지배계급이 서로 대립하며 권력투쟁하는 결과물로 본 것이다. 고전 정치학도 인간을 서로 싸우는 이기적인 존재로 보는 경향이 있다. 『리바이어던(Leviathan)』의 저자 토마토 홉스(Thomas Hobbs)는 인간을 자신의 이익만을 한없이 추구하며 '만인에 대한 만인의 투쟁'을 하는 존재로 그렸다(Hobbs, 2018). 홉스는 인간의 투쟁 상태가 계속되면 모든 것이 파멸될 것이기 때문에 사람들은 서로 투쟁하는 자연 상태에서 벗어나 사회계약을 맺고 자기 권리를 국가에 일정 정도 양도하게 되는 것을 사회의 출발이라고 보았다. 니콜로 마키아벨리(Niccolò Machiavelli)도 인간을 기본적으로 악한 본성을 가진 존재로 보았다. 그는 『군주론(The Prince)』을 통해 "원래 인간은 은혜도 모르고, 변덕이 심하며, 위선자인데다가 뻔뻔스럽고, 신변의 위험을 피하려고만 하고, 물욕에 눈이 어둡게 되기" 때문에 군주는 사람들에게 사랑을 주기보다는 두려움의 대상이 되는 것이 더욱 안전하다고 주장하기도 했다(Machiavelli, 1976).

그렇다면 사회복지는 인간을 어떤 관점에서 바라볼까?

1) 주류적 관점: 성선설

먼저, 대부분의 사람은 사회복지를 인간의 선함에 바탕을 둔 실천과 제도로 본다. 사회복지는 저소득층, 노인, 아동, 장애인과 같이 사회적 약자를 돕는 행위로 여긴다. 따라서 사회복지학을 공부한다거나 사회복지 종사자라고 하면 많은 사람이 어려운 사람들을 돕는 착한 사람이라고 긍정적으로 인식한다. 실제 사회복지사들은 도덕적 잠재력과 측은지심을 직업과 삶 속에서 실제로 발현하는 선한 사람의 대표적 사례로 꼽혀 왔다. 드라마, 영화, 언론에 묘사되어 온 '작은 천사'와 같은 사회복지사의 이미지는 이러한 대중의 인식을 반영한다.

주디스 데이븐포트(Judith Davenport)와 조셉 데이븐포트(Joseph Davenport)는 1990년대에 미국에서 발간된 중앙지, 토크쇼, 영화에서 표현되는 사회복지사의 이미지를 분석한 결과, 사회복지사들이 긍정적으로 묘사되는 경향이 높은 것을 확인했다(Davenport & Davenport, 1997). 예를 들어, 1915년에 상영된 미국 영화 〈재생(The Regeneration)〉에서는 사회복지사를 순교자(martyr)의 모습으로 그리고 있다. 해당 영화는 사회복지관(settlement house)에서 일하는 사회복지사 마리 디어링과 가정학대 피해 아동인 오웬의 관계를 그리고 있다. 결과적으로 오웬이라는 아이를 돕기 위해 본인의 가정까지 떠난 마리의 모습을 통해 영화는 사회복지사의 순교자로서의 숭고한 이미지를 대중들에게 보여 준다. 영화에서는 사회복지사라는 캐릭터를 그리는 과정에서 천사 이미지를 구현하기 위해 마리가 밝은 미소와 하얀 옷을 입고 아이들에게 둘러싸여 있는 장면을 연출하기도 했다.

재니스 앤드루스(Janice Andrews)는 1963~1964년 동안에 방영된 〈East Side/West Side〉라는 드라마에 나오는 사회복지사의 이미지를 분석했다(Andrews, 1987). 1960년대의 미국은 68혁명, 인종차별에 대한 저항과 인권운동이 활발하게 일어나며 사회적으로 큰 변화를 맞이하고 있었다. 특히 사회복지사들을 필두로 빈곤과 인종차별 등 사회문제에 대한 비판과 대중의 관심이 고조되는 상황이었다. 드라마는 뉴욕의 지역복지센터에서 근무하는 사회복지사 닐 브록이 매 에피소드마다 도움이 필요한 사람들을 돕고, 사회개혁을 도모하는 모습을그리고 있다. 에피소드들은 당시 사회적으로 이슈가 된 실제 사건들을 모티브로 한 사례들에 주인공이 직접 개입하는 방식으로 전개되었다. 에피소드에서 주인공의 도움을 받는 대상들은 외상후 스트레스장애를 호소하는 한국전쟁 참전용사, 슬럼가에서 살아가는 흑인 부부, 성폭행으로 인해 집에서 가출한 청소년, 휠체어를 타고 다니는 장애인 등이었다. 주인공인 브록은 사회복지사로서 실천 현장에서 도움이 필요한 개인과 가족을 직접 지원하거나 사회 제도와 구조를 개선하는 사회운동가의 역할을 수행하는 것으로 나온다. 물론 그가 클라이언트의 상황에 개입하는 방법이 완벽하지 않았지만, 클라이언트에게 진실되고, 정직하며, 헌신적인 모습을 통해 시청자들은 그를 영웅(hero)으로 인식하게 된다.

한국에서도 사회복지에 대한 이미지는 앞의 사례들과 별반 다르지 않다. 해마다 정부나 기업에서 사회복지 종사자나 단체에게 포상하는 행사를 할 때 뉴스나 연설에서 포상자들을 '나눔 천사' '나눔 영웅' '나눔 전도사'로 묘사하는 경우를 적지 않게 보게 된다.

2) 비판적 관점: 성악설

그러나 한편에서는 사회복지가 약자를 돕는 행위만이 아니라 취약계층이나 피지배계층을 통제하고 관리하는 제도로 보는 견해도 존재한다. 사회복지 시설과 정책들이 사회에서 인간의 행동이나 태도를 특정한 방향으로 유도하거나 교정하는 기능을 담당하고 있다고 보는 것이다. 예를 들어, 근대사회의 초창기 사회복지시설로 꼽히는 구빈원(poor house)은 빈민들을 위해 자선을 베푸는 시설만은 아니었다. 이보다는 '게으른' 빈민들을 강제 노역과 열등 처우를 통해 교정하고 훈육하는 기관으로 여겼다. 1837년 영국 런던의 슬럼가를 배경으로 하는 찰스 디킨스(Charles Dickens)의 소설 『올리버 트위스트(Oliver Twist)』에도 주인공 올리버가 구빈원에 수용되어 강제 노역에 동원되는 장면이 존재한다(Dickens, 2020). 이처럼 근대 초기의 사회복지제도는 취약계층을 게으르고 나태한 존재로 보고 사회적 개입을 통해 통제해야 하는 존재로 간주했다.

한국의 형제복지원 사건도 사회통제의 기능을 수행했던 사회복지의 역사를 잘 보여준다. 형제복지원은 1975년부터 1987년까지 운영되었던 전국 최대 부랑인 수용시설로, 정부가 1986년 아시안 게임과 1988년 하계 올림픽을 앞두고 대대적으로 부랑인을 단속하는 과정에서 설립되었다. 복지원은 부랑인을 위한 복지와 선도를 명목으로 하고 있었지만, 실제로는 12년 동안 589명이 사망하고, 일부 사망자는 300~500만 원에 의과대학의 해부학 실습용으로 판매되는 등 엄청난 가혹 행위가 일어난 곳이기도 하다. 이로 인해 형제복지원은 한국판 홀로코스트로 불리기도 한다.

최초의 사회보험으로 여기는 19세기 독일의 비스마르크 사회보험도 노동자들의 복지나 노동권을 보장하기 위해서 마련된 제도만은 아니었다. 철혈재상 비스마르크는 당시 불붙기 시작한 노동운동을 잠재우기 위한 강경책으로 1878년에 「사회주의자진압법」을 통해 노동운동을 탄압함과 동시에 1883년에는 의료보험, 1884년에는 산재보험, 1889년에는 노령폐질연금과 같은 사회보험제도를 도입하여 노동자들을 회유하는 채찍-당근 양면 정책을 펼쳤다. 특히 비스마르크는 지주계급 출신으로서 당시 점차 세력을 확장하고 있는 신흥 지배계급인 자본가계급을 견제하면서 노동자계급을 자기 세력으로 포섭하고자 하는 의도도 깔려 있었다. 이처럼 비스마르크 사회보험은 기존의 지배계급과 신흥 지배계급, 지배계급과 피지배계급 사이의 권력 역학에서 탄생한 제도라고 할 수 있다.

복지가 단순한 시혜가 아니라 시민의 권리로 받아들이게 되면서 이와 같은 통제적 속성이 많이 희석되었지만, 여전히 잔존하고 있다. 근대국가의 복지정책들은 기본적으로 사회 구성원을 지원하는 사회적 돌봄(social control) 기능과 사회 구성원을 관리하는 사회적 통제(social control) 속성을 동시에 지닌다. 예를 들어, 저소득층에게 생계비를 지원하는 국민기초생활보장제도나 노동자가 실업을 당했을 때 받게 되는 고용보험의 실업급여는 복지권의 측면에서 제공되고 있다. 그러나 근로 능력이 있는 저소득층이 국민기초생활보장제도에 의한 생계비를 지원받거나, 실업자가 실업급여를 받기 위해서는 자신이 취업 활동이나 근로 활동을 하고 있다는 것을 증명하고 관리받아야 한다. 이때 복지 수급자의 활동을 관리하는 업무는 행정복지센터의 사회복지전담공무원이나 지역자활센터, 고용센터의 사회복지 종사자들이 담당한다.

최근 도입되고 있는 사회복지 정책들도 대부분 돌봄과 관리의 속성을 동시에 지니고 있다. 예를 들어, 청년수당은 청년들에게 일정한 현금을 제공하지만, 이는 무조건적 지원만은 아니다. 다양한 활동에 참여하거나 기록을 남기게 되어 있으며, 현금을 지출할 때에도 일정한 품목에는 지출을 제한하여 관리한다. 복지 신청과 수급을 자율에 맡겼을 때 아노미가 발생할 것을 전제하고, 이에 대한 관리와 감독을 실시하는 것이다.

이와 같은 맥락에서 일부 학자들은 사회복지의 통제적 속성에 주목해 왔다. 대이(Day, 1981)는 복지 지원이 사회적 불만을 잠재움으로써 피지배계층의 지나친 일탈을 방지하고 자본주의 체제를 유지하는 기능이 있다고 보았으며, 래이너(Raynor, 1985)는 사회복지제도들이 구속, 감금과 같은 사법적 형벌보다 덜 억압적인 방식으로 잠재적 범죄자들을 교화함으로써 지배 사회의 안전을 유지하는 역할을 수행한다고 지적했다. 이런 면에서 범죄학자 데이비드 갈런드는 사회적 혼란을 관리하는 방식으로 사법부는 강경책(채찍), 사회복지는 회유책(당근)을 담당하고 있으며, 사회복지는 사회 구성원의 일탈과 불만을 잠재우는 형벌-복지 콤플렉스(penal-welfare complex)의 한 축으로 보기도 했다(Garland, 1985).

사회복지가 사회적 통제 방식이라고 본다면, 사회복지사들은 한계계층이나 피지배계층을 관리하는 관리인으로 바라볼 수 있다. 이에 스펙트와 코트니는 『불경한 천사: 어떻게 사회복지사들은 자신의 미션을 버렸는가(Unfaithful Angels: How social work has abandoned its mission)』라는 책을 통해 선한 천사로 이미지화된 사회복지사들이 사실 현장에서는 취약계층을 관리하고 통제하는 역할을 담당하는 존재로 변질되는 과정을 그리기도 했다(Specht & Courtney, 1995).

이와 같은 사회복지의 역사를 봤을 때, 사회복지를 단지 성선설과 성악설의 이분법적 분류에 넣기는 어렵다. 사회복지는 취약계층의 인권을 보장하고 불평등을 해소하고자 하는 사회연대의 목적과 함께 취약계층의 불만과 일탈을 규율해 사회 안전을 꾀하는 사회통제의 목적이 줄타기하는 가운데 발전해 왔기 때문이다. 근대국가의 복지정책들은 기본적으로 사회 구성원을 지원하는 사회적 돌봄 기능과 사회 구성원을 관리하는 사회적 통제 속성을 동시에 지닌다.

미리엄 프리먼(Miriam Freeman)과 데보라 발렌타인(Deborah Valentine)도 사회복지사의 양가적 이미지를 분석했다. 이들은 1938년부터 1998년까지 방영된 영화 중 사회복지

사라는 직업을 직접적으로 가진 캐릭터나 간접적으로 사회복지사의 역할을 수행하는 인물이 나오는 44개의 미국 영화들을 바탕으로 사회복지사들에게 현실적인, 이상주의적인, 배려하는, 능력 있는, 인내하는, 친절한 이미지만이 아니라 깐깐한, 무능력한, 엄한, 권위주의적인, 비판적인, 민감한, 관료적인, 냉담한 이미지가 함께 존재하고 있음을 드러내기도 했다(Freeman & Valentine, 2004).

이는 단지 미디어 이미지만은 아니다. 실제로 선한 이웃, 나눔 전도사로서 어려운 이웃을 돕기 위해 사회복지학과에 입학했다가 현장에서 다양한 경험을 하면서 사회복지에 회의를 느끼는 사회복지사들의 이야기를 종종 접할 수 있다. 자신들이 지원하는 복지 수급자들과 갈등을 겪거나 싸움에 휘말리게 되면서 복지 수급자들에게 덧입혔던 선하고 약한 이미지가 벗겨지거나, 아니면 자신에게 주어진 관료적·관리적 역할에 회의를 느끼는 경우들이 대부분이다. 본래 자신과 타인에 대해 성선설적 관점을 가지고 사회복지에 발을 들여놓았다가 현장에서 현실을 마주하고 성악설적 관점으로 무게 추가 옮겨지게 되는 것이다.

그러나 사실 사회복지사나 복지 수급자들을 무조건적으로 선한 존재로 여긴다거나, 아니면 무조건적으로 악한 존재로 여기는 관점은 본질적으로 사회복지가 가장 중요하게 생각하는 인간의 잠재적 본성은 아니다. 인간은 상황에 따라, 상대에 따라 악해질 수도 있고 선해질 수도 있다. 그뿐만 아니라 한 개인의 악한 행동이 결과적으로는 타인에게 선한 효과를 낳기도 하고, 반대로 선한 의도가 악한 효과를 낳기도 한다. 예를 들어, 비스마르크의 사회보험은 기존의 지배계층이 자신의 권력을 지키기 위해 만든 제도이지만, 현재는 자본주의 사회의 많은 노동자의 노동권과 복지권을 보장하는 제도로 사용되는 경우가 많다. 따라서 정책이나 행위의 초기 의도가 이후 결과에까지 영향을 미친다고 보기도 어렵다. 그렇다면 사회복지의 이러한 가변적 상황에서 사회복지가 본질적으로 중요하게 여기는 인간의 속성은 무엇일까?

3) 대안적 관점: 상호 의존성

사회복지의 가장 중요한 인간관은 인간이 악할 때든, 선할 때든, 어떤 존재든 간에 반드시 타인을 필요로 하는 상호 의존적 존재라는 사실에서 출발한다.

인간의 본성을 선하거나 악하다고 보는 논의들은 겉보기에는 매우 대조적으로 보인다. 하지만 인간의 본성을 파악할 때 인간 개인의 객체적 측면을 강조한다는 점에서 동일하다. 인간에 대한 개인주의적 접근이 근대사회의 특징이다.

하지만 인간은 홀로 존재하기만 하는 것이 아니다. 사람 인(人)이 두 사람이 서로 기대고 있는 형상을 반영하고 있는 것처럼, 사람은 서로 의지하며 상호 관심과 돌봄이 필요한 존재이기도 하다.

실제 다른 사람과의 관계에 대한 추구는 인간의 매우 기본적인 욕망으로 여겨 왔다. 사랑과 소속감이 인간의 기본욕구라고 했듯이(Maslow, 1962), 인간이 한 사회나 집단에 소속되고 구성원으로 인정받고자 하는 욕구는 매우 본질적인 욕구이다. 이에 로이 바우마이스터(Ray Baumeister)와 마크 리어리(Mark Leary)는 인간은 지속적이고 긍정적이며 중요한 대인관계를 형성하고 유지하고자 하는 욕구를 가진다는 소속감 가설(belongingness hypothesis)를 제시한 바 있다(Baumeister & Leary, 1995: 497).

마르크스, 홉스, 마키아벨리는 생존을 위한 만인의 만인에 대한 투쟁을 인간의 본능으로 여겨 왔다. 실제로 현대사회에서 흔히 볼 수 있는 학업, 직장, 부를 향한 생존경쟁은 타인보다 자신이 우위에 서야만 불안감과 두려움으로부터 벗어나 행복할 수 있을 것이라는 믿음에 기인한다. 하지만 사실 역설적으로 이러한 인간의 불안과 두려움은 생존을 향한 투쟁에서 이기게 되면서 줄어드는 것이 아니다. 오히려 인간이 생존을 위해 상대방과 투쟁하고 갈등하기 때문에 불안과 두려움은 고조된다. 카렌 호나이(Karen Horney)는 인간의 근본적인 불안(basic anxiety)은 "적대적인 세계에서 고립되고 무력하다는 느낌"이라고 설명했다(Horney, 1945: 41). 크리스토퍼 바든(Christopher Barden)은 사람들이 사회집단에서 배제되면 불안이 커지는 한편, 사회적 포용 경험은 불안을 상쇄하거나 제거하는 효과가 있음을 확인하기도 했다(Barden et al., 1985). 현대사회의 주류 경제학과 정치학은 타인과의 경쟁에서 승리하고자 하는 인간의 개인성과 이기성을 중시한다. 현대사회에서 자존감, 자기계발, 자기정체성은 모두가 추구해야 하는 매우 중요한 가치로 여긴다.

하지만 실제로 인간은 타인과 독립된 독자적 상태에서는 생존할 수 없는 존재이다. 사회현상과 질병의 관계를 연구하는 사회역학 조사들에 따르면, 사회적 배제를 경험하면 인간의 불안수준이 높아지며, 혈압이 상승하고, 스트레스를 유발하는 호르몬인 코르티솔 수준이 증가하는 등 신체적 반응이 나타남을 관찰하기도 했다(Wilkinson, 2008). 매티스는 자존감이 낮을 때 불안이 커질 것으로 예측했지만 이 예측은 실험을 통해 뒷받침되지 못했으며, 대신에 관계의 상실이 불안으로 직접적으로 이어진다는 것을 새롭게 발견하기도 했다(Mathes et al., 1985). 다시 말해, 인간은 개별적인 객체로만 살아가는 존재가 아니라 사회적 상호작용 속에서 살아가는 상호 의존적인 존재인 것이다.

플라톤은 인간의 본성을 이야기할 때 개인의 성품이나 성격을 넘어 인간이 갖는 '사회적 특성(social aspect)'에 집중해야 한다고 보았다(Plato, 2008). 그는 제자 아데이만토스(Adeimantus)와의 대화에서 국가(a State)의 기원을 설명하면서 인간은 다른 인간들의 도움이 필요한 존재임을 강조했다(Plato, 2008: 76). 스미스는 개인의 사익 추구가 자본주의 사회를 만들고, 홉스와 마키아벨리는 혼란과 아노미에 대한 통제를 국가의 기원으로 보았다. 반면, 플라톤은 사람들이 가진 필요를 다른 사람들이 서로 채워 주면서 함께 모여 살게 되는 공간이 바로 국가이며 사회라고 정의했다. 어떤 인간이든 이 세상에서 혼자의 힘으로는 살아갈 수 없으며, 서로가 필요하고, 저마다 다른 재능과 적성을 가지고 있는 개인들이 사회적 상호작용을 통해 서로 혜택을 얻을 수 있다고 설명했다. 한 개인은 본질적으로 부족함과 한계를 가질 수밖에 없으며, 따라서 인간을 타인과 도움을 주그받으며 살아가는 관계적 존재로 본 것이다. 즉, 상호 의존성과 상호 호혜성이 인간을 인간되게 하는 본질이라는 입장이다.

물론 경제학에서 자기 이익을 추구하는 인간, 정치학에서 상대방을 향해 투쟁하는 인간을 강조하는 것처럼 근대 사회과학은 은연중에 개인주의적 인간이 경쟁하는 사회를 전제해 왔던 것도 사실이다. 이러한 인간관, 사회관이 지금의 자본주의, 정당 민주주의를 이끌어 온 힘이기도 했다. 그러나 사회복지학, 사회복지제도, 사회복지 실천은 인간을 이해할 때 인간의 개인성보다는 관계성에 더 무게중심을 둔다. 인간을 한 개인, 한 객체로 파악하는 시각을 넓혀 인간과 인간의 관계에 집중하고자 하는 학문과 실천이 사회복지이다.

사회복지의 인간관은 바로 이러한 상호 의존성과 상호 호혜성에서부터 출발한다. 사회복지는 빈곤, 장애, 질병, 실업과 같이 인간이 위험에 빠졌을 때 이를 지원하는 사회적 실천과 제도를 뜻한다. 이러한 사회복지는 인간의 독립성과 자율성을 중심에 두는 자본주의와는 다소 다른 인간관을 갖는다. 즉, 인간을 독립적 존재만이 아니라 서로를 의지하며 살아가는 상호 의존적 존재로 보는 것이다. 실제로 인간은 신생아–아동–청소년–청년–장년–노년에 이르는 생애주기에서 반드시 한 번 이상은 누군가의 돌봄에 의존할 수밖에 없는 시기를 가질 수밖에 없다.

사회복지는 이처럼 생애주기에 인간이 맞이하게 되는 다양한 위험과 문제에 대해 사회적으로 함께 대응하고자 하는 제도라고 할 수 있다. 한국의 「사회보장기본법」 제3조 정의에서는 사회복지제도를 생애주기에 걸쳐 보편적으로 충족되어야 하는 기본욕구와 특정한 사회적 위험에 의하여 발생하는 특수욕구를 동시에 고려하여 소득 · 서비스를 보장하는 평생사회안전망으로 규정하고 있다. 실제로 정부의 다양한 복지사업은 이러한 생애주기에 인간이 겪게 되는 취약한 부분에 대한 다양한 사회적 지원을 하는 방식으로 이루어지고 있다.

2. 복지의 대상과 영역

1) 복지의 대상에 대한 전통적 논의: 보편주의 대 선별주의

복지의 대상이 누구여야 하는가에 대해 오랜 논쟁이 이어지고 있다. 타인에 비해 특별히 욕구가 강하고 절박한 사람이 복지의 대상이 되어야 하는지, 아니면 중산층 이상까지 포괄하는 전 사회 구성원이 복지의 대상이 되어야 하는지의 대립적 관점으로, 각각은 '선별주의'와 '보편주의' 입장으로 불린다. 일반적으로 복지에 대한 사회적 합의가 형성되지 않고 복지수준이 낮은 국가들에서는 선별주의 입장을 선호하며 공공부조를 중심으로 한 선별주의적 복지정책이 발전한다(예: 미국). 반면, 복지에 대한 사회적 합의가 형성되고 과세 수준 및 복지수준이 높은 국가에서는 보편주의 입장을 지지하고 사회보험제도를 비롯한 각종 사회 수당 및 보편적 사회서비스 등 보편주의적인 복지 프로그램이 발전한다(예: 북유럽 국가). 선별주의적 복지는 제한된 예산을 욕구가 큰 집단에게 집중적으로 투입할 수 있어서 정책이 목표하는 바를 효과적으로 달성할 수 있으며 예산을 효율적으로 활용할 수 있다. 반면, 복지의 대상을 '선별'하기 때문에 수급자라는 낙인이 찍히며 존엄성이 훼손된다. 보편주의적 복지는 사회 구성원 모두가 복지의 대상이 되기 대문에 낙인이 없으며 존엄성을 지킬 수 있다. 그러나 모두에게 복지 혜택을 제공하게 되면 그만큼 많은 예산이 소요되며, 욕구가 큰 대상에게 집중적으로 할당되지 않기 때문에 비효율성이 발생한다. 덧붙여 모두가 복지의 대상이 되어야 한다는 결과론적 측면에 초점을 맞추게 됨으로써 개개인의 상이한 욕구를 간과하게 된다. 결국 투입된 자원에 비해 다양한 욕구 충족에는 실패함으로써 복지에 대한 체감 및 만족도가 높지 않은 한계가 존재하게 된다. 각각이 가진 장단점이 있음에도 불구하고 일반적으로 복지의 대상이 선별주의적이면 후진적인 복지로, 보편주의적이면 선진적인 복지로 취급되어 왔다.

이러한 복지에 대한 선별주의와 보편주의의 이분법적 구분과 나쁜 복지(선별적 복지), 좋은 복지(보편적 복지)의 흑백논리는 비판적 시각으로 바라볼 필요가 있다. 무엇보다 선별주의이냐, 보편주의이냐 그 자체로 가치지향성을 내재하고 있지 않다는 점이다. 한마디로, 사회복지가 목적하는 바가 무엇인지에 대한 방향성을 내재하고 있지 않은 '탈가치지향적' 개념이다. 즉, 소수를 타겟팅하는가, 사회 구성원 전체를 대상으로 하는가 그 자체가 복지의 정당성 및 좋고 나쁨의 판단 기준이 되기 어렵다. 그럼에도 불구하고 선별주의와 보편주의는 그 자체로 나쁨과 좋음을 함축함으로써 일종의 '담론'이 되어 버렸다. 복지가 지향해야 하는 가치와 복지의 목적에 대한 합의 없는 보편주의는 선별주의와 동전의 양면일 뿐이다. 가령, 건물주 노인과 폐지 줍는 노인에게 똑같이 5만 원을 주는 보편적 노령수당제도가 하위 20%의 노인에게 50만 원을 주는 선별적 노인부조제도보다 사회적으로 더 나은 정책이라고 판단하기 위해서는 복지가 지향하는 가치와 목적이 무엇인지에 대한 논의가 먼저 이루어져야 하고, 그에 따라 판단이 이루어져야 한다. 특히 사회 구성원이 보편주의적 복지와 그 목표 및 수준에 대해 사회적으로 합의하고 증세를 통해 필요한 재원을 충당해 충분한 예산을 가지고 보편주의적 프로그램을 실시하는 경우가 아닌, 재원에 대한 사회 구성원의 합의가 이루어지지 않은 채 단지 당위적 이유에 의해 제한된 예산으로 보편주의적 프로그램을 실시할 경우 5만 원짜리 보편적 노령수당제도처럼 중하위 수준의 복지가 되어 버리는데, 현실에서는 우리나라를 비롯한 후자의 방식으로 보편주의적 복지가 실현되는 경우가 종종 발생한다. 가령, 우리나라 기초연금에 대해 이야기할 때 혹자는 이를 보편적인 제도라고 하고, 혹자는 선별적인 제도라고 한다. 기초연금은 노령수당의 일종으로, 본래 인구학적 기준(노인)을 충족하면 모두 받을 수 있는 보편적인 제도로 설계되었지만 예산 제약으로 인해 소득인정액 하위 70% 노인에게만 지급된다. 애초 사회 수당으로서의 성격에서 출발했고, 70%라는 다수의 노인에게 지급되므로 보편주의적인 제도로 보아야 하는가, 아니면 어찌 되었든 소득인정액 기준에 따라 대상자를 선별하므로 선별적인 제도로 보아야 하는가?

2) 우리 모두가 복지의 대상자인 이유: 우리는 상호 의존적이기 때문이다

복지 수급을 영어로 'dependency'라고 한다. 복지 수급을 받는 사람들, 복지의 대상자들은 의존적(dependent)인 사람들로 규정되는 것이다. '의존'의 사전적 정의는 "다른 것에 의지하여 존재함"인데, 혼자 존재하기 힘들기 때문에 다른 것에 의지해서 존재할 수밖에 없다는 것이다. 단어가 내포하는 다소 부정적인 어감이 보여 주듯, 이런 '의존성'을 사회는 긍정적 시선으로 보지 않는다. 우리 사회는 독립적인 인간, 주체적이고 남의 힘을 빌리지 않고 살아가는 것을 '떳떳하다'고 간주한다.

자본주의의 사상적 근원인 자유주의는 인간을 관계적이라기보다는 자족적인 개인으로 보고 있으며, 사회는 개인 간의 자발적인 계약 관계의 산물이다. 이러한 자유주의적 인간관에 근거한 자본주의 사회는 '개인의 생존은 개인이 책임진다'는 철학을 기초로 하는 사회이다. 낸시 프레이저(Nancy Fraser)와 린다 고든(Linda Gordon)은 자유주의적 인간관과 '복지 의존'이 부정적인 개념으로 정착된 과정을 설명했다(Fraser & Gordon, 1994). 산업사회 이전의 의존은 사회정치적 위계질서에 대한 종속을 의미했으며, 대다수의 사람이 왕과 귀족 등 지배계층에게 의존하는 것이 자연스러웠다. 경제는 사회정치에 종속되는 부수적인 것이었기에 사회정치적 지위가 낮고 자원을 보유하고 있지 않아 노동을 통해 생계를 벌어야 하는 임금노동자가 의존적인 것은 당연하게 받아들였다. 즉, 의존은 도덕적 해이와 무관한 개념이었다. 그러나 산업화를 거치면서 의존의 의미는 변하게 되었다. 사회정치적 위계질서가 사라지고 자본주의가 정착된 산업사회에서 임금노동자에 대한 평가에 규범성이 부여되기 시작했다. 자신의 노동으로 돈을 벌지 않는, 즉 정부 지원을 받는 사람들은 모두 의존적이라고 간주되기 시작한 것이다. 복지 의존은 약물 의존, 중독 등과 동일 차원에서 병적 장애와 등치되거나 병리적으로 다루어져 정신의학적으로 의존적 개인의 인격장애로 인식되기도 했다. 현대사회로 올수록 능력주의 이데올로기는 더욱 지배적이 되며, 의존에 덧씌우는 무능력, 개인의 책임, 게으름 등의 부정적 의미는 강화되었다.

지금의 사회는 누군가의 생존도, 죽음도 결국 그 사람의 문제라고 여기는 사회이다. 이런 사회에서 살아가는 사람들은 자신이 죽을 위기에 처해도 타인의 도움을 기대하기 힘들다고 믿는다. 사회학자 뒤르켐은 "(한 개인이) 속해 있는 집단이 약화되면 될수록 그만큼 그 개인은 신뢰를 덜 하게 되며, 그 결과 오직 자기밖에 믿을 수 없다는 생각이 굳어지고 자신의 사적 이해관계에 기초한 규칙 외에 다른 행동 규칙은 없다는 인식이 강하게 된다"라고 말했다(Durkheim, 2019). 유일하게 자신만을 믿을 수 있는 사회에서 사람들은 개인이기주의 규칙을 준수하게 되며 타인에게 의존하는 것은 더욱더 부정적인 것이 된다.

그러나 인간은 원래 의존적이며 의존할 타인을 필요로 하는 존재이다. 그리고 누구나 언제 어느 순간에든 의존적이 될 수 있다. 지금 우리가 살아 숨쉬고 있음은 언젠가 누군가에게 의존했음의 증거이다. 의존의 범위와 강도는 사람마다 다를 수 있지만 모든 인간은 결국 의존적이며, 그래서 의존은 보편적이고 당연하며 자연스럽고 지극히 정상적인 것이다. 또 의존을 경험했다고 해서 계속 의존적인 것은 아니다. 신생아의 의존도, 노인의 의존도 지극히 정상이며, 많이 아플 때, 다쳤을 때 누군가에게 의존하는 것은 생존을 위해 필수적이다. 마찬가지로 장애인의 의존도 정상적이다. 생애 과정에서 저마다 다양한 경험을 하게 되고, 누군가는 사회안전망에 의존이 필요할 정도로 실패를 경험할 수 있지만 이 역시 누구에게나 일어날 수 있는 의존이라는 점에서 정상적이다. 또 한 번 의존적이었다고 해서 계속 의존적이지 않아야 한다. 비의존적이고 자율적이며 자립적인 자유주의적 인간은 허구이며 가식일 뿐이다.

전통적인 정치윤리학 이론들은 '자유'와 '평등'을 중심으로 정의로운 사회를 규정해 왔다. 봉건적 위계질서에 대항하여 발전한 근대 자유주의와 평등주의는 집단보다 개인을 중시하면서 인간의 상호 의존적 특성을 소홀히 하게 되었다. 인간은 독립적이고 자율적인 개인이며, 만약 어떤 개인이 '의존적'인 상태에 있다면, 이는 보편적 인간 상태가 아닌 일부 취약계층의 '특별한 상황'으로 간주된다. 이러한 관점은 평등하고 자유로운 주체(주로 남성, 백인, 노동자, 비장애인 등)를 인간의 보편적 상태로 보기 때문에 취약한 사람들과 이들에게 돌봄을 제공하는 사람들(주로 여성, 아동, 노인, 장애인, 빈곤층, 유색인종 등)을 주변화하게 된다. 에바 키테이(Eva Kittay)는 『인간 의존성과 롤스적 평등(Human Dependency and Rawlsian Equality)』에서 '의존 비판(dependency critique)'을 통해 의존성이 인간의 보편적 특성임을 강조했다(Kittay, 2018). 인간의 의존은 자연스럽고 필수적인 것으로, 모든 사람은 삶의 여러 단계에서 타인에게 의존할 수밖에 없다. 특히 키테이는 의존이 독립의 토대가 된다고 주장했다. 아이가 성인이 되기 위해 부모의 돌봄이 필요하듯, 의존은 자유롭고 평등한 개인이 되기 위한 전제조건이라는 것이다. 독립적 개인이라는 이상과 달리 실제 인간은 상호 의존적 관계 속에서 살아가는 존재인 것이다. 키테이는 정의로운 사회를 만들기 위해서는 인간이 자신의 인생 주기에서 어떤 순간에 타인에게 의존적일 수밖에 없음을 인정할 필요가 있다고 보았다. 취약성에 대해 개인에게만 책임을 지우는 것이 아니라 사회적으로 인간의 의존성을 인정하고 보편적으로 지원하는 체계가 필요하다는 것이다.

키테이의 주장은 보편적 사회복지와 상당히 맞닿아 있다. 앞서 살펴본 인간에 대한 두 가지 관점, 즉 성선설과 성악설의 관점을 적용해, ① 착한 사회복지사가 어려운 취약계층을 돕는다는 사회적 돌봄(social care)의 입장과 ② 사회복지사가 한계계층의 잠재적 일탈을 관리한다는 사회적 통제(social control)의 입장은 모두 사회복지의 수혜 대상을 소수의 취약집단에게 맞추는 경향이 있었다. 성선설의 입장에서 보든, 성악설의 입장에서 보든 복지의 대상자는 취약성을 경험하는 집단에 제한된다. 그러나 의존 이론의 관점에서 바라보면 사회복지는 모든 인간이 거쳐갈 수밖에 없는 취약성을 서로 돌보며 해결하고자 하는 사회적 상호 의존의 형태라고 할 수 있다.

사회적 상호 의존 관점에서 봤을 때 사회복지사와 같은 사회복지 종사자들은 사회에서 서로가 서로를 의지하고 돌볼 수 있도록 지원하는 연결자이자 전문적 돌봄 지원자라고 할 수 있다. 하지만 키테이도 지적했듯이, 개인주의적 인간관을 가장 중시하는 현대

사회에서는 다른 직업과 달리 사회적 돌봄을 제공하는 사회복지 종사자들이 충분한 전문가로서 대우를 받지 못하는 경향이 있다. 개인 간의 경쟁과 선점을 중시하는 자본주의 사회에서 상호 호혜와 상호 의존을 중시하는 사회복지의 가치가 부차적인 것으로 취급되기 때문이다. 실제로 근대 자본주의 역사 속에서 대부분의 기간은 개인 간의 경쟁이 중요한 가치로 강조되어 왔으며, 개인들의 경쟁과 투쟁이 아니라 상호 연대와 공동체성이 중요시되었던 때는 제1, 2차 세계대전이 끝난 전후의 시기가 거의 유일했다. 실제로 이때 자유주의, 개인주의에 기반한 자본주의가 아니라 복지국가의 기반이 되는 존 케인스(John Keynes)의 수정자본주의가 주목받기도 했다. 이처럼 개인주의가 아니라 상호주의를 중시하는 사회복지 학문이나 제도들은 성장과 안정이 보장된 시기나 사회가 아니라, 세계 전쟁 이후처럼 인간의 한계와 연약함에 대한 각성이 일어났을 때 빛을 발하며 그 의미가 인정을 받는다. 어떤 의미에서 어려움에 주목하는 학문이자 실천인 사회복지는 일반적인 상태에서는 부차적인 위치에 있을 수밖에 없다. 하지만 실상에서 이러한 의존적 돌봄이 없다면 개별 인간의 생존은 매우 크게 흔들리게 되며, 갈 그대로 약육강식의 사회가 될 수밖에 없다. 사회복지 종사자들의 실천 행위는 이처럼 평소에는 눈에 띄지 않지만, 의미 있는 활동을 하며 인간과 사회를 돌보고 상호 협력하고자 하는 가치 속에서 출발하고 있음을 잊지 말아야 할 것이다.

3) 행복의 상호 의존성: 내가 행복하려면 타인도 행복해야 한다

타인에게 좋은 일이 생겼을 때 질시하거나 배 아파하는 사람들의 모습을 종종 발견한다. 반대로, 타인에게 좋지 않은 일이 생겼을 때 겉으로는 위로하지만 속으로 은근히 안도하는 모습도 발견할 수 있다. 사람들이 타인의 행복에 마음껏 기뻐하고 타인의 불행에 진실된 위로를 전하지 못하는 것은 기본적으로 나와 상관없는 '남의 일'이기 때문이다. 나의 행복이 중요하지 남의 행복이 무슨 상관인가? 나에게 벌어진 불행이 아니라 다행이고 그뿐이다. '나만 행복하면 된다'는 생각은 타인의 행복과 나의 행복을 비교하게 만들고, 때로는 불행에 안도감을 느끼게 만들기도 한다.

그런데 정말 '나만 행복하면' 될까? 당위적이고 도덕적인 이야기를 하려는 것이 아니다. '나만 행복한' 것은 애초에 가능하지 않다는 이야기를 하려는 것이다. 나의 행복은 타인의 행복과 밀접하게 연결되어 있다. 즉, 타인이 행복해야 나도 진정으로 행복할 수 있다. 행복에 대한 정의는 저마다 다를 수 있겠지만 핵심에는 '관계'가 있기 때문이다. 일반적으로 돈, 성취(원하는 취업, 직장에서의 승진, 어려운 일의 극복), 명예, 권력 등이 우리에게 행복을 준다고 생각한다. 그런데 가령 성공적인 사업이나 투자를 통해 일확천금을 벌게 되었을 때의 행복의 실체는 무엇인가? '돈' 그 자체는 통장에 찍혀 있는 숫자일 뿐 아직 실현된 행복은 아니며, 통장에 찍힌 금액을 보며 느끼는 행복은 안도감 또는 든든함, 그리고 그 돈을 이용해 원하는 것을 하게 될 미래에 대한 상상 속의 만족감이다. 그래서 돈이 주는 구체적인 행복은 좋은 집이나 차를 사거나, 세계여행을 다니는 등 돈으로 원하는 무언가를 했을 때 체감될 수 있다. 그런데 대궐 같은 집에 함께 살 가족도 없고, 초대할 친구도 없이 나 홀로 고립되어 있다면 충분한 행복이 체감될 수 있을까? 대부분의 사람이 고급 차를 선망하는 이유는 차의 기능보다 타인에 대한 과시의 측면이 강하다. 그런데 좋은 차를 샀어도 보여 줄 사람이 없고, 알아 줄 사람이 없다면 고급 차가 주는 만족감은 반감된다.

일반적으로 건강은 행복의 전제조건으로 간주된다. 아파서 시한부이거나 투병을 해야 한다면 돈과 성취, 즐기는 삶이 다 무슨 소용인가? 그런데 나만 건강하고 남들은 다 건강하지 않다면 나는 행복할 수 있을까? 건강이 행복의 중요한 요소인 이유는 돈과 마찬가지로 우리가 원하는 무언가를 가능하게 해 주는 중요한 역량이기 때문이다. 하고 싶은 운동도 하고, 악기도 배우고, 여행도 다니고, 맛집도 즐기려면 건강의 조건이 충족되어야 한다. 그런데 나만 건강하고 주변 사람들이 모두 건강하지 않다면 혼자 운동하고, 혼자 악기를 배우고, 혼자 여행을 다니고, 혼자 맛집에 다녀야 할 것이다. 무엇보다 남들이 다 건강하지 않은데 나만 건강할 가능성은 매우 희박하다. 건강이 가진 외부효과 때문이다.

자본주의 사회는 자율적이고 독립적인 개인들이 각자 자신의 이익을 극대화하기 위해 활동하면 곧 사회 전체의 부를 증진시킬 것이라는 믿음 체계에 기반해 있다. 자본주의 사회가 가정하는 개인은 매우 똑똑하고 합리적인 개인이다. 따라서 알아서 개인들이 자신의 효용을 극대화시키기 위해 노력하면 결국 사회가 발전한다는 것이다.

인간이 호모 에코노미쿠스(Homo economicus)라는 사실, 즉 '자신의 이익을 추구하는 존재'임은 부정할 수 없을 것이다. 때로 자신의 이익을 희생해 타인의, 더 넓게는 인류의 이익을 위해 헌신하는 사람들이 있지만 이런 부류의 사람들은 매우 소수이며 특별하다. 특별하기에 사회는 이들을 '위인' 또는 '의인'이라고 부른다. 위인 또는 의인을 제외하면 대다수의 평범한 사람은 자신의 이익을 위해 살아간다. 우리는 일상에서 다양한 선택과 행동을 실행에 옮기기도 하고, 여러 가지 욕구를 억누르기도 하면서 그것이 가져다줄 모종의 이득 또는 혜택을 상정한다. 자신의 이익을 극대화시키고자 노력하는 개인들이 모여 이루어진 사회의 이익 역시 극대화될 수 있는가? 산술적으로 보면 그럴 수 있지만 현실적으로는 그렇지 않다. 경제학에서 말하는 '구성의 오류(fallacy of composition)'가 이를 설명하는 개념이다. 자신의 효용을 극대화하려면 오늘날의 한국 사회에서 아이를 낳지 않고 딩크족이 되는 편이 합리적이다. 그러나 인구는 감소하고, 사회는 고령화되며, 결국 경제사회 체제 전반에 부정적인 영향을 미치게 되는 그 결과는 사회 구성원인 나에게 돌아온다. 합리적인 의사라면 현재의 의료시스템에서 필수 의료보다 성형외과, 피부과와 같은 비필수 의료를 선택하는 편이 개인의 이익에 더 도움이 된다. 그러나 그러한 선택의 총합으로써 우리 사회의 의료시스템은 붕괴되고 국민들의 생명이 위협을 받게 된다. 그 화살은 개인의 입장에서 합리적 선택을 한 의사 본인 또는 그 가족에게도 고스란히 적용될 수 있다.

개개인의 합리적 선택이 전체 차원의 손해를 야기할 수 있음을 설명하는 또 다른 이론으로 게임 이론의 '사회적 딜레마' 상황이 있다. 생태학자 개럿 하딘(Garrett Hardin)이 말한 '공유지의 비극(tragedy of the commons)'이 사회적 딜레마 상황에 해당되는 대표적인 예이다(Hardin, 1968). 공유지의 비극은 자원이 공동으로 사용될 때 개인들이 자신의 이익을 최대화하려고 행동하면서 그 자원이 과도하게 사용되어 결국 고갈되거나 파괴되는 현상을 설명하는 개념이다.

심리학에서의 공황 이론 역시 개인들의 합리적 사고가 사회적 재앙을 초래할 수 있다고 주장한다. 예를 들어, 극장에 불이 나면 사람들은 먼저 나가야 생존 확률이 높아진다는 합리적 사고를 하기 때문에 사람들이 출입문에 몰리게 된다. 그 결과, 질서정연하게 빠져나오면 모두 살 수 있는데도 인파에 출구가 막혀 빠져나오지 못하고 밟혀 죽기까지

사회적 딜레마: 개인의 합리성과 집단적 비합리성의 역설

사회적 딜레마(social dilemma)는 개인의 합리적 선택이 집단적 차원에서는 비합리적 결과를 초래하는 사회적 상황을 지칭한다. 즉, 개인의 단기적 이익 추구가 장기적으로는 공동체 전체에 부정적 영향을 미치는 구조적 모순을 초래하게 되는 현상이다.

사회적 딜레마는 크게 세 가지 대표적 유형으로 분류된다(Kollock, 1998).

첫째, 공유지의 비극은 공유 자원의 과잉 사용으로 인한 자원 고갈 현상을 의미한다. 개별 주체는 자신의 이익의 극대화를 위해 공유 자원을 적극적으로 활용하지만, 모든 구성원이 동일한 행동 패턴을 보일 경우 결과적으로 자원의 지속가능성이 훼손된다(Hardin, 1968). 만일 국가가 저렴한 본인부담금으로 걱정 없이 의료서비스를 이용할 수 있는 좋은 의료보장 제도를 만들었는데, 저렴하다고 국민들이 필요 이상의 서비스를 이용하게 되면 의료 자원은 고갈되고, 의료보험 재정은 악화되는 공유지의 비극이 초래될 수 있다.

둘째, 공공재 문제(public goods dilemma)는 공공재 유지를 위한 개인적 기여와 무임승차 현상 간의 갈등 현상을 지칭한다. 공공재는 비배제성과 비경합성을 특징으로 하므로 개인은 기여 없이도 혜택을 누릴 수 있는 유인이 존재한다. 그러나 다수의 구성원이 무임승차를 선택할 경우 공공재의 지속적 공급이 불가능하게 되는 딜레마가 발생한다(Ostrom, 1990). 예를 들어, 코로나19 팬데믹 상황에서 개인의 마스크 착용과 사회적 거리두기는 공중보건이라는 공공재에 기여하는 행위이다. 그러나 남들이 마스크를 써 주면 '나 하나쯤은' 마스크 규칙을 준수하지 않아도 감염률 감소 혜택을 누리는 무임승차 문제가 발생할 수 있다. 유사한 생각으로 너도 나도 규칙을 준수하지 않게 되면, 즉 다수의 구성원이 무임승차의 유혹을 뿌리치지 못한다면 공중보건 체계는 무너질 것이다.

셋째, 죄수의 딜레마(prisoner's dilemma)는 상호 협력이 최적의 결과를 가져옴에도 불구하고 개인적 이익 추구로 인해 모두에게 불리한 결과가 초래되는 상황을 설명한다. 이는 게임 이론의 대표적 모델로, 상대방의 선택에 관계없이 비협조가 개인에게 우월 전략이 되는 구조적 특성을 보인다(Poundstone, 1992). 복지 수급자는 수급 자격을 유지하기 위해 취업 또는 소득이 증가한 상황을 솔직하게 보고하는 것보다 숨기고 계속 복지급여를 받고자 한다. 정부는 수급자들을 신뢰하지 못하고 부정 수급을 막기 위해 과도한 감시와 규제를 시행하게 된다. 각 주체가 상호 협력하기보다는 각자의 입장에서 우월한 전략을 선택했지만 개인의 복지의존성은 심화되며(영원히 복지 수급자로 남으려고 함), 정부는 과도한 행정비용의 증가를 감당해야 하고, 제도의 효과성은 떨어지는 상황이 초래되어 서로 원원하지 못하고 모두가 패자가 되는 상황이 초래될 것이다.

이러한 사회적 딜레마는 개인의 합리적 의사결정과 집단의 최적 상태 사이의 근본적 긴장 관계를 보여 주며, 지속가능한 사회 구축을 위한 제도적 조정과 협력 메커니즘의 필요성을 시사한다.

하는 대참사가 초래된다.

사실, 자본주의 사회가 믿는 개인의 '합리적 판단이나 선택'이란 언뜻 보면 대단히 스마트한 표현이지만 '개인주의적' 판단과 선택에 다름 아니다. 개인들이 공동체의 이익을 기준으로 판단하고 선택한다면 공유지는 파괴되지 않고, 대참사도 발생하지 않을 것이며, 개인적 차원에서도 공유지를 잃어버리거나 대참사에 함께 희생당하는 손해를 입지 않을 것이다. 공동체의 이익이 아니라, 개인의 이해관계에만 기반한 판단과 선택은 궁극적으로 개인을 행복하게 만들지 않으며 개인에게 손실을 가져오기 때문에 비합리적이다.

정말 이기적이고 싶다면, 즉 나를 위하고 싶다면 우리는 이타적일 필요가 있다. 이타주의라고 하면 흔히 대단한 희생을 생각하고 '나는 못 할 일' 혹은 '굳이 내가?'라는 질문을 던지는 경우가 많다. 그런데 생각보다 대단한 일이 아닐 수 있다. 박종화는 『관계담론』에서 3분 36초가 좋은 세상을 만들기에 충분하다고 했다(박종화, 2021). 우리의 일상활동 시간을 12시간으로 상정할 때 하루 한 시간씩 타인을 위해 이타적인 희생을 하라고 하면 어렵게 느끼는 사람이 많겠지만, 그 200분의 1에 해당하는 3분 36초를 타인을 위해 사용하기는 어렵지 않다. 1명이 3분씩 공동체를 위한 이타적인 행동을 했을 때 10명이 모이면 30분, 100명의 3분이 모이면 300분, 우리나라 인구의 약 1/4인 1,000만 명만 동참해도 하루 50만 시간이 이타적인 선행에 사용될 수 있다. 사실, 50만 시간 이상이 될 수 있다. '나비효과'가 일어날 수 있기 때문이다.

3분간의 이타적 행동은 공동체의 이익에 기여함으로써 내가 살아갈 세상을 더 좋은 세상으로 만드는 효과도 있지만 지극히 개인적 차원에서도 행복을 줄 수 있다. 다른 사람을 돕거나 선행을 했을 때 우리는 생각치 못한 긍정적인 감정 상태를 경험하게 된다. '헬퍼스 하이(Helper's High)'라는 개념은 심리학과 신경과학 연구에서 발견된 개념인데,

타인을 돕는 행위가 신체적 · 정신적 안녕에 긍정적인 영향을 미친다는 것을 설명했다(Luks & Payne, 2001). 타인을 도울 때 뇌에서 엔도르핀과 같은 행복 호르몬이 분비되는데, 이로 인해 스트레스가 감소하고 기분이 좋아지는 현상으로, 마치 운동 후에 느끼는 '러너스 하이(Runner's High)'와 유사한 효과라고 하여 붙인 이름이다.

4) 사회문제도 상호 의존적이다

불행의 책임을 개인과 사회 중 어디에 더 크게 돌려야 할지를 두고 많은 역사적 논쟁이 있어 왔다. 특히 가난, 실업, 일탈, 범죄 등 사회문제와 관련해서 이를 개인의 책임으로 돌려야 할지, 사회의 책임으로 보아야 할지를 두고 수많은 논란이 존재한다. 예컨대, 가난에 대해서도 한편에서는 빈곤에 처한 개인이 가난에서 벗어나기 위해 노력하지 않은 채 게으르고 나태했기 때문이라고 개인적 책임을 강조하는 주장이 있다. 하지만 다른 한편에서는 자본주의의 불평등구조, 교육 기회의 박탈, 경기침체, 노동시장의 차별과 같은 다양한 사회구조적 환경이 한 개인을 빈곤에 빠뜨리게 된다고 보고, 빈곤에 대한 사회의 공동책임을 주장할 수도 있다. 보통 정치적으로는 사회문제에 대한 개인적 요인을 강조하는 입장을 보수주의적 관점, 사회적 요인을 더 강조하는 입장을 진보주의적 관점이라고 부르기도 한다.

그러나 앞에서 살펴본 바와 같이 불행을 야기하는 사회문제가 미시(개인)부터 거시(사회구조)까지의 연결된 체계 속에 존재한다는 점, 그리고 그 속에서 다양한 사회문제가 상호 의존되어 있다는 관점에서 보았을 때 어떤 사회 문제나 현상을 전적으로 개인의 책임으로 돌리거나, 반대로 전적으로 사회적 책임을 묻는 것은 상당히 어렵다는 사실을 깨달을 수 있다. 서울역을 배회하는 노숙인들을 생각해 보자. 허름한 옷을 입고 험악한 표정을 지으면서 술을 먹으며 행인들에게 소리도 지르는 노숙인의 품행을 보면서 어떤 이들은 혀를 끌끌 차거나, 무서워서 자리를 피하기도 할 것이다. 노숙인은 행인들에게 지인이 아니며, 모르는 사람이기 때문에 보이는 언행과 모습을 보고 그를 판단하고 평가할 수밖에 없다. 그러나 노숙인들의 생애 과정을 조사한 연구에 따르면, 대부분의 노숙인은 어렸을 때부터 상당한 불행들을 연속적으로 겪어 온 사람들이 많았다(정원오, 김수현, 1999). 가난한

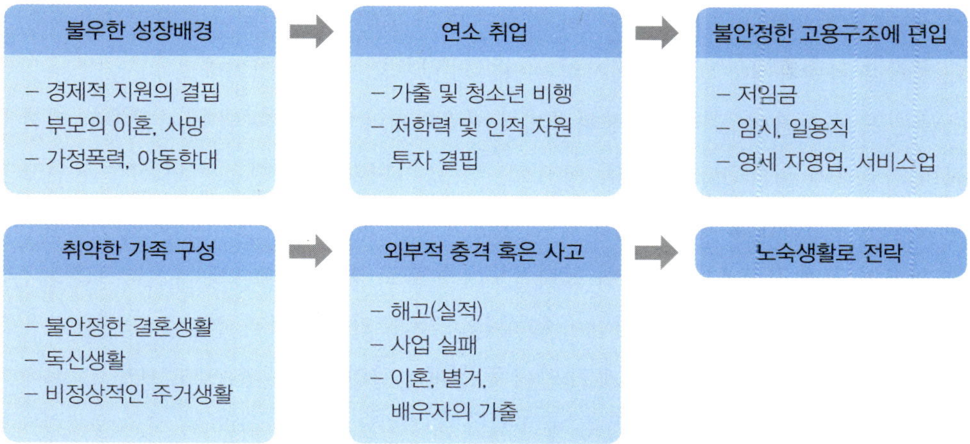

그림 9-1 노숙의 경로

출처: 정원오, 김수현(1999).

가정에서 출생하여 공부를 하지 못하고, 그래서 저임금 비정규직 일자리를 전전하다가 건강이 나빠지거나 제대로 가정을 유지하지 못하는 경우가 많았고, 생활 기반이 취약하다 보니 경기 불황이나 실업과 같은 외부의 충격에 버티지 못하고 노숙이라는 막다른 골목까지 내몰리게 된 것이다. 가출, 비행, 알코올중독과 같이 상대적으로는 노숙인 개인의 선택이라고 분류할 수 있는 사안도 존재하지만, 부모의 이혼과 사망, 가정폭력처럼 가족이 불행의 원인이 되는 경우도 존재하며, 해고나 불안정한 일자리와 같이 노동시장의 구조나 충격으로 인한 사회적 요인도 섞여 있는 것이다.

비행, 범죄, 알코올중독 등의 문제를 순수하게 개인의 책임으로 볼 수 있는지에 대해서도 의견이 갈리기도 한다. 1990년대 후반 강도살인죄로 무기징역을 선고받았던 신창원은 탈옥 후 907일 동안 도망 다니면서 대한민국을 뜨겁게 달구고 신창원 신드롬까지 일으켰다. 신창원의 항변 기록을 엮은 책인 『신창원 907일의 고백』에서 그는 다음과 같은 말을 남기기도 했다. "지금 나를 잡으려고 군대까지 동원하고 엄청난 돈을 쓰는데 나 같은 놈이 태어나지 않는 방법이 있다. 내가 초등학교 때 선생님이 '너는 착한 놈이다' 하고 머리 한 번만 쓸어 주었으면 여기까지 오지 않았을 것이다. 5학년 때 선생님이 'XX야, 돈 안 가져왔는데 뭐 하러 학교 와. 빨리 꺼져' 하고 소리쳤는데 그때부터 마음속에 악마가 생겼다"(엄상익, 1999). 즉, 자신이 범죄자가 된 배경을 학교 교사를 포함해서 가난했던 자신을 차별하거나 냉대했던 사회와 타인의 탓으로 돌리는 것이다.

물론 모든 사람이 어려운 가정환경에서 자랐다거나 차별과 학대를 당했다고 해서 똑같이 가난하게 되는 것도, 범죄를 저지르는 것도 아니다. 불운했던 어린 시절을 딛고 자수성가나 입신양명을 하는 사람들도 얼마든지 있다. 하지만 그렇다고 하더라도 우리가 한 사람이 현재 겪고 있는 불행이 어디서부터 누구로 인해 발생하게 되었는지를 따지는 것은 쉬운 일은 아니다. 많은 사람이 현재 듣고 보고 있는 감각과 경험을 중심으로 사고하고 판단하곤 한다. 그래서 쉽게 개인에게 문제의 원인을 찾지만, 알고 보면 그 뒤에 가족, 학교, 직장, 지역사회, 국가가 문제의 시발점이 되는 경우도 많다.

어떤 문제나 현상의 주된 원인을 어디에서 찾는지에 따라 해결 방식이 달라질 수 있다. 예를 들어, 빈곤의 원인을 개인의 부족한 능력이나 해이한 정신상태에서 찾는다면 자기계발과 심리상담을 통해 개인의 역량과 멘털을 관리하는 방안을 모색할 수 있을 것이다. 반면, 빈곤의 원인을 사회구조적 측면에서 찾는다면 사회운동이나 혁명을 통해 사

생태체계이론(eco-systems theory)

사회복지학의 '환경 속 인간' 개념은 생태체계이론(eco-systems theory)에 이론적 영감을 받았다. 생태체계이론은 미국의 발달심리학자 유리 브론펜브레너(Urie Bronfenbrenner)가 1970년대에 제안한 이론으로, 인간의 발달이 단순히 개인적 특성에 의해서만 결정되는 것이 아니라 다양한 환경체계와의 상호작용을 통해 이루어진다고 설명했다(Bronfenbrenner, 1979, p. 21). 또한 환경체계를 미시(micro), 중간(meso), 외부(exo), 거시(macro) 체계로 구분함으로써 인간의 발달이 단일 환경과의 상호작용 속에서 결정되는 것이 아니라 다양한 수준의 환경과의 상호작용 속에서 이루어짐을 설명하고자 했다. 먼저 미시체계(micro-system)는 개인이 직접 참여하거나 상호작용하는 환경으로, 가족, 학교, 친구 관계가 포함된다(Bronfenbrenner, 1979: 21). 미시체계의 핵심은 개인의 직접적 경험(experience)이 이루어지는 관계로, 브론펜브레너는 미시체계의 객관적 특징뿐만 아니라 이러한 특징을 개인이 어떻게 인식하고 체감하는지가 개인의 발달에 있어서 관건이라고 보았다. 둘째, 중간체계(meso-system)는 개인이 활발하게 참여하는 2개 이상의 체계 간의 상호작용

관계를 지칭한다. 즉, 미시체계 간의 상호작용 관계인 것이다. 일례로 부모와 학교 선생의 관계, 부모와 친구의 관계가 이에 해당한다. 이러한 중간체계는 성장하는 개인이 새로운 환경으로 이동할 때마다 새롭게 형성되거나 확장되는 것이 특징이다. 셋째, 외부체계(exo-system)는 개인을 직접적으로 포함하지는 않으나 개인에게 영향을 미치거나 개인을 둘러싼 하위체계에서 발생하는 변화로부터 영향을 받을 수 있는 하나 이상의 환경을 지칭한다. 부모의 직장, 부모의 친구망, 형제자매의 학교 등이 외부체계에 해당한다. 넷째, 거시체계(macro-system)는 국가적인 규제나 사회의 가치관, 문화적 전통과 같이 문화, 역사, 경제 등 개인이 속한 사회 전체적인 요소들을 의미한다. 브론펜브레너가 제시한 생태체계이론에 따르면, 네 가지 체계는 독립적으로 존재하는 것이 아닌 하위 단계가 상위 단계에 내재된 구조(nested structure)로 이루어진다. 따라서 하위체계에서의 변화가 상위체계에 영향을 미치거나 반대로 상위체계에서의 변화가 하위체계에 영향을 주게 된다. 이는 곧 개인이 직접적으로 포함되지 않는 거시체계 역시 개인의 발달에 영향을 미칠 수 있음을 시사한다(Bronfenbrenner, 1979: 3).

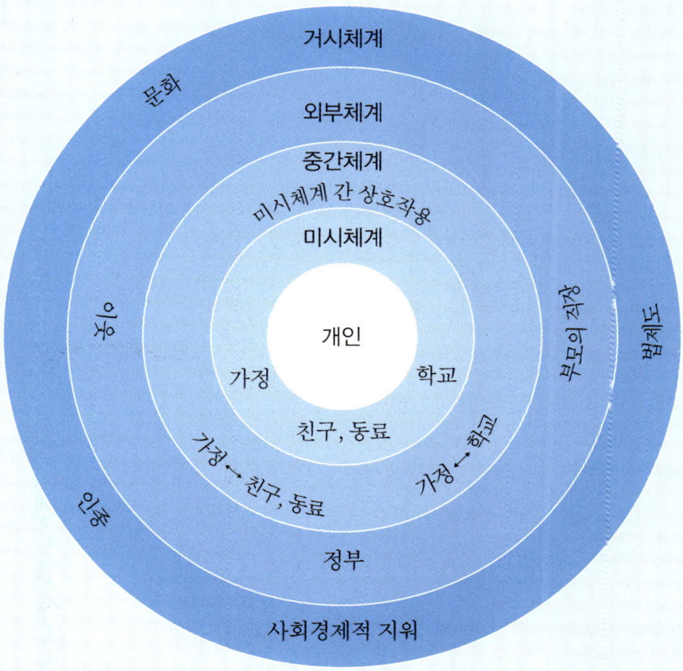

그림 9-2 브론펜브레너(Bronfenbrenner)의 생태체계이론 모형

회적 기반을 재편하는 방안을 제안할 수 있을 것이다.

학문 분과에 따라서도 특정 현상의 원인과 해결 방식에 대한 관점이 근본적으로 다르다. 예를 들어, 심리학은 인간 행동의 원인을 개인의 정신적 · 인지적 차원에서 분석하고자 하고, 뇌과학은 인간 행동을 뇌의 생리적 작용이나 구조, 뇌파와 같은 신경과학적 차원에서 규명하고자 한다. 반대로 거시경제학은 개별 인간의 행동이나 선택보다는 거시적 경제시스템의 구조와 패턴에서 특정 사회문제와 현상의 원인을 찾기도 한다.

사회복지는 인간행동과 사회현상을 설명할 개인과 사회 어느 한쪽의 원인으로만 규정하지 않는다. 사회복지학은 인간을 개별적 존재로만이 아니라 '환경 속의 인간(person-in-environment)'으로 이해하기 때문이다. '환경 속의 인간'이라는 통합적 관점에서 사회문제나 현상을 바라보게 되면 사회문제가 얼마나 가변적이며, 상호 연결되어 있고, 복합

사회문제의 가변성

사회문제는 한 시대와 문화에 따라 다르게 인식된다. 어떤 행동이나 규범이 한 사회에서는 용인되지만, 다른 사회에서는 금지되거나 논란이 되기도 한다.

○ 과거에는 문제가 아니었으나, 현재는 문제로 간주되는 사례

아동 체벌: 예전에 체벌은 훈육의 한 방법으로 받아들였지만, 현재는 아동학대로 간주되어 법적으로 금지되는 나라가 많다.

○ 과거에는 문제였으나, 현재는 문제가 아닌 사례

패션 규제: 한국에서 1970~1980년대에는 미니스커트나 남성 장발이 단속 대상이었지만, 현재는 패션이 개인의 자유로운 표현으로 인정된다.

○ 다른 나라에서는 문제가 아니지만, 한국에서는 문제인 사례

총기 소지: 미국의 일부 주에서는 합법적으로 총기를 소지할 수 있지만, 한국에서는 민간인의 총기 소지가 엄격히 금지되어 있다.

○ 다른 나라에서는 문제이지만, 한국에서는 문제가 아닌 사례

낚시 미끼 사용: 한국에서는 살아 있는 벌레나 물고기를 낚시 미끼로 사용하는 것이 일반적이지만, 독일에서는 동물 보호법에 의해 금지되어 있다.

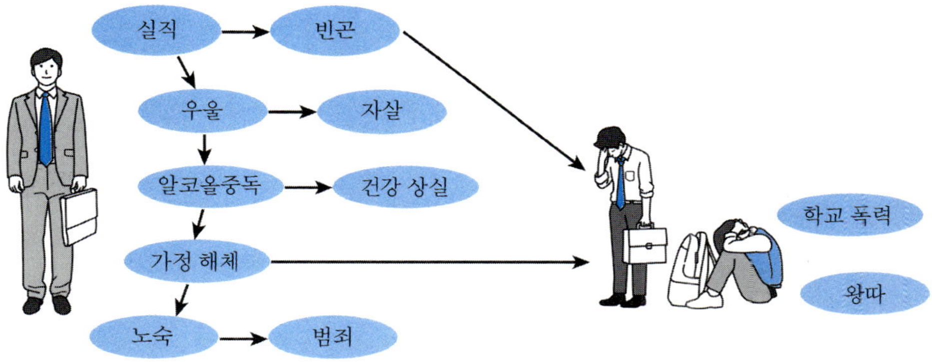

그림 9-3 사회문제의 연결성, 다차원성

적인지 볼 수 있게 되고, 그에 맞는 해법을 다차원적으로 제시해야 한다는 결론을 내리게 된다. 사회문제는 인류의 역사와 함께 고정되어 보편성을 띠는 것도 있지만, 시대의 변화와 함께 사회문제로 치부되었던 것이 자연스럽게 해결되거나 사회적 인식의 변화에 의해 수용되기도 하고 새로운 사회문제가 등장하기도 한다. 또한 하나의 사회문제가 독자적으로 존재하는 것이 아니라 다른 사회문제와 얽히고설켜 복잡한 양상으로 존재하기도 한다. 정리해 보면 사회문제는 다음의 세 가지 속성을 가지고 있다.

첫째, 가변성이다. 특히 시대와 문화적 맥락에 따른 가변성은 사회문제의 속성을 규정하는 중요한 요소이다.

둘째, 연결성(또는 파생성)이다. 하나의 사회문제는 보통 그 자체만으로 존재하지 않고 다른 사회문제로 연결된다. 가령, 실직이라는 문제는 반복적인 취업 실패로 인한 심리적 우울의 문제로 연결될 수 있으며, 심리적 우울은 알코올 의존성을 높여 중독문제로 연결될 수 있다. 알코올중독은 가정 해체의 트리거가 될 수 있으며, 노숙생활을 유발할 가능성을 높인다. 각각의 파생문제는 또 다른 문제들로 이어질 수 있다.

셋째, 다차원성(또는 복합성)이다. 가령, 앞서 예로 들었던 실직이라는 문제는 노동시장과 관련된 경제적 문제뿐만 아니라 심리적, 건강, 가족관계 등의 다차원적 문제의 복합체이다.

이처럼 사회문제는 가변적이고, 연결되며, 복합적이기 때문에 사회문제를 해결하기 위한 프레임 역시 단순할 수 없다. 시들어 가는 식물을 소생시키기 위해 당장에 누렇게 변해 버린 잎사귀와 죽은 가지를 쳐내는 것뿐만 아니라 식물이 뿌리내리고 있는 토양을 건강한 토양으로 바꾸어 주는 작업, 또 적당한 햇빛과 물을 공급해 건강하게 자라도록 환경을 만들어 주는 복합적인 작업이 필요한 것과 같은 이치이다. 특정 사회문제로 인해 아프고 고통받고 있는 사람이 다시 일어설 수 있도록 그 사람에게 개입해 도움과 지원을 제공함으로써 개인의 내면적 변화를 유도하는 것뿐만 아니라 문제를 발생시킨 토대를 사회제도적 차원에서 해결하는 작업, 사회문제가 문제로서 현상하게 되고 피부에 맞닿게 되는 구체적 공간으로서 지역사회를 좋은 환경으로 바꾸어 내는 작업이 통합적으로 이루어져야 한다. 가령, 앞의 그림에 제시된 실직으로 인해 개인이 경험하는 문제를 해결하려면 어떤 대책이 필요할까? 먼저, 실업이라는 문제를 해결하기 위해 노동시장의 구조를 개선하기 위한 제도 개혁이 필요하며, 구직을 할 때까지 안정된 생활을 보장받기 위한 각종 소득보장제도(고용보험, 국민기초생활보장제도)가 필요할 것이다. 그러나 이미 장기간 실업 상태에 노출되었던 사람에게 제도 개선을 통해 일자리를 마련해 주는 것만으로는 사회문제를 경험하기 이전의 삶으로 돌아갈 것을 기대하기 어렵다. 실직으로 인해 생겨난 심리적 우울과 알코올 의존성의 문제, 가족이 경험하게 된 문제들을 복합적으로 치유해야 평범하게 행복을 추구하던 사회문제 발생 이전의 삶으로 온전하게 돌아갈

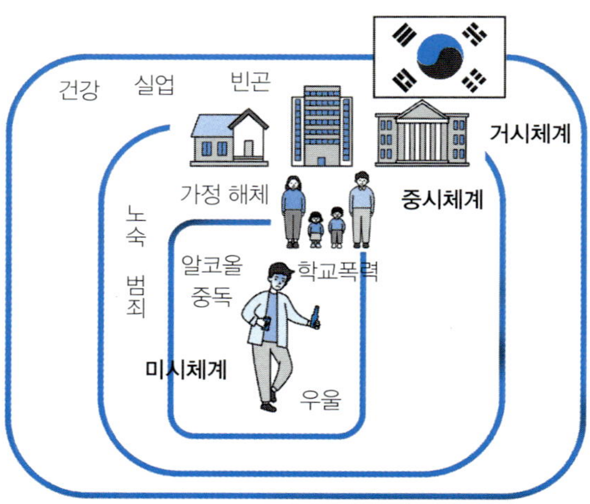

그림 9-4 사회복지의 세 가지 개입 대상(층위)

수 있다. 따라서 상처받은 개인과 가족을 치유하는 과정이 필요하며, 이러한 과정은 지역사회 안에서 개별적으로 혹은 집단적으로 이루어질 수 있다.

그래서 사회문제를 해결하고 사회를 치유하기 위한 방법으로서 복지는 세 가지 층위로 구성되어 있다. 고통을 경험하는 개인과 가족에게 직접적으로 도움과 지원을 제공하고 내적 변화와 긍정적 정체성을 유도하고자 하는 미시 사회복지, 개인이 사회를 피부로 느끼고 체험하는 공간이자 사회문제가 현상하는 구체적 공간인 지역사회 공동체를 건강하고 행복하게 변화시키고자 하는 방법으로서의 중시 사회복지, 마지막으로 우리 삶의 토대이자 기본조건을 구성하는 사회구조적 차원에서 사회문제를 해결하거나 방지할 수 있는 제도적 실천으로서의 거시 사회복지 등이다.

참고문헌

〈국내 문헌〉

고재석(2017). 맹자 성선의 의미에 대한 연구: 본성현현과 본성실현의 특성 분석을 중심으로. **동양철학연구, 90**, 37-70.

민황기(2011). 순자의 도덕적 인간관. **동서철학연구, 59**, 261-276.

박종화(2021). **관계담론: 좋은 사회로 가는 길**. 경북대학교출판부.

엄상익(1999). **신창원 907일의 고백**. 제이피유비.

이경무(2017). 맹자 성선설의 논리적 정당화 가능성. **철학논총, 87**, 381-402.

이장희(2005). 순자 性惡說의 의미. **사회와 철학, 9**, 211-239.

정원오, 김수현(1999). 한국의 노숙원인에 관한 연구. **서울시정연구, 7**(1), 69-90.

〈번역서〉

Dickins, C. (2020). **올리버 트위스트**(우수아 역). 현대지성. (원저 1837, *Oliver Twist*).

Smith, A. (2024). 국부론(이종인 역). 현대지성. (원저 1977, *The Wealth of Nations*).

Sen, A. (2019). **정의의 아이디어**(이규원 역). 지식의날개(방송대출판문화원). (원저 2009, *The idea of justice*).

Stiglitz, J. E. (2017). **거대한 불평등**(안진환 역). 열린책들. (원저 2015, *The great divide*).

〈해외 문헌〉

Andrews, J. (1987). Social work public image building: "East Side/West Side" revisited. *Social Service Review, 61*(3), 484-497.

Barden, R. C., Garber, J., Leiman, B., Ford, M. E., & Masters, J. C. (1985). Factors governing the effective remediation of negative affect and its cognitive and behavioral consequences. *Journal of Personality and Social Psychology, 49,* 1040-1053.

Baumeister, R. F., & Leary, M. R. (1995). The need to belong: Desire for interpersonal attachments as a fundamental human motivation. *Psychological Bulletin, 117*(3), 497-529.

Bronfenbrenner, U. (1979). *The ecology of human development: Experiments by nature and design.* Harvard University Press.

Davenport, J., & Davenport, J. (1997). Social workers: Fad-chasing jackasses or still on the side of the angels? *The New Social Worker, 4*(1), 11-12.

Day, P. J. (1981). Social welfare: Context for social control. *Journal of Sociology and Social Welfare, 8*, 29-44.

Fraser, N., & Gordon, L. (1994). A genealogy of dependency: Tracing a keyword of the U. S. welfare state. *Signs: Journal of Women in Culture and Society, 19*(2), 309-336.

Freeman, M. L., & Valentine, D. P. (2004). Through the eyes of Hollywood: Images of social workers in film. *Social Work, 49*(2), 151-161.

Garland, D. (1985). *Punishment and welfare: A history of penal strategies.* Gower.

Hardin, G. (1968). The tragedy of the commons. *Science, 162*(3859), 1243-1248.

Horney, K. (1945). *Our inner conflicts: A constructive theory of neurosis.* Norton.

Kittay, E. F. (2018). Human dependency and Rawlsian equality. In D. T. Meyers (Ed,), *Feminists rethink the self* (pp. 219-266). Routledge.

Kollock, P. (1998). Social dilemmas: The anatomy of cooperation. *Annual Review of Sociology, 24*, 183-214.

Luks, A., & Payne, P. (2001). *The healing power of doing good.* iUniverse.

Machiavelli, N. (1976). *The prince* (J. B. Atkinson, Trans.). Hackett Publishing Company.

Maslow, A. H. (1962). *Toward a psychology of being.* Van Nostrand.

Mathes, E. W., Adams, H. E., & Davies, R. M. (1985). Jealousy: Loss of relationship rewards, loss of self-esteem, depression, anxiety, and anger. *Journal of Personality and Social*

Psychology, 48, 1552-1561.

Ostrom, E. (1990). *Governing the commons: The evolution of institutions for collective action.* Cambridge University Press.

Plato. (2008). *The republic* (B. Jowett, Trans.). Digireads.com.

Poundstone, W. (1992). *Prisoner's dilemma: John von Neumann, game theory, and the puzzle of the bomb.* Doubleday.

Raynor, P. (1985). *Social work, justice and control.* Blackwell.

Specht, H., & Courtney, M. E. (1995). *Unfaithful angels: How social work has abandoned its mission.* Simon & Schuster.

〈신문 기사〉

중앙일보(2022. 5. 14.) "'피떡되게 맞아죽었다' 500명 숨진 형제복지원 비극". https://www.joongang.co.kr/article/25071136#home

제 10 장

복지는 무엇을 추구해 왔는가

1. 복지가 추구하는 것: 인간 욕구의 충족

인간은 돈, 사랑, 꿈, 우정, 수명, 건강, 자유, 인정, 존경, 인기, 명예, 권력 등 무엇인가에 끊임없이 결핍을 느끼며, 이를 채우고 싶어 한다. 결핍은 인류 역사에서 매우 중요한 화두로, 이는 욕구(need), 욕망(desire), 수요(demand)와 같이 다양한 개념으로 불리며 사회과학의 주된 논의 대상이 되어 왔다.

먼저, 사회복지는 '인간의 욕구를 해결하고 행복을 추구하는 사회적 제도와 실천'을 말한다. 그래서 사회복지학을 공부하거나 사회복지 현장에서 활동하다 보면 욕구라는 말을 자주 듣게 된다. 욕구는 인간의 생존과 안녕을 유지하기 위한 필수적이고 기본적인 조건으로, 초기 사회복지는 인간의 생존을 위해 반드시 필요한 기본욕구(basic need)인 하위 욕구를 해결하는 데 집중해 왔으며, 이를 위해 생계 지원, 의료서비스, 주거 지원처럼 물질적인 분배 정책과 프로그램을 마련해 왔다.

그러나 물질적으로 풍요롭게 된 현대사회에서 사람들은 더 이상 기본욕구가 해결되는 수준에서 만족하지 않는다. 사람들은 단지 잘 살기를 원하는 것이 아니라 '다른 사람보다' 잘 살기를 원하며, 기본적인 욕구 해결 이상을 욕망한다. 이때 욕망이란 타자와의 관계 속에서 생겨나기 시작하는 결핍으로, 객관적이기보다는 주관적이며, 물리적이기보다는 상징적이다. 정신분석학자 라캉은 인간의 내재적 본능에서 비롯된 욕구와 달리, 사회적 관계 속에서 형성되는 결핍인 욕망은 근원적으로 충족될 수 없는 영원한 결여의 구조를 갖는다고 보았다(Lacan, 2006). 심리학에서는 욕망을 인간의 정신과 행동을 이해하는 필수적인 개념으로 강조하며, 욕망의 구조를 분석하는 데 집중해 왔다.

경제학은 수요를 이해하고 분석하는 데에서 출발한다. 수요는 사람들이 자신들의 결핍을 해결하기 위해 재화와 서비스를 구매하고자 하는 의사와 그에 따른 구매력을 의미한다. 시장은 자원을 구매하고자 하는 수요와 자원을 제공하려는 공급이 만나 형성된다. 자원의 희소성(scarcity of resources)을 전제로 출발한 근대 초기의 경제학은 생존과 기본욕구 충족을 위한 수요를 중시했다. 초기 자본주의의 경제학자인 영국의 토머스 맬서스(Thomas Malthus)는 1798년 『인구론(An Essay on the Principle of Population)』에서 식량은 산술급수적으로 증가하는 반면, 인구는 기하급수적으로 증가한다고 주장하며, 자원의 본질적인 부족 문제를 강조했다. 따라서 부족한 자원을 합리적이고 효율적으로 배분하는 것이 경제학의 주요 과제로 여겨졌다. 그러나 산업화가 진전되며 자본주의 생산력은 고도화되고, 농산물과 같은 자연적인 상품이 아닌 인공적인 공산품이 대량 생산되기 시작하면서 자원의 희소성은 이전만큼 큰 문제가 아니게 되었다. 오히려 사람들의 기본적인 욕구를 충족시키기 위해 필요한 생산보다 훨씬 더 많은 수준의 생산을 감당할 수 있게 되자 쌓이는 재고와 계속해서 업그레이드되는 상품을 어떻게 계속 소비하며 자본주의 시장을 유지할지가 경제학과 경영학의 물음이 된 것이다. 현대사회에서 시장은 더 이상 기본욕구에 기반한 수요에 수동적으로 반응하는 것이 아니라, 소비자의 새로운 욕망을 자극하여 수요를 창출하는 방향으로 변화했다. 이제 기업들은 자동차를 이동 수단을 넘어서 성공이나 품격의 상징이라고 강조하며 지속적인 소비를 유도하고, 최신 스마트폰을 통신 수단을 넘어서 트렌드를 이끄는 힙한 사람들의 필수품이라고 마케팅하며 신제품이 출시될 때마다 교체하도록 유도한다. 이처럼 욕망이 일상과 시장을 지배하는 현대사회에서 사람들은 자신이 가진 소유에 만족하지 않고 계속해서 더 많은 것을 갖고자 한다.

현대사회에서 사람들이 행복한 삶을 영위하기 위해 충족하고자 하는 욕구, 욕망, 수요의 범위는 물질적 생존을 위한 욕구와 욕망, 또는 필수품의 수요를 넘어 물질적 풍요의 추구로 확장되었다. 현대사회에서 행복은 물질적 풍요, 즉 '돈'과 등치되는 경향이 생겨났다. 그 과정에서 사회 구성원의 보편적이고 기본적인 욕구 충족에 관심을 갖는 복지는 매력적이지 않으며, '없어' 보이고, 시대에 동떨어진 학문과 실천으로 여기고 있다. 과연 기승전 돈만 있으면 행복한 결말이 올 수 있을까?

2. 돈만 있으면 행복한가

1) 돈은 욕구 충족의 필요조건이지 충분조건이 아니다

한국청소년정책연구원이 2019년에 19~34세 사이의 청년 2,000명을 대상으로 실시한 '청년의 사회경제실태조사'에 따르면, 응답자의 32.6%가 행복의 조건 1순위로 재산과 경제력을 꼽았다. 반면, 직장과 직업은 5.1%, 꿈과 목표 의식은 4.9%로 하위권에 머물렀다. 심지어 친구와 대인관계는 3.5%로, 인간관계는 행복을 위해 가장 중요하지 않은 가치로 생각하고 있었다. 청년기는 사람들이 꿈을 꾸며 앞으로의 진로와 직업을 위한 준비를 하는 단계로 여겨 왔다. 그러나 이 결과를 보면 "소년이여, 야망을 가져라(Boys, be ambitious)"라는 말이 '라떼'스럽게 느껴진다. 바야흐로 돈이 미래이고, 꿈이고, 야망이며, 행복인 시대가 되었다.

그렇다면 엄청난 물질적 부를 축적하면 인간은 결국 행복에 이를 수 있는가?

사실 돈에 대한 욕망은 돈 자체에 대한 욕망이 아니다. 돈은 종잇조각에 불과하며 다른 목적을 이루기 위한 수단일 뿐이다. 자본주의 사회에서 돈이 없으면 할 수 없는 일이 많고, 반대로 돈이 있으면 자유의 폭이 확장된다. 그래서 돈이 중요하지 않은 것은 아니지만 돈에 대한 과도하고 과시적인 욕망과 집착은 수단과 목적을 전도시킨다. 사람들은 많은 부의 축적을 갈망하지만 막상 '얼마만큼'의 돈이, '무엇을 위해' 필요한지에 대한 구

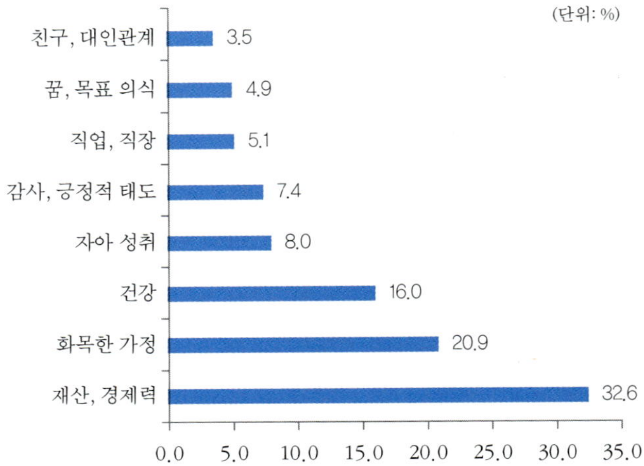

그림 10-1 청년이 말하는 행복의 조건

출처: 김기헌, 배정희(2021).

체적인 구상은 없이 막연히 다다익선이라고 생각하는 경우가 많다. 부를 축적하는 행위 역시 비용편익 구조(give and take)가 적용된다. 하늘에서 돈벼락을 맞는다면 모르겠지만 많은 돈은 공짜로 얻을 수 없으며 무언가의 희생이 필요하다. 가령, 가족과 보내는 시간, 건강, 큰 위험의 감수 등이 돈을 벌기 위해 우리가 지불해야 하는 비용이 될 수 있다. 따라서 합리적인 선택을 하려면 얼마만큼의 돈이 어떤 효용을 위해 필요하기 때문에 어느 정도의 비용을 감수하는 게 가치가 있는지 판단할 수 있어야 하지만 대부분의 사람은 이에 대한 숙고는 생략한 채 무턱대고 부를 축적하기를 갈망하고 경제적 자유를 부르짖는다.

무조건적인 물질적 부의 축적이 유의미하기 위해서는 돈이 많은 것이 개인의 행복에 필요충분조건이어야 한다. 행복의 조건이란 다소 모호하며 개인마다 행복의 조건에 대한 정의가 다양하겠지만 누구에게나 적용될 수 있는 행복의 보편적인 조건은 곧 개인의 욕구가 충족되는 상황일 것이다. 매슬로의 정의에 따라 욕구는 생리적 욕구에서 시작해 안전의 욕구, 사랑과 소속의 욕구, 존중의 욕구, 자아실현의 욕구의 위계로 구성되어 있다(Maslow, 1970). 생리적 욕구가 결핍된 상황이란 배고픔, 갈증, 성적인 좌절, 긴장, 피로, 질병 등으로 생존을 위해 필수적인 욕구가 충족되지 못하는 상황이다. 안전의 욕구는 신체적 · 경제적 · 물리적 영역, 안정된 직업 등 삶의 다차원적 영역에서 안정과 안전을 추구하는 것이다. 안전의 욕구가 결핍되면 사람은 불안, 상실감, 두려움, 강박감 등에 시달리게 된다. 사랑과 소속의 욕구는 사회관계를 맺고 공동체에 속하고자 하는 욕구로서 자유로운 감정 표현, 온전한 감정, 자애로운 감정, 전체적인 수용의 경험 등을 의미한다. 사랑과 소속의 욕구가 결핍되면 사람은 고독, 고립, 공허함, 무가치함을 경험하게 된다. 자아존중의 욕구는 자신에 대한 존중과 타인으로부터 존중을 얻고자 하는 욕구로서 자신감, 승리감, 긍정적 자아관, 자존감, 자기개발, 어떤 일을 성취시킴에 대한 보상 등을 얻고자 하는 욕구이다. 자아존중의 욕구가 결핍되면 무능력한 감정과 열등감에 시달리게 된다. 마지막으로, 자아실현의 욕구는 자신의 잠재력을 최대한 발휘하고 창의성과 성장, 자기계발을 추구하는 욕구이다. 건강한 호기심, 정상에서 느끼는 경험, 가능성의 실현, 즐거운 일을 하고 가치 실현을 하는 것, 창조적인 생활 등이 자아실현의 욕구를 통해 얻게 되는 경험이며, 결핍될 경우 소외, 삶의 의미 상실, 권태 등을 느끼게 된다.

만일 돈이 행복의 충분조건이라면, 그래서 돈이 중요하다면 돈만 있으면 가장 하위 욕구인 생리적 욕구 뿐만 아니라 다섯 가지 욕구가 모두 충족되어야 한다. 그러나 그렇지 못한 반례는 일상 속에서 충분히 찾을 수 있다. 먼저 돈이 있어도 생리적 욕구가 충족되지 않는 사례로, 거동이 불편한 노인을 들 수 있다. 돈은 많지만 요양이나 돌봄이 필요한 노인의 곁에 돌봄을 제공할 사람이 없다면 이 노인은 당장 식사를 하고 화장실을 이용하는 등의 생리적 욕구를 충족시킬 수 없다. 부잣집 아이라고 하더라도 부모가 맞벌이라서 돌볼 사람이 없다면 영유아는 생리적 욕구를 스스로 충족시키기 어려울 것이다. 돈이 있더라도 안전의 욕구가 충족되지 않는 사례로, 우리가 다 함께 경험한 코로나19와 같은 감염병 재난의 상황 외에도 묻지마범죄, 고독사, 치매 노인, 배리어 프리(barrier-free) 하지 않은 사회환경에서의 장애인 등을 들 수 있다. 물론 경제적 수준에 따라 대처에 차이가 있을 수 있지만, 돈이 많다고 해서 감염병이 비켜 가지는 않는다. 갈수록 더 빈번하게 일어나고 있는 묻지마범죄도 돈 있는 사람, 돈 없는 사람을 가리지는 않는다. 돈이 많아도 관계가 단절된 1인가구가 갑작스런 사망의 과정을 겪게 된다면 혼자서 죽어 갈지 모른다. 돈이 많아도 치매로 인해 배회하게 되면 쉽게 범죄의 대상이 되거나 사고를 당할 수 있다. 이런 사고는 돌봄을 제공하는 사람이 있는 경우에도 불시에 일어난다. 완전한 배리어 프리 환경이 구축되지 않는다면 돈이 많은 장애인이라고 하더라도 높은 사고 위험에 노출된다. 돈이 있는 중산층이나 부유층 가정이라고 하더라도 가정 내에서 반복적으로 폭력이 발생하고 가정 내 학대가 존재한다면 사랑과 소속의 욕구가 충족되고 있다고 볼 수 없다. 최근 가구 형태 중 1인가구가 증가하고 있다. 이들 중 전문직에 종사하며 소득수준도 높은 1인가구라고 할지라도 가장 기본적인 소속의 욕구를 충족시켜 줄 가정이 부재하기에 다른 대인관계가 활발하더라도 사랑과 소속의 욕구에서 결핍을 느낄 수밖에 없다. 우리나라 퇴직 노인 중 다수는 퇴직과 동시에 존중의 욕구에 결핍을 느끼게 된다. 갑작스런 역할 부재와 노인에 대한 사회적 시선과 혐오 등으로 타인의 인정은 커녕 건강하게 살아갈 여생 동안 자존감, 성취감을 잃어버리게 된다. 우리나라 다수의 중·고등학교 학생들도 마찬가지이다. 집이 경제적으로 여유롭든, 그렇지 않든 성적이 좋지 않으면 학창 시절 내내 존중의 욕구에 결핍을 경험하게 된다. 직장인들 가운데 다수는 소득수준과 무관하게 자신이 하고 있는 일에서 조직 내 위계와 권위 등에 가로막히지 않고 자신의 역량과 열정을 충분히 발휘하고 있지 못할 것이다. 한국인들에게 더 많은 급여를 보장해 주는 곳이 좋은 직장이 되었으며, 일상의 가장 긴 시간을 보내는 직장에서 자아실현을 하고 있는 사람은 많지 않다. 때로 승진이나 정규직 전환이 자아실현인 양 착각하기도 하지만, 이는 엄밀히 말하면 '자아실현의 욕구'는 아니며 오히려 해고의 위협으로부터 벗어나고자 하는 '안전의 욕구'에 가깝다. 자아실현의 욕구는 지위로 보장되는 것이 아니라 개인이 얼마나 자신의 잠재력과 창의성을 추구하고 있는지, 개인이 얼

표 10-1 돈과 욕구

	돈이 있어도(없어도) 욕구가 충족되지 않는 사례
생리적 욕구	거동이 불편한(요양) 노인, 영유아
안전의 욕구	감염병, 묻지마범죄, 고독사, 치매 노인 배회 사고, 장애인 사고(배리어 프리하지 않은 환경)
사랑과 소속의 욕구	가정폭력(학대), 1인가구
존중의 욕구	퇴직한 노인, 성적이 낮은 중·고등학생
자아실현의 욕구	대다수의 직장인, 주부, 가족 돌봄 제공자

마나 자신의 최상의 상태로 발전해 나가고 있는지에 관한 본질적 욕구이다. 주부 및 가정 내 돌봄노동을 제공하는 사람들도 마찬가지이다. 부유하든, 부유하지 않든 가족을 위해 살림을 하는 주부의 역할이나 가정 내 돌봄노동을 제공하는 사람들이 수행하는 역할의 중요성에도 불구하고 그에 대한 평가는 높지 않다. 따라서 가족을 위해 살림, 돌봄을 제공하면서 자아실현감에 충만할 수 없다. 종종 중산층 이상 혹은 부유층 주부들 가운데 소비와 자녀 교육에 에너지를 쏟음으로써 결핍된 존중과 자아실현의 욕구를 충족하고자 하지만 이는 진정한 자아실현의 욕구 충족이 아니다.

2) 이스털린의 역설

'이스털린의 역설(Easterlin paradox)'은 경제적 성장과 행복의 관계에 대한 역설적 현상을 설명하는 개념으로, 미국 경제학자 리처드 이스털린(Richard Easterlin)이 1974년 논문에서 처음 제기하였다. 일정 시점까지는 소득이 증가하면 행복도가 올라가지만, 일정 시점을 넘어서면 소득이 늘어도 행복도가 더는 증가하지 않는 현상이 발생한다는 것이다.

구체적으로 소득과 행복의 관계를 규명하기 위해 이스털린은 1974년 논문에서 "요즘 상황을 종합해 보면 매우 행복하다, 꽤 행복하다, 너무 행복하지 않다 중에서 어떤 것을 선택하시겠습니까?"라는 질문의 설문 문항을 사용하였다(Easterlin, 1974). 분석 결과, 같은 국가 내에서 비교하면 소득이 높은 사람이 소득이 낮은 사람보다 더 행복한 경향이 있는데, 이는 상대적 소득이 행복에 영향을 미치는 '상대적 소득효과(relative income effect)' 때문이다. 즉, 행복은 절대적 소득(내가 얼마를 버는가)이 아니라 다른 사람과 비교한 상대적 소득에 영향을 받게 되며 경제가 성장해도 소득 격차가 유지되거나 증가하면 행복 수준이 크게 변하지 않는다. 소득이 증가해도 일정 수준 이상 행복이 증가하지 않는 두 번째 이유는 '적응 효과(hedonic adaptation)' 때문이다. 소득이 증가하면 처음에는 증가된 소득으로 인해 행복감을 느끼다가도 사람들은 증가된 소득에 빠르게 적응하면서 더 이상 행복감을 느끼지 않는 현상을 의미한다. 가령, 연봉이 3,000만 원에서 5,000만 원으로 증가하면 처음에는 행복하지만 시간이 지나면 새로운 연봉 수준에 익숙해져서 행복감이 사라지게 된다. 이와 유사한 현상을 경제학에서는 '소득의 한계효용의 법칙(law of diminishing marginal utility of income)'이라고 한다. 소득의 한계효용이란 소득이 증가할 때 추가적인 소득이 가져오는 행복(효용)이 점점 감소하는 현상을 의미한다. 즉, 처음에는 소득이 늘어나면 행복도 크게 증가하지만 일정 수준을 넘어서면 추가적인 소득 증가가 행복에 미치는 영향이 점점 줄어든다는 법칙이다. 마지막으로, 행복에는 건강, 인간관계, 여가, 삶의 의미, 사회적 신뢰, 복지수준 등 비경제적 요소가 중요한 영향을 미치기 때문이다. 소득이 증가되어도 이러한 요소들이 개선되지 않으면 개인이 느끼는 행복감은 크게 변화하지 않는다.

2000년대 이후 연구에서부터 이스털린 교수는 보다 정교한 국가 간 비교를 위해 세계 가치관 조사(World Values Survey) 자료와 갤럽 세계 여론조사(Gallup World Poll)의 자료를 사용하고 있다. 세계 가치관 조사에서는 "요즘 모든 것을 고려할 때 귀하의 삶에 대해 얼마나 만족하십니까?"라는 10점 척도 문항을 통해 삶의 만족도를 측정하고 있으며, 2005년에 시작된 갤럽 세계 여론조사에서는 0에서 10까지(위로 올라갈수록 높은 삶의 만족도) 번호를 매긴 사다리에서 자신의 삶을 평가하는 척도를 사용하여 국가별로 국민의 행복 수준을 측정하고 있다(Easterlin & O'Connor, 2022).

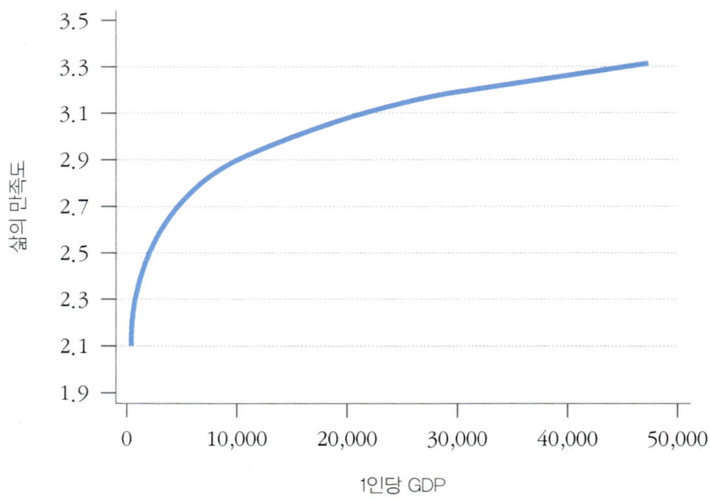

그림 10-2 소득 한계효용의 감소

출처: Easterlin & Angelescu (2009: 17).

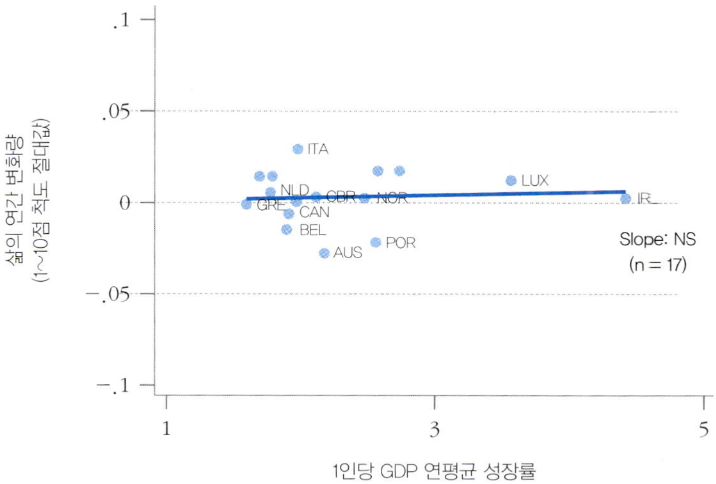

그림 10-3 17개 선진국의 삶의 만족도 성장률과 1인당 GDP 성장률의 장기적인 관계

출처: Easterlin & Angelescu (2009: 19).

89개 국가의 195개의 시점을 결합하여 삶의 만족도와 1인당 GDP의 상관관계를 분석한 결과, 일정 소득수준까지는 삶의 만족도가 증가하지만 일정 소득수준 이후부터는 삶의 만족도가 유의미하게 증가하지 않았다([그림 10-2] 참조). 또한 17개 선진국의 최소 21년부터 최대 34년까지의 시계열 자료들의 평균을 구해 분석한 결과, 장기적으로 삶의 만족도 성장률과 1인당 GDP 성장률은 유의미한 관계를 나타내지 않았다([그림 10-3] 참조).

추가로 11개 체제 전환 국가(구 사회주의 국가)의 약 7.6년간의 시계열 자료를 바탕으로 삶의 만족도 성장률과 1인당 GDP 성장률의 관계를 살펴보았더니 장기적인 추이에서 상관관계가 없다고 나온 선진국의 사례와는 달리 체제 전환 국가의 경우 두 변수의 단기적 상관관계가 유의미하게 나타났다. 이러한 결과를 바탕으로 생각해 보면 일정 소득수준뿐만 아니라 일정 기간 동안에는 1인당 GDP 성장률과 삶의 만족도 성장률은 높은 상관관계를 나타내지만, 일정 시점 이후부터는 두 변수 간의 관계가 유의미하지 않는다고 이해할 수 있다. 즉, 돈은 일정한 소득수준이 넘어서거나 일정한 시간이 지나면 행복에 미치는 영향이 줄어든다.

이스털린의 역설이 현실에 부합한다는 것은 다양한 자료에서 증명되고 있다. 국가별 GDP 순위와 '세계행복보고서(World Happiness Report)'에 나타난 행복 수준도 일치하지 않는다. 미국은 GDP 순위 1위로, 세계 최대 경제 강국이지만 행복도 순위는 23위이다. GDP 순위 2위를 차지하고 있는 중국의 경우에도 행복도는 79위로 하위권이다. 핀란드는 GDP 순위 45위이지만 행복도에서는 1위를 차지하는 나라이며, 노르웨이 역시 GDP 순위는 28위이지만 행복도는 7위이다. 에리히 프롬(Erich Fromm)은 사회를 물질적 풍요를 기준으로 선진국과 후진국으로 구분하는 것에 반대하면서 사람의 욕구 실현 정도에 따라 건전한 사회와 병든 사회로 구분해야 한다고 주장했다(Fromm, 1990). 즉, 사람의 건전한 욕구가 원만히 실현되는 사회가 선진국이자 건전한 사회이고, 그렇지 못한 사회는 후진국에 병든 사회라는 것이다.

3. 불평등이 문제이다

앞서 이스털린의 역설에서도 부의 증가가 행복의 증가와 정비례하지 않는 이유로 상대적 소득효과가 제기되었던 것처럼, 물질적인 부보다 행복에 더 직접적인 영향을 미치는 것은 불평등이다. 한 국가의 사회적 행복지수는 국가가 부유할수록 높아지는 것이 일반적이었다. 하지만 지금 부유한 나라들을 보면 경제수준이 높아짐에도 행복지수는 더 증가하지 않거나 오히려 떨어지고 있다. 1970년대나 그 이후에도 부는 계속 축적되고 있지만, 그 후로 행복감의 수치는 전혀 증가하지 않는 것이다.

20세기를 관통하며 자본주의가 성장하는 과정에서 사람들은 낙수효과(trickle down effect)를 믿었다. 낙수효과는 고소득층과 대기업에게 경제적 혜택을 주면 이들의 경제활동을 통해 창출된 부가 결국 중하위계층에게도 퍼지게 되어 전체 경제가 성장한다는 개념이다. "크기가 작은 파이를 골고루 나누어 다 죽기보다는 일단 파이의 크기를 키운 다음에 나눠 가지자"라는 논리로 경제성장을 우선시하고 분배나 복지정책보다는 대기업과 고소득층의 자유로운 경제활동에 걸림돌(예: 규제, 세금)을 제거해 주는 데 초점을 맞춘 정책을 일관되게 추진했다. 그 결과, 경제는 성장했으나 낙수 이론이 제시한 것처럼 성장의 성과는 하위층에게 '낙수'되지 않았다. 물론 경제성장에 힘입어 현대사회의 생활수준 전반은 향상되었다. 선진국에서는 가난한 사람들이라고 하더라도 세탁기, 청소기, 냉장고, 텔레비전, 자가용 등 생활의 편의를 제공하는 물질적 수단들을 향유할 수 있게 되었다. 그러나 경제가 성장한 만큼 모두의 생활수준이 비례적으로 향상된 것이 아니라 부는 상위계층에게 더 집중되고, 중간층이 사라지는 양극화 현상이 나타났다. 그 결과, 경제성장은 다시 둔화되고 불평등은 심각해지는 결과를 초래했다. 불평등이 부 그 자체보다 사람들의 행복에 직접적인 영향을 미치는 이유는 '부'나 '빈곤'이 상태적 거념이라면, 불평등은 온전히 '관계적' 개념이기 때문이다. 그래서 가난해도 행복할 수 있지만 불평등하면 더 큰 고통을 느끼고 불행하게 된다.

경제성장에 힘입어 전반적인 생활수준이 향상되었음에도 불구하그 오늘날 선진국 국민들의 행복도가 증가하지 않는 이유 역시 여기서 찾을 수 있다. 현대사회의 인류는 역사상 그 어느 세대도 누리지 못했던 물질적 안락, 사치, 안전을 누리고 있지만, 아이러니하게도 인류 역사의 그 어느 때보다 '스트레스' '생존'과 같은 단어가 회자되며 역으로 '힐링' '웰빙'에 대한 관심도가 높아졌다. 과거에 비하면 노동은 육체적으로 훨씬 수월해졌고, 물리적인 근무시간도 단축되었다. 그러나 심리적 스트레스 때문에 병가를 내는 사람들은 더욱 늘어났다. 다양한 신경쇠약 증상에 시달리는 사람들이 많아졌으며, 이들 가운데 스스로를 처절하게 힐링시켜 내는 데 실패한 사람들은 자신의 인내력과 대처 능력이 한계에 달했다고 느끼면서 살아갈 의지를 포기하거나 쉽게 망상에 빠지고, 소외되어 혼자 지내거나, 때로는 괴상하고 위험한 판타지에 빠지기도 한다. 지난 반세기 동안 대부분의 국가에서 우울증은 일상적인 증상이 되어 버렸다. 우울증만이 아니라 자살률, 알코올중독, 범죄율도 계속 높아지고 있다.

구체적으로 불평등하면 행복할 수 없는 이유를 네 가지로 정리해 볼 수 있다.

첫째, 불평등은 개인의 자존감을 파괴하고 정신건강을 악화시킨다. 사람들은 구식 자동차를 몰거나 좁은 집에서 살고 있기 때문에 박탈감을 느끼는 것이 아니다, 남들보다 못한 차를 몰고 남들보다 못한 집에서 살고 있다는 현실이 나의 가치가 낮음을 반증한다고 생각해 상대적 박탈감을 느끼게 된다. 우리는 남들이 가지고 있는 물건보다 수준이 낮은 물건들을 가지고 있을 때 부끄러움을 느낀다. 그들과 비교할 때 나의 가치는 2등급에 불과하며, B급 인생을 사는 이류의 사람으로 분류되는 것이다. 따라서 사회적 지위와 상대적 박탈을 말할 때 중요한 지점은 우리가 가지고 있는 물건의 품질 그 자체보다는 그 물건들이 다른 사회 구성원의 소유물과 비교했을 때 어떤 위치에 있느냐이다. 가난한 사회에서 자동차는 아무리 낡았더라도 가치 있고 부러움을 살 만한 재산이다. 하지만 부유한 사회에서 낡은 자동차는 빨리 팔아 치우고 싶은 물건일 뿐이다. 페스팅거의 사회비교이론(social comparison theory)에 따르면, 인간은 자신의 가치를 평가하기 위해 타인과 자신을 끊임없이 비교한다고 했다(Festinger, 1954). 특히 자신보다 위에 있는 대상을 향한 '상향 비교(upward comparison)'가 지속될 때 자기효능감이 저하되고 상대적 박탈감이 증가하며 무력감과 우울감이 심화된다. 불평등과 양극화가 심각한 사회에서 자살이 늘어나고, 쉬었음 청년처럼 무기력에 빠진 사람들이 증가하며, 초등교사 여아 살해 사건, 묻지마범죄 등 정신적 병리로 인한 범죄가 증가하는 것은 이러한 맥락에서이다.

둘째, 불평등은 사람들 간의 관계를 악화시키고 사회적 연대감을 파괴한다. 즉, 불평등한 사회는 서로를 더 미워하는 사회로 가게 만든다. 사회적 자본이론(social capital theory)에 의하면, 불평등은 사회적 신뢰를 무너뜨리며 사회적 네트워크와 지지 체계를 약화시킨다(Putnam, 2000). 소득 불평등이 심한 사회에서 소득 상류층과 하류층 간의 접촉은 줄어들게 되고, 하위계층이 정치 · 사회 활동 등의 시민참여에서 배제되며, 결과적으로 공동체의식은 붕괴되고 사회적 신뢰는 약화된다는 것이다. 불평등한 사회에서 사람들은 사회를 불공정하다고 인식하게 되며, 다른 계층을 믿지 않고 불신과 경쟁이 심화되는 경향이 있다. 상위계층은 하위계층을 게으르다고 폄하하며 부의 정당성을 옹호하고, 하위계층은 상위계층이 태어날 때부터의 특권 혹은 부당한 방식으로 부를 축적했다고 믿게 된다. 이런 인식이 고착화되면 서로 간의 협력보다 갈등과 대립이 증가하게 된다. 이러한 대립은 반드시 소득계층 간의 대립으로 현상하는 것은 아니다. 자본주의 사회에서 부의 축적은 당연하고 정당한 것이며, 결과적으로 발생한 불평등은 능력에 따른 결과라는 이데올로기를 우리는 '내면화'하고 있다. 따라서 불평등한 사회에서 소득계층 간의 갈등은 부러움과 비하가 뒤섞인 내면적 갈등에 불과하다. 오히려 불평등한 사회에서 사람들은 이러한 사회적 반감과 억울함을 '다른 곳'을 향해 발산시키기도 한다. 갈등의 양상은 소득계층 간의 갈등이 아니라 다양하게(예: 성별, 연령, 정치적 성향) 분산된다.

또한 불평등한 사회는 생존경쟁이 치열한 사회를 의미하는 만큼 '각자도생'의 경향이 강해지고 있으며, 자신과 비슷한 처지의 사람(계층) 간에도 동병상련하면서 협력하고 연대하기보다는 경쟁해야 할 대상이 되어 버려서 반목하고 갈등하게 만든다.

셋째, 사회가 불평등하면 범죄 발생률이 높아지고 일상의 불안이 심화된다. 불평등한 사회에서 범죄가 증가하는 이유를 설명한 대표적인 이론은 스트레인 이론(strain theory)이다(Merton, 1938). 스트레인 이론은 사회가 설정한 성공 목표와 그것을 달성하기 위한 합법적 수단 간의 괴리가 압박(strain)을 만들어 내고, 이러한 압박과 긴장은 분노, 좌절, 우울 등의 부정적 감정을 매개로 범죄나 일탈로 연결된다는 것이다. 불평등한 사회에서는 저소득층이 교육이나 취업 등 정당한 방법으로 성공할 기회를 얻기 어렵다고 느낀다. 그래서 일부 사람들은 사기, 불법 콘텐츠 유포 등 불법적인 수단을 이용해 경제적 목표를 달성하고자 하거나 자포자기 상태가 되어 정신건강의 악화를 경험하게 된다. 오늘날 정신건강의 문제로 발생하는 소위 '묻지마범죄'가 늘어나는 것도 같은 맥락이다. 이러한 범죄는 사람들의 일상을 크게 불안하게 만드는 요인이 된다. 평범한 일상 가운데 언제, 누가 나에게 칼을 들이댈지 모른다는 잠재적 공포를 안고 살아가야 하는 삶이 평안하고 행복할 수 있을까?

넷째, 불평등은 정신건강뿐만 아니라 육체 건강을 악화시킨다. 물질적으로 풍요롭게 되면 건강이 좋아질 것 같지만 꼭 그렇지만은 않다. 가령, 개발도상국에서는 빈곤층이 예방접종, 깨끗한 식수, 의료서비스에 대한 접근성이 낮아 영유아 사망률이 높다. 반면, 세계에서 가장 부유한 국가인 미국에서는 저소득층이 비만, 당뇨, 고혈압 등의 만성질환에 더 취약하다. 세계보건기구(WHO)에서는 건강이 유전적 요인에 의해서간 결정되는 것이 아니라 경제적 · 사회적 환경에 의해 결정된다는 내용의 보고서를 제출했다(WHO, 2008). 보고서에 의하면, 좋은 직업, 교육, 의료서비스에 대한 접근성이 낮을수록 건강이 악화되며 불평등이 심한 사회에서는 아무리 부유하다고 해도 빈곤층은 열악한 직업, 교육 · 의료 환경에서 불건강하게 된다는 것이다. 리처드 윌킨슨(Richard Wilkinson)은 그의 저서 『평등해야 건강하다(The Impact of Inequality)』에서 불평등과 건강의 관계에 대해 실증적인 자료를 제시하며 논했다(Wilkinson, 2005). 윌킨슨이 선진국의 평균수명을 조사한 결과, 건강을 위한 물질적인 필수요건들이 충족되면 1인당 GNF 대비 평균 기대수명 곡선은 완만해지며, 더 이상 부의 수준에 영향을 받지 않는 것으로 나타났다. 사회에서 인간의 건강에 부정적인 영향을 미치는 대표적인 변수는 스트레스이다. 풍요로워도 불평등하다면 하위계층은 지속적인 스트레스를 경험하고, 스트레스 호르몬인 코르티솔이 지속적으로 높아지면 면역력이 약화되면서 만성질환 등의 질병에 취약하게 된다. 그리고 이 스트레스의 주된 원인은 한 사회에서 자신의 지위가 낮을 때 받게 되는 스트레스였다. 아무리 풍요로운 사회라도 불평등이 심해서 경제사회적 지위의 격차가 심하다면 사람들은 스트레스를 받고 심리적으로 불행하다고 느끼면서 결과적으로 건강이 악화되는 것이다.

4. 사회복지의 전략: 바람직한 자원의 재분배

불평등한 사회에서 우리는 행복할 수 없다. 이를 개선하는 것은 불평등하게 배분된 자원을 재분배하는 전략을 통해 달성할 수 있다. 그래서 사회의 자원을 구성원들에게 공정하게 재분배하는 것은 사회복지의 핵심 영역이다. 보통 자원은 시장을 통해 분배된다. 기업은 사업을 통해 벌어들인 수익을 노동자들에게 임금이라는 형태로 제공하는데, 이처럼 시장을 통해 자원이 일차적으로 국민에게 배분되는 행위를 '시장의 분배'라고 일컫는다. 이러한 시장의 분배는 일차적 배분에 해당한다. 그러나 시장의 분배는 구성원의 능력과 운에 따라 달라지기 때문에 원칙적으로는 능력이 좋은 사람, 운이 좋은 사람이 더 많은 자원을 가져가게 된다. 이 과정에서 '차등적' 자원 분배가 필연적이며, 결과적으로 구성원 간에 격차가 발생할 수밖에 없다. 하지만 시장의 자원 분배에 너무 심한 격차가 발생하면 이는 결과적으로 사회적 갈등을 심화시키고, 사회불안의 원인이 된다. 따라서 국가는 시장이 일차적으로 분배된 자원에 대하여 인위적으로 이차적 배분을 실시한다. 이를 '재분배 정책'이라고 한다. 사회복지는 소득이 많은 사람에게 더 많은 세금과 사회보험료를 걷어 취약계층을 지원하는 복지 급여와 서비스를 제공함으로써 재분배를 달성하고자 한다. 그런데 이처럼 자원을 재분배하는 일은 생각만큼 쉬운 일이 아니다.

1) 사고 실험: 2만 원을 2명에게 나눠 주는 가장 바람직한 방법

당신에게 2만 원이 있고, A와 B라는 2명의 어려운 이웃이 있다. 당신이 가진 2만 원을 2명에게 음식물 구매를 위해 지원한다면 어떻게 나눠 줄 수 있을까?

대부분의 사람이 가장 쉽게 생각할 수 있는 방법은 A와 B에게 각각 1만 원의 현금을 주는 것이다. 2명에게 똑같이 나눠 주는 것이 공평하다고 느낄 것이다.

그런데 만약 A가 심각한 알코올중독자라면 어떻게 될까? 당신이 A에게 1만 원을 주었을 때 바로 술을 사 먹을 것이 뻔하다면? 이때부터는 이야기가 복잡하게 된다. 어떤 사람은 A와 B의 생계가 어려워 1만 원을 준 것이기 때문에 술을 사 먹는 것은 용납이 안 된다고 생각할 것이다. 그래서 A가 아예 술을 사 먹지 못하게 A에게 돈으로 주지 말고 쌀 1만 원어치처럼 물건을 사서 나눠 주는 방법을 생각해 낸 사람도 있을 것이다. 어떤 사람은 이왕에 1만 원을 주는 것이라면 어떻게 쓰는지는 A와 B의 자율에 맡기고, 다른 간섭은 하지 말아야 한다고 주장할 수도 있다.

어쨌든 고심 끝에 A와 B에게 각각 1만 원어치의 쌀을 나눠 주기로 결정했다. 그런데 여기서 끝이 아니다. 알고 보니 A와 B는 쌀밥을 좋아하지 않고, 심지어 쌀 알레르기가 있다면 어떻게 될까? A와 B는 쌀을 받았을 때 전혀 기쁘지 않을 것이다. 그래서 이왕에 나눠 주는 것, 각자의 욕구를 고려하기로 하고 A와 B에게 먹고 싶은 게 뭔지 물어보기로 했다. 그랬더니 A는 칼국수를, B는 피자를 먹고 싶다고 했다. 각자에게 먹고 싶은 것을 사줬을 때 가장 기뻐할 것이기에 A에게 칼국수를, B에게 피자를 사 주었다고 하자. 그런데 돈을 내려고 보니 칼국수는 5천 원이고, 피자는 1만 5천 원이었다면? A와 B는 자기가 받은 것에 모두 만족했기 때문에 그냥 넘어 가도 될까? 아니면 5천 원과 1만 5천 원은 3배나 차이가 나기 때문에 불공평한 분배인가? 만약 이 사실을 A와 B가 알게 되었다면 5천 원짜리 칼국수를 받은 A가 가만히 있을까? 이런 상황에 놓이면 무척 당황스러울 것이다. 그래서 또 고민하다가 5천 원 분식집 쿠폰을 사기로 한다. 그리고 5천 원 쿠폰 2장씩을 A와 B에게 준다. 그러면 A는 쿠폰으로 칼국수를 2번 사 먹을 수 있고, B는 다음에 쿠폰 한 장을 더 모아 3장이 되었을 때 피자를 사 먹으면 되는 것이다.

그런데 알고 보니 B는 장래가 촉망받는 운동 꿈나무였다면 어떻게 될까? B는 청소년

운동선수로 체력 보강을 위해 양질의 영양 공급이 필요한데, 이들을 도울 수 있는 당신의 돈이 2만 원으로 한정되어 있다면 어떻게 하는 것이 바람직한가? 당신은 A와 B에게 자원을 차등으로 지원해야겠다는 결정을 내릴 수도 있다.

앞의 사례에서 볼 수 있듯이, 2만 원을 2명에게 나눠 주는 일조차 간단하지 않다. 정부가 재정을 가지고 국민에게 자원을 재분배하는 일은 당연히 2만 원을 2명에게 나눠 줄 때 고려해야 하는 사안과는 비교가 되지 않을 만큼 복잡하다. 2만 원 재분배 사례에서 볼 수 있듯이, 단순히 똑같이 나눠 준다고 해서 바람직한 분배가 될 수 있는 것은 아니다. 사회복지가 자원을 재분배하는 데에는 고도의 전략, 지식, 성찰이 필요하다. 특히 국민에게 자원을 재분배하는 사회복지를 둘러싸고 다음과 같은 사안에 대한 논쟁이 있어 왔다.

2) 자원을 재분배할 때 고려할 사항들

(1) 자격(diserveness): 알코올중독자 A와 운동 꿈나무 B

사회복지 급여나 서비스를 재분배할 때 가장 많은 논쟁이 되는 지점은 누구에게 줄 것인가, 다시 말해 '자격'에 대한 것이다. 보통 국가나 민간단체가 복지사업의 명목으로 현금이나 서비스를 제공할 때 자격 조건을 제시한다. 예를 들어, 국민기초생활보장제도의 생계급여 수급권자는 "부양의무자가 없거나, 부양의무자가 있어도 부양능력이 없거나 부양을 받을 수 없는 사람으로서 가구의 소득인정액이 생계급여 선정 기준액 이하인 사람"을 대상으로 한다. 기초연금은 "대한민국 국적을 가지고 있는 65세 이상 노인을 대상으로 하며, 가구 소득인정액이 선정 기준액 이하(2025년 기준 1인가구 2,280,000원, 부부가구 3,648,000원)인 사람"을 대상으로 한다. 장애인 연금은 "18세 이상의 중증장애인(기존 1급, 2급 및 3급 중복 장애) 중 본인과 배우자의 소득과 재산을 합산한 소득인정액이 선정 기준액 이하인 사람"을 대상으로 한다. 이처럼 국적, 소득, 재산, 나이, 근로 능력, 질병 및 장해 등급 등이 사회복지 급여나 서비스의 주된 자격 조건이 된다. 이러한 요건들은 행정적 · 수치적으로 객관화해서 측정할 수 있는 인구학적 · 진단적 기준이다.

그러나 실제로 자원을 배분할 때 수급자의 도덕적 소양이나 행위를 암묵적으로 고려하고자 하는 경우가 많다. 앞의 2만 원 분배 사례에서 A가 알코올중독자이고, B가 촉망

받는 운동선수라는 사실은 많은 사람이 자원 분배를 조정하는 기준이 되었을 것이다. 한국 사회에서 빈곤층에게 복지 지원을 할 때에도 한동안 도덕적 자격이 존재했다. 1980년대까지만 해도 근로빈곤층이 정부의 생업자금 지원을 받으려면 "전망이 있고, 확고한 계획을 제시하며, 낭비를 하지 않고, 자활 의지가 강하며, 활동력이 왕성한 자"여야 한다는 윤리적 자격 조건까지 충족해야 했다(보건사회부, 1987). 현재는 복지제도에서 복지 대상자에 대한 윤리적 자격 요건을 명시하는 경향은 사라졌다. 하지만 여전히 사람들은 도움을 받을 자격이 있는 사람에 대한 암묵적 기준을 가지고 있다. 2020년 12월 아동 성폭력 가해자인 조두순이 출소했을 때 조두순이 국민기초생활보장제도의 생계급여를 받게 되었다는 사실이 알려지자 이를 반대하는 국민청원에 10여만 명이 동참할 만큼 사회적 공분을 샀다. 소득, 재산, 나이, 근로 능력에 대한 법적 기준은 통과했지만, 사회적 물의를 일으킨 흉악 범죄자는 정부의 복지 지원 대상으로 적합하지 않다는 이유에서였다. 조두순의 복지 지원에 대한 반감은 사람들에게 사회복지가 단지 순수하고 무조건적인 지원만을 의미하지 않는다는 사실을 단적으로 보여 준다.

특히 많은 경우에 '게으름'은 사회복지 지원을 받을 자격을 따질 때 매우 첨예한 이슈가 되어 왔다. 보통 장애인, 아동, 임산부, 고령 노인은 자원을 배분할 때 반발이 크지 않은 전통적인 사회집단으로 여겨 왔다. 그러나 근로 연령층에 속하는 18~64세 이하의 사람에 대해서는 복지 지원을 해야 할지 논란이 끊이지 않고 있다. 예를 들어, 19~34세 청년에게 한 달에 50만 원씩 6개월을 제공하는 서울시 청년수당이 도입 당시부터 현재까지 상당한 반발에 부딪히고 있는 이유는 바로 일할 수 있는 연령대의 집단을 게으르게 만들거나 노력하지 않는 게으른 청년들을 지원하게 된다는 이유 때문이었다. 그러나 다른 한편에서는 앞의 사례 B와 같이 청년들이 앞으로 국가의 미래를 짊어질 다음 세대로서 이들을 위한 사회안전망을 제공할 필요가 있다는 주장이 힘을 얻게 되면서 다양한 청년 정책이 도입되고 확장된 측면도 있다.

이처럼 누구를 지원할 것인지에 대해서 사회와 개인은 다양한 관점을 가지고 있다. 따라서 이러한 관점들의 경합 속에서 최종적으로 사회복지 정책과 사업의 수급 자격을 결정하는 일은 쉬운 일이 아니며, 사회 구성원의 상당한 숙의와 토론이 필요한 작업이다.

(2) 평등(equality): 똑같이 나눌 것인가, 다르게 나눌 것인가

사회복지 급여나 서비스를 재분배할 때 또 다른 이슈는 평등에 대한 것이다. 원칙적으로 사람들은 자원을 배분할 때 평등하게 나누는 것을 선호한다. 하지만 어떠한 방식을 평등하다고 보는지는 관점마다 다를 수 있다. 즉, 평등은 많은 사람이 보편적으로 인정하는 가치이지만 '무엇에 대한 평등인가?(equality for what?)'는 사람마다 다를 수 있다. 바로 이 무엇을 기준으로 하는지에 따라 평등은 결과의 평등(numerical equality), 비례적 평등(proportional equality), 그리고 기회의 평등(equal opportunity)의 세 가지 수준으로 유형화할 수 있다.

A와 B에게 2만 원을 분배한다고 했을 때 가장 먼저 떠오르는 방안은 두 명에게 똑같이 1만 원씩을 나누는 것이다. 이는 A와 B가 어떤 사람이든, 어떤 노력을 한 사람이든 상관없이 결과적으로 똑같이 수량의 1만 원을 받도록 배분한다는 의미에서 수량적 평등 혹은 결과적 평등이라고 할 수 있다. 결과적 평등은 사람의 능력, 기여수준과는 상관없이 결과적으로 동일하게 자원을 배분하는 것을 강조한다. 대표적인 사회복지정책으로 아동수당을 들 수 있다. 아동수당은 부모의 소득과 재산 수준, 나이, 지역, 자녀 수 등에 상관없이 전 계층의 아동을 대상으로 8세 미만까지 월 10만 원씩을 평등하게 지원하고 있다.

그러나 이러한 결과적 평등이 어떤 면에서는 공정(fairness)하지 않다는 반발이 있을 수 있다. 예컨대, 실제로 사회에 기여하고 있고, 앞으로도 기여할 가능성이 높은 사람은 알코올중독자 A가 아니라, 운동 꿈나무 B라고 생각하는 사람이 많을 수 있다. 이러한 입장에서는 사회적으로 부정적 영향력을 미치는 사람보다는 긍정적인 영향을 주는 사람에게 더 많은 자원이 갈 필요가 있다고 주장한다. 최근 비정규직의 정규직 전환을 둘러싸고 '노력을 많이 한 사람이든, 적게 한 사람이든 결과적으로 동일한 자원을 분배받는다면 누가 노력을 할 것이냐?'는 반발이 일어나기도 했다. 결과적으로는 동일하지 않더라도 과거나 미래의 '기여'수준에 따라 자원을 차등적으로 분배하는 것이 더욱 공정하다고 느끼는 입장인 것이다. 실제 기여수준에 따른 비례적 평등은 사회복지 자원을 재분배할 때 중요한 원칙 중 하나가 되어 왔다. 예를 들어, 국민연금은 보험료를 많이 낸 사람이 은퇴 후에 더 많은 연금 급여를 받도록 설계되어 있는데, 이는 더 많이 기여한 사람이 더 많은 혜택을 보는 비례적 평등에 기반한 설계이다.

한편, 어떤 입장에서는 알코올중독자 A가 알코올중독자가 된 것은 불우한 가정환경이나 가정폭력, 실업과 같은 과거의 트라우마 상황 때문일 수 있기 때문에 단순히 기여 수준만으로 판단을 하는 것도 부족하다고 주장할 수 있다. 따라서 단순히 결과적 평등이나 비례적 평등을 넘어서 사람들이 살아가는 과정에서 비슷한 수준의 교육 기회나 노동시장의 기회를 주는 것이 훨씬 더 중요한 평등과 공정의 공식이라고 보는 입장이 있을 수 있다. 즉, 모든 사람에게 기회를 평등하게 주고 자유경쟁을 통해 최종 결실을 얻을 수 있도록 '출발선을 같게 하는 것'이 가장 공정한 방식이라고 보는 것이다. 이를 '기회의 평등'이라고 정의한다. 결과의 평등에 비해 기회의 평등 원칙에 대해서는 정치적으로 크게 반발하는 사람이 적은 편이다. 하지만 실제로 기회의 평등을 실현하는 것은 쉬운 일이 아니다. 예를 들어, 미국은 저소득층의 아동들에게 양질의 교육을 제공해 기회의 평등을 실현하고자 하는 목표하에 헤드 스타트(Head Start)라는 저소득층 아동복지 교육 프로그램을 실시하였다. 하지만 실제로 이러한 교육 프로그램이 존재하더라도 친구, 가정, 지역사회 환경과 관계 등에서 저소득층의 교육 여건은 중・고소득층 아동과 원천적으로 다를 수밖에 없다. 따라서 이러한 원천적 불평등 환경을 감안하지 못한다면 헤드 스타트 지원을 통해서도 중・고소득층 아동만큼 좋은 학교나 일자리를 갖지 못한 저소득층 아동에게 비난이 돌아갈 수도 있다. 이런 면에서 평등의 세 가지 수준은 어느 하나가 독점적으로 중요한 공정의 가치라고 보기는 어렵다.

(3) 욕구(need): 쌀, 술, 그리고 피자와 칼국수

사회복지를 통해 자원을 분배할 때 인간의 기본욕구를 누가 어떠한 기준에서 결정하는지를 두고도 논쟁이 있을 수 있다. 앞서 2만 원 재분배 사례를 통해 쌀, 술, 피자와 칼국수 중 어떤 것을 지원해야 할지 논했던 내용을 상기해 보자. 술은 알코올중독자 B의 가장 절실한 욕구를 충족시키는 식품이지만, 기본적으로 B의 건강이나 음식물 지원이라는 해당 분배 활동과 맞지 않기에 술 지원을 반대하는 경우가 많을 것이다. 반면, 쌀은 일반적으로 의식주와 관련해서 가장 널리 소비되는 필수품으로 여기는 음식이기 때문에 무난하게 선택될 수 있다. 하지만 다른 한편에서는 피자와 칼국수 같이 개인의 개별적 취향과 욕구를 최대한 고려한 음식물을 제공해야 한다는 입장도 있을 것이다. 이처럼 사회복지가 욕구를 해결하는 활동이라고 했을 때 어떠한 기준에서 충족되어야 할 욕구의 수준을 결정하는지가 관건이 될 수 있다.

브래드쇼는 욕구가 사회적으로 크게 네 가지로 구분될 수 있다고 했다(Bradshaw, 1972). 첫 번째 욕구는 규범적 욕구(normative need)로, 전문가, 행정가, 학자, 사회복지사들의 판단에 의해 정의되는 욕구이다. 전문가가 사회적으로 바람직한 기준을 먼저 정하고, 그 기준에 준하여 욕구의 미충족 여부를 가리는 것이다. 만약 규범적 욕구의 기준에서 어떤 개인이나 집단이 처해 있는 상황이 사회적으로 바람직한 기준에 미치지 못한다면 해당 주체는 욕구 충족을 위해 지원이 필요한 상태라고 진단한다.

앞의 사례에서 B가 술을 원하지만, B의 건강에 술이 좋지 않은 영향력을 줄 것을 감안해 정부가 쌀을 대신 분배하는 경우도 복지 대상자가 아닌 행정가, 전문가의 관점에 따라 필요한 자원을 결정한 사례라고 할 수 있다. 학생들은 방학이 길었으면 좋겠지만, 장기적 교육계획을 고려해 교육전문가와 행정가들이 방학 일수와 수업 일수를 결정한다. 국민연금, 건강보험 등 사회보험 가입을 원치 않는 국민들이 꽤 있지만, 장기적인 노후계획과 건강 관리, 그리고 사회적 연대와 유대를 고려해 사회보험을 강제로 가입하게 하는 것도 복지 대상자들의 즉각적인 욕구가 아니라 규범적 욕구를 중심으로 자원 배분을 하는 경우이다.

그러나 전문가에 의해 규정되는 규범적 욕구가 절대적으로 옳은 진리라거나 유일한 가치를 가지는 것은 아니다. 전문가의 의견이라도 개인적 주관이 개입될 수 있으며, 전문가마다 견해가 달라 충돌이 있을 수 있다. 또한 특정 시점의 지식수준에 따라 변화할 수도 있다. 예를 들어, 20세기 최악의 의약 피해 사건으로 알려진 탈리도마이드 사건도 전문가가 진단하는 욕구의 불완전성을 단적으로 보여 준다. 탈리도마이드(N-프타릴글루탐산아미드)는 독일에서 1957년에 출시된 임산부 입덧 방지/수면제이다. 당시 임상시험을 통해서는 큰 문제점이 발견되지 않아 무해성 약품으로 홍보되었다. 하지만 이를 복용한 임산부들이 사지가 없거나 짧은 해표지증 신생아들이 태어나기 시작했고, 1962년에 해당 약이 판매 금지될 때까지 5년간 48개국에서 약 1만 2천여 명 이상의 기형아가 탄생하는 등 엄청난 피해자가 발생하기도 했다.

또한 전문가가 판단한 기준을 모든 집단에게 똑같이 적용하는 것이 바람직하지 않을 때도 있다. 한 집단의 관점에서 정한 기준이 다른 집단의 상황에는 맞지 않기도 하기 때문이다. 예를 들어, 미국에서 흑인 빈곤 여성들에게 10대 임신이 많아 이를 사회복지 학계와 실무자들은 상당히 문제시해 왔다. 미국의 주류사회에 속하는 백인 중산층의 눈으로 보면 너무 이른 나이에 아이를 출산하게 되면 교육이나 일자리 기회를 잃게 되어 경력 단절이 발생하기 때문이다. 따라서 정부나 사회복지기관들은 흑인의 10대 임신 현상을 무엇인가가 잘못된 욕구 미충족 상태로 규정하고, 이들에게 학업 및 성교육 기회를 제공하는 활동을 매우 활발하게 해 왔다. 하지만 생각만큼 큰 효과를 거두지 못했다. 이로 인해 도움을 주어도 개선되지 않는 흑인 여성들은 게으르고 성생활이 문란하다는 비판을 받기도 했다. 그러나 빈민가에 사는 흑인 여성들이 이른 나이에 임신하는 이유는 이 지역에서 젊고 학력이 높은 여성들이 할 수 있는 일이 거의 없고, 오히려 학력이 낮고 중년인 여성들이 할 수 있는 일이 더 많기 때문이다. 그래서 흑인 여성들의 입장에서 보면 일찍 아이를 낳고 키운 뒤, 30대 이후에 직업을 찾는 것이 오히려 합리적인 생존 전략이 되는 것이다. 이들을 위해서는 개인에 대한 교육이나 성교육만이 아니라 빈민가의 구조적 일자리 부족의 문제를 함께 개선해 나가는 노력이 필요했던 것이다.

이처럼 규범적 욕구와 관련해 흔히 간과하는 부분은 'X는 욕구가 미충족된 상태이다(X is in need)'라는 주장을 경험적으로 증명된 사실이라고 착각하는 것이다. 규범적 욕구는 특정한 가치 판단의 결과물로, 다음과 같은 명제를 따른다. (i) X는 상황 Y에 처해 있다, (ii) 상황 Y는 사회적으로 중요시되는 가치인 Z와 양립할 수 없다, (iii) 따라서 상황 Y는 변해야 한다. 물론 그렇다고 10대 임신을 권장해야 하는 것은 아니다. 하지만 상황과 욕구를 전문가나 주류사회의 관점에서 파악하게 되면 흑인 여성들이 게으르고 문란하다는 낙인을 받게 된 것처럼, 당사자의 실질적 상황과 욕구를 제대로 파악하지 못하고 비난을 하게 되는 우를 범하기도 한다.

두 번째 욕구는 인지된 욕구(felt need)로 당사자에게 직접 어떤 자원이 필요하다고 느끼는지를 물어서 판단하는 욕구이다. 만약 복지 대상자가 특정 자원이 부족해서 지원이 필요하다고 응답하면 해당 개인 또는 집단이 인지된 욕구 상태에 있다고 간주한다. 개인의 자유와 선택을 중시하는 민주주의 사회에서 이러한 인지된 욕구를 다른 욕구보다 우선시하는 경우가 많다. 예를 들어, 최근 중앙정부나 지방자치단체, 그리고 사회복지기관들에서 여러 사회복지사업을 실시한 후에 국민들에게 정책 욕구 조사, 정책 만족도 조사, 정책 체감도 조사 등을 실시하는 경우가 많다. 이는 시민과 복지 대상자들의 인지된 욕구를 파악하거나 복지서비스들에 당사자들이 얼마나 만족하며 얼마나 자신의 욕구를 충족했다고 보는지를 직접 묻는 경향이 점점 많아지고 있다. 그러나 이러한 인지된 욕구는 개인의 인식수준에 의존한다는 점에서 '실질적인 욕구'를 온전히 반영한다고 보기 어렵다. 만약 인지된 욕구만을 중요시한다면 알코올중독자 B에게는 술이 제공되어야 하며, 학생들에게는 매우 긴 방학이 허락되어야 한다. 또한 사회보험도 희망자만 가입하는 시스템으로 바뀌어야 한다. 실제로 개인은 전지전능하지 않기 때문에 미래에 자신이 어떤 위험에 처하게 될지, 향후 자신에게 무엇이 필요할지를 충분히 예측하지 못하는 경우도 많다. 따라서 국민연금을 통한 노후대책과 같이 즉각적 욕구가 아닌 사안에 대해서는 복지정책이 필요 없다고 느낄 수 있다. 또한 인지적 욕구가 지나치게 강조된다면 실질적으로는 크게 필요가 없지만, 많은 사람이 좋아한다는 이유로 정책이 도입되고 확장되는 포퓰리즘이 심화될 우려도 있다. 이러한 맥락에서 브래드쇼는 "인지된 욕구는 실질적인 욕구에 대한 불충분한 측정 방법"이라고 지적했다(Bradshow, 1972: 73).

세 번째 욕구는 표출된 욕구(expressed need)이다. 당사자가 자신에게 어떤 자원이 필요하다고 느낀다고 해서 모든 사람이 이를 표현하는 것은 아니다. 욕구를 인지한 사람들 중 행동을 통해 사회적 지원이 필요하다고 표출을 해야만 이러한 욕구에 대한 사회적 논의가 가능하다. 예를 들어, 2021년부터 시작되었던 전국장애인차별철폐연대의 지하철 탑승 시위는 표출된 욕구의 대표적인 모습이라고 할 수 있다. 장애인들은 일상생활만이 아니라 정치, 경제, 사회, 문화 전 영역에서 대표적인 사회적 약자로, 장애인뿐만 아니라 비장애인들도 이들이 상당한 어려움을 겪고 있을 것이라는 데에는 대부분 공감하는 바일 것이다. 이러한 맥락에서 비장애인들의 신체와 리듬에 최적화된 대중교통에서 장애인들이 배제되어 있으며, 교통약자로서 상당한 제약을 받고 있다는 점도 이미 인지된 욕구로서의 측면이 있다. 하지만 이러한 당사자의 인지된 욕구만으로는 장애인을 위한 교통 자원의 재분배가 원활하게 이루어지는 것은 아니다. 정부와 사회복지기관들에는 다양한 복지 대상과 요구가 있기에 정책들 사이에서도 예산 편성과 추진에 우선순위를 두고 다툼이 있을 수 있다. 또한 사회적 소수자인 장애인의 교통권 보장이 사회적 다수자인 비장애인들의 교통 편의와 부딪히게 되면 이에 대한 사회적 갈등도 첨예할 수 있다. 이러한 상황에서 당사자들은 사회 구성원의 관심을 증폭시켜 자신의 욕구가 사회적으로 이슈화되기 위해서 투쟁, 가두시위, 공청회, 파업, 캠페인과 같은 다양한 방법을 동원하기도 한다. 단순한 당사자들의 인지적 욕구만으로는 지원이 제도화되지 못하며, 보통 표출된 욕구로서 가시화되어야만 정책으로 도입되기가 더 쉽기 때문이다.

네 번째 욕구는 상대적 욕구(comparative need)로, 다른 사람이나 지역과의 비교로 인해 생성되는 욕구를 뜻한다. 예컨대, 노스페이스 패딩은 2010년대 초 · 중반에 일명 '제2의 교복'으로 중 · 고등학교를 휩쓸었다. 당시 고가였던 노스페이스 패딩은 필수품으로 볼 수 없지만, 거의 모든 학생이 노스페이스를 입고 있는 상황에서 노스페이스 패딩을 가지고 있지 않은 학생들은 상대적 박탈감과 결핍을 느낄 수밖에 없었다. 이런 이유로 학부모들은 자녀들의 상대적 욕구를 충족시켜 주기 위해 고가의 노스페이스 패딩을 사 줄 수밖에 없어 이 패딩은 부모의 등골을 휘게 한다는 '등골브레이커' 별명을 얻기도 했다. 『명품열풍(Luxury Fever)』의 저자 로버트 플랭크(Robert Frank)는 사람들이 만족감을 느끼거나 불만족을 느끼는 배경은 절대적인 소득수준이 아니라 다른 사람과의 비교에 있다고 지적했다(Frank, 2001). 『자유론(On Liberty)』의 저자 존 스튜어트 밀(John Stuart Mill)도 "사람들은 부자가 되기를 바라는 것이 아니라, 다른 사람들보다 부유하게 되는 것을 바라는 것이다"라고 말하면서 상대적 욕구가 사회구성원 사이에서 얼마나 중요한 가치인지를 설명했다(Mill, 1966).

실제로 이러한 상대적 욕구 개념을 받아들여 최근 여러 나라에서 빈곤층을 지원하는 사회복지제도인 공공부조의 대상을 선별하기 위한 빈곤선을 측정할 때 절대적 빈곤선이 아니라 상대적 빈곤선을 기준으로 하는 경우가 많다. 절대적 빈곤선이란 빈곤을 의식주에서 최소한의 생존 수준도 충족되지 못하는 물리적 상태로 본다. 예를 들어, 최소한의 의식주를 영위할 수 있는 물건들의 가격을 합산해 빈곤선을 측정했던 영국 빈곤연구자 시봄 라운트리(Seebohm Rowntree)의 전물량방식이 절대적 빈곤선에 해당한다. 욕구의 유형으로 보면 절대적 빈곤선은 규범적 욕구를 전제한 개념으로 볼 수 있다. 반면, 상대적 빈곤선은 사회 구성원의 생활수준을 고려해 빈곤선을 정하는 방식이다. 예를 들어, 소득수준이 전체 사회 구성원의 중간값인 중위소득의 40%나 50% 이하에 해당하는 경우에 빈곤층으로 간주하는 방식이다. 이렇게 사회 구성원의 중위소득을 기준으로 하게 되면 경제적으로 잘사는 국가의 빈곤선이 경제적으로 못 사는 국가의 빈곤선보다 더 높아지게 된다. 현재 유럽의 복지국가들은 대부분 빈곤선을 측정할 때 상대적 욕구 개념을 반영한 상대적 빈곤선을 기준으로 하고 있다. 우리나라 국민기초생활보장제도에서는 절대적 빈곤선을 기준으로 수급자를 선정하다가 2015년부터 급여 기준에 상대적 생활수준을 반영하기 위해 중위소득을 기준으로 한 상대적 욕구 측정 방식을 도입하였다.

브래드쇼는 네 가지 형태의 사회적 욕구를 조합해 〈표 10-2〉와 같이 총 열두 가지의 욕구 상태가 도출될 수 있다고 설명했다. 이처럼 욕구를 누구의 관점에서 어떻게 도출하

표 10-2 네 가지 사회적 욕구 조합에 따른 열두 가지 욕구 상태

번호	규범적 욕구	인지된 욕구	표출된 욕구	상대적 욕구	설명
1	+	+	+	+	모든 욕구가 존재하는 경우, 서비스 제공에 있어서 가장 논란의 여지가 없는 것이 특징임
2	+	+	−	+	서비스에 대한 접근성 문제로 인해 욕구가 표출되지 않는 경우
3	+	+	−	−	전문가와 당사자가 서비스를 필요로 하다고 느끼지만 욕구가 표출되지 않고 서비스가 사회 내에서 제공되지 않아서 상대적인 욕구도 없는 경우
4	−	+	+	+	전문가에 의해 서비스가 필요하다고 규정되지는 않았지만, 당사자가 필요하다고 인지하며, 이를 표출하기도 하고, 서비스가 다른 집단에게는 제공되고 있어서 상대적인 욕구도 존재하는 경우
5	+	+	+	−	전문가와 당사자가 서비스의 필요성을 인지하며, 표출까지 했지만 서비스가 제공되지 않아서 상대적 욕구가 부재한 경우
6	+	−	−	+	전문가에 의해 욕구가 규정되고, 동일한 특성을 지닌 다른 인구 집단이 서비스를 받고 있어서 상대적인 욕구도 존재하지만, 당사자가 서비스의 필요성을 인지하지 못하고, 표출하지도 않는 경우

7	+	−	−	−	전문가에 의해 규범적인 욕구가 필요하다고 평가되었지만 당사자는 이를 인지하지 못하고, 서비스도 부재한 경우
8	−	−	−	+	전문가, 당사자가 서비스의 필요성을 못 느끼지만 서비스가 다른 인구 집단에게 제공되고 있는 경우
9	−	+	+	−	전문가에 의해 서비스가 필요하다고 인정되지 않고, 서비스도 부재하지만 당사자가 서비스의 필요성을 인지하는 경우
10	−	+	−	−	당사자는 필요하다고 느끼지만 이를 충족시킬 수 있는 서비스가 없는 경우(예: 사랑에 대한 욕구)
11	−	+	−	+	전문가가 서비스의 필요성을 인지하지 못하고, 당사자가 서비스의 필요성을 표출하지 못하지만 당사자가 경험하는 인지된 욕구와 상대적 욕구는 존재하는 경우
12	−	−	−	−	모든 욕구가 없는 상태

출처: Bradshaw(1972)의 내용을 바탕으로 저자가 정리함.

느냐에 따라 다양한 방식으로 사회복지 자원이 배분될 수 있다.

5. 재분배 전략의 한계

불평등의 문제는 오랫동안, 그리고 지금까지도 복지정책의 중요한 화두가 되고 있다. 불평등 문제에 대응하기 위해 평균보다 더 많이 가진 사람의 자원을 회수해서 평균보다 자원을 덜 가진 사람에게 나누어 줌으로써 모든 사회 구성원이 평균 수준의 자원을 획득하게 해 주는 재분배 전략은 복지국가 정책의 핵심 기조가 되어 왔다. 그러나 재분배와 관련해 고려해야 할 복잡한 조건들이 있고, 자원을 더 많이 가진 사람들로부터 무턱대고 자원을 회수해 덜 가진 사람들에게 재분배해 완전한 평등을 추구할 수는 없다. 일하지 않으려는 도덕적 해이가 발생하면 자본주의 사회의 기틀 자체가 흔들리기 때문이다. 또한 사람들은 이것을 원하지도 않고, 공정하다고 생각하지도 않는다. 그래서 아이러니하게도 자본주의 사회에서 결과적 평등의 가치를 구현해 자원의 '재분배'에 초점을 둔 대표적인 정책이 공공부조 제도이며, 이는 대표적인 '선별주의' 복지정책이다. 그리고 미국과 같이 선별주의 정책을 선호하는 국가는 보통 불평등도가 높아 사실상 불평등 해소에 기여하지 못한다.

"어느 정도의 평등을 추구할 것인가?"에 대한 답은 상대적이며 가치편향적이다. 따라서 '평등의 정도'에 대한 사회적 합의가 존재하지 않는다면 평등은 다분히 허상에 불과한 개념이다.

평등이라는 단어는 사람들이 좋아하고, 매우 자주 회자되며, 일상에 깊이 침투되어 있지만 그 뜻은 상당히 모호하게 사용된다. 평등과 자유라는 가치에 사람들은 편안함을 느낀다. 그래서 무차별적으로 사용하는 경향도 있다. 그러다 보니 평등과 자유라는 가치는 자주 아전인수식으로 사용되는 경우가 많다. 김왕배(2019)가 『감정과 사회』에서 한국인들이 억울함을 호소하고 불만을 토로하는 용어로서 평등을 사용한다고 주장함으로써 평등 개념의 한계에 대해 논한 것이 이 같은 맥락이다.

> "목표달성주의에 함몰되었던 시공간 압축 성장의 경험, 높은 사회적 상승의 욕망과 열정, 규범과 규칙, 협의와 합의의 공공성이 미흡했던 한국 사회에서는 경쟁의 과정과 분배의 정당성이 수용되기 힘들고, 상대적 박탈감은 높아질 수밖에 없다 … 공정함에 대한 부정적인 인식과 상대적 박탈감은 악순환의 고리를 이어 가며 하나의 감정체계로 자리 잡는다. 상대적 박탈감이 높은 사회에서는 설령 어떤 개인이 노력과 실력에 의해 지위의 성취를 이루었다고 하더라도 그 정당성을 인정받기가 어렵다. 상대적 박탈감은 또한 평등한 경쟁의 기회와 결과의 분배를 요구한다. 한국인들의 마음에는 높은 수준의 평등 욕구가 존재한다고 진단한 송호근은 이를 '평등의 습속'이라고 불렀다. 그러나 한국인들에게 나타나는 이 높은 수준의 평등 욕구는 진정한 공동체적 나눔이 아니라 자기와 가족의 우월성을 지향하는 매우 이기주의적이고 모순적인 열망이다. 상대적 박탈감이 높은 사회는 실력과 노력으로 쟁취한 지위에 대해서조차 비난을 일삼으며 상대적으로 열악한 자신의 처지를 타자의 탓으로 귀속시키려고 든다."
>
> – 김왕배(2019: 118), 『감정과 사회』 中.

재분배와 불평등 해소는 좋은 사회를 위한 필요조건은 될 수 있지만 충분조건은 될 수 없다. 자본주의 사회에서 물질적 풍요는 행복의 중요한 요소이다. 하고 싶은 것을 할 수 있는 '적극적 자유'는 물질적 토대 위에서 보장되기 때문이다. 더욱이 매우 큰 불평등이 존재하는 사회는 건강하지 못하다. 지나친 불평등은 공동체의 와해, 개인의 무기력, 불행을 가져오기 때문이다. 그래서 불평등을 완화시키기 위한 노력은 좋은 사회를 위한 조건이다. 이미 인류의 생산수준은 다 같이 행복하게 살기에 충분한 물질적 토대를 구축하고 있다. '젖과 꿀이 흐르는 세상'은 이미 도래했다. 근대 초기에는 거의 진리처럼 받아들였던 맬서스의 명제인 '식량은 산술급수적으로 증가하지만, 인구는 기하급수적으로 증가한다'는 말은 완전히 반전되었다. 현재 전 세계의 식량 생산량은 현재 인구의 1.5배, 즉 100억 명을 먹일 수 있는 수준으로, 현재 인구 70억 명을 크게 상회한다. 이상적으로 보면 한 사회, 한 계층에게 남아도는 자원을 다른 계층에게 재분배하는 것으로 모든 사람이 가난에서 벗어날 수 있다. 미국의 경제학자 제임스 모건(James Morgan)은 '빈곤을 없애는 일은 이제 정부의 손에 달려 있다. 모든 미국인을 빈곤선 위로 올려놓는 데 드는 비용은 1년에 약 110억 달러 정도에 불과하다. 이는 전체 국민총생산의 2%도 안 되며, 세입의 10% 이하이고, 국방비의 5분의 1 정도 되는 금액에 불과하다"라고 주장했다(Morgan, 1962).

그러나 자본주의 사회에서 완전한 평등에의 합의는 어차피 불가능하며, 무턱대고 재분배한다면 고소득층과 저소득층 모두의 존중 및 자아실현 욕구를 충족시키지 못한다. 저소득층에게 국가가 재분배를 통해 풍요로운 생계를 보장하게 되면 근로의욕의 감소와 같은 부작용이 발생할 수 있다. 고소득층의 입장에서도 근로의욕이 감소되는 것은 마찬가지이다. 어차피 노력해서 더 많이 벌어도 재분배될 것을 굳이 애써 일할 필요가 없다고 느낄 것이다. 또한 과도한 재분배는 정치적 반발과 사회적 저항을 낳기도 한다. 고소득층에게 높은 세율을 통해 재분배를 추구하게 되면 이들은 조세 저항을 할 가능성이 높아 정책 실행을 어렵게 만든다. 문화적 가치와 개인주의의 영향도 무시할 수 없다. 많은 자본주의사회에서는 개인의 노력과 성취를 중시하는 문화가 뿌리 깊게 자리 잡고 있으며, 이는 평등(equality)보다는 공평(fairness)을 중시하는 경향이 강하다. 과도한 재분배는 결과적 평등을 가져올 수 있지만, 결과적으로 공평하지 않다. 이러한 문화적 배경 속에서 완전한 평등을 지향하는 정책은 개인의 자율성과 자유를 침해한다는 비판을 받기 쉽다.

무엇보다 현대사회에서 인간의 물질적 조건은 사회적 위험의 예방과 극복, 그리고 행복을 위한 필요조건이기는 하지만 충분조건은 아니다. 따라서 물질적 조건이 불충분한 사람들에게 사회의 물질적 자원을 나누어 온 사회복지 제도와 실천은 행복을 추구하는 중요한 기능이기는 하지만 충분한 기능이라고는 볼 수 없다. 그렇다면 앞으로 사회복지가 추구해야 하는 것은 무엇인가?

참고문헌

〈국내 문헌〉

김기헌, 배정희(2021). 2021년 청년 사회·경제 실태조사. 한국청소년정책연구원.

김왕배(2019). **감정과 사회: 감정의 렌트를 통해 본 한국사회**. 한울

〈해외 문헌〉

Bradshaw, J. (1972). Taxonomy of social need. In G. McLachlan (Ed.), *Problems and progress in medical care: Essays on current research* (7th series., pp. 71-82). Oxford University Press.

Easterlin, R. A. (1974). *Does economic growth improve the human lot? Some empirical evidence.* In P. A. David & M. W. Reder (Eds.), *Nations and households in economic growth* (pp. 89-125). Academic press.

Easterlin, R. A., & Angelescu, L. (2009). *Happiness and growth the world over: Time series evidence on the happiness-income paradox* (No. 4060). IZA discussion papers.

Easterlin, R. A., & O'Connor, K. J. (2022). *The easterlin paradox.* In K. F. Zimmermann (Ed.), *Handbook of labor, human resources and population economics* (pp. 1-25). Springer International Publishing.

Festinger, L. (1954). A theory of social comparison processes. *Human Relations, 7*(2), 117-140.

Frank, R. H. (2001). *Luxury fever: Why money fails to satisfy in an era of excess.* Simon and Schuster.

Fromm, E. (1990). *The Sane Society*. Holt Paperbacks.

Lacan, J. (2006). *Ecrits: The first complete edition in English*. W. W. Norton & Company.

Maslow, A. H. (1970). *Motivation and personality* (2nd ed.). Harper & Row.

Merton, R. K. (1938). Social structure and anomie. *American Sociological Review*, 3(5), 672-682.

Mill, J. S. (1966). *On liberty*. Macmillan Education UK.

Morgan, J. N. (1962). *Income and welfare in the United States*. McGraw-Hill.

Putnam, R. D. (2000). *Bowling alone: The collapse and revival of American community*. Simon & Schuster.

World Health Organization. (2008). Closing the gap in a generation: Health equity through action on the social determinants of health.

제11장

미래 사회복지는 무엇을 추구해야 하는가

1. 사회 환경 변화와 미래 사회복지의 방향

미래의 사회복지 체제는 변화된 인간 욕구와 사회적 가치를 적극적으로 반영해야 한다. 사회복지는 인간의 욕구를 충족하고자 하는 사회적 제도와 실천을 말한다. 따라서 인간의 주된 욕구가 무엇인지를 규정하고 이를 해결하는 것이 사회복지의 주요 화두가 되어 왔다. 이때 주목할 점은 인간의 핵심 욕구가 시대에 따라 변해 왔다는 점이다. 경제적 풍요 이전의 사회에서 사회 구성원의 주된 관심은 매슬로가 1단계 욕구로 분류한 물질적 · 생리적 생존에 있었다(Maslow, 1943). 이에 따라 공공부조나 사회보험과 같은 산업사회의 복지정책들도 물질적 결핍을 해결하기 위한 소득 재분배에 초점을 맞춰 왔다.

그러나 경제적 궁핍에서 어느 정도 벗어난 후기 산업사회에 접어들면서 인간의 관심이 생계 및 안전과 같은 기본욕구에서 소속감, 애정, 자아실현과 같은 상위 욕구로 이전했다. 예전에는 단지 먹고 살기 위해 일을 했다면, 지금은 자신의 정체성과 가치를 실현할 수 있는지가 직업을 선택하는 중요한 고려 사항이 되었다. '무엇을 먹고 살 것인가?'를

주류 세계관	유물론	→	유심론
주요 인간 욕구	생계		정체성
주요 요구사항	분배		인정
주요 사회 분야	경제		문화
주요 경제활동	생산		소비
재화 사용 방식	소유		접속
사화 활동 범위	현실 세계		가상 세계

그림 11-1 인간의 핵심 욕구와 주요 사회적 관심사의 변화

넘어 '나는 누구인가?'가 삶의 주요 화두가 된 것이다. 인간의 주된 관심과 욕구가 변화함에 따라 그동안 복지정책의 주요 대상이 되어 왔던 사회적 소수자와 취약계층들도 단순히 물질적 재분배를 넘어서 자신의 존재와 정체성에 대한 사회적 인정(recognition)을 요구하는 일이 많아지고 있다(Fraser & Honneth, 2003).

특히 디지털 시대가 본격화되면서 경제적 욕구와 관심은 더 약화되고, 심리적·문화적 이슈가 더 크게 대두될 것으로 예상된다. 로봇, 인공지능, 빅데이터 기술, 드론, 알고리즘, 사물인터넷의 활용으로 인간의 물리적 노동력이 생산 현장에 직접 투입되는 규모가 줄어들면 인간은 지금보다 더 많은 시간을 생산활동이 아닌 소비·여가 활동으로 보내게 될 가능성이 크다. 이런 맥락에서 바우만은 그의 저서 『소비하는 삶(Consuming Life)』에서 앞으로 후기 근대사회에는 근면하게 일하는 생산자(근로자)가 아니라 거침없이 '지르는' 소비자가 인간의 주요 정체성이 될 것이라고 진단하기도 했다(Bauman, 2013). 디지털 기술은 물질적 재화와 공간에 대한 인간의 관념도 변화시키고 있다. 아날로그 산업사회에는 인간이 특정 재화나 서비스를 사용하려면 이를 배타적으로 구매하고 소유해야 했지만, 디지털 기술은 굳이 자원을 '소유'하지 않고도 플랫폼에 '접속'해 다른 사람들과 자원을 공유할 수 있는 길을 열었다. 인간의 활동 영역이 가상 세계까지 확대되면서 물리적 현실 공간만이 아니라 심리적 가상 공간도 인간의 핵심적 사회 공간으로 떠오르고 있다.

이러한 변화는 기존의 복지정책 패러다임을 전폭적으로 수정해야 할 필요성을 제기

한다. 산업사회에서 인간이 생애주기 동안 맞닥뜨릴 수 있는 주요 위험은 모두 '생계', 즉 경제활동과 관련되었다. 즉, 자본주의 사회에서는 돈을 벌지 못하면 생존에 위협을 받게 된다. 따라서 산업자본주의의 복지정책은 경제적 안녕과 생계라는 일차적 욕구 해결에 초점이 맞추어졌다. 산업자본주의 사회는 그다지 복잡한 사회가 아니었으며, 예측 가능한 사회였다. 산업자본주의 사회의 가장 큰 위협, 즉 경제활동을 어렵게 만드는 주요 요인들도 충분히 예측가능했다. 그래서 질병(건강보험), 실업(고용보험), 노령과 은퇴(국민연금), 부상(산재보험) 등의 예측 가능한 주요 위험 요인들에 대해 4대 사회보험제도를 통해 미리 대비하게 만드는 것, 그리고 시장에서의 소득분배와 4대 사회보험으로 해결되지 않는 빈곤에 대해 공공부조제도라는 최후의 안전망을 마련하는 것이 산업사회 복지국가의 프로그램이었다. 또한 경제활동과 생계가 주요 타깃인 기존의 복지국가는 생산영역에서 노동을 통해 국가에 세금과 보험료를 납부하는 이른바 '시민-노동자(citizen-worker)'가 사회적 중심 주체였다(Montgomery, 1995). 4대 사회보험과 공공부조제도는 모두 사회의 물질적 자원의 재분배를 포함하는 현금 급여 제도이다. 현금으로 해결되지 않는 산업자본주의의 욕구는 생애주기에서 극히 적지만 분명 존재했고, 주로 산업사회가 인정하는 시민-노동자가 아닌 사람(비경제활동 인구)에게서 나타났다. 대표적으로 장애인, 노인 등 취약계층에 대한 돌봄이다. 그래서 4대 사회보험과 공공부조 외에 대인 서비스인 사회서비스 제도를 만들어 주로 돌봄 중심의 서비스를 제공해 왔다.

그런데 현대사회(후기 산업사회, 탈근대 사회)는 더 이상 단순한 사회가 아니다. 사람들의 삶의 양상은 매우 복잡해졌으며, 생계를 넘어 정체성, 분배를 넘어 인정, 경제를 넘어 문화에 관한 관심이 폭증하였으며, 코로나19가 보여 주듯 예측할 수 없는 위험이 등장해 일상을 송두리째 파괴하기도 한다. 욕구가 다양화되고 삶의 경제적(물질적) 측면뿐만 아니라 정신적 측면에 대한 관심이 높아지고, 예측 가능성이 낮아짐으로써 비교적 단순했던 산업사회에 비해 사회복지제도는 사람들의 욕구를 충족시키지 못하거나 사각지대를 발생시키는 등의 부작용들을 속출시켰다. 복지국가는 이에 대응하기 위해 더 많은 예산을 투입하고, 더 세분화된 자격 요건과 프로그램 등으로 대응해 나감으로써 사회복지제도의 '초복잡화'를 초래했지만, 그럼에도 불구하고 사람들의 삶의 질 개선에 기여하지 못했으며, 여전히 욕구는 미충족되고 사각지대는 온존되고 있다.

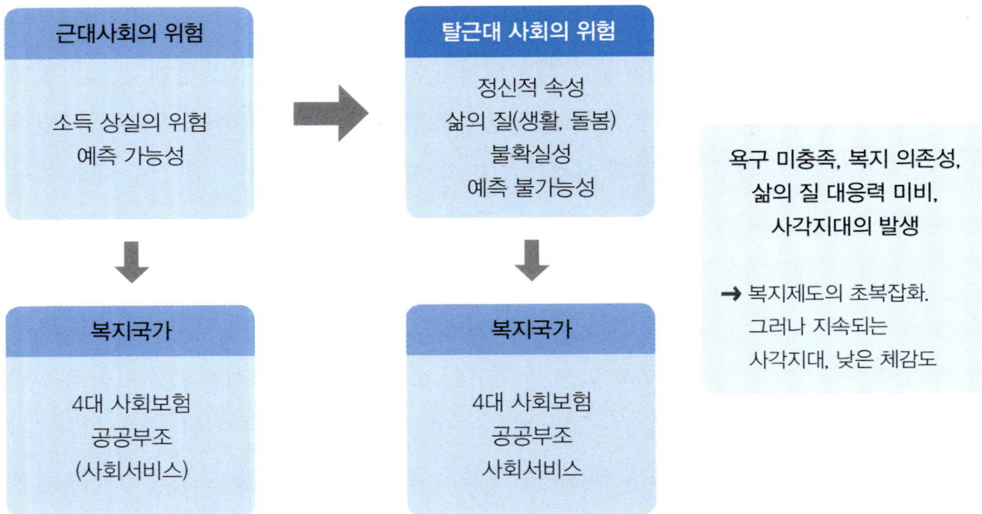

그림 11-2 탈근대 사회로의 이행과 사회적 위험의 변화

복지는 사회적 위험에 대처하고자 하는 목적으로 한다. 공장이나 사무실 같은 사업장에서 일하면서 겪는 문제들, 즉 실업, 산업재해, 은퇴 후의 생계가 산업사회의 전통적 사회적 위험(old risks)이었다면, 후기 산업사회에서는 완전고용이 더는 성립되지 않는 불완전한 노동시장, 가족해체와 개인화, 환경오염과 기후변화, 전염병 확산 등이 새로운 위험(new risks)으로 부상하고 있다. 사회적 위험에 대처하는 것이 복지의 주요 역할이라면, 미래의 변화하는 사회적 위험을 예측하고 이에 대응하는 방안을 모색하는 것도 향후 복지의 역할이다.

복잡계 속성을 지니는 현대사회의 사회적 위험에 대응하는 데 있어서 기존의 아날로그 사회에서 주로 채택하던 인과적 접근이 더는 유효하지 않게 되었다. 과거 사회적 위험은 원인과 책임자를 단선적으로 규정하는 것이 어느 정도 가능했다. 예를 들어, 산업사회에서 주로 다루었던 사회적 재난은 주로 특정 사업장 또는 직업에서 일어나는 사고나 재해가 주를 이루었다. 따라서 노동자의 산업재해 책임을 사업주에게 묻고 산업재해 보험료 100%를 사업주에게 부과하는 것과 같이 가능했다. 그러나 현재 우리가 당면한 신사회적 위험들은 대상과 장소를 초월해 발생하고 있다. 세월호 침몰 사건, 코로나19 팬데믹, 울진

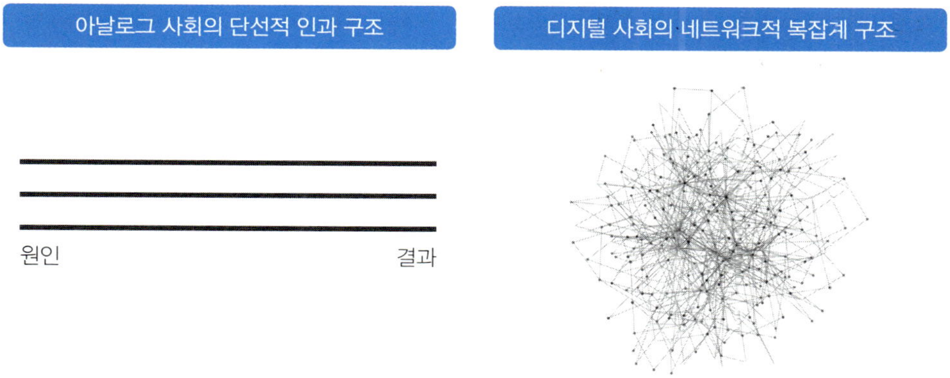

그림 11-3 아날로그 사회와 디지털 사회에서 사회문제의 원인과 파장

산불, 강남 지역 수해, 이태원 압사 사건 등 지난 몇 년 동안 우리 사회가 겪은 재난들을 보면 특정 집단과 지역을 넘어서 그 여파가 사회 전체로 급속히 퍼지는 것이 특징이다.

이러한 신사회적 위험은 발생한 문제에 대한 근본 원인과 최종 책임자를 특정하는 것이 상당히 어렵다. 현대사회는 다양한 사회 영역과 행위자가 복잡하게 연결된 초연결 사회이다. 또한 복잡계에서 발생하는 나비효과로 인해 개인의 아주 작은 행동과 선택이 전체 사회에 어마어마한 파문을 가져오기도 하며, 전혀 의도하지 않은 결과로 되돌아오기도 한다. 따라서 '진상규명, 책임자 처벌'과 같은 기존 사회의 인과적 접근만으로는 문제의 본질에 다가가기가 어렵다. 물론 문제가 발생했을 때 발생 원인을 진단하고 반성하며 개선하는 과정을 거치는 것은 매우 중요하다. 하지만 위험 발생의 소재가 곳곳에 잠재해 있고 예상치 않게 터지는 복잡계 환경에서 어떤 위험에 대해서 전적인 책임을 돌릴 대상을 찾는 데에만 치중하다 보면 특정 취약집단이 희생양으로 지목되거나, 정부 부처의 폭탄 돌리기, 약한 고리에 놓인 사람에 대한 꼬리 자르기와 같은 일이 반복될 수 있다. 무엇보다 복잡계의 특성상 한 행위자가 해당 위험을 단독으로 해결할 수도 없기에 결자해지의 취지로 최종 책임자를 처벌하는 것만으로 사건의 온전한 마무리도 되기 어렵다. 신사회적 재난을 인과적으로 접근하게 되면 오히려 미해결의 지점들만 많아져서 갈등의 골과 사회적 트라우마만 깊어질 수 있다.

이런 맥락에서 독일의 사회학자 울리히 벡(Ulrich Beck)은 위험 사회의 바람직한 해법으로, 다양한 주체 사이의 책임 논쟁보다는 사회적 위험에 대한 열린 대화와 상호 이해를 통해 공동 이익과 협력을 모색하는 방향을 제안했다(Beck, 1997). 사회문제에 대한 네트워크적 접근(network approach)을 제시한 네덜란드 행정학자 주프 코펜얀(Joop Koppenjan)과 에릭 한스 클리에인(Erik Hans Klijn)도 복잡한 네트워크 사회에서 불확실성을 관리하는 전략으로 '자기 영역의 경계를 가로지르는 성찰(cross frame reflection)'의 필요성을 주장했다(Koppenjan & Klijn, 2004: 16).

다양한 사회적 행위자가 복잡하게 연결된 디지털 사회의 문제들은 정부와 같은 한 영역만의 제도적 기획을 통해 해결할 수 있는 문제가 아니다. 호르스트 리틀(Horst Rittel)과 멜빈 웨버(Melvin Webber)는 문제를 예측할 수 있고 해결책도 대체로 명료한 '단순 문제(tame problem)'와 문제 진단과 해결책 제시가 어려운 '악성 문제(wicked problem)'를 구분했다(Rittel & Webber, 1973). 여기서 미래 사회가 당면한 문제들은 악성 문제인 경우가 많다. 한 영역에서 발생한 문제가 다른 영역에 파장을 미치기도 하고, 또한 전혀 다른 영역에서 의외의 해결책이 발견되기도 하는 복잡한 현대사회에서는 정부–기업–시민사회의 다양한 행위자가 서로에게 책임을 떠안기며 반목하기보다는 상호 협력하여 문제를 규정하고 해결책을 공동으로 모색하는 네트워크적 접근이 중요하다. 사회문제가 발생했을 때 이를 함께 애도하고 공동으로 해결하는 토대가 갖추어진 사회에서 혁신의 성과도 함께 나누는 공동 번영을 추구할 수 있다는 것은 두말할 나위가 없다.

복지정책을 고민할 때에도 이 같은 네트워크적 접근이 필요하다. 불확실하고 유동하는 사회에서는 정부가 강력한 행정력을 동원해 특정한 정책, 센터, 조직을 만드는 것이 유일한 해법이 아닐 수 있다. 더욱이 한번 도입된 국가정책은 제도적 경직성 때문에 사회환경이 변화했는데도 쉽게 개혁이나 폐기가 어렵게 된다(Pierson, 1996). 악성 문제가 계속 등장하고 사회환경이 급변하는 디지털 사회에서는 특정 정책 하나를 제안하는 일만큼 다양한 문제에 공동 대응하는 의사소통 시스템을 구축하는 것이 더 본질적이고 지속적인 대안일 수 있다. 따라서 새로운 문제가 발생했을 때 특정 제도 도입을 국가에게 요구하는 방식 외에도 사회문제를 해석하고 갈등을 조정하며 해결책을 합의하는 사회적 의사소통 거버넌스를 구축하는 방안도 함께 고민되어야 한다.

네트워크 사회이론가 마누엘 카스텔스(Manuel Castells)와 페카 히마넨(Pekka Himanen)

아날로그 시대의 복지국가 (welfare state)		디지털 시대의 행복 사회 (wellbeing society)
부정적(negative)		긍정적(positive)
방어적(reactive)		선제적(proactive)
부분적(patial)	대	종합적(holistic)
국가 주도(state)		사회참여(society)
대상화(object)		주체화(subject)

그림 11-4 미래 복지정책 설계의 5대 원칙

출처: Castells & Himanen(2014: 73-79)을 바탕으로 김수영(2021: 11)이 재구성함.

의 미래 사회의 복지에 대한 논의는 많은 영감을 제공한다(Castells & Himanen, 2014). 이들은 미래에는 산업사회 복지국가의 패턴을 고수하기보다는 사회보장의 목표, 비전, 기능, 주체에 대한 근원적 재구조화를 통해 복지국가가 사람 중심의 행복 사회로 발돋움해야 한다고 주장했다.

카스텔스와 히마넨은 산업사회 복지국가를 '불행 제거 국가(ill-being removal state)'로 명명했는데, 이는 실업, 빈곤, 질병, 노령, 장애와 같은 물리적 결핍과 불행을 사후에 대응하는 데 집중하는 산업사회 복지국가가 갖는 방어적 · 부정적 특성 때문이다. 또한 소득 보장이나 일자리 제공 같은 물질적 재분배를 우선으로 하고(부분적), 사회문제 해결을 위한 정책을 정부가 주도적으로 수립 및 집행하며(국가 주도), 다른 사회 구성원은 정책 대상으로 주변화된다는 점도 산업사회 복지국가의 특징이었다(대상화). 그러나 더는 경제적 결핍이 생존을 위협하지 않고 인간 욕구와 가치관이 다변화된 후기 산업사회에서는 이러한 소극적 대응만으로는 부족하다. 더욱이 사회 변화가 급속히 진행되는 상황에서 문제에 사후적으로 대처하는 태도는 사회위험의 파장을 가중시킬 수 있다. 이런 측면에서 카스텔스와 히마넨은 미래의 사회복지는 불행을 최소화하는 것만이 아니라 인간이 삶의 전반에서 행복을 향유할 수 있도록 돕고(긍정적), 문제 발생 이전에 문제를 예방할 수 있게 지원하며(선제적), 경제적 측면만이 아니라 사회문화적 욕구를 반영한 제도 설계가 필요하다고 보았다(종합적). 나아가 네트워크 사회에서는 정부가 복지 공급자가 되고 국민이 복지 대상자가 되는 일방향적 전달체계를 지양하고, 정책 설계와 집행에 있어 다양한 사회 구성원이 공동으로 참여할 수 있는 거버넌스 체계를 구축해야 한다고 제안했다. 물론 카스텔스와 히마넨의 원칙이 모든 사회에 적용되어야 할 절대 원칙은 아닐 것이다. 하지만 급변하는 전환기에 기존의 복지국가의 기조에 대한 반성과 성찰적 전환을 위한 참고 기준을 제공하고 있는 것도 사실이다.

선제적이고 종합적이며 참여적인 복지체계, 예측하지 못한 위험의 등장에 대해 공동의 해법 모색을 가능하게 하는 복지 거버넌스를 구축하는 것이 미래 복지의 과제이다. 그리고 이러한 복지 체계의 구축이 가능하려면 무엇보다 사회 구성원의 '역량'이 중요하다. 예측하지 못했던 위험이 등장했을 때 제도적 대처가 지니는 한계를 메울 수 있는 사회 구성원 개개인의 역량, 참여적인 복지 거버넌스가 가능하기 위해 전제되는 구성원의 역량, 생애주기에 맞닥뜨린 위험에서 스스로를 치유하고 일으킬 수 있는 역량, 그렇게 건강하고 강한 개개인들을 키워 내기 위한 제도적 기여를 모색해야 한다.

2. 미래의 사회복지가 추구해야 할 가치 1: 실패해도 다시 일어설 수 있는 '역량'

앞으로 사회복지에서 물질적 재분배만큼이나 중요한 것은 역량의 강화가 되어야 한다. "물고기를 주기보다는 물고기 잡는 법을 가르치라"라는 탈무드의 명언은 지금도 옛말이 아니다.

1998년 노벨 경제학상을 수상한 아마르티아 센(Amartya Sen)은 1933년 불평등과 빈곤이 만연한 인도에서 태어나 복지국가이자 경제적 선진국인 영국에서 공부하면서 복지, 정의, 불평등, 빈곤, 행복에 대해 끊임없이 탐구해 왔다. 그는 1993년 『불평등의 재검토』와 2009년 『정의의 아이디어』를 통해 "불평등과 정의를 역량의 관점에서 접근해야 한다"라고 주장했다. 그가 말하는 역량 중심 접근(capabilities approach)이란 개인을 궁극적으로 가치 있고 존엄하며 행복하게 만드는 것은 실질적인 자유라고 말했다. 즉, 단순히 많은 자원을 가지고 높은 소득을 올리는 경제력이 아니라, 개인이 주어진 자원을 실제로 활용하여 원하는 삶을 살아갈 수 있는 능력과 기회가 중요하다는 것이다. 센은 자원을 재분배하고 결과적 평등을 이루려는 방식보다는 스스로 자유롭게 선택하고 살아갈 수 있는 역량의 확장이야말로 진정한 사회정의의 핵심 요소이며 행복의 정도라고 주장했다. 경제성장이나 소득 증대만으로는 개인의 자유와 복지를 충분히 보장할 수 없으며, 각 개인이 자신의 삶에서 실질적인 선택과 기회를 가질 수 있도록 역량을 확대하는 것이 중요하다는 것이다.

역량 중심 접근은 현대사회와 같이 불안이 산재한 사회에서 더 빛을 발한다. 벡은 그의 저서 『위험사회』에서 산업화와 과학기술의 발전이 새로운 형태의 위험을 초래하고, 이러한 위험이 현대사회의 핵심적인 문제로 부각되고 있다고 주장했다. 산업화 이전 사회에서의 위험은 주로 자연재해와 같은 전통적인 형태였다면, 현대사회의 위험은 산업화와 과학기술의 발전으로 환경오염, 핵 에너지 사고, 화학물질 유출, 전염병 등 새로운 형태의 위험이다. 또한 이러한 위험은 한 국가나 지역에 국한되지 않고 전 세계적으로 영향을 미친다는 것이다.

벡은 현대사회에서 개인들이 다양하고 예측불가능한 위험에 대한 불안과 불확실성 속에서 살아가고 있으며, 이는 일상생활에서의 불안정성을 증가시킨다고 주장했다. 위험사회에서는 경제적 · 사회적 · 문화적 · 자연적 위험이 체계적으로 생산되지만 개인주의의 강화로 사람들이 홀로 위험에 직면하게 되면서 해결할 수 없는 사회문제가 더욱 누적된다. 복잡한 현대사회에서 위험을 완전히 해소하는 것은 불가능하기 때문에 위험에 효과적으로 대응하기 위한 '위기관리 능력(risk management)'이 필수적이라고 강조했다. 위험에 대해 인식하고, 정보가 투명하게 공개되어야 하며, 공공의 참여와 다양한 이해관계자 간의 협력, 초국가적 관리체계와 예방적 접근, 보다 높은 사회적 책임과 윤리 등이 위기관리에 해당하는 요소들이다.

벡의 저서는 1980년대에 집필되었지만 코로나19 등 오늘날 예측하지 못한 다양한 형태의 위험과 그로 인한 일상의 파괴를 경험하며 재조명되고 있다. 결국, 예측 불가능하고 일상화된 위험 사회에서 복지국가가 물질적 분배를 통해 사회적 위험에 대처하고자 했던 방식은 명확한 한계를 가질 수밖에 없었다. 위기관리의 요소로 열거한 정보의 투명성, 공공의 참여와 이해관계자 간의 협력 등이 함의하듯, 위험 사회에서의 대응은 근본적으로 구성원의 참여와 협조 없이 원활하게 이루어질 수 없으며, 이는 곧 예측할 수 없는 위험의 일상화에 대해 개인과 사회의 대처 역량이 강화되어야 하고, 일국적 차원뿐만 아니라 개인과 공동체 그리고 초국적 차원의 시스템 확립이 필요함을 제시한다.

이러한 논의가 복지에 주는 함의는 복잡하게 된 새로운 위험 사회에 물질적 재분배를 통한 위험에의 대응만으로는 명확한 한계가 있다는 것이다. 무엇보다 구성원의 역량이 강화되고 위험 사회 속에서도 삶의 질이 향상될 수 있는 방향의 복지 체제 구축이 필요하다. 지난 코로나19의 경험 속에서 우리는 사회보장제도가 어떻게 마비되는지, 그래서 정부가 재난 지원금을 제공했지만 막대하게 투입된 재원에 비해 일시적 미봉책이었으며, 코로나19가 가져온 국민들의 삶의 질 훼손과 일상의 붕괴에 근본적으로 대응하기에는 턱없이 부족했다는 것을 잘 알고 있다.

마사 누스바움은 센이 제시한 역량 중심 접근을 이론적으로 더욱 발전시켰다(Nussbaum, 2011). 그는 인간의 삶의 질을 측정하는 데 있어 단순한 경제적 지표나 물질적 자원의 양이 아니라, 사람들이 실제로 할 수 있는 능력, 즉 역량에 초점을 맞춰야 한다고 주장했다. 인간의 복지와 정의를 평가하는 데 있어 중요한 10대 역량(생명, 신체 건강, 신체의 온전성, 감각/상상/사고, 감정, 실천이성, 사회적 관계, 타 생물과의 관계, 놀이, 통제와 자율성)을 이

인간이 존엄하게 살기 위해 필요한 핵심 역량(누스바움)

- 생명: 정상적인 수명의 끝까지 살 수 있는 능력
- 신체 건강: 신체적으로 건강하게 살 수 있는 능력
- 신체의 온전성: 이동의 자유를 포함한 신체적 보호
- 감각/상상/사고: 사고하고, 상상하고, 감각을 통해 세계를 경험할 수 있는 능력
- 감정: 애정, 사랑, 슬픔 등 인간다운 감정을 느낄 수 있는 능력
- 실천이성: 삶의 방향을 설정하고 자신의 가치관에 따라 살아갈 수 있는 능력
- 사회적 관계: 타인과 소통하고 관계를 맺으며 사회 구성원으로 참여할 수 있는 능력
- 타 생물과의 관계: 자연과의 조화로운 공존
- 놀이: 여가와 즐거움을 누릴 수 있는 능력
- 통제와 자율성: 자신의 삶과 환경에 대한 실질적인 통제와 참여의 능력

론화하였는데, 누스바움이 말하는 역량 개념은 사람들이 특정한 활동을 할 수 있는 실제 능력이나 잠재력을 의미한다. 이는 단순히 자원의 보유가 아니라, 그러한 자원을 활용해 무엇을 할 수 있고, 어떻게 살 수 있는지에 대한 실제적 가능성을 뜻한다.

가령, 청년실업을 경험하고 있는 청년에게 재분배를 통해 일을 안 해도 먹고 살기에 충분한 소득을 주거나 취업에 도움이 될 수 있는 다양한 직업훈련 기회를 제공한다고 치자. 그러나 거기서 끝이 나고 청년 개인이 능동적으로 하고 싶은 일을 하고, 사회 구성원으로서 역할을 수행하며 살아가는 것과 연결되지 않는다면 역량의 차원에서 보았을 때 이러한 복지제도는 무의미한 제도가 된다. 역량이 개발되지 않은 채 물질만 제공받는다면 소득보장형 복지에 대한 의존성만 커지게 되어 사람들은 점점 무력감에 사로잡히게 되며, 주체적이고 독립적인 삶을 추구하기보다는 수동적이며 의존적인 존재로 살아갈 우려가 크다. 물론 혹자는 경제적 안정을 찾게 되면 스스로 자신의 길을 모색해 나갈 것이라고 말할 것이다. 틀리지 않은 말이다. 그러나 정보가 범람하고 불안이 만연한 사회에서 돈만 있다고 갑자기 역량을 기를 수 있는 것은 아니다. 경제가 발전하고 복지수준이 높아져도, 어른이 되어서도, 학력이 높아져도 여전히 부모에게 의존하는 청년들이 계속 증가하고 있다. 한국의 캥거루족, 미국의 트윅스터(twixter), 영국의 키퍼스(kippers) 등 이들을 지칭하는 신조어까지 등장하는 오늘날의 현상은 복지를 통해 역량을 키우는 것이 왜 얼마나 중요한지를 반증한다.

역량은 위험 사회에서 실패해도 다시 일어날 수 있는 토대와도 맞닿아 있다. 현대사회의 청년들이 무기력하게 되는 가장 큰 이유는 실패에 대한 두려움과 실패 시 완전히 '이생망(이번 생은 망했다)' 할 수 있다는 불안감에 휩싸여 그 어떤 도전도 시도하기 어렵게 되었기 때문이다. 이로 인해 청년들은 스스로 성장하고 발전할 기회를 잃게 되고, 그 결과로 역량은 점점 더 사라지게 된다. 이로 인해 깊은 절망감과 무기력 속에 머무는 고립・은둔 청년이 증가하고 있고, 사회적으로도 경제활동에 참여하지 않고 '쉬었음' 상태로 남아 있는 청년들이 점점 많아지고 있다. 이러한 악순환은 개인뿐만 아니라 사회 전반의 활력을 저하시키는 중요한 요인이 되고 있다.

인간의 복지는 물질적 재분배를 넘어 다원적으로 이해되어야 한다. 여러 가지 측면에서 인간의 역량을 개발하는 것, 그래서 복지를 통해 개인이 '더 나은 사람'이 되도록 만드는 데 관심을 가져야 한다. 복지제도가 인간 역량 강화에 기여하기 위해서는 역량의 기초가 되는 보편적 조건과 개인마다 편차가 있는 개별적 조건의 충족을 동시에 추구해야 한다. 지금까지의 복지는 물질적 재분배, 사회서비스 제도의 돌봄 등을 통해 인간의 역량을 약화시키는 '보편적' 조건을 충족하는 데 주력해 왔다. 복잡하고 다원화되는 현대사회에서 인간의 역량 강화에 기여하는 복지제도의 구축을 위해 인간이 공유하는 보편적 핵심 역량을 강조하면서도 각 개인의 상황과 맥락에 따라 역량이 발휘될 수 있는 개별성을 고려해 맞춤형 지원을 받을 수 있는 제도의 구축을 고민해 나가야 한다.

3. 미래의 사회복지가 추구해야 할 가치 2: 건강한 자아와 치유를 위한 '관계'

역량 강화와 함께 미래 사회복지에서 중요하게 관심을 가져야 하는 것은 관계의 회복이다. 앞서 돈이 있어도 인간의 욕구가 충족되지 않을 수 있음을 사례를 통해 살펴보았다. 그런데 물질적 자원을 가지고 있음에도 불구하고 생리적 욕구에서부터 자아실현의 욕구에 이르기까지 다차원적 욕구의 결핍을 경험하게 되는 경우는 결국 건강한 '관계'의 결핍에서 비롯된다. 특히 상위 욕구로 갈수록 그 결핍은 관계의 단절, 건강하지 못한 공동체에서 비롯된다. 우리나라 사람들 중 자살을 선택하는 사람들이 세계에서 가장 많다는 것도 결국 관계의 파탄에서 비롯된다. 건강한 공동체와 관계를 회복하는 것이 물질적 분배만큼 중요한 이유이다.

매튜 잭슨(Matthew Jackson)은 『휴먼 네트워크: 무리 짓고 분열하는 인간관계의 모든 것』(2021)에서 다음의 논의를 통해 단순한 물질적 분배뿐만 아니라 어떤 관계, 또는 사회적 네트워크를 확보하게 하는지의 중요성에 대해 제시했다.

> "1990년대에 임대주택 거주자 중 사람들을 모아 서로 다른 두 유형의 임대료 무료 바우처를 제공했다. 한쪽은 어디에서나 바우처 사용이 가능했고, 다른 한쪽은 주변 이웃이 빈곤하지 않은 지역에서만 사용이 가능했다. 제한 없는 바우처를 받았던 대다수의 사람은 임대료를 줄이고자

그대로 남기로 결정했다. 이 지원이 대학, 소득수준 등에 있어 후자 집단의 아이들에게 미친 영향은 강력했다. 아이들이 성인이 된 후 조사한 결과, 그들의 대학 진학률은 빈민가에 남은 아이들보다 16% 높았고, 생애 소득은 30만 달러나 많았다. 단지 빈곤하지 않은 지역으로 이사만 했을 뿐인데 말이다!"

사람은 타인과의 관계 속에서 살다가 관계 속에서 죽는 '관계 속의 존재'이다. 동물에게 가장 중요한 것은 육체적 생존이기 때문에 배고픔이 가장 큰 두려움이지만, 사람에게는 사회적 생존이 가장 중요하므로 관계의 파탄 혹은 고립을 배고픔보다 두려워한다. 사람은 타인에게 존중받지 못하면 스스로를 존중하지 못하게 되고 홀로 고립된 존재, 무가치한 존재로 느끼게 된다. 심리학자 프롬(Fromm, 2013)은 저서 『건전한 사회(The Sane Society)』에서 "인간의 최대 공포는 개인적으로도, 사회적으로도 집단으로부터의 완전한 고립, 완전한 추방을 당하는 일이라고 믿고 있다"라고 말했다. 그는 이러한 고립감이 현대사회에서 개인주의와 경쟁의 심화로 인해 더욱 강화되고 있다고 보았는데, 현대인들이 고립감의 공포를 피하고 싶어 대세를 맹목적으로 추종하거나 자신을 상품화하는 등의 방식으로 대응하는 것은 결국 자아의 상실과 파멸로 이어질 수 있는 위험한 대응이라고 경고했다. 실존주의 철학자 사르트르(Sartre, 2009) 역시 "타인은 지옥(L'enfer, c'est les autres)"이라고 말은 했지만, 그렇다고 인간은 타인 없이 존재할 수 없으며 인간은 타인의 시선과 관계 속에서 의미를 찾는 존재일 수밖에 없다고 하였다. 고립된 인간은 자유로울 수 있지만 의미 없는 존재가 된다는 것이다. 정치철학자 한나 아렌트는 『인간의 조건』에서 인간은 사회적·정치적 관계 속에서만 의미를 갖는 존재이며, '공적인 세계(public realm)'에서의 활동이 인간의 본질을 결정한다고 하였다(Arendt, 2019). 그녀는 개인이 고립되면 결국 자유를 잃고 오히려 전체주의적 사회에 쉽게 종속된다는 주장을 제기했다. 이처럼 다양한 분야의 이론가들은 공통되게 사회적 존재인 인간의 정체성과 가치, 그리고 행복에 있어 관계의 중요성에 대해 강조하고 있다.

앞서 한국의 청년들은 행복을 결정하는 것들 중에서 대인관계와 친구에 가장 낮은 점수를 주었다. 그러나 반대로 인간관계가 얼마나 인간 행복에 직접적이고 결정적인 영향을 주는지를 증명할 수 있는 연구 결과 역시 다수 존재한다. 하버드대학교 성인발달연구에 따르면, 50세에 관계에 만족한 사람들이 80세까지 더 건강하게 살았으며, 행복하다고 말하는 사람들의 가장 두드러진 공통점은 강한 사회적 유대 관계였다(Mineo, 2017). 실제로 만성적인 외로움은 사망 위험을 26% 증가시키며, 사회적 연결이 약한 사람들은 당뇨병, 관절염, 인지능력 저하 등의 만성질환에 상대적으로 취약한 것으로 나타났다.

그렇다고 개인이 행복을 위해 인간관계를 '자기 관리'의 차원에서 개발해야 한다고 말하려는 것이 아니다. 관계는 공동체적인 가치이자 자원이다. 하버드대학교 교수 니콜라스 크리스더키스와 캘리포니아대학교 교수 제임스 파울러가 공동 저술한 『행복은 전염된다(Connected)』에서는 인간의 사회적 네트워크가 개인의 감정과 행동에 어떤 영향을 미치는지에 대해 탐구했다(Christakis & Fowler, 2010). 저자들은 1971년부터 2003년까지 12,067명을 대상으로 한 연구를 통해 행복이 개인의 노력뿐만 아니라 주변 사람들과의 관계를 통해 확산되고 증폭된다는 사실을 밝혀냈다. 이 연구에 따르면, 행복한 사람과 직접적으로 연결된 사람은 행복할 확률이 15% 높아지며, 두 단계 떨어진 사람은 10%, 세 단계 떨어진 사람은 6% 높아졌다. 즉, 한 사람의 행복이 최대 세 단계의 사회적 연결망을 통해 전파되고 있는 것이다. 행복뿐만 아니라 비만, 흡연, 고립 등의 행동과 상태도 사회적 네트워크를 통해 전염된다. 예를 들어, 비만한 친구가 있으면 자신도 비만하게 될 확률이 45% 증가하며, 흡연하는 친구가 있으면 흡연을 시작할 확률도 높아졌다. 이러한 발견은 개인의 행복과 건강이 단순히 개인의 선택이나 노력에만 의존하는 것이 아니라, 사회적 관계와 환경에 깊은 영향을 받는다는 것을 시사한다. 따라서 긍정적인 사회적 관계를 구축하고 유지하는 것이 개인의 행복과 사회 전체의 복지를 증진시키는 데 중요하다는 결론을 내릴 수 있다.

상처가 있거나 사회적 지위가 낮은 집단이어도 공동체적 유대 관계가 존재할 때 집단 치유가 발휘될 수 있다는 사례도 존재한다. 대부분이 빈곤층인 미국 내 히스패닉계를 대상으로 한 연구에서 그들의 건강수준이 미국 내 비히스패닉계와 견줄 만큼 높게 나타났다. 이런 의외의 결과는 사회적 위계가 낮은 집단일수록 건강수준이 낮다는 일반적인 법칙에 반하고 있어서 '히스패닉의 역설'이라고도 불린다. 그 이유는 무엇일까? 그들만의 거주 지역에 모여 살면서 좀 더 넓은 지역공동체와 구분된 언어를 사용하며 스스로 연대감을 구축했기 때문에, 즉 히스패닉계 공동체의 집단 치유 효과 덕분이었다.

히스패닉의 역설은 집단 밀도 효과(group density effect)의 한 사례이다. 사회자본과 관계를 연구해 온 데이비드 하펀(David Halpern)에 따르면, 어떤 인종적 · 종교적 · 경제적 소수자이든지 간에 소수자 집단의 구성원들은 자신과 같은 집단의 사람들이 적은 지역에 살게 때 고립감, 소외감을 경험하게 되면서 정신건강이 나빠졌다(Halpern, 2005). 집단 밀도 효과는 사망률에서도 나타난다. 프란지니와 스피어스는 백인 지역에 사는 흑인들이 흑인들끼리 모여서 사는 경우보다 심장병으로 인한 사망률이 높았다는 사실을 분석했다(Franzini & Spears, 2003). 분명 백인 지역에 사는 흑인들의 객관적인 지위와 경제력이 할렘에 사는 흑인들보다 좋았을 것이지만, 그들보다 건강하지 못했던 것이다. 이는 임신율도 마찬가지이였다. 백인이 압도적으로 많은 동네에서 살 정도로 부유한 흑인 여성은 임신에 어려움을 겪고 있었고, 아이의 몸무게도 상대적으로 낮았다. 그곳에서는 인종적 소수자라는 사실이 부유함이 주는 자존감을 압도해 버리기 때문에 자신의 출신을 넘어선 부유함은 임신 연령과 영아의 몸무게에 오히려 부정적인 영향을 미쳤던 것이다. 상식적으로 생각해 보면 이들이 빈곤 지역에 살고 있는 다른 소수자들보다 육체적으로나, 정신적으로나 더 건강해야 한다. 하지만 많은 연구에서 볼 수 있듯이, 이들의 건강은 소수자들이 밀집되어 있는 빈곤 지역에서 생활하는 다른 구성원들보다 나쁘게 나타났다. 높은 수준의 소득, 교육, 그리고 사회적 지위가 가져다주는 건강상의 혜택은 좀 더 강력한 무언가에 의해 상쇄되고 있었던 것이다.

오늘날 심리치료에서 동질의 사람들로 치료 집단을 구성하는 이유도 이와 같다. 술을 먹지 않는 사람과 알코올중독자를 섞어서 치료 집단을 구성하면 서로의 처지나 어려움을 이해하기 어려워 제대로 된 위로나 공감, 조언을 하기가 힘들다. 사회복지에서 집단상담(group work) 또는 자조 집단이 운영되는 것도 이 같은 원리에서 비롯된다. 건강한 공동체가 심리상담보다 훨씬 더 강력한 치유력을 가질 수 있다. 한국인들의 정신을 건강하게 만드는 가장 효과적이고 확실한 방법은 심리치료 산업이나 힐링 산업이 아니라 공동체적 관계를 복원하는 것이다.

4. 미래 복지국가의 방향 1: 물질적 보편주의에서 보편적 서비스로

인간의 행복을 가로막는 사회문제를 해결하고 구성원이 모두 행복한 삶을 추구하기 위한 복지를 물질적 욕구 충족을 통해 해결하려는 패러다임은 지극히 제한적인 사고이다. 우리 사회는 소득, 자산 등의 경제적 역량과 별개로 내적 아픔(상처), 경쟁, 기회구조와 지원 체계 등의 측면에서 자신이 원하는 삶을 성취하고 욕구를 실현하는 데 장벽을 경험하고 있다. 무엇보다 실패했을 때 다시 일어나기 어려운 사회이다. 가령, 일자리를 잃었을 때 다시 일자리를 구하기가 쉽지 않다. 고용 형태를 정규직과 비정규직으로 구분한 것은 소위 '노동시장의 유연화'에 해당되는데, 경직된 고용구조를 경제 상황에 따라 유연하게 대처할 수 있게 만들어야 경제에 발전적이라는 이유로 우리 사회는 IMF 외환위기 이후 노동시장의 유연화를 받아들였다. 원칙적으로 노동시장이 유연화되면 근로계약 해지도 자유롭지만 근로계약 해지 후 재취업에도 유연성의 원리가 적용되어야 한다. 즉, 비정규직, 계약직이라는 근로계약이 종료되어도 다음 일자리로 넘어가는 과정과 재취업이 매끄러워야 하는데, 우리나라 기업들은 종료에만 유연하고 재고용에는 유연하지 않다.

사회는 청년들에게 도전하라고 하지만 실패했을 때 아무도 일으켜 주지 않기 때문에 함부로 도전하는 것은 불안하고 무섭다. 열심히 일하고 '노력'하면 잘 살 수 있다고 하지만 아무리 일해도 밑 빠진 독에 물붓기처럼 집 한 채 장만하기도 어렵다. 남들처럼 잘 살아 보려고 투자도 하고, 도전도 하고, 노력하다가 실패라도 하면 가정 파탄, 집단자살, 고립 등 깊은 늪이 기다린다. 그래서 사람들은 쉽게 도전하지 못하고, 가장 안전하고 안정된 것을 추구하지만 그럼에도 불안하게 살아간다.

비단 청년만이 아니다. 한국인들은 전반적으로 도전이나 모험을 하지 않는다. 북유럽 국가들은 인구 1인당 특허 건수가 우리나라보다 많은데, 이는 북유럽 국가가 우리나라보다 혁신이 가능한 활력 있는 사회라는 것을 시사한다. 북유럽 국가의 청년들이 혁신적인 아이디어를 제기하거나 새로운 분야에서 창업을 시도하는 것이 활발한 이유에 대해 그들은 실패해도 괜찮기 때문이라고 대답했다고 한다.

경제학자인 조지프 스티글리츠(Joseph Stiglitz)는 사회안전망의 중요성을 강조하며, "사람들은 일이 잘못되더라도 자신을 보호해 줄 안전망이 있고, 공동체가 보호해 준다는 믿음이 있을 때에만 고위험 고수익 활동에 도전할 수 있다. 그렇기 때문에 사회 보호가 제대로 보장되는 일부 국가들은 최근의 침체기에도 미국보다 훨씬 높은 경제성장을 이루고 있는 것이다"라고 말하기도 했다(Stiglitz, 2017). 오늘날 대부분의 한국인이 도전과 모험보다는 안전한 길을 선호하는 것은 우리 사회가 활력을 상실한 사회라는 것을 의미하며, 이는 곧 지속가능하지 않은 사회임을 의미한다. 따라서 복지는 물질적 재분배의 기능과 더불어 사람들이 역량을 축적하고, 소진한 역량을 회복시켜 주며, 부족한 역량을 채울 수 있도록 해야 하고, 관계를 복원시켜 나갈 수 있도록 지원함으로써 어떤 일이든 당당하게 도전하고 다시 재기할 수 있도록 해야 한다.

앞 장에서 살펴보았던 물질적 자원의 유무와 관계없이 욕구를 충족시키기 어려운 사례들로 돌아가 보자. 돈이 있어도 기본적인 생리적 욕구가 충족되지 않는 경우의 예는 거동이 불편하여 요양이 필요한 노인 또는 돌봐 줄 사람이 없는 영유아이다. 전통적인 복지국가 프로그램은 사회서비스 제도인 돌봄서비스(요양 및 보육 서비스)를 도입해 이와 같은 생리적 욕구의 충족을 돕고 있다. 이처럼 스스로 생리적 욕구 충족이 어려운 취약 집단에 대한 돌봄은 '육체적 돌봄'에 해당된다. 코로나19와 같은 감염병의 위협, 묻지마범죄, 고독사, 치매 노인 실종과 배회, 그리고 그 과정에서 일어날 수 있는 사고, 배리어프리하지 않은 환경에서 발생할 수 있는 사고 등 전통사회와 비교해 사회의 인프라를 튼튼하게 갖춘 현대사회에서도 안전의 욕구를 위협하는 요소들은 더욱 예측 가능하지 않으며 다양한 맥락에서 발생한다. 발생 맥락에 따라 대응 방식 또한 다차원적이어야 한다. 가령, 코로나19 팬데믹은 국가의 공공의료 인프라가 얼마나 중요한지 일깨웠던 사건이다. 따라서 전통적 복지국가의 건강보험과 공공 의료 제도의 시스템이 불시에 일어날 감염병 사태에 대해 대응할 수 있도록 예비하고 재정비하는 것이 필요하다. 그러나 코로나19 팬데믹은 단지 보건의료적 위험을 넘어서 경제 및 교육 활동의 마비, 사회적 관계의 단절과 고립, 그로 인한 심리적 우울 등 다차원적 위험을 초래했다. 각종 업무(재난 지원금 수령과 같은 행정 업무를 비롯해 장보기와 같은 일상생활 업무까지), 교육, 복지 프로그램 등 제반 활동이 모두 온라인화되면서 개인의 디지털 역량 격차가 부각되었고, 몇 년의 학교생활 공백이 청소년의 대인관계 역량을 급격하게 위축시켰다. 전통적인 복지 실천 현장에서 진행된 상담을 통한 치유 프로그램, 집단 사회복지(group work)를 통한 지역사회 조직화와 공동체 프로그램은 소위 전통적인 복지의 대상, 즉 특정 취약집단(예: 비행 청소년, 빈곤층)을 대상으로 이루어져 왔으나, 현대사회에서 안전의 욕구를 위협하는 예측 불가능한 위험의 발생은 이러한 프로그램이 '보편적으로 확대'되어야 한다는 것을 보여 주었다.

다른 사례도 마찬가지이다. 묻지마범죄도 그 근저에는 심리적 불건강과 건강한 관계의 부재가 있다. 고독사는 관계의 부재가 초래한 가장 참담한 위험이다. 치매 노인의 배회 사고 역시 궁극적 해법은 공동체 안에서 찾을 수밖에 없다. 하루에 최소 한 번은 치매 실종자 경보 서비스를 수신하지만 사회 구성원이 알람 문자에 관심을 갖지 않고 도리어 성가시게 여기며 내용을 건성으로 본다면 실효성이 없을 것이다.

평생을 열심히 살았어도 나이가 들면서 생애주기 동안 수행했던 역할이 박탈되면(예: 퇴직, 자녀의 성장과 분가) 역할 상실로 쓸모없는 존재가 되고 만 것 같은 느낌을 갖게 되어 자아존중 욕구의 결핍을 경험하게 되는 노인들이 우리나라에는 유독 많다. 어떤 사람은 노년기의 많은 시간을 그동안 못해 본 취미활동을 하며 보내길 원하며, 또 어떤 사람은 소일거리의 일자리를 원하기도 한다. 그런데 많은 사람은 어디에 가서 무엇을 해야 할지 몰라 생각을 행동으로 옮기지 못한 채 시간을 흘려보낸다. 사실 우리 사회는 정부나 지방자치단체 그리고 민간에서 생각보다 많은 프로그램을 실시하고 있지만 정보 습득에 한계가 있거나 일상사의 여러 제약 요소를 극복할 방법을 찾지 못하는 경우가 많다. 청소년도 마찬가지이다. 성적이 상위권이 아닌 다수의 학생은 학교에서 지내는 동안 자아존중감을 지키지 못한다. 학교, 학원, 집, 코인노래방, PC방의 바운더리 안에서 상상력이 제한된 채 자신이 잘할 수 있는 일을 찾지 못하고 도전할 엄두도 못내는 것이 현실이다. 노인, 청소년 가운데 이런 경험을 하는 사람들은 어떤 취약한 집단이 아니라, 사실 다수에게 나타나는 보편적인 현상이다. 솔루션은 의외로 간단할 수 있다. 누군가 이들의 생각과 원하는 바를 경청하고, 현존하는 다양한 제도나 프로그램을 연계해 주며, 현실에서 부딪히는 어려움들을 해결하기 위한 자원을 동원해 주는 역할을 한다면 더 건강한 청소년기 그리고 노년기를 보낼 수 있을 것이다.

이처럼 치유, 정보 제공과 연계, 컨설팅(멘토링), 나와 유사한 욕구가 있는 동류 집단의

표 11-1 욕구 충족을 위해 필요한 보편적 서비스의 형태

돈이 있어도(없어도) 욕구가 충족되지 않는 사례		보편적 서비스의 형태
생리적 욕구	거동이 불편한(요양) 노인, 영유아	돌봄
안전의 욕구	감염병, 묻지마범죄, 고독사, 치매 노인 배회 사고, 장애인 사고	안전의 제도화, 치유, 공동체 형성
사랑과 소속의 욕구	가정폭력(학대), 1인가구	치유, 공동체 형성
존중의 욕구	퇴직한 노인, 성적이 낮은 중·고등학생	치유, 컨설팅, 연계, 공동체 형성
자아실현의 욕구	대다수의 직장인, 주부, 가족 돌봄 제공자	치유, 컨설팅, 멘토링, 연계, 돌봄, 공동체 형성

형성 등은 이미 사회복지 현장에서 진행되고 있는 실천의 방법이다. 다만, 그 대상이 취약계층의 육체적 돌봄에 제한되어 왔다면, 위험이 확장되고 복잡해진 현대사회에서 이제 사회복지 실천의 대상은 보편적으로 확대되어야 하며, 지원의 방법 또한 확장되어야 한다. 누구나 생애주기의 어떤 국면에 맞닥뜨릴 수 있는 난관을 극복하고 더욱 역량을 키워 사회의 한 구성원으로 자신의 역할을 수행하고 행복을 추구해 나갈 수 있도록 지원하는 복지국가의 서비스와 실천 방법을 통해 불확실한 위험사회의 지속가능성을 높일 수 있을 것이다.

보편적 서비스에 대한 강조가 곧 물질적 보편주의가 불필요하다고 주장하는 것은 아니다. 물적 조건은 언제나 인간 행복의 필요조건이기 때문이다. 다만, 지금까지 확장되어 온 소득보장은 사각지대를 해소하기 위한 무수한 노력과 그 결과로서 초래된 제도의 초복잡성에 비해 여전히 욕구 충족과 사각지대 해소에 한계를 보이고 있다. 따라서 미래 사회복지에서 소득보장은 보다 단순하고 보편적인 형태를 띨 필요가 있다. 지금처럼 사회보험과 공공부조의 이층 체계를 유지하거나 아니면 새롭게 제기되는 대안이 될 수도 있다. 중요한 것은 이제까지 복지국가의 프레임 내에서 사회서비스는 주로 의존적인 대상을 중심으로 설계되었다면 보편적 서비스 체계에서 사회서비스는 의존적 대상에 대한 사회적 돌봄과 비의존적 대상에 대한 역량 강화, 기회 제공 및 연계 등을 포함하는 보편적 사회서비스로 확대되어야 한다는 것이다. 물질적 지원은 여전히 중요한 기반이지만

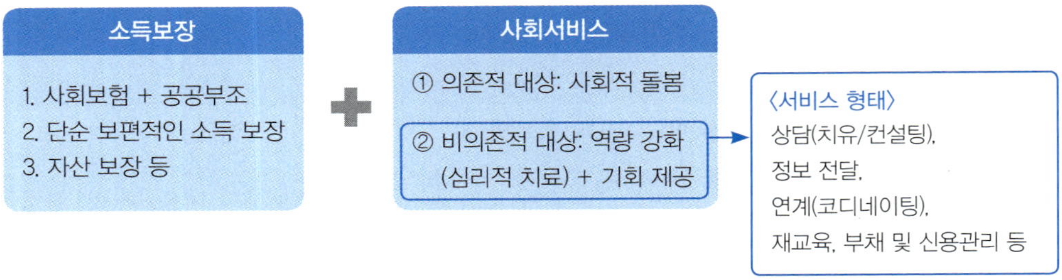

그림 11-5 보편적 사회서비스와 복지의 체계

그 자체로 충분하지 않다. 사회구조 속에서 소외되고 고립된 개인들이, 실패와 상처를 경험한 개인들이 자립과 회복의 기회를 가질 수 있도록 심리적 치유, 역량 강화, 사회참여의 연결고리를 제공하는 보편적 사회서비스의 강화가 병행되어야 한다는 것이다.

이러한 접근은 복지를 '회복과 성장의 제도'로 재구성하는 전환적 의미를 지닌다. 즉, 복지는 생존을 보장하는 안전망을 넘어서 인간의 존엄과 사회적 연대, 주체적 삶을 실현하기 위한 적극적 토대를 마련해야 하며, 그것이야말로 미래 복지의 핵심적 과제가 될 것이다.

"할머니 어디 가세요?" 치매 실종 막는 일본의 '특별한 훈련'(한국일보, 2023. 9. 25.)

일본 후쿠오카현 오무타시에서 지난해 경찰이 보호한 길 잃은 치매 노인은 174명, 그중 가족이 실종 신고한 경우는 73건(42%)뿐이다. 절반이 넘는 노인은 가족이 배회, 실종을 알아채기도 전에 지역주민 신고를 통해 경찰에 인계됐다. 가족은 치매에 걸린 엄마를 잃어버린 줄도 몰랐는데, 실종된 엄마를 찾았으니 데려가라는 경찰 연락부터 받은 셈이다.

○ "할머니 혹시 어디 가세요?"··· 20년째 이어지는 배회 모의훈련

오마가리 미에 오무타시 복지과 과장은 '안전한 배회'를 정착시킨 비결로, 매년 실시하는 '치매 환자 실종 모의훈련'을 꼽았다. 2004년에 시작된 이 훈련은 실제 혹은 가상의 치매 환자가 시내에서 배회하면 시민들이 실종 정보를 전달받아 비슷한 사람과 마주치면 말을 걸고 경찰에 신고하는 방식으로 진행된다. 2004년 오무타시 하야메 교구(教區)에서 배회하다가 사망한 치매 노인이 발생하자 도입됐다.

훈련 효과는 탁월했다. 오마가리 과장은 "훈련 때 치매 환자에게 말을 걸어 본 경험이 쌓이고 쌓여 가족이 실종 신고를 하기도 전에 이웃들이 배회하는 환자를 먼저 찾아내게 됐다"라고 설명했다. 그러면서 "덕분에 치매 환자가 집을 찾지 못하더라도 지나가는 사람들에게 편하게 도움을 요청할 수 있는 분위기가 만들어졌다"라고 말했다.

그렇다고 노인이 혼자 길을 걷고 있으면 무조건 신고가 접수되는 건 아니다. 말을 걸어봤을 때 자신의 이름이나 거주지를 모르거나, 엉뚱한 대답을 하는 특징을 보여야 한다. 근처에 사는 치매 환자가 누군지 알고 있다는 점도 실종자 찾기에 도움이 됐다. 오무타시 내 23곳에는 마을회관 역할을 하는 '지역 교류 센터'가 있는데, 센터는 모두 돌봄 시설 내에 설치도어 있다. 치매 환자 및 보호자뿐 아니라 주민 모두가 이용할 수 있는 동네 사랑방이 돌봄 시설 안에 있으니 주민들은 이웃 중 누가 치매 환자인지 자연스레 알 수 있다. (중략)

○ 배회해도 원한다면 원래 집에서 살게 해 주세요

일본 정부는 2015년 치매 종합 대책인 '신오렌지 플랜'을 수립했다. 핵심은 심각한 돌봄이 필요한 상황에서도 자신이 살던 곳에서 자신만의 생활을 하며 생을 마감하는 시스템을 만드는 것이다. 목표 달성을 위해서는 지방자치단체가 배회 또는 실종에 대비하는 게 필수적인데, 오무타시가 이를 잘 이행하고 있는 대표적 사례이다.

지난해 일본 내 치매 실종 건수는 1만 8,709건으로, 5년 전에 비해 2,000여 건이 증가했다. 일각에서는 실종 건수가 지속적으로 증가하는 점에 주목하고, 배회 환자를 요양원으로 보내는 게 낫다고 주장하지만, 안전하게 배회하는 환경을 만들겠다는 오무타시의 목표에는 변함이 없다. 우메자키 대표는 "치매 환자가 본인 집에서 살고 싶다고 하면 그 의사를 최대한 존중하고, 이를 실현할 수 있도록 도와주는 게 지역사회의 역할"이라고 강조했다.

5. 미래 복지국가의 방향 2: 전달국가에서 관계국가로

경제적 재분배를 넘어 관계의 회복을 추구하는 복지국가는 '관계국가'라고 부를 수 있을 것이다.

지금까지 한국 정부는 집단의 특성을 유형화하고 그에 맞게 규격화된 사회서비스 제공을 표방해 왔다. [그림 11-6]은 정부가 제공하는 주요 사회서비스로, 대부분이 아동,

청소년, 청년, 중장년, 노년과 같은 생애주기나 저소득층, 장애인, 농어민, 근로 취약계층과 같은 사회경제적 계층에 따라 사회서비스를 특화해서 제공해 왔다.

이러한 맞춤형 사회서비스 기조는 디지털 시대에 더욱 강화될 것으로 예상된다. 먼저, 빅데이터 분석을 통해 집단별 특성과 패턴에 대한 예측이 가능해져서 이를 기반으로 특성화된 사회서비스 개발이 용이해졌다. 또한 정보통신 기술의 발달로 시민들의 요구와 민원이 디지털 정부 플랫폼들을 통해 빠르게 수렴되고 있어 정부가 이에 대한 응답으로 시민들의 욕구를 만족시키는 사회서비스를 제공해야 한다는 압박도 심해졌다. 사회집단이 다양하게 되고 다원화되는 후기 근대사회의 문화적 경향도 맞춤형 사회서비스에 대한 필요를 강화시켰다. 그러나 이러한 개별화된 사회서비스의 증가는 집단 간 자기 이익을 위한 분쟁을 증가시키기도 한다. 정부가 한정된 재원 안에서 다양한 집단에게 사회서비스를 제공해야 하기에 제로섬 게임이 발생하기 때문이다. 따라서 일정한 기준과 제한이 없는 개별화된 맞춤형 사회서비스의 무한한 발전은 오히려 사회적 갈등의 씨앗을 심는 결과가 될 수 있다.

산업사회의 복지국가는 과거 지역사회 공동체나 가족이 수행해 왔던 돌봄 기능을 사회화하는 사회서비스를 제공해 왔다. 산업화, 도시화로 인해 지역사회와 친족 공동체의 연대가 약화되면서 그 기능을 복지국가의 사회서비스가 대신하게 된 것이다. 사회서비스는 자발적 인간관계망이 줄어드는 상황에서 복지국가가 선택할 수밖에 없는 길이었

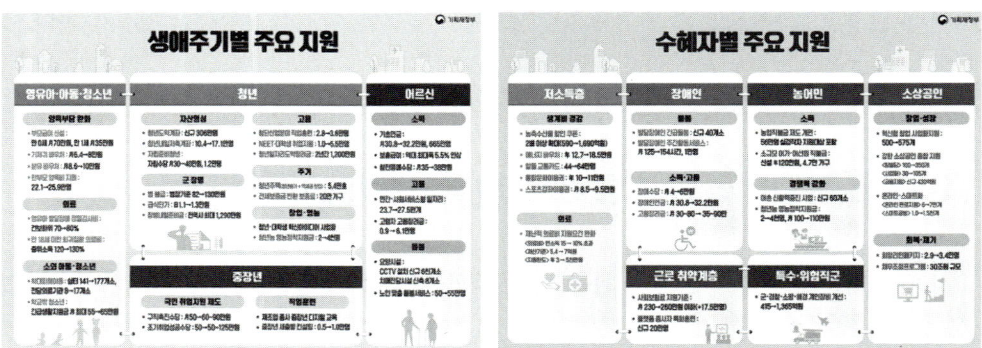

그림 11-6 대상 집단별로 개별화된 사회서비스

출처: 기획재정부(2023).

다. 하지만 한편에서는 복지국가의 사회서비스가 지역사회와 가족의 기능을 흡수해 버림으로써 오히려 자생적 공동체의 회복과 부활을 저해한다는 비판도 받아 왔다.

현대사회의 개인화 형상에 주목해 온 올리히 벡(Ulrich Beck)과 엘리자베스 벡-게른스하임(Elisabeth Beck-Gernsheim)도 복지국가를 '제도화된 개인주의(institutionalised individualism)'라고 비판했다(Beck & Beck-Gernsheim, 2001). 복지국가는 표면적으로는 연대와 연합을 표방하고 있지만, 결과적으로는 사회공동체를 와해하는 방식으로 제도를 구축하고 있다는 것이다. 즉, 복지국가의 사회보험, 공공부조, 사회서비스는 가족, 지역사회, 종교와 같은 전통적 공동체가 활성화될 수 있도록 돕는 데 목적이 있지 않고, 도시, 노동시장, 사업장과 같은 2차 사회집단이 합리적으로 구동될 수 있도록 뒷받침하는 데 목적이 있다는 것이다. 따라서 사회보험이나 공공부조와 같은 소득보장정책도 시민이 어려움이 빠지기 전부터 미리 사고나 불행을 방지하는 것이 아니라, 실업이나 빈곤이 발생한 이후 안전망을 제공하는 방식을 취한다.

벡과 벡-게른스하임은 복지국가의 사회서비스도 에고-중심적 생활양식(ego-related lifestyles)에 시민을 길들이는 실험적 장치라고 진단했다. 복지국가가 제공하는 사회서비스는 전체성(totality)이 아닌 개인성(individuality)을 지향한다는 것이다. 과거 가족과 지역사회에 부과되었던 돌봄, 양육, 부양에 대한 책임이 집단주의, 전체주의에 기반해 있었다면, 복지국가는 이러한 부담을 사회화함으로써 개인이 돌봄의 압박에서 벗어날 수 있게 해 자율성을 증진시킨다는 것이다. 그러나 전체주의와 집단주의를 지양하는 과정에서 그 부작용으로 사람들이 서로를 돕는 도움을 받는 자발적 호혜성도 약화되었다는 것이 벡과 베크-게른스하임이 복지국가에 제기한 비판이다.

그러나 사실 관점을 조금만 바꾼다면 돌봄을 사회화하면서도 사람들 사이의 연결망이 회복되도록 지원하는 방향으로 사회서비스를 개선할 수도 있다. 노인돌봄서비스를 예로 들면, 현재는 국가가 개별 노인에게 요양서비스를 제공하는 방식이 주를 이룬다. 그러나 청년 예술인들이 노인복지관으로 찾아가 노인들에게 다양한 창작 프로그램을 제공하는 방식으로 사회서비스를 보완할 수도 있다. 이는 청년 예술인에게는 일자리 창출 서비스를, 노인에게는 문화복지 서비스를 제공하면서도, 동시에 평소 연결망이 없었던 청년과 노인을 잇는 연결지향형 사회서비스라고 할 수 있다.

미래 사회에 정부는 개별 국민에게 개별적으로 맞춤형 사회서비스를 전달하는 역할을 넘어서 사회 구성원의 연결망을 형성할 수 있도록 지원하는 역할을 담당하는 방향으로 복지정책의 패러다임을 전환해야 한다. 복지국가는 사회 구성원의 행복 증진을 목적으로 현금성 급여와 현물 형태의 사회서비스를 제공해 왔다. 그러나 이스털린의 역설이 시사하듯, 일정한 경제적 풍요에 도달한 사회에서는 인간의 행복이 더는 물질적 자원량만으로 좌우되지 않는다(Easterlin, 1974). 크리스타키스와 파울러의 『행복은 전염된다』(2010)는 오늘날 행복한 사회를 형성하는 데 인간관계가 얼마나 결정적인 역할을 하는지 잘 보여 준다. 특히 미래 사회가 부딪힐 가장 큰 난제가 사회 구성원 사이의 균열과 양극화라고 했을 때, 관계 회복은 매우 중요한 정책 이슈가 될 수밖에 없다. 하펀은 『국가들의 숨겨진 부(The Hidden Wealth of Nations)』에서 유대 문화(associational life)를 국가의 중요한 부(wealth)로 주목하고, 미래 정부는 시민 간 관계와 유대감을 북돋는 역할을 해야 한다고 주장하기도 했다(Halpern, 2010). 미래 복지국가는 경제적 부인 소득 재분배만큼 사회적 부인 관계 회복을 중대한 목표로 추구할 필요가 있다는 것이다.

디지털 기술은 연결망의 확장을 지향하고 있지만, 네트워크가 확장되는 과정에서 의사소통의 왜곡과 편향이 발생하면서 사회 구성원 간 갈등을 심화시키는 경향도 관찰된다. 네트워크 사회가 거스를 수 없는 미래라고 봤을 때, 미래의 사회안전망은 사회 구성원 간의 관계의 질을 높이고 회복하는 데 있다고 하겠다. 이때 미래 복지국가는 시민들의 사회 참여와 협력을 고양할 수 있는 플랫폼 역할을 해야 한다. 전통적 복지국가론은 복지정책을 발전시킨 원동력으로 정부의 강력한 정치적 개입과 행정력(politics matters)이나 자본주의 시장의 경제성장과 산업화(economics matters)의 힘에 주목해 왔다(김태성, 성경륭, 2000). 그러나 그레임 쿡(Graeme Cooke)과 릭 뮤어(Rick Muir)는 앞으로 복잡한 미래 사회에서 사회문제를 해결하는 데 필요한 힘은 '절차를 중시하는 관점(the process matters)'이라고 주장했다(Cooke & Muir, 2012). 지금까지 복지국가는 경제성장의 파이를 재분배한다는 명목하에 복지정책의 도입을 임의적으로 단행하기도 했다. 하지만 이제 독단적 결정을 하는 정부를 시민들이 환영하지 않는다. 또한 다양한 이해관계자가 존재하기 때문에 결과적 평등을 지향하는 재분배 정책도 실현되기 쉽지 않다. 이런 환경에서는 결국 모두가 만족하거나 이득을 볼 수 있는 방향으로 정책이 평화롭게 결정되기는 어렵다. 그러나 만약 다양한 이해관계자가 정책 형성 과정에 직접 참여해서 사회적 협의와 절충 절차를 거쳐 정책 내용이 조율된다면 비록 결과적으로 자신에게 이득이 크게 돌아오지 못하는 정책이라도 어느 정도 납득하며 받아들일 수 있다.

이런 맥락에서 영국의 공공정책연구소(Institute for Public Policy Research: IPPR)는 지금까지 복지국가가 시민을 수동적 정책 대상으로 보고 이들에게 사회서비스를 전달하는 전달국가(delivery state) 역할에 집중해 왔다면, 미래에는 시민들이 함께 사회문제의 해결책을 모색하도록 연결하는 관계국가(relational state)를 지향해야 한다고 주장했다(Cooke & Muir, 2012). IPPR은 현재 정부는 시민들이 정부에 대한 공적 신뢰(public trust)를 하지 않는 경향만 문제 삼고 있지만, 실제 문제는 정부가 시민의 잠재 역량을 신뢰하지 않는 것이라고 문제의 초점을 반전시켰다. 이때 정부와 시민이 상호 신뢰를 회복하려면 시민들이 사회문제의 해결책을 설계하는 공공정책가로 활동할 수 있고, 국가는 정책 실현의 장을 마련하는 플랫폼 역할을 해야 한다고 보았다. 실제 IPPR이 관계국가 실현을 위해 제시한 사회서비스 개편 원칙은 다음과 같다.

관계국가를 실현하기 위한 전략

1. 공공서비스에 있어서 시민들에게 진정한 권력을 이양해야 한다. 관료만이 아니라 국민이 공공서비스의 예산이나 공급 방식을 결정할 수 있어야 한다.
2. 시민들이 공공서비스의 전문가가 될 수 있도록 지원해야 한다.
3. 중앙정부의 통제를 벗어나 비영리단체, 마을, 지역사회가 공공서비스의 자생적 제공자가 될 수 있도록 지원해야 한다.
4. 독립성, 다양성, 전문적 자율성 및 지방분권화에는 강력한 책임 의식이 동반되어야 한다.
5. 공공서비스의 핵심(core)은 정부가 감당하고, 나머지 부분에 대해서 시민의 혁신을 위한 여지를 남겨 두어야 한다. 예를 들어, 교육 서비스에서 국가는 교육 수준이 뒤처질 위험이 큰 학생들을 '기본 대상(floor target)'으로 정하고 이들에 대한 지원을 담당해야 한다. 정부는 시민들의 서비스 제공을 촉진해야 하지, 모든 부분에서 주체적이기를 재촉하면 안 된다.

6. 정부는 재정의 한계가 있기에 민주적 토론에 기반해 명확한 자금조달의 우선순위와 원칙을 합의해야 한다. 예를 들어, 사회적 돌봄에 자원을 추가로 투입하기로 했다면 NHS(National Health Service)와 같은 다른 공공서비스에 긴축 재정이 수반될 수 있음을 감수하고 함께 전략적 지출/계획을 세울 필요가 있다.
7. 공공서비스의 공동 형성을 위해 디지털 기술의 거대한 혁신을 활용해야 한다. 온라인 네트워크는 시민들이 함께 토론할 수 있는 공론장이 된다.

물론 한국 정부도 정책 결정에 시민참여를 유도하는 다양한 시도를 해 왔다. 관계국가 개념을 사용하지는 않았지만, 지방정부의 주민참여예산제나 마을만들기사업, 서울시의 청년정책 네트워크도 공공서비스를 둘러싼 정책 의사결정에 시민참여를 촉진하고, 마을과 지역사회가 공공서비스의 자발적 제공자가 될 수 있도록 지원하는 정책이라고 할 수 있다. 그러나 이 같은 시민참여 프로그램들이 민주적 행정처럼 보이기 위한 구색 갖추기에 지나지 않는다는 비판을 받기도 했다. 이는 어쩌면 오랫동안 권위주의적 공공 행정을 견지해 왔던 한국 정부가 다음 단계로 발전하기 위해 겪어야 할 과정이기도 하다.

실질적 관계국가로 발돋움하려면 주민참여예산제, 마을만들기사업, 청년정책 네트워크처럼 시민참여 제도들을 도입하는 것만큼 그 토대가 되는 의사소통 문화를 조성하는 것이 중요하다. 이를 위해서는 IPPR이 제시한 관계국가 실현 전략 중 '2. 시민들이 공공서비스를 지원하는 전문가가 될 수 있도록 지원'하고, '6. 민주적 토론에 기반해 공공서비스의 쟁점들에 대한 우선순위와 쟁점을 정하는 연습'을 먼저 해야 한다. 앞으로 시민이 정책 의사결정에서 조연을 넘어 실질적 협력자가 되고, 지역사회 주민들이 자생적 서비스 제공자로 관계국가와 상생하려면 정부, 기업, 지역사회 각 영역에 협상 문화가 뿌리내려야 한다. 사회집단 내부의 일상적 협의 문화 없이 갑자기 이해 갈등이 심한 외부 집단들과의 원활한 협상은 불가능하다. 산업사회의 공공기관, 기업, 시민단체는 관료주의적 위계에 기반을 둔 상명하달의 의사소통 구조를 가진 경우가 많았다. 하지만 카스텔(Castells, 2000)이 지적했듯이, 네트워크 사회는 본질적으로 수평적이고 개방적인 구조라서 구성원 사이의 민주적 의사소통이 막히면 쉽게 허물어질 수 있다. 이를 위해서는 집

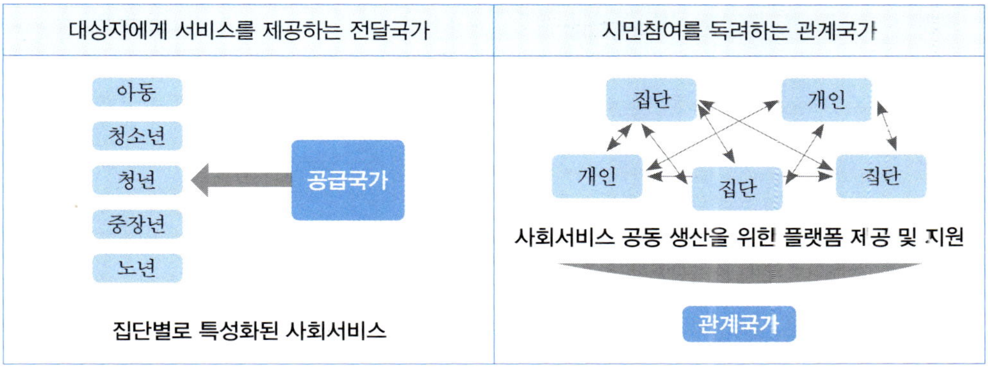

그림 11-7 미래 관계복지국가의 형태

단 내 구성원들이 조직의 위계질서에 억눌리지 않되 서로를 존중하며 문제를 상호 숙의할 수 있는 토대를 갖추어야 한다. 이러한 토론 문화는 단기간에 이를 수 있는 것이 아니기에 관계국가를 지향하는 정부는 학교나 공공기관에 공공서비스 형태로 시민을 위한 꾸준한 협상교육을 제공하면서 관계국가를 위한 토대를 축적해 나갈 필요가 있다.

물론 여기서 제안한 사회복지서비스의 개편 방향은 이상형(ideal type)에 가깝고 개편 내용도 추상적인 수준에 불과하다. 앞으로 미래 사회복지와 복지국가에 대한 논의들이 활발히 이루어져서 더욱 다양한 관점과 구체적 대안들이 실험될 수 있어야 할 것이다.

참고문헌

〈국내 문헌〉

김기헌, 배정희(2021). 2021년 청년 사회 · 경제 실태조사. 한국청소년정책연구원.

김수영(2021). 디지털시대의 사회복지 패러다임: 네트워크적 접근. 집문당.

김태성, 성경륭(2000). 복지국가론. 나남.

〈번역서〉

Arendt, H. (2019). 인간의 조건(이진우 역). 한길사. (원저 1958, *The human condition*).

Beck, U. (1997). 위험사회: 새로운 근대성을 향하여(홍성태 역). 새물결. (원저 1986).

Christakis, N. A., & Fowler, J. H. (2010). **행복은 전염된다**(이충 역). 김영사. (원저 2009).

Fromm, E. (2013). **건전한 사회**(김병익 역). 범우사. (원저 1955, *The sane society*).

Jackson, M. O. (2021). **휴먼네트워크: 무리짓고 분열하는 인간관계의 모든 것**(박선진 역). 바다출판사. (원저 2019, *The human network: How your social position determines your power, beliefs, and behaviors*).

Sartre, J. P. (2009). **존재와 무**(정소성 역). 동서문화사. (원저 1943m *L'Être et le Néant*).

Sen, A. (2008). **불평등의 재검토**(이상호, 이덕재 공역). 한울아카데미.

Sen, A. (2019). **정의의 아이디어**(이규원 역). 지식의날개(방송대출판문화원). (원저 2009, *The idea of justice*).

Stiglitz, J. E. (2017). **거대한 불평등**(안진환 역). 열린책들. (원저 2015, *The great divide*).

〈해외 문헌〉

Bauman, Z. (2013). *Consuming life*. John Wiley & Sons.

Beck, U., & Beck-Gernsheim, E. (2001). *Individualization: Institutionalized individualism and its social and political consequences*. SAGE.

Castells, M. (2000). *The rise of the network society* (2nd ed.; The information age: Economy, society and culture, Vol. 1). Blackwell.

Castells, M., & Himanen, P. (Eds.). (2014). *Reconceptualizing development in the global information age*. Oxford University Press.

Cooke, G., & Muir, R. (Eds.). (2012). *The relational state: How recognising the importance of human relationships could revolutionise the role of the state*. Institute for Public Policy Research.

Franzini, L., & Spears, W. (2003). Contributions of social context to inequalities in years of life lost to heart disease in Texas, USA. *Social Science & Medicine, 57*(10), 1847-1861.

Fraser, N., & Honneth, A. (2003). *Redistribution or recognition?: A political-philosophical exchange*. Verso.

Halpern, D. (2005). *Social capital*. Polity Press.

Halpern, D. (2010). *The hidden wealth of nations*. Polity Press.

Koppenjan, J. F. M., & Klijn, E. H. (2004). *Managing uncertainties in networks: A network approach to problem solving and decision making*. Psychology Press.

Latouche, S. (1998). *L'Autre afrique: Entre don et marché*. Albin Michel.

Maslow, A. H. (1943). A theory of human motivation. *Psychological Review, 50*(4), 370-396.

Mineo, L. (2017). Good genes are nice, but joy is better. The Harvard Gazette, 11. https://news.harvard.edu/gazette/story/2017/04/over-nearly-80-years-harvard-study-has-been-showing-how-to-live-a-healthy-and-happy-life/

Montgomery, D. (1993). *Citizen worker: The experience of workers in the United States with democracy and the free market during the nineteenth century*. Cambridge University Press.

Nussbaum, M. C. (2011). *Creating capabilities: The human development approach*. Harvard University Press.

Pierson, P. (1996). The new politics of the welfare state. *World Politics, 48*(2), 143-179.

Rittel, H. W., & Webber, M. M. (1973). Dilemmas in a general theory of planning. *Policy Sciences, 4*(2), 155-169.

〈신문 기사〉

한국일보(2023. 9. 25.). "'할머니 어디 가세요?'… 치매 실종 막는 일본의 '특별한 훈련'".

프레시안(2011. 7. 27.). "복지국가, '부의 재분배'가 전부는 아니다".

찾아보기

인명

내용

저자 소개

이소정(Sochung Lee)

서울대학교 사회복지학과에서 학위를 수여받았으며, 한국보건사회연구원을 거쳐 현재 남서울대학교 휴먼케어학과 교수로 재직 중이다. 공동체적 관계의 회복과 갈등 해소가 주요 관심 주제이며, 이에 기여할 수 있는 복지 정책과 프로그램 설계에 대해 연구한다. 현재 사회적일자리 정책을 통해 그 가능성을 모색 중이다. 최근 논문으로는「일이 중고령자의 사회관계에 미치는 영향에 대한 종단적 분석」(단독, 2025, 사회복지연구), 「우리나라 노인의 죽음준비 유형과 결정요인」(단독, 2025, 한국사회복지정책) 등이 있다.

김수영(Suyoung Kim)

런던정치경제대학 사회정책학과에서 박사학위를 받고, 현재 서울대학교 사회복지학과 교수로 재직 중이다. 사회복지이론과 사상, 디지털화와 개인화가 미래 사회정책에 미치는 영향, 질적 현장 연구 방법에 관심을 가지고 연구에 임하고 있다. 최근 저서와 논문으로는『세븐 웨이브』(공저, 21세기북스, 2021),『디지털 시대의 사회복지 패러다임』(집문당, 2021),「1인 가구는 왜 혼자서 살림하기 어려울까?」(단독, 2025, 한국사회복지학) 등이 있다.

사회복지총서

사회복지원론
Principles of Social Welfare

2026년 2월 15일 1판 1쇄 인쇄
2026년 2월 20일 1판 1쇄 발행

지은이 • 이소정 · 김수영
펴낸이 • 김진환
펴낸곳 • (주)학지사
04031 서울특별시 마포구 양화로 15길 20 마인드월드빌딩
대표전화 • 02-330-5114　　팩스 • 02-324-2345
등록번호 • 제313-2006-000265호

홈페이지 • http://www.hakjisa.co.kr
인스타그램 • https://www.instagram.com/hakjisabook

ISBN 978-89-997-3430-4 93330

정가 21,000원

저자와의 협약으로 인지는 생략합니다.
파본은 구입처에서 교환해 드립니다.